JN194049

極性表現の構造・意味・機能

Polarity-Sensitive Expressions:
Their Forms, Meanings and Functions

澤田 治・岸本秀樹・今仁生美 ［編］

極性表現の 構造・意味・機能

Polarity-Sensitive Expressions:
Their Forms, Meanings and Functions

開拓社

は し が き

　本書は，極性表現の構造・意味・機能に関する論考を集めた論文集である．極性表現とは，概略，（肯定か否定かのどちらかの極でしか基本的に用いられない）極性に敏感な表現のことである．例えば，(1) の any や「あまり」は，否定環境では使われるが，肯定環境では使われないという点で否定極性項目 (negative polarity item) と呼ばれ，(2) における something や「ちょっと」は肯定環境では使われるが，否定環境では使われないという点で肯定極性項目 (positive polarity item) と呼ばれている（something に関しては，強調的な反論の読みの場合は，否定文でも現れることができる）．

(1)　否定極性項目
　　a.　John didn't buy any books.　　（*John bought any books.）
　　b.　メアリーはあまり食べなかった．　（*メアリーはあまり食べた.）
(2)　肯定極性項目
　　a.　I see something.　　（#I don't see something.）
　　b.　この本はちょっと高い．　（*この本はちょっと高くない.）

　極性現象は，言語において最も根源的な現象の１つであり，これまで，極性表現の統語的・意味的振る舞いについて様々な理論的分析が提案されてきた．また，極性表現は，言語の個別性と普遍性を考える上でも非常に重要な現象と位置付けられている．本書の目的は，これまでの極性現象の研究と最近の研究・動向の両方に光を当てつつ，新たな現象・観点から極性現象について考察することである．

　本書では，様々な観点・データから以下の問題について考察している．

(3) a.　極性表現はどのような環境で現れ得るのか？　そして，その環境はどのように説明できるのか？
　　b.　極性表現には構造と意味に関してどのようなバリエーションがあるのか？
　　c.　否定極性項目と肯定極性項目の関係はどのように捉えることができるのか？

d. 極性項目はどのような文脈で用いられ，談話レベルにおいてどのような役割を果たしているのか？

本書は 14 章から成り，第 1 章では，極性研究についての概観および現状の課題が提示されている．以降のそれぞれの章では，否定極性項目や肯定極性項目の統語論，意味論，語用論，歴史的な視点からの分析，言語獲得，コーパスや実験的な手法を取り入れた分析や，日本語および他の言語との比較・対照を行った分析など，極性現象の最新の分析が展開されている．

　本書の企画の基になったのは，2016 年 11 月に日本英語学会で開かれたシンポジウム ("Polarity sensitive expressions: their forms, meanings, and functions") である．このシンポジウムでは，極性表現の形式，意味，機能に対して多角的な観点からアプローチしたが，シンポジウムを通し，あらためて極性表現は多様であり，極性現象についてより広い視点から考察することの重要性が浮き彫りとなった．このような経緯の中，この度，極性表現に関して第一線の研究を行っている研究者の寄稿による論文集を出版することとなった．

　原稿を準備するにあたり，2019 年 3 月 29 日と 30 日の 2 日間，名古屋学院大学にて「ワークショップ：極性表現の構造・意味・機能」を開催し，長時間，原稿の内容について有意義なディスカッションを行うことができた．当日，貴重なコメント，フィードバックを頂いたフロアの方々に深く感謝したい．本書の出版に際しては，開拓社の川田賢氏から，献身的な援助，貴重な助言，温かい励ましをいただいた．川田氏の正確かつ，入念なサポートがなかったら，本書の出版は大幅に遅れていたことであろう．川田氏に深い謝意を表するものである．

　末筆ながら，興味深く内容の濃い論考を執筆頂いた執筆者各位に，心から感謝申し上げたい．本書が，極性研究の今後の発展に貢献できれば編者にとって大きな喜びである．

　2019 年 10 月

編者一同

目　次

第 IV 部　語用論

第 V 部　コーパス・歴史

第 1 章

序　論
—極性表現の構造・意味・機能—

(Introduction: The forms, meanings and functions of polarity-sensitive items)

澤田　治[a]・岸本秀樹[a]・今仁生美[b]

神戸大学[a]・名古屋学院大学[b]

1.　はじめに

　本書のテーマは，極性表現の構造，意味，機能である．極性には，肯定極性と否定極性の 2 つの極性があるが，肯定と否定という 2 つの対立する概念は，自然言語のシステムにおいて，最も根源的な対立の 1 つである．自然言語には，（否定，肯定そのものを示すわけではないが）極性に敏感な（sensitive）（基本的に，片方の極性環境でのみ現れることができる）単語，語句，構文が非常に多く存在している．極性に敏感な表現には，大きく分けて，否定極性項目（negative polarity item（NPI））と肯定極性項目（positive polarity item（PPI））の 2 種類がある．例えば，(1) の any や ever は，否定環境では使われるが，肯定環境では使われないという点で否定極性項目であり，(2) における something や would rather は肯定環境では使われるが，否定環境では使われないという点で肯定極性項目と考えることができる（ただし (2a) の "I don't see something" は，some が not よりも広いスコープをとる場合，あるいは not が強調的な反論（emphatic denial）として使われる場合は自然になる（Szabolcsi (2004)）．

(1)　Negative polarity item
　　a.　John didn't buy any books.　(*John bought any books.)
　　b.　Mary hasn't ever read.　　　(*Mary has ever read.)
(2)　Positive polarity item
　　a.　I see something.　　　　　　(#I don't see something.)
　　b.　John would rather stay at home.

(*John wouldn't rather stay at home.)

　従来，極性表現に関する理論研究は，Klima（1964）以来，否定極性表現に焦点が置かれてきた．とりわけ，否定極性項目がどのような環境で認可されるのかという問題について，統語論・意味論の観点から考察され，様々な理論・アプローチが提案されてきている（Ladusaw（1980），Linebarger（1980），Laka（1990），Kadmon and Landman（1993），Progovac（1994），Giannaki-dou（1998, 2011），Chierchia（2013）など）．また，通言語的な観点から NPI の認可条件について，数々の重要な提案が出されており，否定極性現象は言語の普遍性と個別性を考察する上でも非常に重要な現象と位置づけられている．

　また，肯定極性項目（PPI）に関しても，これまで理論研究の中ではあまり注目されてこなかったが，近年，some の「救出」（rescue）現象（Szabolcsi（2004）），話者指向副詞（speaker-oriented adverb）の生起環境（Nilsen（2004），Ernst（2009）），モダリティの極性的振る舞い・モダリティの一致現象（Iatri-dou and Zeijlstra（2013），Hommer（2015））等，肯定極性に関する研究も盛んになってきている．

　さらに，語用論の分野においても，近年，スケール推意（scalar implica-ture）と極性表現の関係（Chierchia（2013）），慣習的推意と極性の関係（Liu（2012），Sawada（2018）），否定疑問文の極性に関するバイアスと極性項目の関係（Romero and Han（2004）），極性表現の修辞的機能（Israel（1996, 2004）) 等，推意や状況を含めたより広い視点からの極性研究が増えてきている．

　本書の目的は，これまでの極性現象の研究および最近の研究の動向を踏まえた上で，新たな現象・観点から極性現象について考察することである．

　以下，本章では，極性表現の構造，意味，機能に関するこれまでの研究を分野・現象ごとに振り返り，注目すべき研究成果や現状の課題等を概観する．また最後に，本書に収録されている各論文の内容を紹介し，本書の意義・特徴について，簡単に述べる．

2.　否定極性現象と統語論

　極性表現は，特定の環境のみに生起することができる表現である．極性表現の研究としては，否定極性表現を扱ったものが多いが，統語的な文脈で区別される極性表現には，統語的な振る舞いの違いから，少なくとも，否定極性項目

(negative polarity item), 否定一致項目 (negative concord item), 肯定極性項目 (positive polarity item) の 3 つのタイプがあると考えられる. これらの極性表現にはそれぞれ独自の特徴がある. 複雑な極性現象のすべてを取り上げることはできないが, 以下ではいくつかの注目すべき極性表現の統語現象について簡潔に概観する.

2.1. 否定極性項目の認可環境

否定極性項目は, 否定の環境 (否定のスコープ内) で認可される表現である. 英語の否定極性項目には, 決定詞の any, 副詞の anymore, ever, イディオムの lift a finger, budge an inch など様々なものがある. 否定極性項目の基本的な性質としては, 否定文では現れることができるが, 肯定文では現れることができないということを挙げることができる.

(3) a. John did not read any book.
　　 b. *John read any book.

any のような否定極性項目は, 否定の環境 (統語的なアプローチをとる場合には文否定のスコープ内) で認可されるとみなされることが多いが, 実際には, 否定以外の環境でも現れる.

(4) a. If Mary sees anyone, she will cry.
　　 b. Before going any further, let us discuss this problem.
　　 c. Did she read any book?
　　 d. I would walk rather than wait for any bus.

どのような環境で否定極性項目が認可されるかについての最も古典的な研究は, Klima (1964) である. Klima は, any のような否定極性項目は affective な要素と統語的な構文関係をもつ場合に認可されるとする. 否定極性項目を数量詞として扱う研究には, Lasnik (1972) がある (Jackendoff (1969, 1972) も参照). 否定極性項目の認可条件を意味的・語用論的な要因に求める研究としては, Horn (1972), Fauconnier (1975), Israel (2011) などがある (片岡 (第 3 章)). また, 否定極性項目の振る舞いを統語と意味の両方の側面で捉えようとする研究もある (Baker (1970) や Linebarger (1980, 1987) など).

特に, Ladusaw (1980) の否定極性項目の分析は, いわゆる下降含意 (downward entailing) の文脈で否定が認可されるとする. この分析は, 否定以外の様々な環境で現れる英語の否定極性項目 any の分布のかなりの部分を

カバーすることができる．しかしながら，下降含意の環境によって any のすべての性質を説明できるわけではない．例えば，疑問文に現れる any は否定極性項目であるとされるが，疑問文が下降含意の環境を提供するわけではない．さらに言えば，このような分析では，自由選択（free choice）の意味を表す any と否定文で現れる（否定極性項目の）any が同じように扱えない（この点に関しては，自由選択の any には普遍量化の意味があり，否定極性項目とされる any には存在量化の意味があるとして，両者を異なるものとして取り扱うことが多い）．また，can などのモーダル助動詞が現れる文中での any は扱えない，など，any に対して必ずしも一貫した説明が与えられないという面もある．

(5) a. Anything is fine with me.
    b. Anyone can answer this question.

もちろん，下降含意の概念を使用した分析以外にも，any の振る舞いを説明しようとする様々な試みがある．否定極性項目の制約については，下降含意よりも広い nonveridical（非真実叙述的）という概念で否定極性項目の分布を説明しようとする Zwart（1993），Giannakidou（1998）などの研究，van der Wouden（1990）のように，否定極性項目の認可される環境について 3 つのタイプに分けて規定しようとする研究がある（吉村（1999），第 3 節を参照））．また，Kadmon and Landman（1993）の研究では，自由選択の any と否定極性項目の any に対する統一的な分析も提案されている（第 3 節参照）．

　日本語にも多くの種類の否定極性項目がある（McGloin（1976），Kato（1995），工藤（2000））．日本語も，否定極性項目は，基本的に文否定の要素によって認可される必要がある．(6) は，「誰も」や「しか」の付いた否定極性項目の例である．

(6) a. 今日は {誰も／彼しか} 来なかった．
    b. *今日は {誰も／彼しか} 来た．

「誰も」や「しか」は，通常否定文でしか認可されない．しかし，日本語の否定極性項目も表現によっては，否定環境以外で認可されるものもある．「一つも」「一滴たりとも」などのような一種の最小化詞（minimizer）と呼ばれる表現や「そんなに」のような表現は，（ある種の）条件節で生起が認可される（日本語文法記述研究会（2007），井戸（第 13 章））．

(7) a. 一滴たりとも飲めば，運転してはいけません．

    b. そんなにおもしろいなら，見に行ってみよう．

(7) の環境では，「何も」「しか」のような表現は認可されないので，「一つも」「一滴たりとも」は「何も」「しか」とは異なる環境（構文）で認可が可能な否定極性項目であると言える．

  日本語にも any のような統語的な振る舞いをする否定極性項目が存在する (Kishimoto (2007, 2018))．例えば，(8) で示されているように「これ以上」は (4) と同じ統語環境（条件節，「前」節，疑問節，比較節）で認可される．[1]

(8) a. これ以上話せば，ぼろが出るぞ．

    b. これ以上走る前に，休憩したい．

    c. これ以上食べるの？

    d. これ以上待つより，行動に出た方がよい．

「これ以上」は，any と同じく，肯定の平叙文や「時/後」節の環境では (9) で示されているように認可されない．

(9) a. *彼はこれ以上走った．

    b. *これ以上走った {後／時}，彼は休憩した．

これらの事実は，日本語の否定極性項目は 1 つのまとまった振る舞いを示すのではなく，いくつかのクラスに分かれることを示唆している．

  否定極性項目を認可できる文否定の要素としては，「ない」「ず」「ません」「まい」「ない」などを含む助動詞類があり，「だれも」や「しか」のような否定極性項目は，基本的には，明示的に現れる否定辞によって認可される．ただし，明示的な否定辞がなくても否定極性項目が認可される環境もある (McGloin (1976))．

(10) a. {何も／これしか} 食べるものか！

    b. *{何も／これしか} 食べるか！

(10a) の感嘆表現「〜するものか！」については否定要素が明示的に現れていないが，否定極性項目は認可される．(10a) は否定の意味を表す．そうする

---

[1] ここで見る否定極性項目は，具体的な指示をもたない副詞の「これ以上」である．「これ以上」の「これ」が具体的な指示をもつ場合には，any に相当するような否定極性項目の振る舞いを示さない．

と，(10a) の否定極性項目は，否定の意味によって認可されると考えたくなる．しかしながら，同じような否定の意味を表していても，(10b) の感嘆表現の「～するか！」は否定極性項目を認可しない．

　否定極性項目は，否定の命令文でも認可される．命令文では「な」が現れると禁止の意味を表し，否定極性項目を認可する．また，「ダメ！」のような二次的な禁止表現も否定極性項目を認可する．

(11) a. {誰も／彼しか} 来るな！
　　 b. {誰も／彼しか} 来ちゃダメ！

「ダメ！」は，否定命令専用の表現ではなく，否定的な評価を表す述語としても機能するが，否定的な評価を表す場合には，(12a) のように，否定極性項目を認可しない．また，否定命令であっても省略表現では，認可される否定極性項目と認可されない否定極性項目がある (Kishimoto (2018))．

(12) a. *{何も／彼の成績しか} ダメだった．
　　 b. {*誰も／彼しか} ダメ！

(12b) の「ダメ！」は，文脈により何かの行為を禁止するのに使用される．例えば，彼以外の人がくることを禁止する場合には，「彼しかダメ！」のように表現できる．しかし，動詞が省略された場合には，(12b) のように，「誰も」は認可されないが，「彼しか」は認可されるという特殊な制約が課せられる．

2.2.　否定の投射

　否定極性項目を認可する統語的な投射を仮定する研究は多い．Pollock (1989)，Ouhalla (1990, 1991) などの研究においては，否定辞の起こる投射 NegP を統語構造に仮定する分析が展開されている．Laka (1990) では，否定か肯定の極性を ΣP で指定する．また，Haegeman (1995)，Haegeman and Zanuttini (1991) は，否定極性項目が（否定の演算子として働き）指定部と主要部の一致によって認可されるとする Neg-Criterion を提案している．

　Pollock (1989) を始めとする多くの統語論の研究では，否定辞が現れる投射 NegP を仮定する．英語に関しては，通常の否定文では，not が動詞と時制要素の間に現れるので，TP の下に not が現れる NegP が投射していると考えられる．not がこのような位置に現れると，動詞の目的語は not のスコープ内に入るが，TP の指定部に現れる主語は not のスコープの外に現れる．したがって，英語では，(13a, b) のように，否定極性項目の認可に関して主語と

目的語の非対称性が観察されることになる.[2]

> (13) a. John did not read anything.
>
> b. *Anyone did not read the book.
>
> c. Never will anyone say this kind of thing.

英語の場合,否定の not のスコープは文全体には及ばないので,主語位置(TP の指定部)にある否定極性項目は not には認可されないのである.ただし,英語においては,(13c)のように,倒置によって否定副詞の never が否定極性項目 anyone を c-統御する文頭位置に現れると,(13b)では認可されなかった主語位置に現れる anyone が認可される.これは,never が TP よりも上位に位置する CP の指定部位置に現れれば,主語位置にある否定極性項目 anyone を認可できることを示している(Haegemen (1995), Laka (1990) などを参照).

日本語においては,(14)のように,否定極性項目の認可に関しては主語と目的語の非対称性が観察されず,主語位置に現れる否定極性項目も目的語位置に現れる否定極性項目も文否定の「ない」によって認可される.

> (14) a. {誰も/彼しか} 本を読まなかった.
>
> b. 彼は {何も/この本しか} 読まなかった.

ここで生じる問題は,なぜ(14)のような単文において,否定極性項目の認可に関して英語と同じような非対称性が観察されないかである.これには,日本語の主語が動詞句(VP)内にとどまるためであるとする分析(Aoyagi and Ishii (1994), Kato (1994))と,否定辞が主要部移動を起こすためであるとする分析がある(Kishimoto (2007, 2008),岸本(第 2 章)).

> (15) a. [$_{TP}$ [$_{NegP}$ [$_{VP}$ 主語   目的語   V] な] い]
>
> b. [$_{TP}$ 主語 [$_{NegP}$ [$_{VP}$ 主語   目的語   V] な] ない]

主語が動詞句内にとどまるとする分析では,否定のスコープは VP にしか及ばないが,主語が VP 内にあるために,主語と目的語の否定極性項目はともに NegP 内にある「ない」によって認可されると考える.これに対して,否定辞の主要部移動の分析は,日本語の「ない」が主要部移動を受けるために,否定のスコープが文全体(TP)に拡がり,(たとえ,主語が TP に存在しても)

---

[2] Pollock は,AgrP の下に NegP が投射する.TP はさらにその下に投射する Split Infl の分析を行っている.この分析では,英語の主語は AgrP の指定部に入ることになる.

8

日本語の否定極性項目の認可に関して主語と目的語の非対称性がなくなるとするものである.

2.3. 否定極性項目と局所性

否定極性項目の統語的な認可に関する制約としてしばしば議論されるのが「局所性」の問題である. 例えば, 英語の否定極性項目 any については, 否定の not が (同一の節ではなく) 統語的に上位の節に現れていても認可される.

(16) John does not think that Mary offended anyone.

これに対して, 日本語の「何も」「しか」のような否定極性項目は, 上位の節にある否定辞によって認可されない.

(17) *ジョンは彼が {何も／リンゴしか} 食べたと言わなかった.

(17) のような事実から, しばしば, 日本語の否定極性項目は, 文否定要素と同一節内になければならない (いわゆる, 同節要素条件 (clausemate condition) が課される) と規定されることがあるが, 日本語の否定極性項目がすべて節をまたいだ否定辞によって認可されないわけではない. 例えば,「あまり」「それほど」および (英語の any に対応する)「これ以上」のような否定極性項目は上位節にある否定辞によっても認可される.

(18) 私は [彼が {これ以上／あまり} 熱心に走ると] は思わなかった.

また, このタイプの否定極性項目は一般に統語の島を形成するとされる関係節に埋め込むこともできる.

(19) a. あまり有名な選手が試合に出ていない.
b. これ以上働く人がいない.

ただし, 無条件で関係節に否定極性項目が埋め込めるわけではなく, 関係節の主要部名詞は不定名詞でなければならない. 主要部が定名詞の場合には, (20) で示されているように否定極性項目は容認されない.

(20) a. *あまり有名なあの人が試合に出ていない.
b. *これ以上働くあの人がいない.

英語においても類似の現象が観察される. (21) で示されているように, 関係節の主要部名詞が不定名詞ならば, 否定極性項目の関係節への埋め込みは問題

ないが，定名詞の主要部の中に現れる関係節に否定極性項目を埋め込むことは
できない．

(21) a.　John never reads books which have any pages missing.
　　 b.　*John never reads the book that has any pages missing.

　　　　　　　　　　　　　　　　　　　　　　　　　　　　(May (1985))

(22) では，「何も」「しか」のような同一節に否定を要求する否定極性項目が
関係節の中に埋め込まれていて，主節の動詞が否定されている．この場合に
は，「ない」は，否定極性項目を c-統御しているものの，否定の「ない」から
構造上離れすぎているために認可されない．

(22) a. *彼は [何も食べる] 場所を見つけられなかった．
　　 b. *私は [彼がこれしか食べたという] 話しを聞かなかった．

しかし，日本語には，一見，「何も」「しか」のような否定極性項目が関係節に
埋め込まれていても認可されるように見える場合がある (Kato (1985))．

(23) a.　私は誰にも会った記憶がない．
　　 b.　*私は誰にも会ったという記憶がない．

「記憶がある」は形式的には関係節の構造を持っているが，ひとまとまりで「憶
えている」という意味があり，構造的に複雑述語として再構築される．そのた
め，(23a) では，埋め込み節内の否定極性項目と主節の「ない」があたかも同
一節にあるかのように振る舞い，結果として，否定極性項目が認可される．た
だし，(23b) が容認されないことからわかるように，補文標識が現れる場合に
は再構築はブロックされる．
　次に，deny, doubt, refuse のような否定の意味を表す述語は，否定極性項
目の any を補文節内では認可するが，any が動詞の目的語として現れた場合
には認可しないことが知られている．

(24) a.　The witness denied that anybody left the room before dinner.
　　 b.　That anybody left before dinner was denied by the witness.
　　 c. *The witness denied anything.　　　　　　　　(Laka (1990))

(24a) は目的語位置にある節に any が含まれる例で，(24b) は，主語位置に
ある節の中に any が含まれる例である．これらの例では，否定極性項目は認
可されている．しかし，目的語自体が否定極性項目である場合は，(24c) のよ

うに認可されない．通常，否定極性項目は，文否定要素に c-統御されなけれ
ばいけないが，ここではそのような関係は成立していない．このことにより，
Progovac (1994) や Laka (1990) は，(24a) や (24b) のような例においては
CP にある空演算子によって否定極性項目の any が認可されていると論じてい
る．同様の分布は日本語でも観察される．

(25) a. 彼はこれ以上働くことを拒否した．
b. *彼はこれ以上貢献を拒否した．

日本語の否定述語も補文節内に現れる否定極性項目「これ以上」は認可される
が，主節に現れる「これ以上」は認可されない．このことも，やはり，補文節
が存在することにより否定極性項目の認可が可能になることを示している．

　否定極性項目を統語的に分析する研究の中には，S-structure や LF におい
て否定極性項目を NegP に移動（あるいは通過）させることによって認可させ
る分析がある（Aoyagi and Ishii (1994)，片岡 (2006) など）．また，否定極
性項目に対して否定の投射の中に現れる主要部と指定部-主要部の関係を持た
せることによって認可させるという分析もある（Haegeman and Zanuttini
(1991)，Haegeman (1995)）．また，ミニマリストの分析を取り入れて，（否
定の）素性の一致を用いる分析もある（Watanabe (2004)，西岡 (2007)）．
Progovac (1994) は束縛理論を用いた否定極性項目と肯定極性項目の認可理
論を展開している．Progovac (1994) は，否定極性項目は束縛原理 A に従う
照応詞（anaphor），肯定極性項目は束縛原理 B に従う代名詞（pronominal）
と同じように扱えることを論じている．

2.4.　否定一致表現

　最後に，否定一致項目について見ると，一般に否定一致項目は，否定の環境
に現れるが，否定の意味を内在的に含有し，否定要素と（文法的に）一致の関
係をもつ要素であるとされる（Haegeman (1995)）．Watanabe (2004) は，日
本語の「何も」のような要素は，必ずしも否定辞と共起する必要がないので，
否定一致項目とみなされると論じている．

(26)　Q: 何を見たの？
　　　A: 何も．

否定数量詞は，否定語と現れると二重否定の意味を表すが，否定一致項目は否
定辞と共起しても二重否定とはならない．否定一致項目において観察されるこ

の特性は，否定極性項目にも共有されている．しかし，Watanabe (2004) は，否定一致項目は，否定極性項目とは異なり，否定辞と共起する必要がないとして，(26) のように単独で生起が可能かどうかによって否定一致項目と否定極性項目が区別されるとしている．しかし，日本語において否定一致項目が否定極性項目から完全に独立したクラスをなすとみなすべきなのかどうかや，また，両者を区別する必要があるとしても，どのような特性が備わっていなければならないかなどについて，まだ解明すべき課題が多く残っている (Miyagawa, Nishioka, and Zeijlstra (2016)，西岡（第 4 章）など).

3. 否定極性現象と意味論

極性現象には，統語論的，意味論的，そして語用論的に様々な要因が関わっているため，純粋に意味論的な側面のみを切り取ることは不可能であるが，この節ではできる限り意味論的な観点から極性の研究を振り返る.

3.1. 下降含意に基づく否定極性項目の認可

現在の研究につながる極性の分析を行った言語学者の一人としてよく知られているのは Klima (1964) である．Klima は，否定極性項目に関して主に統語的な観点から分析し，trigger（現在の用語でいえば認可子 licenser）が否定極性項目を統御している (in construction with の関係にある) 必要があることを主張する．その後，Baker (1970) の意味論的な分析を経て，Ladusaw (1979) によって単調推論を取り入れた画期的な分析が展開されることになる.[3] Ladusaw (1979) は否定極性項目を認可する (license) 条件として次のような定義を提示した.

(27) α is a trigger for negative polarity items in its scope iff α is downward entailing.

これは，例えば，not ((27) の α) は下降含意 (downward entailing) であり，否定極性項目の any は not のスコープの中にあるときに用いることができることを述べたものである．否定極性項目の trigger としては not の他に every がある．下降含意は，一見すると共通性がないように見える every と not が

---

[3] Fauconnier (1975, 1978) は，scale という概念を用いて Ladusaw の分析に類似したものをすでに提唱している.

実は論理的な性質を共有するということを明らかにするもので，大きなインパクトを言語学の世界に与えた．

　例を用いて，下降含意が意味するところを見てみよう．(28a) では not が any を認可し，(29a) では every が any を認可している．

(28) a. Mary does not like any flower.
　　 b. *Mary likes any flower.
(29) a. Every student who likes any flower goes to the flower shop.
　　 b. *Most students who like any flower go to the flower shop.

ここで，薔薇の集合と花の集合を考えてみよう．薔薇の集合は，(30) に示すように，花の集合の部分集合である．なお，(30) の V(A) の V は割り当て関数で，A に A の集合を割り当てる働きをするものとする（例えば V(roses) は薔薇の集合である）．

(30) 　V(roses) $\subseteq$ V(flowers)

さて，(31) の場合，まず (31a) に示されるように，「メアリが花を買わなかった」のであれば，当然のことながらメアリは薔薇を買っていない．薔薇は花の中に含まれるからである．しかし，(31b) に示されるように，この逆は成り立たない．つまり，「メアリが薔薇を買わなかった」からといって，メアリが花を買わなかったと言い切ることはできない．メアリは，白ユリを買ったかもしれないからである．このような含意関係が成り立つとき，下降含意が成り立つという．

(31) a. Mary did not buy flowers. → Mary did not buy roses.
　　 b. Mary did not buy roses. ↛ Mary did not buy flowers.

同じことは every が用いられている (32) にもあてはまる．

(32) a. Every student who likes flowers goes to the flower shop.
　　　　 → Every student who likes roses goes to the flower shop.
　　 b. Every student who likes roses goes to the flower shop.
　　　　 ↛ Every student who likes flowers goes to the flower shop.

　下降含意という性質を用いる論理的な分析は，その後ブール代数を用いる分析の登場で，より一層磨きがかかる．つまり，下降含意をブール代数の中に位置づけることで，否定の性質をより細かく捉えることが可能になったのであ

る．(33) は，下降含意をブール代数を用いて書き換えたものである．

(33)　Let B and B* be two Boolean algebras. A function f from B to B*
is monotone decreasing iff for arbitrary elements X, Y $\in$ B:
$X \subseteq Y \rightarrow f(Y) \subseteq f(X)$
(B と B* はそれぞれブール代数であるとする．B から B* への関数
が単調減少であるのは，B の要素である X と Y に関して，$X \subseteq Y$
ならば $f(Y) \subseteq f(X)$ であるとき，そしてそのときのみである．)

(van der Wouden (1994))

関数 f としては，例えば not の働きがそれに相当する．(33) が述べているこ
とは，ブール代数においては単調減少である関数 f は X と Y の包含関係を逆
転させるということであり，これを自然言語にあてはめるならば，集合 X が
集合 Y に含まれている場合，Y を指示する (denote) 語彙と not を含む命題
が真であれば，X を指示する語彙と not を含む命題も真であるということで
ある．このようにブール代数を自然言語に対応させると，and や or を含む文
の中に not や seldom のような licenser が現れる場合，どのような推論が可
能であるか（あるいは不可能であるか）がわかる．例えば，(34) の左側の命
題が真であれば，(34) の右側の命題も真である（逆方向の推論も同様）が，
このことはブール代数的な性質として分析することができる．(35) も同様で
ある．

(34)　Not every student swam and jogged. $\longleftrightarrow$
Not every student swam or not every student jogged. (anti-additive)

(35)　No student swam or jogged. $\longleftrightarrow$
No student swam and no student jogged. (antimultiplicative)

anti-additive と antimultiplicative の定義は，それぞれ (36a) と (37a) である．
(36b) と (37b) は，それぞれ (36a) と (37a) の関数 f の具体例（認可子）で
ある．

(36)　a.　Let B and B* be two Boolean algebras. A function f from B to
B* is anti-additive iff for arbitrary elements X, Y $\in$ B:
$f(X \cup Y) = f(X) \cap f(Y)$
b.　nobody, never, without, deny, if　　　　(van der Wouden (1994))

(37) a. Let B and B* be two Boolean algebras. A function f from B to B* is antimultiplicative, iff for arbitrary elements $X, Y \in B$:
$$f(X \cap Y) = f(X) \cup f(Y)$$

    b. not every, not always   (van der Wouden (1994))

(36) と (37) は，下降含意である関数に，制約を加えたものとなっている．

なお，anti-additive であり，かつ，antimultiplicative である関数は anti-morphic と呼ばれる．antimorphic である認可子の1例は文否定の not である．これら3つの関数は，それぞれ (33) の下降含意である関数の部分集合であるので，すべて下降含意である．

3.2. 真実叙述性 (veridicality) に基づく NPI の生起環境の説明

ところで，こういった下降含意という論理的性質は，極性現象のすべてを原理的に説明するものではないという見方もある (von Fintel (1999), Giannakidou (1998, 1999))．その大きな理由の1つは，(38) の疑問文や (39) の命令文のように，直感的には単調性とは無関係であるにもかかわらず否定極性項目を認可するものが存在するからである．

(38)   Did you see anything strange?

(39)   Take anything you want.

このように下降含意とは（おそらく）無関係であると考えられる文脈として，疑問文や命令文の他に，must などのモーダル助動詞，選言の or，命題態度動詞の want や hope などがある (Giannakidou (2011))．Giannakidou (2011) は，さらに，否定極性項目の認可子 every と下降含意を結びつけることに関して，次のような例を挙げてその問題点を指摘している．

(40)   Every student who saw anything reported to the police.

(41)   a. */??Each student who saw anything reported to the police.

         b. */??Both students who saw anything should report to the police.

(40) と (41) は容認可能性に関して大きな差があるが，いずれも下降含意の構文であるため，下降含意を用いる分析では両者の違いを統一的に捉えることができない．ここで，every と each/both の違いに目を向けるなら，each N と both N の方はいわば談話 (discourse) に link されており，そのため，N の領域は空ではないのに対し，every N のほうは空であってもよいということ

がわかる．Giannakidou (1998) や Zwarts (1995) は，こういった現象に基づき，否定極性現象を包括的に扱うためには，veridicality（真実叙述性）という概念が必要であるとする．veridicality とは，一言でいえば，語彙によって指示される対象が「実際に存在する」ことを指す．[4] 例えば，(41) の each と both は，発話文脈の中で対象 ((41) の例でいうと「何かを見た学生」) が存在することを要求するので veridical（真実叙述的）である．これに対して，(40) の every の場合は，例えば every student は必ずしも具体的に誰かを指さなくても構わないので，nonveridical（非真実叙述的）である．具体的には，every などの限定詞 δ が (non)veridical であることの定義は次のようになる．なお，c は発話の文脈を，CP は関係節を，〚　〛は割り当て関数を表す．[5]

(42)　A determiner DET is *veridical* with respect to its NP argument iff:
　　　〚DET NP VP〛$_c$ = 1 → 〚NP〛$_c$ ≠ ∅; otherwise, DET is *nonveridical*.
　　　　　　　　　　　　　　　　　　　　　　　　　　　(Giannakidou (1998))

(43)　A determiner DET is *veridical* with respect to its complex
　　　NP ∩ CP argument iff :〚DET (NP ∩ CP) VP〛$_c$ = 1 →
　　　〚NP ∩ CP〛$_c$ ≠ ∅; otherwise, DET is *nonveridical*.
　　　　　　　　　　　　　　　　　　　　　　　　　　　(Giannakidou (1998))

(42) および (43) は，nonveridical な限定詞は，発話文脈の中に名詞句が指すものが存在することを前提としないことを述べたものである．

　一般的にいって，nonveridical という性質は，極性項目を含まない構文でも観察できる．例えば，疑問文や命令文は，(44) と (45) に例示されるように，名詞句が指すもの (キツネや本) の存在を前提としない．

(44)　Did you see a fox?

(45)　Bring a book you like.

なお，文否定 (NOT p) は，(nonveridical であり，かつ) antiveridical である．antiveridical という性質に対しては，Giannakidou (1998) によって (46) の定義が与えられている (詳細は Giannakidou (1998, 2006) を参照).

---

[4]　veridicality は，ラテン語の veridicus (verus 'true' + dicere 'say') からきている．

[5]　(43) の A ∩ B は，A と B の連結を表すとともに，意味的には A と B にそれぞれ割りあてられる集合の積をとることを表す．

(46) a. A propositional operator F is *veridical* iff Fp entails or presupposes that p is true in some individual's epistemic model $M_E(x)$: otherwise, F is *nonveridical*.

  b. A nonveridical operator F is *antiveridical* iff Fp entails that not p in some individual's epistemic model: $Fp \rightarrow \neg p$ in some $M_E(x)$.

(Giannakidou (1998))

演算子（この場合は文否定）が antiveridical であるということは，文が真であるためには演算子が取る項（この場合は文）が偽であることを意味する．この性質は，例えば，同じように否定的な意味をもつ deny (nonveridical) などにはない性質である．

(47) I denied that I saw Paul.　　　　　　　　　　(Giannakidou (1998))

(47) では，I did not see Paul は必ずしも真ではない．つまり，(47) は I did not see Paul を含意しないということに注意されたい．

3.3.　Any の「領域拡張」と「叙述強化」

さて，90 年代は動的意味論が整備されるなど意味論の世界は論理色が強くなった時代であったが，その中で異色の研究が発表される．意味論と語用論を巧みに結びつけた Kadmon and Landman (1993) の "Any" という論文がそれである．極性現象の研究を方法論的にも推し進めることになるこの論文は，領域拡張 (domain widening) という概念と（any の認可条件としての）叙述強化 (strengthening) という概念を用いて，any が否定極性項目としても自由選択 (free choice：FC) 項目としても用いられることを統一的に説明しようとする．Kadmon and Landman は，any N の意味は不定名詞句 a(n) N と同じであるとした上で，領域拡張と叙述強化の定義を，それぞれ (48) と (49) のように与える．

(48) any による領域拡張：
In an NP of the form *any* CN, *any* widens the interpretation of the common noun phrase along some contextual dimension.

(49) any による叙述強化：
Any is licensed only if the widening that it induces creates a stronger statement, i.e. only if the statement on the wide interpretation entails the statement on the narrow interpretation.

まず (50) を見てみよう．A は，公園に来る珍しい野鳥を観察するのが好きな
のだとする．

(50)　A:　I did not see a bird in the park.

　　　 B:　Not even a sparrow?

　　　 A:　No, I did not see any bird.

(50) の A は，'I did not see any bird' と言うことで，B に対して，珍しい野
鳥の領域 D を広げて，スズメも含む領域 D' を想起するよう促している．そ
して，この D を広げて D' を想起させる働きをしているのが，言うまでもな
く any である．そして，このときの any を認可する条件が叙述強化である．
叙述強化は，D と（any によって領域を広げられた）D' において下降含意の
関係（D' における叙述が D における叙述を含意している）が成り立つことを
条件としたものである．この強化によって，例えば，(51) が自然で (52) が
不自然であることが説明できる．

(51)　I did not see any bird.

(52)　*I saw any bird.

まず (51) において，拡張された領域 D' において鳥を見なかったのであれば，
それよりも狭い領域 D においても鳥は見ていないことになるので，(51) は叙
述強化の条件を満たしている．しかし，この逆は成り立たない．なぜなら，拡
張された領域 D' において鳥（野鳥かスズメ）を見たからといって，それより
狭い領域 D において例えばスズメを見たと推論することはできないからであ
る．

　FC 項目の any も，(53) に見るように，領域を拡大する働きをもつ．

(53)　A:　An owl hunts mice.

　　　 B:　A healthy one, that is?

　　　 A:　No, ANY owl.　　　　　　　　　(Kadmon and Landman (1993))

(53) の FC 項目である any owl は，従来総称（generic）名詞句と呼ばれてき
たものであり，全称量化を用いて分析されることも多い．Kadmon and Land-
man は (53) には全称量化が関与すると仮定し，(53) の any owl を以下のよ
うに分析する（全称の every は下降含意の環境を作ることを思い出してほし
い）．なお，W は発話世界 w_0 から接近可能な（つまり何らかの発話状況の中
で言及が可能な）世界の集合を表す．

(54) $[\![$Any owl $_{\text{[healthy or sick]}}$ hunts mice$]\!] = \forall w, x: w$ is epistemically accessible from $w_0 \wedge$ owl $_{\text{[healthy or sick]}}(x, w) \rightarrow$ hunts mice (x, w)

$\Rightarrow$

$[\![$An owl $_{\text{[healthy]}}$ hunts mice$]\!] = \forall w, x: w$ is epistemically accessible from $w_0 \wedge$ owl $_{\text{[healthy]}}(x, w) \rightarrow$ hunts mice (x, w)

(Levy (2008))

以上見てきたように，Kadmon and Landman の理論は，下降含意を取り入れつつ，any が否定極性の性質と FC の性質のどちらも持つことを，「領域拡張が意味をなす（情報量をもつ）なら any は認可される」という語用論的な観点から捉えたものである．意味論の枠組みを用いつつも，語用論的な観点を導入するというこの種の方法論は，代替集合や scale を利用する分析などにも影響を及ぼしていく（Sudo（第 8 章）など）．中でも Lahiri (1998) は，語用論的な観点をいっそう強く押し出した分析を提示し，その後の極性研究に影響を与えることになる．

Lahiri (1998) は，ヒンドゥー語の否定極性項目は，scale と不定代名詞（数としては one が相当する）を含んでおり，そのことで一種の領域拡張が起こると考えた．彼が用いたのは，ヒンドゥー語の ek bhii などの語句である．これは弱い不定代名詞（例えば ek：数としては one に相当する）と scale をもつ bhii (even) との組み合わせからなり，否定極性を示す．

ek bhii が否定極性を示すことに対する Lahiri の説明の概要を日本語を例にとってみよう．(55) には，前提（あるいは慣習的推意（conventional implicature））がある．

(55) 太郎さえ，来た．

それは，太郎以外の人も来たということであり（その人たちの集合すなわち代替の集合は文脈によって定まる），さらには，その集合の中の代替はそれぞれ「ありそう (likely)」という scale によって整列されているというものである．その中で，太郎はもっとも「ありそうにない」という位置づけを与えられる．さて，この「N さえ」を 1 という数をもつ表現，例えば，「1 人の」と組み合わせると (56) になるのであるが，この (56) は矛盾を抱えている．

(56) #1 人の学生さえ，来た．

例えば，3 人の学生が来た場合，1 人の学生は当然来たのであるから「1 人の

学生が来た」は「ありそうな」ことの方に位置づけられる．このことは，実際のところ，n 人（n≠1）以上のすべての場合にあてはまる．したがって，「1 人の学生が来た」が「さえ」によって「もっともありそうにない」とされるのは矛盾しているということになる．なお，否定は，scale の向きを逆転させるので，「1 人の学生さえ来なかった」の方は自然であることも説明がつく．ヒンドゥー語では koii bhii（koii は someone に相当する）や kuch bhii（kuch は something に相当する）なども否定極性を示すが，Lahiri は someone/something が 1 に対応すると仮定し，これらが否定極性を示すことを上と同じ理屈で説明している．[6, 7]

冒頭でも述べたが，極性現象には様々な要因が絡んでおり，単に意味論的な分析のみで説明しきれるものではない．ここでは，過去の比較的意味論に近いと考えられる分析を取り上げ，論理から語用へと移行する研究の動きを振り返った．

4. 肯定極性項目

否定極性項目に比べ，肯定極性項目（PPI）は，理論言語学の中でこれまであまり注目をされてこなかったが（Szabolcsi (2004)），近年，肯定極性の研究も盛んになってきている．例えば，2015 年 3 月には，ドイツ言語学会（DGfS）において，Varieties of Positive Polarity Items というテーマのワークショップが行われ，学術雑誌 Linguistics においても，2018 年 56 巻の特集号として，肯定極性の特集が組まれている（Liu and Iordăchioaia (eds.) (2018)）．

肯定極性項目として振る舞う表現・語彙には様々な種類があるが，紙面の都

---

[6] Lahiri の理論を日本語に適用したものとしては Nakanishi (2006) や Kuno (2008) がある．

[7] ek bhii によく似た語句としては，(i) に示すように，日本語では「1 人も」がある（Nakanishi (2006)）．

   (i) *学生が，1 人も，来た．

   (ii) 学生が，1 人も，来なかった．

Nakanishi は量化の「も」と scale の「も」を区別した上で，scale の「も」が even に相当すると仮定することで，本論の Lahiri の理論が (i) と (ii) にも当てはまることを指摘している．ただ，この Lahiri の理論を他の否定極性項目（あるいは否定一致項目（negative concord item））に適用するのは少なくとも単純にはいかない．例えば「少しも」の「も」は，scale を表すと考えられ，肯定文の中では用いられない（「*少しも食べた」）．「少しも」が量の scale 上でもっとも低い程度を表すのであれば Lahiri の理論が応用できるが，「微塵も＞ほんの少しも＞少しも」のような scale の存在を認めるなら，応用は難しい．

合上，本節では，話者指向副詞，英語の some および不定語（indefinite），お
よびモダリティに関する先行研究に焦点を当て，それらの PPI としての特性
を考察する。[8]

4.1. 話者指向副詞 (speaker-oriented adverb)

まず，話者指向副詞について，考えてみよう。話者指向副詞には，honest-
ly, frankly speaking 等の「談話志向副詞」，possibly, probably 等の「モーダ
ル副詞」，luckily, unfortunately 等の「評価副詞」が含まれるが，これらの副
詞は否定のスコープに入ることができないという特徴を持っている（Nilsen
(2004), Ernst (2009)）．（Bellert (1977) のこれらの副詞の生起環境に関す
る研究も参照。）

(57) a. Honestly, I don't know what you mean.　　　(discourse-oriented)

(#I don't honestly know what you mean.)

b. Karen possibly went to the party.　　　　　(modal adverb)

(#Karen didn't possibly go to the party.)

c. Karen luckily left.　　　　　　　　　　　(evaluative)

(#Karen has not luckily left.) (cf. Karen luckily has not left.)

---

[8] Liu and Iordăchioaia (2018) は，PPI として振る舞う表現・語彙を以下のように分類・
リストしているが，このリストからも，PPI には様々な種類があることがわかる。

(i) Kinds of PPIs:

a. PPI adverbs (e.g., Baker (1970), van der Wouden (1997), Klein (1998), Liu
(2012), Spector (2014), Ruppenhofer and Michaelis (2016), Sawada (2016),
Kellert (2018))

b. PPI adjectives (e.g., Liu and Soehn (2009))

c. PPI predicates (e.g., Hoeksema (2010), Hoeksema (2018), Liu and Soehn
(2009), Sailer (2018))

d. PPI indefinites (e.g., Szabolcsi (2004), Jayez and Tovena (2007), Chierchia
(2013), Lee (2015), Fălăuş (2018))

e. PPI connectives (e.g., Goro and Akiba (2004), Spector (2014))

f. PPI determiners and quantifiers (e.g., Seuren (1985), Hasegawa (1991), Progo-
vac (1994), Giannakidou (2011), Larrivée (2012), Zeijlstra (2013), Zeijlstra
(2017))

g. PPI measure constructions (e.g., Israel (2011))

h. PPI idioms (e.g., Liu and Soehn (2009), Hoeksema (2018), Sailer (2018))

i. PPI modal expressions (e.g., Homer (2011), Iatridou and Zeijlstra (2013),
Giannakidou and Mari (2018))

(Liu and Iordăchioaia (2018) に基づく)

　これらの副詞の肯定極性的振る舞いに関して，ここでは，Nilsen (2004) の「領域縮小」(domain shrinking) のアプローチと Ernst (2009) の nonveridicality のアプローチを概観する．Nilsen (2004) は，英語の possibly を例に，possibly は「領域縮小＋叙述強化」によって認可されていると主張した．

(58) a. Possibly による領域縮小: The adverb *possibly* is a domain shrinking possible world quantifier (as opposed to a domain widening operator like the NPI *any* (Kadmon and Landman (1993))).

　　 b. Possibly による叙述強化: A general pragmatic constraint of strengthening: the result of domain-narrowing must entail the same proposition without domain-narrowing.

(Nilsen (2004))

この考え方は，Kadmon and Landman (1993) の any の分析を応用したものであるが，any には「領域拡張」が関わっているのに対し（3.3 節参照），possibly には「領域縮小」が関わっている点に注意されたい．以下，possibly の領域縮小の機能について，具体的に考えてみよう．まず，Nilsen は，"possibly (φ)" と（それと似た意味を表す）"it is possible that (φ)" を比較し，前者は後者よりも強い statement であるとしている．そして，この違いは，「possibly が possible の想定している可能世界の領域を狭めている」ことからくると主張している．

　(59) で表されているように，possibly と possible は基本的に同じであるが，possibly の場合，関数 g により，様相基盤 (modal base) の集合を狭めている (for all X, g (X) $\subseteq$ X)．(K は「情報の状態」(information state)（＝信念の集合 (belief set)）を表しており，現実世界で真であると捉えられていることと矛盾しない可能世界の集合を示している．また，W は，modal base (Kratzer (1977, 1991)) を示し，会話の文脈に依存して決まる命題の集合を表している．)

(59) a. 　$[\![possible]\!]^{K} = \lambda p[p \cap W \cap K \neq \emptyset]$
　　 b. 　$[\![possibly]\!]^{K} = \lambda p[p \cap g\ (W) \cap K \neq \emptyset]$　　　　(Nilsen (2004: 826))

　この違いは，可能性のスケールの観点からも考えることができる (Ernst (2009) も参照)．すなわち，possibly(p) によって想定されている p の可能性は，possible(p) で想定されている p の可能性よりも高いため，possibly(p) が真であるならば，possible(p) も当然，真となる．しかしながら，possible

22

(p) が成り立つからといって possibly(p) も成り立つとは限らない.[9]

Nilsen は，このような possibly の持つ領域の縮小の機能と語用論的制約（叙述強化）が合わさることで，possibly の肯定極性的な振る舞いが現れると主張している．以下の例を見られたい．

(60) a. It is possible that Stanley ate his Wheaties.

　　 b. Stanley possibly ate his Wheaties.

　　 c. *Stanley didn't possibly eat his Wheaties.

　　 d. It is not possible that Stanley ate his Wheaties.

(Nilsen (2004))

領域を狭めた (60b)（= possibly(p)）は，領域を狭める前の (60a)（= it is possible(p)）を含意しているので，(58b) の叙述強化の制約に違反せず，自然となる．しかしながら，否定がついた (60c) は，否定文の (60d) を含意しないため，不自然となる．

以上 Nilsen のアプローチを見てきたが，次に Ernst (2009) の分析をみてみよう．Ernst は，Giannakidou の (non)veridicality の考え方を基に，話者指向副詞の振る舞いを分析しているが，Ernst (2005) は，PPI の認可条件として，以下の条件を提案した．

(61) Licensing Conditions for Positive Polarity Items (adapted from conditions for NPIs in Giannakidou (1999))

　　 a. A positive polarity item A is blocked in the local scope of a non-veridical / antiveridical operator.

　　 b. In certain cases, A may be licensed indirectly despite being in the local scope of a nonveridical / antiveridical operator in a sentence S, iff S gives rise to a positive implicature ϕ.

(Ernst (2009: 510))

Ernst (2009) のアプローチで興味深い点は，話者指向副詞の生起環境には，副詞ごとにバリエーションがあると考えている点である．Ernst (2009) は，

---

[9] Ernst (2009) は，possible と possibly の意味を以下のように定義している（PL は probability を表す）.

　(i) a.　[possible] $= \lambda$p. PL(p) $\geq$ LOW

　　 b.　[possibly] $= \lambda$p. PL(p) $>$ LOW

以下のように，PPI には，強い PPI（strong PPI）と弱い PPI（weak PPI）の2種類があると想定した．

(62) a. Strong PPIs (Strong Evaluative): Subjective; blocked in all non-veridical contexts (indirect licensing disallowed) (examples: *unfortunately, luckily, amazingly, unbelievably, sadly, oddly, bizarrely*)

b. Weak PPIs: Subjective or objective; blocked in antiveridical contexts, sometimes OK in strictly nonveridical contexts (indirect licensing allowed)

(examples: *probably, possibly, certainly, maybe, perhaps, assuredly, surely*)

c. Non-PPIs: Objective; allowed in all nonveridical contexts (examples: *obviously, clearly, transparently, seemingly, evidently*)

(Ernst (2009: 512))

unfortunately, luckily, amazingly などは，すべての nonveridical なコンテクストで生起できないという点で，強い PPI であるのに対し，famously, convincingly, probably などは，antiveridical な環境（否定など）では生起しないが，疑問文，条件節中では生起できる場合があるという点で弱い PPI である．[10] 以下，関連した現象をいくつか挙げる．

(63) a. *George didn't {unfortunately / luckily} come. （否定文）

b. *Has George {unfortunately / oddly} come? （疑問文）

c. *If George {unfortunately / oddly} comes, the party will be a disaster. （条件文）

（一部 Ernst (2009) に基づく）

(64) a. *They haven't *probably* decided to resign. （否定文）

b. Are they *probably* going to be invited to the meeting? （疑問文）

c. If, as you say, they're *probably* in line for an award, maybe we

---

[10] 否定は p ではないと断定しているという点で antiveridical であると同時に，p であることを含意していないという点で nonveridical であるのに対し，疑問文や条件節は，p ではないと断定していないため antiveridical ではないが，p であることを含意していないという点で nonveridical である点に注意されたい．

should get tickets for the ceremony as soon as we can.（条件文）

（一部 Ernst (2009) に基づく）

では，strong PPI と weak PPI の違いはどこからくるのであろうか？Ernst (2009) は，両者の違いは，主観性の度合いの違いと相関していると考えている．Ernst によれば，strong PPI は，命題に対する関与が強く主観的であるため条件文や疑問文などの非真実叙述的（nonveridical）な環境では現れることができないが，weak PPI は，命題に対する関与が弱く，客観的であるため（当該の問題の一部として解釈され），疑問文や条件文のスコープに入りやすくなる．ただし，Ernst も論じているように，常に，weak PPIs（possibly など）が疑問文や条件文に現れることができるというわけではなく，「主観的な」読みを持った場合は，疑問文，条件文では現れにくいとしている．このような主観性を基盤とする考え方は，Lyons (1977) が提唱する主観的なモダリティと客観的なモダリティと通じるところがあり，主観的な may と客観的な may の違いとも通じる．

以上，Ernst (2009) と Nilsen (2004) の研究を概観したが，どちらの研究も，PPI を分析する際，NPI の理論的道具立て・考え方を拡張・応用しているという点は興味深い．

4.2. 英語の some と不定語の PPI 的特性

次に，現象を変えて，英語の some の PPI の振る舞いについて考えてみよう．第 1 節でも少し見たが，some は，同一節中で否定的な要素と共起すると不自然となる（ただし some が not よりも広いスコープをとる場合，あるいは not が強調的な反論（emphatic denial）の意味を持つ場合は自然になる（Szabolcsi (2004)）．[11]

(65) a. Mary insulted someone.

b. #Mary did not insult someone.　(some $>\neg$, $*$ $\neg$ $>$ some)

---

[11] (i) が自然になる場合，someone の上に強い強勢が置かれる点に注意されたい（Giannakidou (2011)）．

(i)　Mary did not insult SOMEONE.

日本語においても，(i) の「誰か」と「メアリは誰かを見た」の「誰か」は，音調が異なることが指摘されている（郡司 (2006), Deguchi and Kitagawa (2002), Kuroda (2005), Kitagawa (2005) を参照されたい）．

(ii)　メアリは，誰かを見なかった.　(some $>\neg$, $*\neg$ $>$ some)

　　c.　I don't say that Mary insulted someone.

some の (65) のような振る舞いを，Szabolcsi (2004) は，同一節内の anti-additive operator（演算子）の直接作用域内には現れないという形で一般化している（AA-Op は anti-additive operator を表す）．

(66)　*Some*-type PPIs do not occur within the immediate scope of a clausemate anti-additive operator. Schematically: *[AA-Op > PPI].

　　　　　　　　　　　　　　　　　　　　　　　　　　　(Szabolcsi (2004))

anti-additive operator とは，文否定の not, nobody, never などの否定量化詞，without などの否定的な前置詞を指す．(not は，anti-additive であり，かつ antimultiplicative でもある点に注意されたい（3.1 節参照）.)[12]

　しかしながら，Szabolcsi (2004) は，以下のようなデータを基に，上の一般化には，例外があると主張している．

(67)　a.　I don't believe that you didn't see something.
　　　　　(Can mean 'I don't believe that you saw nothing')
　　　b.　If we don't call someone, we are doomed.　√ if (not > some)
　　　c.　Every boy who didn't call someone ...　√ every (not > some)
　　　d.　Only John didn't call someone.　√ only > not > some
　　　e.　Few boys didn't call someone.　√ few > not > some
　　　f.　Few boys thought that you didn't call someone.

　　　　　　　　　　　　　　　　　　　　　　　　　　(Szabolcsi (2004: 418))

伝統文法では，Jespersen 以来，(67a) のような現象は，2 つの否定が互いに打ち消して肯定の意味を持つために適格であると考えられてきたが，negation + some は，(67b-f) のように，条件節，every, only, few 等の weak NPI が認可される環境でも，認可される．Szabolcsi (2004) は，以下のように，例外として，PPI + negation 自体がひとつの NPI として振る舞い，NPI の認可環境にある場合は，もともとの PPI は否定の作用域に入れると主張した．

(68)　PPIs do not occur in the immediate scope of a clausemate anti-additive operator AA-Op, **unless** [AA-Op > PPI] itself is in an NPI-

---

[12] 以下の文も不適格である．
　　(i)　*Nobody ate something.

licensing context. (Szabolcsi (2004: 419))

このような現象を Szabolcsi は PPI の「救済」(rescue) と呼んでいる.[13] この考え方は，NPI と PPI を統一的な形で捉えている点で非常に興味深いが，近年このような考え方がどの程度通言語的に妥当であるのかという点に関して，様々な現象を基に考察されている．例えば，日本語の不定表現「誰か」も同様に，肯定極性表現の性質を示すが (Hasegawa (1991), Sudo (2010), Alonso-Ovalle and Shimoyama (2014), Imani (2016) など)，吉本 (第9章) は，Szabolcsi の救済の理論は日本語の「wh-か」には当てはまらないと主張している．

(69) a. 何か食べたい．(*何か食べたくない.)
　　 b. 誰かが来なかった.
　　 c. ジョンは [誰かが悪いと] は言わない.

McGloin (1976) は，不定 (indeterminate) の「誰か」「何か」「どこかへ」や自由選択 (free choice) の「誰でも」「何でも」なども肯定極性項目として分類しているが，不定詞＋助詞「か」/「も」の関係についてはいまだ残された問題は多い (中西・平岩 (第6章))．また disjunction (選言) を表す「か」の等位接続要素も肯定極性表現の様に振る舞う (郷路 (第10章))．例えば，「ジョンはリンゴかミカンを食べなかった」において，「りんごかミカン」は「ない」よりも広いスコープをとる解釈しかない．この点は英語とは異なる．英語では目的語の位置に or が現れた場合 (例えば，John did not eat an apple or an orange の場合) の an apple or an orange よりも否定の not が広いスコープをとり，どちらも食べていないという意味を表す ($\neg(A \lor B)$ は $\neg A \land \neg B$ と論理的には等価である).

4.3. モダリティとモダリティの一致現象

最後に，PPI の具体例として，モダリティの極性的振る舞いについて考察してみよう．例えば，英語の must やモーダル副詞の probably は，否定文では現れにくいものが多く，もし否定と共起できたとしても，否定のスコープには

---

[13] Szabolcsi (2004) は，他にも，shielding (保護) という用語を用いて，もし，not と some の間に，量化の副詞などが介入 (intervene) した場合，some は保護され不適格にならないという事実を説明している．

(i) Shielding: He didn't *(always) come up with something.

入らない (Iatridou and Zeijlstra (2013)，Homer (2015)) (4.1 節も参照)．[14]

(70) a.　John must not eat meat.　(MUST＞NEG)

　　 b.　John probably left the city. (# John didn't possibly leave the city.)

このようなモダリティの PPI 的特性については，様々な観点から考察されて
きているが (4.1 節参照)，ここで興味深い点は，(71a) のように，モーダル副
詞とモダリティ（助動詞）が同一の文で別々に現れた場合，両者は 1 つのモダ
リティとして解釈できるという点である．

(71) a.　You may possibly have read my little monograph upon the sub-
　　　　 ject.

　　 b.　Power carts must mandatorily be used on cart paths where pro-
　　　　 vided.

(Geurts and Huitink (2006))

このような現象はしばしば「モダリティの一致」(modal concord) と呼ばれて
いるが (Geurts and Huitink (2006)，Zeijlstra (2008)，Anand and Brasove-
anu (2010)，Grosz (2010)，Larm (2019))，Giannakidou and Mari (2018)
は，この現象と，以下の例のような，いわゆる否定一致現象（すなわち，否定
と否定的要素 (n-word) が共起して 1 つの否定の意味を表す現象）との間には
類似性があると指摘している．

(72) a.　Gianni　*(non) ha　　　 visto niente.　（イタリア語）
　　　　 John　　　not　have.3sg seen　n-thing
　　　　 John didn't see anything.

　　 b.　*(Dhen) ipa　　　 TIPOTA.　　　　　 （ギリシャ語）
　　　　 　not　　said.1sg　n-thing
　　　　 I didn't say anything.

(Giannakidou (2000: 458))

---

[14] 英語の認識的用法の may も must と同様，PPI 的な特性を持っているが，興味深いこと
に，根源的用法の may の場合は，may は否定のスコープに入っても入らなくてもよい．以下
の文は，「ジョンは明日来てはいけない」という読み（＝モダリティを否定した読み）と，「ジョ
ンは明日来なくてもよい」という読みがあるが，前者の読みでは，may が否定のスコープに
入っているのに対し，後者の読みでは may は否定のスコープに入っていない．

　(i)　John may not come tomorrow. （許可）　　　　　　　　　（澤田 (2006: 173)）
否定とモダリティの分析に関しては，Klima (1964)，太田 (1980)，Horn (1989)，de Haan
(1997)，澤田 (2006, 2014) を参照されたい．

28

5. 極性現象と語用論

　本節では，語用論の観点から極性現象の研究を概観する．本稿のこれまでの議論の中でも，極性表現の認可条件には語用論的な要因も関わっていることが示されているが (Kadmon and Landman (1993), Nilsen (2004) など)，本節ではより広い視点から極性表現の語用論的特性について考察する．具体的には，スケール推意 (scalar implicature)，否定疑問文のバイアス，極性表現の談話機能に焦点を当て，極性表現と語用論の接点について考察する．

5.1. スケール推意と極性

　まず，スケール推意であるが，一般的に，スケール推意は，Grice (1975) の量の公理の前半部「(会話のやりとりの目的の中で)，必要とされるだけの情報を与えよ」(Make your contribution as informative as is required (for the current purposes of the exchange)) により生じる会話的推意 (conversational implicature) であると考えられている．例えば，以下の発話からは，「いくつかの必修科目を取り終えた」と言うことで，「すべての必修科目を取り終えたわけではない」という否定的な意味を会話的推意として読み取ることができる (→は推意を表す)

　(73)　(コンテクスト：話し手は言語学を専攻している)

　　　I have completed some of the required courses.

　　　スケール推意→ I have not completed all of the required courses.

Grice の理論では，上のような推意は，以下の語彙的なスケール (Horn スケール) を踏まえた上で，量の公理により「all ではない」という推意が生じることになる．[15]

　(74)　量のスケール：<all, some>

　　　(<x, y> は，そのスケール上で x は y よりも上位にあることを示す)．

　このような考え方に対して，近年，論理形式の中に見えない ONLY を立てることでスケール推意を生み出す立場も提案されている．例えば，Chierchia (2013) は，(75a) の尺度推意を (75b) のように見えない ONLY を用いて，

---

[15] Grice 流のスケール推意の研究については (Horn (1972, 1989), Hirschberg (1991), Levinson (2000), 加藤・吉村・今仁 (編) (2010) なども参照されたい)．

文法・論理構造のレベルで計算している（O_C は見えない ONLY を表す）
(Chierchia, Fox and Spector (2012) も参照).

(75) a. Some of the students will show up.

　　 b. O_C (some of the students will show up) = some of the students
　　　　 will show up $\land \lnot$ all of the students will show up
　　　　 (where C = {some of the students will show up, all of the stu-
　　　　 dents will show up}

(Chierchia (2013: 103))

Chierchia (2013) は，さらに，上のような見えない ONLY を仮定したスケー
ル推意の意味計算は，ever や NPI / free choice の any の意味計算と本質的な
ところで共通していると主張している．Chierchia のスケール推意と否定極性
項目の間の平行性に関する考察は非常に興味深いものの，Chierchia 自身も認
めているように，極性表現の中には，EVEN の意味が内在しているものもあ
り（例：budge an inch, sleep a wink 等の minimizer），スケール推意と否定
極性項目の共通性についてはさらに検討が必要となっている.

5.2.　慣習的推意と極性の関係

　また，慣習的推意 (conventional implicature) (CI) (Grice (1975), Potts
(2005), McCready (2010), Gutzmann (2012)) と極性の関係についても研
究が盛んになってきている (Liu (2012), Sawada (2017, 2018)). CI とは，
概略，ある特定の語に慣習的に結びついている類の推意 (implicature) のこと
で，命題の真偽判定に関わらないという特徴を有している．また，CI は，基
本的に話者指向的であるという点が特徴的である．例えば，Potts (2005) は，
話者指向副詞の fortunately は，慣習的推意を生み出す表現であるとしている.

(76)　Fortunately, Tom survived.
　　　At-issue: Tom survived.
　　　CI: Tom survived is fortunate.

CI は，真理条件的意味 (at-issue meaning) から独立しているという点で，否
定のスコープに入らない肯定極性と似ているが，Liu (2012) は，fortunately
や luckily などの極性を CI の観点から分析している.

　しかしながら，CI 表現と思われるものの中には，否定極性項目として振る
舞うものもある．例えば，日本語の否定用法の「とても（じゃないが）」は,

CI のレベルで不可能性を強調しているが，この副詞は，意味論レベルの意味から論理的に独立しているように思われる (Sawada (2017), 澤田 (第 12 章))．

(77) a. 徹夜などとても（じゃないが）できない．
b. *徹夜などとても（じゃないが）できる．

澤田（第 12 章）では，活性化された命題に対する反論という語用論的機能の観点から，CI 的な否定極性項目の極性的振る舞いを説明している．

5.3. 否定疑問文のバイアス

　近年，否定疑問文のバイアス的意味と極性項目の関係についても，興味深い研究がなされてきている．例えば，英語の否定疑問文においては (Isn't Jane coming?) は，p（=「Jane が来る予定である」）であることを確認している場合と，¬p ということを再確認している場合の 2 通りの読みがあるが，PPI の too が挿入されると p を確認する疑問と解釈され，NPI の either が挿入されると，¬p を確認する読みしかなくなる (Romero and Han (2004) など)．

(78) a. Isn't Jane coming too?　　　（肯定バイアス型：double-checking p）
b. Isn't Jane coming either?（否定バイアス型：double-checking ¬p）

　日本語の否定疑問文にも，類似した現象がある．(79a) のように，否定疑問文が肯定極性項目の「誰か」と共起した場合，否定疑問文は肯定バイアスの読みを持つが（=「誰か来た」ということを予期している），(79b) のように，否定極性項目の「誰も」が伴った場合は，「誰も来なかった」ということを確認しており，否定バイアスの読みとなる．

(79) a. 誰か来なかったの？　（肯定バイアス型）
b. （誰も来なかったと言われて）
　　誰も来なかったの？　（否定バイアス型）

　極性項目が共起しない場合，否定疑問文は，肯定バイアスの読みとしても否定バイアスの読みとしても解釈可能であるが，両者の読みは，否定の位置，イントネーション，背景となる知識，状況等により峻別できることも明らかになってきている (Ito and Oshima (2016), 大島 (第 11 章), Shimoyama and Goodhue (2019) など)．また，日本語の否定疑問文の研究では，しばしばポライトネスとの関係も議論されている (庵・高梨・中西・山田 (2001), 日本語記述文法研究会（編）(2007), 大島 (第 11 章) など)．例えば，否定疑問文

の (80b) は，肯定疑問文の (80a) よりも丁寧に感じられる．

(80) a. ペンを貸して {くれますか／くださいますか}．
    b. ペンを貸して {くれませんか／くださいませんか}．

(庵・高梨・中西・山田 (2001: 488))

5.4. 極性表現の修辞的機能

最後に，極性表現の語用論的・修辞的機能について Israel (1996, 2004, 2011) のスケールモデルを使った研究を見てみよう．Israel はすべての極性項目には，「高・低」のスケール上の量的な値と「強調」もしくは「和らげ」といった情報的な値（語用論的機能）があると主張し，これらの 2 つの値の組み合わせにより，自然言語には，(82) に表されているように，4 つのタイプの極性表現があると主張している．

(81) a. Quantitative Value (Q): high or low relative to norm
    b. Informative Value (I): understating or emphatic relative to norm

(Israel (1996) に基づく)

(82)

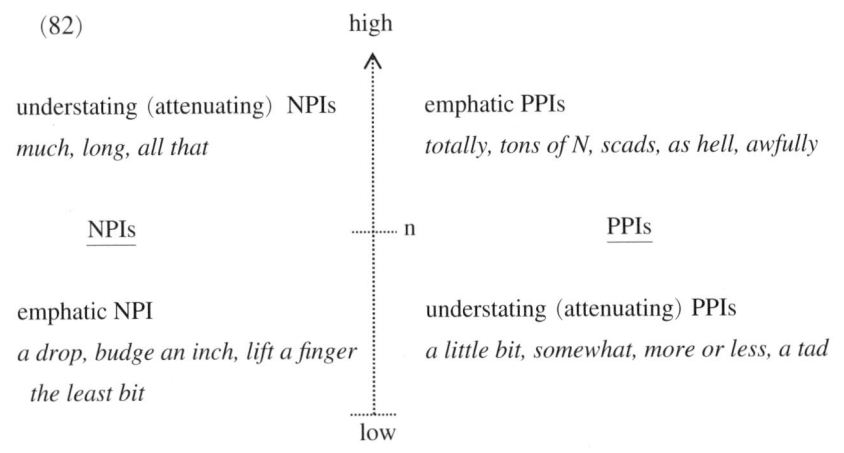

(Israel (1996, 2004) に基づく)

例えば，a tad（多少）は，低い程度性を持った控えめ（和らげ）の PPI であるのに対し，the least bit は，低い程度性を持った強調的な NPI である．[16]

---

[16] Krifka (1995) も，a sound や any の意味を強調的言明 (emphatic assertion) という発話行為的機能を想定して分析している．

(83) Henry is a tad overweight.　　　　　（控えめ（和らげ）の PPI）
　　　（多少太りすぎている.）（cf. *Henery isn't a tad overweight.）
　　　　　　　　　　　　　　　　　　　　　　（Israel（1996: 635-636））
(84) Henry isn't the least bit overweight.　（強調の NPI）
　　　（少しも太りすぎではない.）（cf. *Henry is the least bit overweight.）
　　　　　　　　　　　　　　　　　　　　　　（Israel（1996: 635-636））

　一方，all that は高い程度性を持った控えめ（和らげ）の NPI であるのに対し，awfully は高い程度性を持った強調の PPI である.

(85) Lewis isn't all that clever.　（控えめ（和らげ）の NPI）
　　　（cf. *Lewis is all that clever.）　　　　　（Israel（1996: 636））
(86) Lewis is awfully clever.　　（強調の PPI）
　　　（cf. *Lewis isn't awfully clever.）　　　　（Israel（1996: 636））

日本語の「そんなに」や「あまり」は，控えめ（和らげ）の機能をもった NPI として振る舞う（井戸（第 13 章），(90) も参照）.

　Israel は，強調的な極性表現はコミュニケーションのやりとりにおいて話者の感情や関与をマークする際に使われるのに対し，控えめ（和らげ）タイプは，話者の軽率な振る舞いの必要性を最小限に抑えることで，話者の信用を守り，聞き手に対して敬意を表する機能を持っていると主張し，極性表現の語用論的機能をポライトネスの理論（Brown and Levinson（1979））と結びつけて考えている.

　Israel の理論がすべての極性表現にあてはまるかどうかについては，慎重に検討する必要があるが，日本語においても，Israel の 4 つの類型に合う極性表現があり，通言語的にも興味深い.[17]

(87) 少し高い.　　　　　　　（控えめ（和らげ）の PPI）
　　　（*少し高くない.）
(88) 一歩も外に出なかった.　（強調の NPI）
　　　（*一歩外に出なかった.）
(89) とても白い.　　　　　　（強調の PPI, 高程度）
　　　（*とても白くない.）

　(i)　John didn't hear a SOUND.　　　　　　　　　（Krifka（1995: 232））
[17] 否定用法の「とても」が Israel の類型にそのまま当てはまるかどうかについては自明ではない（Sawada（2014））.

(90) そんなに高くない. (控えめ (和らげ) の NPI, 高程度)
(*そんなに高い.)

6. 終わりに

　以上本章では，これまでの極性現象の研究と最近の研究・動向を概観した．
第2章以降の各章では，これまでの研究を踏まえた上で，新たな観点・デー
タから，極性現象の構造，意味，機能について考察する．具体的には，以下の
本質的な問題について，統語論，意味論，語用論，言語獲得，コーパス，歴史
言語学の観点から考察する．

(91) a. 極性表現はどのような環境で現れ得るのか？その環境はどのよう
に説明できるのか？

b. 極性表現には構造・意味に関してどのようなバリエーションがあ
るのか？

c. 否定極性項目と肯定極性項目の関係はどのように捉えることがで
きるのか？

d. 極性項目はどのような状況において用いられるのか？

e. 極性項目は談話レベルにおいてどのような役割を果たしているの
か？

以下，本書に収録されている 13 本の論考の要旨を紹介する．

岸本秀樹「日本語の否定極性表現と統語構造」

　日本語の否定極性表現は，少なくとも項位置に現れる項タイプと，ホストと
なる項を直接修飾する位置や移動で残された項のコピーがある位置にも生起で
きる遊離タイプがある．本論では，これらの2つのタイプの否定極性表現を
用いて，日本語の否定辞「ない」がもともとの形容詞の語彙的な性質を保持し
ている場合には，否定辞の移動が起こらず，否定のスコープが TP にまでは及
ばないこと，および，「ない」が語彙的な性質を失っている場合には，否定辞
移動が起り，否定のスコープが TP まで拡がることを示す．遊離詞タイプの
「不定代名詞＋も」の形式をもつ否定極性表現は，「も」を不定代名詞から引き
離すことができるが，不定代名詞を c-統御しなければならないという要請が
ある．このため，不定代名詞束縛を例外的格標示 (ECM) 構文の主語の位置
を特定する証拠とする研究もあるが，本論では，ECM 構文の主語位置を検証

するには「か」と不定代名詞が結びつく肯定極性表現の方がより有効な手段となることも論じる.

片岡喜代子「極性と否定極性と統語的条件──日本語とスペイン語の否定現象から──」

極性は否定とセットで語られることが多いが,Fauconnier (1975) は語用論的スケールに基づく全称解釈を導く特性として,否定・肯定とは独立に捉えている.その上で,スケール原則における否定の役割を指摘し,スケールの極を示すという極性を否定環境でのみ発揮する項目の存在を認めている.その考えに基づき本来の意味での否定極性項目を認め,日本語とスペイン語においてその統語的・意味的条件を再確認した上で,語用論的条件を提示する.極性には否定は特別な存在ではあるが,否定との共起を要する表現には極性を示さず本来の否定極性項目とは見なせないものもあり,否定との統語的関係も一様ではない.極性を担う表現は,英語やスペイン語では形式で識別不可能であるが,日本語では形式で識別可能であり分析がより容易である.極性の定義を確認し否定極性を厳密に定義することで,否定環境に生起する表現の普遍的及び個別の統語・意味特質が確認され,否定現象の詳細がより明らかになる.言語個別の文否定の特質や語彙特質及び文構造の解明へも繋げることができる.

西岡宣明「話題・焦点活性化と WH-mo, XP-sika, Rokuna N」

本研究では,否定文にしか生じないことから,従来,否定極性表現 (NPI) として一律に扱われることが多かった日本語の WH-mo, XP-sika, rokuna N について,WH-mo と XP-sika を否定呼応表現 (NCI) とし,rokuna N のみを NPI とする Miyagawa, Nishioka and Zeijlstra (2016) の区分の妥当性を新たなデータに基づき,新たな分析を提示して支持する.その際,日本語は談話配置型言語であり,主節の節頭における話題,焦点の義務的明示化 (活性化) の要求と連動して否定の作用域が独自に決定されるメカニズムを示し,これらの要素の分布の違い,特に主語と目的語/付加詞の非対称性,文断片における容認性の違い,ならびにこれらの要素と主語の部分否定解釈の考察を通して,NCI である WH-mo, XP-sika と NPI である rokuna N の認可のメカニズムが違うことを明らかにする.

渡辺 明「程度修飾と極性が交差するところ」

最上級の形容詞が名詞を修飾する場合に,反意語のペアのどちらを使うかに

対応して自由選択を含む広義の極性現象が生じることが Fauconnier による英語の研究で観察されていたが，本稿では，「どんなに」と「も」の組合せによる程度変項の全称量化が名詞修飾とからむ場合に同様のことが起こることを指摘し，その分析を提案する．量化の範囲が一定の基準以上に限定されていることが，反意性と相互作用を起こす主たる原因である．また，「どんなに」と「も」が共起する譲歩節の場合，「どんなに」を「いくら」と交換することが可能であるが，名詞修飾では交換不可能であることから，同じ「も」でも譲歩節末尾に生じるものと名詞に後続するものとでは性格が異なることも示す．「どんなに」と「いくら」が普通の程度修飾において疑問文で使うことができない不定表現であるために，これまで当該の現象が脚光を浴びることがなかったと考えられるが，程度変項の全称量化の類型論に関しても重要な意味合いを持ち，さらなる研究が俟たれる．

中西公子・平岩 健「日本語の裸不定語——譲歩条件節における認可メカニズムを通して——」

　日本語の不定語については，Kuroda（1965）以来数多くの研究がなされてきたが，不定語は「か」もしくは「（で）も」といったとりたて詞と共起せねばならないという観察が記述的一般化として広く受け入れられてきた．先行研究に共通しているのは，「か」や「（で）も」が量化的意味を与えており，それらの存在なくしては不定語は解釈できないという点である．

　本研究は，日本語の不定語が「か」や「（で）も」と共起せず単独で現れる現象，および「も」が存在しているにもかかわらず不定語が非文法的になるデータが存在することを示すことで，これまでの記述的一般化の妥当性とそれに基づく不定語の分析に一石を投じるものである．そして，日本語の不定語が表層にある「か」や「（で）も」等といった音形を持つ形態素そのものによって認可されているように見えるのは表面上の見せかけにすぎず，実は不定語の意味と矛盾しない演算子によって認可されることを主張する．これは，不定語の認可メカニズムは特定の形態素ではなく，不可視の要素に還元されなければならないことを意味する．

今仁生美「「より」「ほど」「くらい」の極性について」

　日本語に限らず，一般に比較表現は極性をもつ傾向にある．用法によって多少の違いは生じるが，「より」は肯定極性，「ほど」は否定極性を示しやすい．それに対し，「くらい」は強い極性は示さない．これらはいずれも複数の対象

を比較するという点では同じであるのに，なぜ極性に違いが生じるのか．本研究は，この問いに答えることを目標とし，人の「認知」的な側面とスケール上の計算との相互作用により，極性が生まれることを示す．

「AはBより〜」という構文に関しては，絶対段階的形容詞が用いられる場合は，AとBが互いに比較されているのではなく，属性を端的に表す対象（極点）との比較により，結果的にAとBが比較されているのであること，また，Kratzerの様相に対する二重構造的枠組みに準ずる構造がこの構文の背後にあり，そのことで極性が生まれることを主張する．「Aほど〜」という構文に関しては，本研究で慣習的推論とよぶものが働くことを示す（例えば，「スケールの高い位置を占める個体数は少ない」というのが慣習的推論である）．最後に「Aくらい〜」という構文では，「Aくらい」がスケール上の近傍を表すため，極性が表れにくいことを示す．ただし，まったく極性が現れないわけではなく，近傍の位相的な特性や慣習的推論によって極性を示すこともあることを論じる．

須藤靖直「日本語のスカラー詞「も」の強い読みと弱い読みに関する考察」

本研究では，日本語の取り立て詞「も」のスカラー用法が，いわゆる弱い読みと強い読みを持つことを観察し，それらの分布を詳細に観察し，英語の「even」と対比させながら，「even」を対象とした理論が「も」のスカラー用法にどのように適用できるかを論ずる．

吉本 靖「肯定極性を持たない肯定極性表現——日本語の「whか」の分析——」

日本語の「誰か」や「何か」のような肯定極性表現（「whか」）は，英語のsomeタイプの肯定極性表現同様，否定文にも生起できる．同節内の「whか」と否定辞の間の作用域関係を見てみると，「whか」が否定辞の作用域の外にある解釈しか受けられない場合と，否定辞の作用域の内にある解釈も受けられる場合がある．本論文では，なぜこのような違いが見られるのかについて考察し，次の提案を行う．(1)「whか」を含む最小の命題が断定されている時，「whか」はその不定の指示対象の存在が否定される解釈を持てない．(2) 故に，単文否定断定文では「whか」は否定辞より広い作用域しか持てない．(3)「whか」は肯定極性を持たない．従って上記の解釈上の制約に違反しない限り否定辞との作用域関係は自由である．(4)「whか」に関しては「肯定極性表現救出現象」は存在しない．「whか」が肯定極性を持つように見える環境は有標の環境である．

郷路拓也「否定極性・肯定極性の第一言語獲得——子どもはどこまで大人と同じなのか——」

　本研究では，否定極性・肯定極性の第一言語獲得に関して，これまでの先行研究から得られたデータを元に，「子どもと大人の違い」について考察する．焦点を当てるのは，英語の否定極性表現 any の獲得と，日本語の肯定極性表現「か」の獲得である．

　英語の any に関しては，様々な先行研究が一致する形で，子どもが言語獲得の初期段階からこの否定極性表現をほぼ大人と同じように発話・解釈することが示されている．それに対して日本語の選言接続詞「か」は，5 歳程度の子どもの多くが，この語が持つ肯定極性をまだ獲得しておらず，結果として否定文に現れた「か」に対して大人と異なる解釈を与えることが観察されている．この実験結果は近年，選言接続詞が肯定極性を持つ他の言語においても再現されている．これは，Goro（2007）の提案する肯定極性パラメータ仮説を支持し，肯定極性の獲得メカニズムに関して大きな示唆を与えるものである．

大島 デイヴィッド 義和「否定極性疑問文の伝達する慣習的推意——日本語と英語の比較——」

　通言語的に，否定極性疑問文には，無標の肯定極性疑問文には見られない慣習的推意を伝達するという性質が観察される．否定極性疑問文は，多くの場合認識バイアス——特定の答えが成立する可能性が高いという話し手の見込み・予期——を伝達する．しかし，否定極性疑問文の推意は認識バイアスにとどまらず，複雑である．本研究では，英語と日本語における否定極性疑問文の意味および文法・音韻的性質を，主に記述的観点から考察する．英語の否定極性疑問文には (i) 肯定バイアス型，(ii) 否定バイアス型，(iii) 中立型が存在する．(i)・(ii) の適切な使用には，それぞれ異なる語用論的条件が関わる．日本語の否定極性疑問文は，音韻および情報構造の観点から，P(ositive) 型と N(egative/) N(eutral) 型に分けられる．前者は英語の肯定バイアス型におおむね対応するが，用法には違いが見られる．後者は英語の否定バイアス型および中立型に相当するが，使用条件に若干の違いが見られる．

澤田 治「感情表出表現として振る舞う否定極性表現の意味・機能について——「何も」と「とても」を中心に——」

　本研究では，感情表出用法の「何も」と「とても」の意味・機能，およびそれらの極性的振る舞いについて考察する．感情表出用法の「何も」と「とても」

は，通常の NPI と異なり，単純な否定文では現れることができず，特定の否定的なモダリティと共起する必要がある．本稿では，以下の 2 点を主張する．(i) 感情表出的な「何も」は，「当該の命題 p は必然的ではない」という慣習的推意（CI）を有しており，この CI が，非必然性を表す否定的モダリティと共起する要因となっている．(ii) 感情表出的な「とても」は，当該の命題のありえなさ・不可能性を強調する CI 的機能が不可能性・ありえなさを表すモダリティと共起する要因になっている．

　両者に共通しているのは，発話状況で活性化された命題に対して，話者が，否定的な反応を示しているという点であるが，本稿では，自然言語には，統語論的・意味論的メカニズムによって認可される NPI 以外に，「否定的な反応」という言語行為的機能により，否定環境で生じるような「言語行為的 NPI」が存在することを明らかにする．

井戸美里「「そんなに」「あまり」の非否定節における分布と意味」

　本研究の目的は，否定呼応を起こす副詞「あまり」と「そんなに」の分布を調査し，意味を分析することである．「あまり」と「そんなに」は，いずれも条件節などの非否定文に現れることがある．本研究では，「あまり」と「そんなに」が，非否定文にどのように分布しているか，コーパスで網羅的に調査した．その結果，「あまり」は原因・理由を表す副詞節に分布し，同じような意味を表す場合であっても補節や主節には現れないことがわかった．一方，「そんなに」は現れる節に統語的に一貫した特徴は見られず，意味的に非確定的であるか，話者が偽であると信じている節に現れることがわかった．このような分布から本稿では，非否定文に現れる「あまり」は，原因・理由を表す副詞節に付加する陳述副詞である一方，「そんなに」は話者が当該の程度は実現しないと信じているときに用いられる程度副詞であり，両者が非否定文に現れる理由は異なることを明らかにする．

衣畑智秀「上代日本語の否定極性表現――副助詞ダニの意味再考――」

　本研究では，上代日本語の副助詞ダニの共時的な特徴を記述し，否定極性を持つメカニズムについて考察する．ダニは，「否定」や「条件節」などの下方含意文脈に生起するほかに，「意志」「命令」「希望」など，願望を表す節にも表れる．それらを統一的に説明するために，本稿ではダニの意味を，それが取る命題が「実現可能性の高い」ことを前提に付け加えるものであるとする．その上で否定のスコープ内に生起した場合にはより実現可能性の低い命題を，願望

を表す節に生起した場合にはより望ましい命題を推意として持つことを示す.
このような他の命題についての推意を持つことが, 副助詞ダニには適切性条件
として課されているため, ダニは, 肯定の平叙文には生起しない.

　本書は 13 本の論考からなる論文集であるが, 本書の特徴は以下の点にある
といえよう. 第 1 に, 本書では, 否定極性表現と肯定極性表現の両方を扱っ
ているという点である. 本書では, 様々な現象を基に, 否定極性と肯定極性の
両方を同時に見ることの有効性を示している.

　第 2 の特徴としては, 新たな言語事実に基づき, 極性現象について考察さ
れている点が挙げられる.

　第 3 に, 本書で扱う現象は, 主に日本語極性現象であるが, 多くの論文で,
通言語的な考察もされており, 言語の個別性と普遍性を考察する上でも重要な
論考となっている.

　第 4 に, 本書は, 統語論, 意味論のみならず, 語用論や言語獲得, コーパ
ス, 歴史言語学の観点も含め, 分野横断的な研究がなされている. 極性現象
は, 様々な要因が複雑に絡み合った現象であり, 複数の分野から考察すること
で見えてくることが多いと思われる. 実験・コーパスを用いた研究は, 理論の
妥当性を確かめる上でも非常に重要になってきている.

　極性現象は非常に大きなテーマであり, 本書でカバーできる範囲も限られた
ものにならざるを得ないが, 本書が今後の極性研究の展開に対して新たな光を
当てるものと確信している.

参考文献

以下は, 本章で引用した文献を分野別に分けてリストしたものである. 複数の分野に関
わっている文献については, それぞれの分野でリストされている. 本書収録の論文につ
いては, 本書の各章を参照されたい.

・否定極性現象と統語論

Aoyagi, Hiroshi and Toru Ishii (1994) "On NPI Licensing in Japanese," *Japanese/
Korean Linguistics* 4, 295–311.

Baker, C. L. (1970) "Double Negatives," *Linguistic Inquiry* 1, 169–186.

Fauconnier, Gilles (1975) "Pragmatic Scales and Logical Structures," *Linguistic In-
quiry* 6, 353–275.

Giannakidou, Anastasia (1998) *Polarity Sensitivity as (Non)Veridical Dependency*,

John Benjamins, Amsterdam.

Haegeman, Liliane (1995) *The Syntax of Negation*, Cambridge University Press, Cambridge

Haegeman, Liliane and Raffaella Zanuttini (1991) "Negative Heads and the Neg-Criterion," *The Linguistic Review* 8, 33-52.

Hasegawa, Nobuko (1991) "Affirmative Polarity Items and Negation in Japanese," *Interdisciplinary Approaches to Language: Essays in Honor of S.-Y. Kuroda,* ed. by Carol Georgopoulos and Roberta Ishihara, 271-285, Kluwer, Dordrecht.

Horn, Laurence R. (1972) *On the Semantic Properties of Logical Operators in English*, Doctoral dissertation, University of California, Los Angeles.

Horn, Laurence R. (1989) *A Natural History of Negation*, University of Chicago Press, Chicago.

Israel, Michael (2011) *The Grammar of Polarity: Pragmatics, Sensitivity, and the Logic of Scales*, Cambridge University Press, Cambridge.

Jackendoff, Ray (1969) "An Interpretive Theory of Negation," *Foundations of Language* 5, 218-241.

Jackendoff, Ray (1972) *Semantic Interpretation in Generative Grammar*, MIT Press, Cambridge MA.

Kadmon, Nirit and Fred Landman (1993) "Any," *Linguistics and Philosophy* 16, 353-422.

片岡喜代子 (2006)『日本語否定文の構造：かき混ぜ文と否定呼応表現』くろしお出版, 東京.

Kato, Yasuhiko (1985) *Negative Sentences in Japanese, Sophia Linguistica 19,* Sophia University.

Kato, Yasuhiko (1994) "Negative Polarity and Movement," *Formal Approaches to Japanese Linguistics* 1, 101-120, *MIT Working Papers in Linguistics* 24.

Kawashima, Ruriko and Hisatsugu Kitahara (1992) "Licensing of Negative Polarity Items and Checking Theory: A Comparative Study of English and Japanese," *Proceedings of the Formal Linguistics Society of Midamerica* 3, 139-154.

Kishimoto, Hideki (2007) "Negative Scope and Head Raising in Japanese," *Lingua* 117(1), 247-288.

Kishimoto, Hideki (2008) "On the Variability of Negative Scope in Japanese," *Journal of Linguistics* 44, 379-435.

Kishimoto, Hideki (2018) "Negation," *The Cambridge Handbook of Japanese Linguistics*, ed. by Yoko Hasegawa, 300-331, Cambridge University Press, Cambridge.

工藤真由美 (2000)「否定の表現」『日本語の文法2　時・否定ととりたて』, 金水敏・沼田善子・工藤真由美, 93-150, 岩波書店, 東京.

Klima, Edward (1964) "Negation in English," *The Structure of Language* ed. by Jerry

Fodor and Jerrold Katz, 246-323, Prentice-Hall, Englewood Cliffs, NJ.

Ladusaw, William (1980) *Polarity Sensitivity as Inherent Scope Relations*, Garland, New York.

Ladusaw, William (1996) "Negation and Polarity Items," *Handbook of Contemporary Semantic Theory*, ed. by Shalom Lappin, 321-342, Blackwell, Oxford.

Laka, Itziar (1990) *Negation in Syntax: On the Nature of Functional Categories and Projections*, Doctoral dissertation, MIT.

Lasnik, Howard (1972) *Analyses of Negation,* Doctoral dissertation, MIT.

Linebarger, Marcia (1980) *The Grammar of Negative Polarity*, Doctoral dissertation, MIT.

Linebarger, Marcia (1987) "Negative Polarity and Grammatical Representation," *Linguistics and Philosophy* 10, 325-387.

May, Robert (1985) *Logical Form: Its Structure and Derivation*, MIT Press, Cambridge, MA.

McCawley, James (1998) *The Syntactic Phenomena of English*, 2nd ed. University of Chicago Press, Chicago.

McGloin, Naomi Hanaoka (1976) "Negation," *Japanese Generative Grammar, Syntax and Semantics* 5, ed. by Masayoshi Shibatani, 371-419, Academic Press, New York.

Miyagawa, Shigeru, Nobuaki Nishioka and Hedde Zeijlstra (2016) "Negative Sensitive Items and the Discourse-Configurational Nature of Japanese," *Glossa: a Journal of General Linguistics* 1(1): 33, 1-28.

日本語記述文法研究会 (2007)『現代日本語文法 3 第 5 部 アスペクト 第 6 部 テンス 第 7 部 肯否』くろしお出版, 東京.

西岡宣明 (2007)『英語否定文の統語論研究』くろしお出版, 東京.

Ouhalla, Jamal (1990) "Sentential Negation, Relativized Minimality, and the Aspectual Status of Auxiliaries," *The Linguistic Review* 7, 183-231.

Ouhalla, Jamal (1991) *Functional Categories and Parametric Variation*, Routledge, London.

Pollock, Jean-Yves (1989) "Verb Movement, UG, and the Structure of IP," *Linguistic Inquiry* 20, 365-424.

Progovac, Ljiljana (1994) *Negative and Positive Polarity: A Binding Approach*, Cambridge University Press, Cambridge.

Uribe-Echevarria, Maria (1994) *Interface Licensing Conditions on Negative Polarity Items: A Theory of Polarity and Tense Interactions*, Doctoral dissertation, University of Connecticut, Storrs.

van der Wouden, Ton (1997) *Negative Contexts: Collocation, Negative Polarity, and Multiple Negation*, Routledge, London.

Watanabe, Akira (2004) "The Genesis of Negative Concord: Syntax and Morphology

42

of Negative Doubling," *Linguistic Inquiry* 35, 559-612.

吉村あき子 (1999)『否定極性現象』英宝社, 東京.

Zanuttini, Raffaella (1997) *Negation and Clausal Structure: A Comparative Study of Romance Languages,* Oxford University Press, New York.

Zwarts, Frans (1995). "Nonveridical Contexts," *Linguistic Analysis* 25, 286-312.

・否定極性現象と意味論

Baker, C. L. (1970) "Double Negatives," *Linguistic Inquiry* 1, 169-86.

Fauconnier, Gilles (1975) "Pragmatic Scales and Logical Structure," *Linguistic Inquiry* 6, 353-375.

Fauconnier, Gilles (1978) "Implication Reversal in a Natural Language," *Formal Semantics and Pragmatics for Natural Languages*, ed. by Franz Guenthner and Siegfried J. Schmidt, 289-301, Reidel, Dordrecht.

Fintel von Kai (1999) "NPI Licensing, Strawson Entailment, and Context Dependency," *Journal of Semantics* 16, 97-148.

Giannakidou, Anastasia (1998) *Polarity Sensitivity as (Non)Veridical Dependency*, John Benjamins, Amsterdam.

Giannakidou, Anastasia (1999) "Affective Dependencies," *Linguistics and Philosophy* 22, 367-421.

Giannakidou, Anastasia (2006) "Only, Emotive Factives, and the Dual Nature of Polarity Dependency," *Language* 82, 575-603.

Giannakidou, Anastasia (2011) "Positive Polarity Items and Negative Polarity Items: Variation, Licensing, and Compositionality," *Semantics: An International Handbook of Natural Language Meaning* (volume 2), ed. by Claudia Maienborn, Klaus, von Heusinger and Paul Portner, 1660-1712, Mouton de Gruyter, Berlin.

Kadmon Nirit and Fred Landman (1993) "Any," *Linguistics and Philosophy* 16, 353-422.

Klima, Edward (1964) "Negation in English," *The Structure of Language*, ed. by Jerry A. Fodor and Jerrold J. Katz, 246-323, Prentice Hall, New Jersey.

Kuno, Masakazu (2008) "Negation, Focus, and Negative Concord in Japanese," *Toronto Working Papers in Linguistics* 28, 195-211.

Lahiri, Utpal (1998) "Focus and Negative Polarity in Hindi," *Natural Language Semantics* 6, 57-123.

Levy, Alissa (2008) *Towards a Unified Approach of the Semantics of 'Any,'* Doctoral dissertation, Bar-Ilan University.

Nakanishi, Kimiko (2006) ""Even", "Only", and Negative Polarity in Japanese," *Semantics and Linguistic Theory* 16, 138-155.

van der Wouden, Ton (1994) *Negative Contexts*, Doctoral dissertation, University of Groningen.

・肯定極性項目

Alonso-Ovalle, Luis and Junko Shimoyama (2014) "Expressing Ignorance in the Nominal Domain: Japanese wh-*ka*," *Proceedings of the 31st West Coast Conference on Formal Linguistics*, 11–20.

Anand, Pranav and Adrian Brasoveanu (2010) "Modal Concord as Modal Modification," *Proceedings of Sinn und Bedeutung* 14, 19–36.

Baker, C. L. (1970) "Double Negatives," *Linguistic Inquiry* 1, 169–86.

Bellert, Irena (1977) "On Semantic and Distributional Properties of Sentential Adverbs," *Linguistic Inquiry* 8, 337–351.

Chierchia, Gennaro (2013) *Logic in Grammar: Polarity, Free Choice, and Intervention*, Oxford University Press, Oxford.

Deguchi, Masanori and Yoshihisa Kitagawa (2002) "Prosody and Wh-questions," *Proceedings of the Thirty-Second Annual Meeting of the North Eastern Linguistic Society*, 73–92.

De Haan, F. (1997) *The Interaction of Modality and Negation: A Typological Study*. Garland, New York.

Ernst, Thomas (2009) "Speaker Oriented Adverbs," *Natural Language and Linguistic Theory* 27, 497–544.

Fălăuş, Anamaria (2018) "Positive Polarity Indefinites? On How (Not) to Identify Them: An Exhaustification-based Perspective," *Linguistics* 56, 301–331.

Geurts, Bart and Janneke Huitink (2006) "Modal Concord," *Proceedings of the ESSLLI 2006 Workshop Concord Phenomena at the Syntax Semantics Interface*, 15–20.

Giannakidou, Anastasia (1999) "Affective Dependencies," *Linguistics and Philosophy* 22, 367–421.

Giannakidou, Anastasia (2000) "Negative … Concord?" *Natural Language and Linguistic Theory* 18, 457–523.

Giannakidou, Anastasia (2011) "Positive Polarity Items and Negative Polarity Items: Variation, Licensing, and Compositionality," *Semantics: An International Handbook of Natural Language Meaning* (volume 2), ed. by Claudia Maienborn, Klaus, von Heusinger and Paul Portner, 1660–1712, Mouton de Gruyter, Berlin.

Giannakidou, Anastasia and Alda Mari (2018) "The Semantic Roots of Positive Polarity: Epistemic Modal Verbs and Adverbs in Greek and Italian," *Linguistics and Philosophy* 41, 623–664.

Goro, Takuya and Sachie Akiba (2004) "The Acquisition of Disjunction and Positive Polarity in Japanese," *Proceedings of West Coast Conference on Formal Linguistics* 23, 251–264.

Grosz, Patrick (2011) "German Particles, Modality, and the Semantics of Imperatives," *Proceedings of NELS* 39, 323–336.

郡司隆男 (2006)「日本語の NPI の韻律と意味」*Theoretical and Applied Linguistics at*

Kobe Shoin 9, 17-30.

Hasegawa, Nobuko (1991) "Affirmative Polarity Items and Negation in Japanese," *Interdisciplinary Approaches to Language: Essays in Honor of S.-Y. Kuroda,* ed. by Carol Georgopoulos and Roberta Ishihara, 271-285, Kluwer, Dordrecht.

Hoeksema, Jack (2010) "Negative and Positive Polarity Items: An Investigation of the Interplay of Lexical Meaning and Global Conditions on Expression," *The Expression of Negation,* ed. by Laurence R. Horn, 187-224, De Gruyter Mouton, Berlin and New York.

Hoeksema, Jack (2018) "Positive Polarity Predicates," *Linguistics* 56, 361-400.

Homer, Vincent (2011) *Polarity and Modality,* Doctoral dissertation, UCLA.

Horn, Laurence R. (1972) *On the Semantic Properties of Logical Operators in English,* Doctoral dissertation, University of California, Los Angeles.

Horn, Laurence R. (1989) *A Natural History of Negation,* University of Chicago Press, Chicago.

Iatridou, Sabine and Zeijlstra Hedde (2013) "Negation, Polarity, and Deontic Modals," *Linguistic Inquiry* 44(4), 529-568.

Imani, Ikumi (2016) "Semantic and Pragmatic Analysis of Wh-*ka* in Japanese," Paper presented at the symposium "Polarity-Sensitive Items: Their Forms, Meanings, and Functions," English Linguistic Society of Japan, November 13, 2016, Kanazawa University.

Israel, Michael (2011) *The Grammar of Polarity: Pragmatics, Sensitivity, and the Logic of Scales,* Cambridge University Press, Cambridge.

Jayez, Jacques and Lucia Tovena (2007) "Evidentiality and Determination," *Proceedings of Sinn und Bedeutung* 12, ed. by Atle Grønn, 271-286.

Kadmon, Nirit and Landman Fred (1993) "Any," *Linguistics and Philosophy* 16, 353-422.

Kellert, Olga (2018) "PPIs under Negation: A Case Study of Italian Già," *Linguistics* 56, 333-359.

Kitagawa, Yoshihisa (2005) "Prosody, Syntax and Pragmatics of Wh-questions in Japanese," *English Linguistics* 22, 302-346.

Klein, Henry (1998) *Adverbs of Degree in Dutch and Related Languages,* John Benjamins, Amsterdam and Philadelphia.

Klima, Edward (1964) "Negation in English," *The Structure of Language,* ed. by Jerry Fodor and Jerrold Katz, 246-323, Prentice-Hall, Englewood Cliffs, NJ.

Krifka, Manfred (1995) "The Semantics and Pragmatics of Polarity Items in Assertion," *Linguistic Analysis* 15, 209-257.

Kratzer, Angelika (1977) "What 'Must' and 'Can' Must and Can Mean," *Linguistics and Philosophy* 1, 337-355.

Kratzer, Angelika (1991) "Modality," *Semantics: An International Handbook of Con-*

temporary Research, ed. by Arnim von Stechow and Dieter Wunderlich, 639–650, de Gruyter, Berlin.

Kuroda, S.-Y. (1965) *Generative Grammatical Studies in the Japanese Language*, Doctoral dissertation, MIT.

Kuroda, S.-Y. (2005) "Prosody and the Syntax of Indeterminates," *Syntax and Beyond, Vol 5, Working Papers in Linguistics*, ed. by Dorian Roehrs, Ock-Hwan Kim and Yoshihisa Kitagawa, 83–116, Indiana University Linguistic Club, Bloomington, IN.

Larrivée, Pierre (2012) "Positive Polarity, Negation, Activated Propositions," *Linguistics* 50(4), 869–900.

Larm, Lars (2019) "Modal Concord in Swedish and Japanese,"『場面と主体性・主観性』, 澤田治美・仁田義雄・山梨正明（編）, 403–424, ひつじ書房, 東京.

Lee, Chungmin (2015) "Wh-indefinites as PPIs in Wh-NPI Languages," Paper presented at the Workshop Varieties of Positive Polarity Itemm, The Annual Meeting of the German Linguistic Society (DGfS), University of Leipzig, 4–6 March 2015.

Liu, Mingya (2012) *Multidimensional Semantics of Evaluative Adverbs* (Current Research in the Semantics-Pragmatics Interface (CRiSPI)), Brill, Leiden/Boston.

Liu, Mingya and Gianina Iordăchioaia (2018) "Introduction: Current Perspectives on Positive Polarity," *Linguistics* 56, 283–300.

Liu, Mingya and Jan-Philipp Soehn (2009) "An Empirical Perspective on Positive Polarity Items in German," *The Fruits of Empirical Linguistics*, vol. 2, ed. by Susanne Winkler and Sam Featherston, 197–216, Mouton de Gruyter, Berlin and New York.

Lyons, John (1977) *Semantics*, Vol. 2, Cambridge University Press, Cambridge.

McGloin, Naomi Hanaoka (1976) "Negation," *Japanese Generative Grammar, Syntax and Semantics* 5, ed. by Masayoshi Shibatani, 371–419, Academic Press, New York.

Nilsen, Øystein (2004) "Domains for Adverbs," *Lingua* 114, 809–847.

太田朗 (1980)『否定の意味——意味論序説』大修館書店, 東京.

Progovac, Ljiljana (1994) *Negative and Positive Polarity: A Binding Approach*, Cambridge University Press, Cambridge.

Ruppenhofer, Josef and Laura A. Michaelis (2016) "Frames, Polarity and Causation," *Corpora* 11, 259–290.

Sailer, Manfred (2018) "'Doing the Devil': Deriving the PPI-hood of a Negation-Expressing Multi-Dimensional Idiom," *Linguistics* 56, 401–433.

澤田治美 (2006)『モダリティ』開拓社, 東京.

澤田治美 (2014)『現代意味解釈講義』開拓社, 東京.

Sawada, Osamu (2016) "Varieties of Positive Polarity Minimizers in Japanese," ms.,

Mie University.

Seuren, Pieter A. M. (1985) *Discourse Semantics*, Routledge, London.

Spector, Benjamin (2014) "Global Positive Polarity Items and Obligatory Exhaustivity," *Semantics and Pragmatics* 7, 1-61.

Sudo, Yasutada (2010) "Wh-Ka Pronouns in Japanese and the Semantics of Indeterminate Pronouns," Handout for talk at the Workshop on Epistemic Indefinites, U. of Göttingen, June 2010.

Szabolcsi, Anna (2004) "Positive Polarity—Negative Polarity," *Natural Language and Linguistic Theory* 22, 409-452.

van der Wouden, Ton (1997). *Negative Contexts: Collocation, Negative Polarity, and Multiple Negation*, Routledge, London.

Zeijlstra, Hedde (2008) "Modal Concord is Syntactic Agreement," *Proceedings of SALT* 17, 317-332.

Zeijlstra, Hedde (2013) "Universal Quantifier PPIs," *Proceedings of the Amsterdam Colloquium* 2009, 273-280.

Zeijlstra, Hedde (2017) "Universal Quantifier PPIs," *Glossa: A Journal of General Linguistics* 2(1), 91: 1-25.

・極性現象と語用論

Brown, Penelope and Stephen C. Levinson (1987) *Politeness: Some Universals in Language Usage*, Cambridge University Press, Cambridge.

Chierchia, Gennaro (2013) *Logic in Grammar: Polarity, Free Choice, and Intervention*, Oxford University Press, Oxford.

Chierchia, Gennaro, Danny Fox and Benjamin Spector (2012) "Scalar Implicature as a Grammatical Phenomenon," *Semantics: An International Handbook of Natural Language Meaning*. Vol. 3, ed. by Claudia Maienborn, Klaus von Heusinger and Paul Portner, 2297-2331, Mouton de Gruyter, Berlin.

Fauconnier, Gilles (1975) "Pragmatic Scales and Logical Structures," *Linguistic Inquiry* 6, 353-275.

Grice, Paul. H. (1975) "Logic and Conversation," *Syntax and Semantics III: Speech Acts*, ed. by Peter Cole and Jerry L. Morgan, 43-58, Academic Press, New York.

Gutzmann, Daniel (2012) *Use-conditional Meaning*, Doctoral dissertation, University of Frankfurt.

Hirschberg, Julia (1991) *A Theory of Scalar Implicature*, Garland, New York.

Horn, Laurence R. (1972) *On the Semantic Properties of Logical Operators in English*, Doctoral dissertation, University of California, Los Angeles.

Horn, Laurence R. (1989) *A Natural History of Negation*, University of Chicago Press, Chicago.

Israel, Michael (1996) "Polarity Sensitivity as Lexical Semantics," *Linguistics and*

Philosophy 19, 619-666.

Israel, Michael (2004) "The Pragmatics of Polarity," *The Handbook of Pragmatics*, ed. by Laurence Horn and Gregory Ward, 701-723, Wiley-Blackwell, Oxford.

Israel, Michael (2011) *The Grammar of Polarity: Pragmatics, Sensitivity, and the Logic of Scales,* Cambridge University Press, Cambridge.

庵功雄・中西久実子・高梨信乃・山田敏弘 (2001)『中上級を教える人のための日本語文法ハンドブック』スリーエーネットワーク, 東京.

Ito, Satoshi and David Y. Oshima (2016) "On Two Varieties of Negative Polar Interrogatives in Japanese," *Japanese/Korean Linguistics* 23, 229-243.

Kadmon, Nirit and Landman Fred (1993) "Any," *Linguistics and Philosophy* 16(4), 353-422.

加藤泰彦・吉村あき子・今仁生美 (編) (2010)『否定と言語理論』開拓社, 東京.

Krifka, Manfred (1995) "The Semantics and Pragmatics of Polarity Items," *Linguistic Analysis* 25, 209-257.

Levinson, Stephen (2000) *Presumptive Meaning: The Theory of Generalized Conversational Implicature*, MIT Press, Cambridge, MA. [田中廣明・五十嵐海理 (訳) (2007)『意味の推定——新グライス学派の語用論』研究社, 東京.]

Liu, Mingya (2012) *Multidimensional Semantics of Evaluative Adverbs* (Current Research in the Semantics-Pragmatics Interface (CRiSPI)), Brill, Leiden/Boston.

McCready, E. (2010) "Varieties of Conventional Implicature," *Semantics & Pragmatics* 3, 1-57.

日本語記述文法研究会 (編) (2007)『現代日本語文法 3』くろしお出版, 東京.

Nilsen, Øystein (2004) "Domains for Adverbs," *Lingua* 114, 809-847.

Potts, Christopher (2005) *The Logic of Conventional Implicatures*, Oxford University Press, Oxford.

Romero, Maribel and Chung-hye Han (2004) "On Negative "Yes/No" Questions," *Linguistics and Philosophy* 27, 609-658.

Sawada, Osamu (2014) "Polarity Sensitivity and Update Refusal: The Case of the Japanese Negative *Totemo* 'Very'," *Proceedings of the 11th International Workshop on Logic and Engineering of Natural Language Semantics* (LENLS 11), 313-326.

Sawada, Osamu (2017) "The Japanese Negative *Totemo* 'Very': Toward a New Typology of Negative Sensitive Items," *CLS* 52, 437-451.

Sawada, Osamu (2018) *Pragmatic Aspects of Scalar Modifiers: The Semantics-Pragmatics Interface*, Oxford University Press, Oxford.

Shimoyama, Junko and Daniel Goodhue (2019) "Two Types of Non-Canonical Negation in Japanese and Reducing One to the Other," Paper Presented at Semantics Workshop in Tokai.

第 I 部　統語論

第 2 章

日本語の否定極性表現と統語構造*

(Negative polarity items and syntactic structure in Japanese)

岸本秀樹

神戸大学

1. はじめに

　日本語の否定極性表現は，少なくとも項タイプ・遊離詞タイプの 2 つに分かれ，それぞれに異なる統語的特徴が観察される．項タイプの否定極性表現は項位置に現れる．これに対して，遊離詞タイプの否定極性表現は，ホストとなる項を直接修飾する位置に現れることもできるが，移動で残された項のコピーを修飾する位置にも生起できる．本論では，これらの 2 つのタイプの否定極性表現を用いて日本語の否定辞「ない」が形容詞の語彙的な性質を保持している場合には，否定辞の移動が起こらず，否定のスコープが TP にまでは及ばないこと，および，「ない」が語彙的な性質を失っている場合には，否定辞移動が起り，否定のスコープが TP まで拡がることを示す．そして，動詞述語構文では，否定のスコープが文全体に拡がるが，形容詞述語構文では，否定のスコープは文全体までは拡がらないことを検証する．遊離詞タイプに属する「不定代名詞＋も」の形式を持つ否定極性表現は，「も」を不定代名詞から引き離すことができるが，不定代名詞を c-統御しなければならないという要請がある．このため，「も」の不定代名詞束縛の事実を例外的格標示（ECM）構文の主語の位置を特定する証拠とする研究もあるが，本論では，ECM 構文の主語

---

　* 本稿の内容は，「ワークショップ：極性表現の構造・意味・機能」（2019 年 3 月，名古屋学院大学）において発表したもので，日本英語学会第 34 回大会，シンポジウム "Polarity Sensitive Expressions: Their Forms, Meanings, and Functions"（2016 年 11 月，金沢大学）での発表内容をデータも含めて大幅に発展させたものである．内容に関して，澤田治，今仁生美，渡辺明，大島デイヴィッド義和，吉本靖，郷路拓也，片岡喜代子，井戸美里，西岡宣明，村杉恵子，多田浩章，山下秀哲の各氏，および査読者から有益なコメントをいただいた．ここに謝意を表したい．なお，本稿の研究成果の一部は，JSPS 科研費（課題番号 JP16 K02628）の助成を受けたものである．

位置を検証するには「か」の不定代名詞束縛のほうがより有効な手段となることも論じる.

　本稿の議論は以下のように進める. まず, 第 2 節において否定極性表現の統語的な特徴を概観した後, 上昇構文を用いて主格主語が TP の指定部へ移動することを示し, 動詞述語文の否定辞の「ない」が主要部移動を起こし, 否定のスコープが TP まで拡がることを論じる. 第 3 節では, 形容詞述語文と名詞述語文に現れる否定極性表現の振る舞いについて考察する. 第 4 節では, ECM 構文の対格主語は, 補文節内に留まるが, 主格主語よりも構造的に高い位置に現れることを示す. 第 5 節では全体の議論のまとめを行う.

2.　否定極性表現と動詞述語文の構造

　否定極性表現は否定のスコープ内に現れることによって認可される表現である. 日本語の否定極性表現は, 助詞「しか」が付いた表現 (「ジョンしか」), 不定代名詞に Q 要素が付いた表現 (「誰も」「何も」) などいくつかの種類が存在する. 否定極性表現は, (1) で示されているように, 否定文では認可されても肯定文では認可されない.[1]

(1) a.　<u>ジョンしか</u> {いなかった／*いた}.　　　（項タイプ）
　　 b.　<u>誰も</u> {いなかった／*いた}.　　　（遊離詞タイプ）

日本語では,「ない」が否定極性表現を認可する最も典型的な文否定要素である. 項タイプと遊離詞タイプの否定極性表現は生起する位置に違いがある. 本節では, この違いが何に起因するのかについて検討し, 否定極性表現が動詞述語文の統語構造に関してどのような知見を提供できるのかについて考察する.

　英語とは異なる日本語の否定極性表現の特性に関連してしばしば議論されるのが, 否定のスコープの問題である. 英語では, 目的語位置に現れる否定極性表現は not によって認可されるが, 主語位置に現れる否定極性表現は認可されない.

(2) a.　John did not read any book.
　　 b.　*Anyone did not read that book.

---

[1]「必ずしも」などの副詞の否定極性表現は, 付加詞タイプになるが本論での考察には直接関係しない.

このことは，not が基底の位置に留まる場合，主語位置に文否定のスコープが
及ばないことを示している．[2] 日本語の否定極性表現は，（3）で示されている
ように，主語位置でも目的語位置でも「ない」によって認可される．

(3) a. ｛ジョンしか／誰も｝その本を読まなかった．

　　 b. 　ジョンは｛その本しか／何も｝読まなかった．

この事実は，日本語の文否定のスコープが主語まで及ぶことを示している．日
本語において主語の否定極性表現がなぜ認可されるのかについては，主に 2
つの考え方が存在する．1 つは（4a）のように日本語の主語が英語とは異なり
動詞句の内部に留まるためであるという考え方（Aoyagi and Ishii (1994)，
Kato (1994)，Watanabe (2004)，Shibata (2015) など）であり，もう 1 つは
（4b）のように否定辞が移動をして主語が現れる TP が文否定のスコープ内に
収まるためであるという考え方（Kishimoto (2007, 2008)）である．

(4) a. $[_{TP}$ $[_{NegP}$ $[_{VP}$ $\underline{SBJ\ OBJ\ V}$ $]$ Neg $]$ $T]$

　　　 否定のスコープ

　　 b. $[_{TP}$ $\underline{SBJ}$ $[_{NegP}$ $[_{vP}$ $[_{VP}\ \underline{OBJ\ V}]v]\ \cancel{Neg}]\ ....\ ]$ $Neg]$

　　　　　　 否定のスコープ

上の 2 つの分析は，否定極性表現が否定のスコープ内で認可されるという点
では一致している．しかし，（4a）の分析では，「ない」のスコープは VP まで
しか拡がらないものの，主語が動詞句内に留まるので，主語の否定極性表現が
認可されるとする．これに対して，（4b）の否定辞移動の分析では，TP の指
定部に主語が存在しても，「ない」が TP までスコープを拡げるので，TP の指
定部にある主語の否定極性表現が認可されるとする．

　本論では，日本語の否定極性表現の認可の可能性は，単一的に決められるわ
けではなく，「ない」の構造位置によって変わることを示す．本節では，否定
辞が主要部に移動することによって TP が否定の作用域に入ることを示すが，
日本語に主語移動があるかどうかについては議論があり（Miyagawa (1989)，
Kishimoto (2001)，Kuroda (1988)，Fukui (1995)），どのような場合に主語

---

[2] 英語でも主要部移動により not が TP よりも上位の位置に移動すると，文否定のスコープ
は TP にまで及ぶ．したがって，Why didn't anyone come? の否定極性表現 anyone は認可
される．

移動が起きて，どのような場合に主語移動が起こらないかも検討する必要がある．

　主語移動の有無については，複文構造を持つ上昇構文を用いることにより検証できる．日本語においては，テ形動詞に補助動詞が後続する補助動詞構文が上昇構文あるいはコントロール構文を形成する (Nakatani (2013))．(5a) の補助動詞構文は上昇構造をとるが，(5b) の補助動詞構文はコントロール構造をとる．

(5) a.　学生が本を読んでいた．
　　 b.　学生が本を読んでおいた．

これらの補助動詞構文の特徴として，(6) と (7) に示されているように，否定辞の「ない」は埋め込み節の動詞の後に現れてもよいし，主節の補助動詞の後に現れてもよいということが挙げられる．

(6) a.　ジョンが本を読んでい<u>なかっ</u>た．　　　(V-AuxV-NEG)
　　 b.　ジョンが本を読ま<u>ない</u>でいた．　　　　(V-NEG-AuxV)
(7) a.　ジョンが本を読んでお<u>かなかっ</u>た．　　(V-AuxV-NEG)
　　 b.　ジョンが本を読ま<u>ない</u>でおいた．　　　(V-NEG-AuxV)

(5a) の「いる」の補助動詞構文と (5b) の「おく」の補助動詞構文はそれぞれ (8a) と (8b) の構造を持つとすることができる．[3]

(8) a.　$[_{\text{FinP}} [_{\text{TP}} \textbf{SBJ} [_{\text{FinP}} [_{\text{TP}} \text{S\cancel{BJ}} [_{vP} \textbf{S\cancel{BJ}} [_{VP} \text{OBJ V}]v] \text{T]Fin] T]Fin]}$
　　 b.　$[_{\text{FinP}} [_{\text{TP}} \textbf{SBJ} [_{\text{FinP}} [_{\text{TP}} \qquad [_{vP} \textbf{PRO} [_{VP} \text{OBJ V}]v] \text{T]Fin] T]Fin]}$

(8) で示されているように，上昇構文では，埋め込み節の動詞句内に現れた主語が（T に EPP の要請がある場合）主節の TP の指定部まで上昇する．コントロール構文は，主節の補助動詞が主語を選択し，埋め込み節内にある発音されない主語代名詞 PRO をコントロールする構造を持つ．

　以下で議論する (5a) の「ないでいる」構文と (5b) の「ないでおく」構文は，それぞれ上昇構造とコントロール構造を持つ．これらの補助動詞構文が上昇構文を形成するかコントロール構文を形成するかは，文イディオムの埋め込みによって確認することができる (cf. 竹沢 (2004))．

---

[3] ここでは，Kishimoto (2017) の提案に従い，TP の上部に FinP が投射する構造を持つと仮定する (Rizzi (1997, 2004) を参照)．

(9) a.　この店ではいまだに閑古鳥が {鳴かないでいる／鳴いていない}.
　　　b. *この店では閑古鳥が {鳴かないでおいた／鳴いておかなかった}.

　上昇とコントロールの構造は，否定辞の位置で変化するわけではないので，否定辞がどちらの動詞の後ろに現れても文イディオムは同じ振る舞いをする．文イディオムを埋め込まれた (9a) ではイディオムの解釈が得られる．これは，(8a) で示されているように，主語は最初に埋め込み節に現れるからである．上昇構文では，文イディオムがイディオムの解釈を得るのに必要な隣接性の条件が埋め込み節内で満たされる．これに対して，コントロール構文では，埋め込み節に (8b) のような PRO が現れるコントロール構造をとる．このため，コントロール構文では，文イディオムを埋め込んでも隣接性の条件を満たすことができず，(9b) のようにイディオムの解釈を得られない．

　無生物主語の埋め込みによってもコントロールと上昇を区別することができる．ここでもまた，否定の位置にかかわらず，上昇構文とコントロール構文は，無生物主語の埋め込みに関して以下のような文法性の対比を示す．

(10) a.　いまだに空が {晴れないでいる／晴れていない}.
　　　b. *いまだに空が {晴れないでおいた／晴れておかなかった}.

　上昇構文では，上昇動詞が意味役割を与えないので，埋め込み節の動詞の選択制限が満たされる限りにおいて，無生物主語が許される．コントロール構文では，構造的に本動詞より上位にある補助動詞が主語に経験者あるいは動作主の意味役割を与える．そのために，無生物主語をこの構文に埋め込むことができない．このように，上昇構文とコントロール構文では，イディオムの埋め込みと無生物主語の埋め込みに関して (9) と (10) のような対比が観察されるのである．

　(5) の 2 つの補助動詞構文では，「ない」が本動詞の後に現れる場合，否定のスコープは埋め込み節全体に拡がるが主節には及ばない．ここでは，否定辞が FinP の主要部に移動することにより，TP が否定の作用域に入るとする Kishimoto (2013, 2017) の分析に従う．この分析では，(5a) の「ないでいる」の上昇構文では，「ない」が埋め込み節の FinP まで上昇し，(11) のように埋め込み節の TP がその作用域に入ることになる．

(11)　$[_{FinP} [_{TP} SBJ [_{FinP} [_{TP} SBJ [_{vP} SBJ [_{vP} OBJ V]v] \ldots]Neg\text{-}T\text{-}Fin] T]Fin]$

否定のスコープ

(5a) の「ないでいる」の上昇構文では，主語が主語移動を受けると主節の TP まで移動するが，主語移動を受けないと埋め込み節の動詞句内に留まる．(11) では否定のスコープが埋め込み節にまでしか及ばないため，主語が移動するかどうかによって，主語の否定極性表現が認可される可能性が変化する．

　日本語においては，主格主語は TP の指定部に移動する (Kishimoto (2010, 2018a))．したがって，他動詞文が「ないでいる」に埋め込まれた時には，主語の否定極性表現は (12a) のように認可されないが，目的語の否定極性表現は (12b) のように認可される．

(12) a. *学生しかマンガを読まないでいる．
　　　b.　学生がマンガしか読まないでいる．

「ないでいる」構文の埋め込み節内にある「ない」のスコープが主節の TP まで拡がらないため，(12a) から，埋め込み節の動詞句内に最初に現れる主格主語が主語移動を受けて主節の主語位置まで移動していることがわかる．主語が動詞句の中に留まるという分析では (12) の主語と目的語の否定極性表現の認可に関して違いが出ないはずであるが，(12) の事実はそれが妥当ではないことを示している．

　「ない」が埋め込み節に現れる (5a) の「ないでいる」構文では，埋め込み節の TP までしか否定の作用域が及ばないことは，付加詞の否定極性表現を用いて検証できる．

(13) a.　学生が昨日しか教科書を読まなかった．
　　　b. *学生が昨日しか教科書を読まないでいた．
(14) a.　学生がほんの少ししか教科書を読まなかった．
　　　b.　学生がほんの少ししか教科書を読まないでいた．

時間副詞「昨日」は，過去の出来事を表す文には現れるが，現在あるいは未来の出来事を表す文には現れない（「学生が昨日 {走った／*走る}」）．この事実は，時間副詞の「昨日」が定形節の時制の投射 TP に付加される付加詞であることを示唆している．「ないでいる」構文では「ない」が埋め込み節の TP までしかスコープが拡がらないため，主節の TP に付加される (13b) の「昨日しか」は認可されない．[4] これに対して，「ほんの少し」は「読む」を修飾するので，本

---

[4]　査読者の 1 人が指摘するように，「ないでいる」は習慣的な意味にとりやすいため，一時的なイベントには使用しにくいことがあるかもしれない．しかし，比較的長い期間を表す「去

動詞から投射する動詞句に付加される付加詞である．（14b）の否定極性表現の
「ほんの少ししか」は「ない」の作用域内の埋め込み節に現れるので認可される．
　　ちなみに，時間表現で TP に付加されるのは，特定の時間を指定する「昨日」
のような要素であり，時間の間隔を表す（15）の「水曜日」は「昨日」とは異
なる振る舞いをする．

　　（15）　私は<u>水曜日にしか</u>ジョギングをしないでいる．

（15）の「水曜日」は出来事が起こる時間の間隔を表し，過去・現在・未来の
いずれの時点も指すことができるため，時制の形式の制限は受けない（「私は
水曜日にジョギングを {する／した}」）．時間の間隔を表す要素は，時制要素
を修飾するのではなく，動詞を修飾する．[5] したがって，「水曜日」に「しか」
が付加された否定極性表現は，（15）で示されているように「ないでいる」構
文で認可される．
　　（12）の分布は「ない」が埋め込み節の中に現れる時に観察されるが，「ない」
が主節に現れると，主語の否定極性表現も目的語の否定極性表現と同様に認可
される．

　　（16）a.　学生しかマンガを読んでいない．
　　　　 b.　学生がマンガしか読んでいない．

このタイプの上昇構文では，（17）で示されているように，付加詞タイプの否
定極性表現の認可に関する非対称性もなくなる．

　　（17）a.　学生は昨日しか本を読んでいない．
　　　　 b.　学生が少ししか本を読んでいない．

「ない」が補助動詞の後にくる構文では，「ない」のスコープが文全体に拡がる．
そのため，付加詞や項の否定極性表現には「ないでいる」構文で観察された非
対称性が現れないのである．
　　ここまでの議論で重要な点は，「ないでいる」構文において否定極性表現の
「昨日しか」が認可されないことである．このことは，否定のスコープが主節

年」のような時間副詞に「しか」が付いても「*その学生は去年しか勉強をしないでいた」は容
認性が低い．
　　[5]「たまに」「時々」のような頻度を表す副詞も同じ振る舞いをする．したがって，「私はた
まにしかジョギングをしないでいる」のような表現も容認される．

の TP にまで及ばないことを示している．日本語の主格主語は，否定極性表現
の認可に関して TP に付加される時間副詞と同じ分布を示すので，動詞句内か
ら TP の指定部まで上昇していることがわかる．

　日本語の主語はガ格（主格）で標示されることが多いが，意味的な条件が整
えばカラ格やデ格で標示することも可能である．カラ格主語は，動作主主語が
起点と認識される場合に可能になる．デ格主語は複数の動作主を指すと解釈さ
れる場合に可能となる．カラ格またはデ格の格標示を受ける主語の否定極性表
現は「ないでいる」構文で認可される．

(18) a.　先生からしかあの生徒に話しかけないでいる．
　　　b.　先生たちでしか集まらないでいる．

(18) の事実は，ガ格主語とは異なり，カラ格主語やデ格主語が主節に移動し
ていないことを示している．[6] Kishimoto (2010, 2017, 2018a) で議論されて
いるように，斜格主語構文では，主格で標示される項が現れる必要がない．斜
格主語構文に主格項が現れない場合には，主語移動を引き起こしたりガ格を認
可したりする T が不活性になり，主語を TP に牽引しないと考えられる．

　ここで遊離詞タイプの否定極性表現について考えると，「不定代名詞＋も」
の形式を持っている「誰も」「何も」のような否定極性表現は，(19) で示され
ているように，「ないでいる」構文に現れても認可される．

(19) a.　今日は誰も漫画を読まないでいる．
　　　b.　今日は学生は何も読まないでいる．

ここで問題になるのは，なぜ主語と解釈される「誰も」のような否定極性表現
が「ないでいる」構文で認可されるのかということである．これは，(19) の
「誰も」は，「読む」の主語と解釈されるものの，実際には遊離数量詞が現れる
位置に生起するからである．

　実際に，「誰も」は遊離数量詞と同じ統語的な特性を示す．例えば，遊離数
量詞は (20) で示されているように，ガ格主語からは数量詞遊離ができるが，
カラ格主語やデ格主語からは数量詞遊離ができない．

---

　[6] 本論では，与格主語構文については議論しないが，Kishimoto (2010, 2018a) が議論して
いるように，与格主語は TP の指定部に存在する．与格主語構文には，主格で標示される項が
現れる（柴谷 (1978)）．このことは，与格主語構文では T が不活性になっていないことを示
している．そのため，与格主語構文では主語移動が起動される．

(20)　a.　学生が 3 人話した.

　　　b.＊学生から 3 人本当のことを言わなかった.

　　　c.＊子供たちで 3 人も集まった.

「誰も」は遊離数量詞と同様の分布を示し, ガ格主語の数量の指定はできるが, カラ格主語やデ格主語に対しては数量の指定ができない.[7]

(21)　a.　学生が誰も話さなかった.

　　　b.＊学生から誰も本当のことを言わなかった.

　　　c.＊先生たちで誰も集まらなかった.

Miyagawa (1989) でも議論されているように, 遊離数量詞は項の A-移動により残された痕跡 (あるいはコピー) に関連付けることができる. 「ないでいる」構文においては, 遊離数量詞の否定極性表現も「誰も」と同じように認可される.

(22)　いまだに学生が 3 人しか走らないでいる.

主節に現れるガ格主語はもともと埋め込み節の動詞句の中にある. そのため, (22) の「3 人」は埋め込み節の中に生起でき, 否定極性表現の「3 人しか」が認可される. 「誰も」が遊離数量詞と同じ振る舞いをするのであれば, (19a) が容認可能であることは十分に期待される (Kawashima and Kitahara (1992) も参照).[8]

　次に, 補助動詞に「おく」が現れる構文について考える. 「おく」の補助動詞構文においても「ない」を本動詞の後に続けることができる. この構文に否定

---

　[7]　例文の判断は意図する意味での判断である. (21a) は, 話さなかった人と学生が一致する「どの学生も話さなかった」という意味になるが, (21b) は「どの学生からも真実が話されなかった」という意味にはならない. (21b) の可能な解釈は「学生の中に真実を話した人がいない」であり, この場合, 話さない人の数は学生の数と一致する必要がない.

　[8]　遊離詞タイプの「誰も」は, (ia) のように遊離数量詞と同じように主語と共起でき, (ib) のように通常の名詞句に「しか」が起こる自動詞構文でも, 「しか」名詞句と主語が共起できるように見える場合がある.

　(i)　a.　学生が誰も来なかった.

　　　b.　学生がジョンしか来なかった.

(ia) と (ib) の「学生」は文法的なステータスが異なる. (ia) の場合は, 来なかった人の集合が「学生」であるのに対して, (ib) の場合は「来た」人の集合に「ジョン」が含まれる. (ia) の「学生」は「来る」の意味上の主語である. これに対して, (ib) は, 「学生」が「来る」の意味上の主語にはならず, むしろ大主語として機能している. (ib) は, 学生の集合の中にジョンが入っていて, そのジョンだけが来たという解釈が得られる時に容認される.

極性表現を含む他動詞文を埋め込むと，「しか」を伴う主語は「ない」によって認可されないが，目的語が「しか」を伴う場合は認可される．

(23) a. *あの学生しか教科書を買わないでおいた.
　　　b.　あの学生が教科書しか買わないでおいた.

(23) の事実は，主格主語が埋め込み節の「ない」の作用域の外に存在することを示している．さらに，「ないでおく」構文では，遊離詞タイプの否定極性表現も (24) で示すように認可されない．

(24) a. *誰も教科書を買わないでおいた.
　　　b.　あの学生は何も買わないでおいた.

否定極性表現「誰も」は (19a) の「ないでいる」構文では否定のスコープに入り認可されるが，(24a) で示されているように，「ないでおく」構文では認可されない．これに対して，(19b) と (24b) からわかるように，目的語として解釈される「何も」はどちらの構文においても認可される.[9]

　ガ格以外で標示される主語についても，(25) で示されているように「しか」が付いて否定極性表現になると，「ないでおく」構文では認可されない．

(25) a. *先生からしかあの生徒に話しかけないでおいた.

---

[9] 「つもりだ」の補文もコントロール構造をとると考えられるが，否定極性表現の認可に関しては違いが観察される．「つもりだ」構文は，「ないでおく」構文とは異なり，主語に「しか」が付いた場合には容認されないが，遊離詞タイプの「誰」は補文節の否定辞によって認可される.
　(i) a. *うちの学生しか行かないつもりだった.
　　　b.　うちの学生は誰も行かないつもりだった.
(ib) の事実は，「誰も」のような遊離詞タイプの否定極性表現が補文節の中に現れることを示唆している．ちなみに，「つもりだ」構文は，「ないでおく」構文とは異なり，「自分が」という主格主語が補文中に現れることを許す.
　(ii) a.　ジョンが自分がそこに行くつもりである（ことはわかっている).
　　　b. *ジョンが自分がそこに行っておいた（ことはわかっている).
さらに言えば，(iii) のように，遊離数量詞に「しか」が付いた場合も，「つもりだ」では文法的になる.
　(iii)　うちの学生は 3 人しかそこに行かないつもりだった.
この事実は，「つもりだ」の補文に定形節をとることが可能であるということで，(ib) が文法的になるのは，埋め込み節に pro が現れる可能性があるためであると考えられる.
　(iv)　[うちの学生が [pro 誰も／3 人　来ない] つもりだ]
補助動詞構文のテ形節に現れる PRO は遊離詞のホストとはなれないが，「つもりだ」の埋め込み節に現れる pro は遊離詞のホストとなれるのである．このことから，日本語のコントロール構文の発音されない代名詞には，PRO と pro の 2 種類があることがわかる.

　　b. *子供たちでしか集まらないでおいた.

すべてのタイプの主語の否定極性表現が「ないでおく」構文で認可されないのは, 埋め込み節に現れる否定の「ない」のスコープの外の主語に現れるからである. これに対して, 「ない」が主節に現れると, すべてのタイプの主語の否定極性表現が認可される.

　(26) a.　あの学生しか教科書を買っておかなかった.
　　　 b.　先生からしかあの生徒に話しかけておかなかった.
　　　 c.　子供たちでしか集まっておかなかった.

補助動詞「おく」の後に否定の「ない」が現れるコントロール構文では, 主語と解釈される遊離詞タイプの否定極性表現も認可される.

　(27) a.　誰もその教科書を買っておかなかった.
　　　 b.　彼らは何も買っておかなかった.

この事実は, 補助動詞の後ろに「ない」が現れると, 否定のスコープが主節まで及ぶことを示している.
　(24) と (25) の事実は, 「ないでおく」構文では, 主語が主節に生起し, 埋め込み節の PRO をコントロールする構造をとることから説明できる.

　(28)　$[_{FinP} [_{TP} SBJ [_{FinP} [_{TP} [_{vP} PRO [_{vP} OBJ V]v]\text{Neg-T}]\text{Neg-T-Fin}] T]Fin]$

　　　　　　　　　　　否定のスコープ

「ないでおく」のコントロール構文に現れる主語の否定極性表現が容認されないのは, 埋め込み節には PRO があり, 実際の主語 (発音される主語) は主節にあるためである. 「ない」が埋め込み節に現れるコントロール構文では, 主語がどのような格標示を受けても語彙的な主語は主節に現れるため, どのタイプの主語も否定のスコープに入らないのである.
　ここで起こる疑問は, 「ないでおく」構文ではなぜ遊離詞タイプの「誰も」が (24a) のように認可されないのかということである. これは, 「誰も」が PRO の位置に生起できないからである. このことを示す証拠は, 遊離数量詞が「誰も」と同じ振る舞いをすることから得られる.

　(29) *学生は 3 人しか話さないでおいた.

岸本 (2016) で議論されているように, 数量詞は PRO の位置に起こることが

できない．これに対して，主語指向性描写述語は，（30）で示されるように，「しか」が付いて否定極性表現となっても認可される．

(30)　学生は小声でしか話さないでおいた．

(30) が適格なのは，遊離数量詞とは異なり，主語指向性描写述語が PRO の位置に生起することができるからである．実際に，PRO は，遊離数量詞のホストとならないが，主語指向性描写述語のホストとなれることは，動詞句を焦点化する擬似分裂構文を用いて確認することができる．具体的に見ていくと，(31b) は (31a) の動詞句を焦点位置に置くことによって派生された擬似分裂文である．

(31) a.　学部生が卒論を書いた．
　　　 b.　学部生がしたのは [卒論を書く] ことだ．

(31b) の焦点位置に置かれた動詞句の指定部（動詞句内の主語位置）には PRO が現れる．コントロール PRO 構文に明示的に現れる主語には有生性の制約が課されるので，(33) のように無生物主語を含む文から擬似分裂文を派生することはできない．

(32) a.　花が咲いた．
　　　 b. *花がしたのは [咲くこと] だ．

動詞句前置について同様の現象が起こることに関して，長谷川 (1990) は，動詞句内の痕跡が先行詞の主語によって c-統御されない場合には派生の破綻を救済する手立てとして痕跡が PRO に置き換えられるという分析を提示している (Hoji, Miyagawa and Tada (1989) も参照)．擬似分裂文でも同じ分布が観察されるため，(31b) では焦点位置にある動詞句内に PRO が生起していると考えることができる．

　次に，(33) は，動詞句を焦点化する擬似分裂文において，遊離数量詞が前提節には現れることができるが，焦点位置には現れることができないことを示している．

(33) a.　学生が 3 人ここでしたのは話すことだ．
　　　 b. *学生がしたのは 3 人ここで話すことだ．

これに対して，(34) のように主語指向性描写述語は前提節にも焦点位置にも現れることができる．

(34)　a.　学生が小声でしたのは話すことだ.
　　　b.　学生がしたのは小声で話すことだ.

動詞句を焦点位置に置く擬似分裂文では，遊離数量詞は焦点位置に生起できないが，主語指向性描写述語は焦点位置に生起できる．焦点位置の動詞句にはPRO が含まれるため，この事実は，PRO は遊離数量詞のホストとなれないが，主語指向性描写述語はホストとなれることを示している．

(35)　a.　*[…… [PRO 3 人 …….] …]
　　　b.　 […… [PRO 小声で ….] …]

そうすると，(29) と (30) で否定極性表現の認可に関して差が出るのは，否定極性表現の主語指向性描写述語が埋め込み節内の PRO の位置に現れ，遊離数量詞は（PRO がホストとなれないため）明示的な主語が現れる主節に現れるためである．同様に，「誰も」も遊離数量詞と同じ統語的な振る舞いを示し，PRO の位置には現れないので，(24a) は不適格な文になる．

　日本語の補助動詞構文の上昇タイプの補文節とコントロールタイプの補文節では，現れることができる要素に違いがある．補助動詞構文の事実は，移動で残されたコピーと PRO とでは，関連付けが可能な要素が異なることを示している．Hornstein (1999) などの PRO の移動分析においては，移動で残されるものは，上昇構文でもコントロール構文でも同じであるはずで，補助動詞構文のタイプによって遊離数量詞が異なる振る舞いをすることは予測されない．したがって，本節で見た否定極性表現のデータは，Hornstein などが提案するPRO の移動分析に対する反例を提供する．

3.　動詞以外の述語が現れる文

　前節では，動詞述語文での否定極性表現について検討したが，本節では，動詞以外の述語が現れる文，特に，形容詞述語文での否定極性表現の振る舞いを見ていく.[10]

　先に見た動詞述語文においては，否定のスコープが（TP の指定部にある）主語まで及ぶ．しかし，形容詞述語文においては否定のスコープは主語まで及

---

[10]　形容詞と形容動詞は統語的には同じ振る舞いをする．以下では形容詞や形容動詞を述語にとる文を形容詞述語文として言及する．

ばない．そのため，形容詞述語文では，単文においても否定極性表現の認可に関して主語と補語の間で非対称性が観察される．

(36) a. *今日の映画しか楽しくない．

　　 b. *この道具しか便利でない．

　　 c. *あの女性しか魅力的でない．

(36a) は形容詞の述語「楽しい」が現れ，(36b-c) は形容動詞の述語「便利だ」や「魅力的だ」が現れているが，主語の否定極性表現は認可されない．[11] (36) の事実は，形容詞述語文に現れる「ない」が作用域を持たないということではない．「ない」が作用域を持つことは，他動的な形容詞・形容動詞がとる補語の否定極性表現が認可されることから確認することができる．

(37) a.　彼はあの人にしかやさしくない．

　　 b.　彼は子供にしか親切でない．

(37) の事実は，形容詞述語が選択する補部が形容詞句に含まれ「ない」の否定のスコープ内に収まっていることを示している．さらに，付加詞の振る舞いも形容詞述語文に現れる否定辞「ない」のスコープが TP まで及ばないことを示している．

(38) a. *その番組は昨日しかおもしろくなかった．

　　 b.　その番組はほんの少ししかおもしろくなかった．

(38a) の「昨日」は，先に議論したように，TP に付加される．この付加詞に「しか」がつくと認可されなくなるので，形容詞述語文の否定辞「ない」のスコープは TP に拡がっていないことがわかる．

　日本語の形容詞には補文節をとるものがある．埋め込み節を選択する願望を表す「たい」「ほしい」や難易形容詞は以下のような分布を示す．

(39) a. *山田先生しか [PRO この問題を出し] たくなかった．

　　 b.　山田先生は [PRO この問題しか出し] たくなかった．

---

[11]　(36) のような例をそれほど悪くないと感じる話者もいる．(36) を容認しない話者にとっては，「ない」の語彙的性質により「ない」は主要部移動を起動せず，否定のスコープが TP まで拡がらないため，主語に付加される「しか」が認可されない．しかし，(36) を容認する話者にとっては，「しか」と「ない」が同一節にある場合に容認している可能性がある．本論での議論は，前者のタイプの話者の判断に基づいている．

(40)　a.　*あの学生にしか [PRO この問題が解き] やすくなかった.

　　　b.　あの学生には [PRO この問題しか解きやすく] なかった.

(41)　a.　*ジョンしかメアリーに [PRO 来て] ほしくなかった.

　　　b.　ジョンはメアリーにしか [PRO 来て] ほしくなかった.

(39)–(41) は，主語の否定極性表現は認可されないが，それ以外の項の否定極性表現は認可されることを示している.[12]

　以上の事実は，形容詞述語文においては，否定の「ない」は否定辞移動を受けないため，主語が現れる TP まではスコープが及ばないことを示唆している.

(42)　[TP SBJ [NegP [aP [AP OBJ　　　A] a] Neg] T]

　　　　　　　　　　　　　否定のスコープ

形容詞述語文の主格で標示される主語は TP に移動する. これに対して，否定要素は主要部移動を起こさないために，否定のスコープは TP に拡がらない. そのため，TP の指定部（主語位置）に現れる否定極性表現は認可されないのである.[13]

　Kishimoto (2007, 2008) が議論しているように，動詞と共起する「ない」は機能語であるが，形容詞と共起する「ない」は形容詞としての語彙的な性質を持つ.「ない」は形容詞の活用をするので，もともとは形容詞として機能していたことがうかがえる. しかし，動詞と共起する「ない」はその語彙的な性質がなくなっているために，主要部移動が起り，否定のスコープが TP に及ぶ. 実際に形容詞（あるいは形容動詞）の活用をする要素が語彙的な性質を維持しているかどうかについては，「思う」が選択する小節の述語としての埋め

---

　[12]「しか」は定形節では節内にある否定辞によって認可されなければならないが，(41) の例のテ形補文節は定形節でないので，「しか」は上位の節の否定辞によって認可される.

　[13]「らしい」は名詞に付加されて形容詞を派生することができる. このタイプの形容詞が述語になった場合も「ない」のスコープは主語にまで及ばない.

　(i)　*あの人の行為しか（大学の）先生らしくなかった.

「先生らしい」が形容詞としてのステータスを持つことは，(ii) の文が適格であることからわかる.

　(ii)　私はジョンの行為を（大学の）先生らしく思う.

「（大学の）先生らしい」は，「思う」が選択する小節への埋め込みを許すので，形容詞として機能していることがわかる. なお，査読者の 1 人から，「円卓の騎士の中では，ランスロットしか男らしくない」のような文は容認可能であり，これは「男らしい」が「名詞＋らしい」として解釈されていない可能性があるからではないかとの指摘があった. 提示された例の容認性の判断についてはさらに検証する必要があり，この点に関しては今後の検討課題としたい.

込みができるかどうかで判断できる.

　具体的に見ていくと, まず, 形容詞・形容動詞は, （主語の判断の意味を表す）「思う」が選択する小節の述語として埋め込むことができる.

(43) a.　私はその本をおもしろく思う.

　　　b.　私は彼女を魅力的に思う.

これと同様に, 「たい」や難易形容詞も, 「思う」のとる小節に埋め込むことができるので, 形容詞述語として機能していることがわかる.[14]

(44) a.　私はお酒を飲みたく思う.

　　　b.　私はこの本を読みにくく思う.

動詞と共起する「ない」は「思う」の小節の埋め込みに関して形容詞と共起する「ない」とは異なる性質を示す.

(45) a.　?私は彼の話を面白くなく思う.

　　　b.　*私はあの人を走らなく思う.

形容詞の否定形が「思う」の小節の述語として現れた (45a) は, 完全に文法的ではないかもしれないが, 動詞や名詞述語の否定形が現れた (45b) と比べて容認性が高い.[15] このような事実から, 形容詞述語に共起する否定辞「ない」

---

[14] 「思う」がとる小節への埋め込みには述語の範疇の制限以外の制約がかかる. 述語については, 段階性が想定できるものである必要がある. したがって, (i) のような文は容認性が下がる.

　(i) a.　?私はその答えを完璧に思う.

　　　b.??私はその決定を異例に思う.

また, コントロール構文の「ほしい」は, 「たい」や難易形容詞とは異なり, (ii) のように「思う」のとる小節として埋め込むことはできない.

　(ii) *ジョンは [メアリーを来てほしく] 思う.

「ほしく思う」のような複雑な述語では, ガ格をヲ格に変える操作を埋め込み節の述語の意味上の主語に対して適用できないため, (ii) のような文が派生できないのである.

[15] (45a) を完全に容認する話者もおり, 容認性の程度には話者間で違いが見られる. 「面白くない」と同じような意味を表す「つまらない」を埋め込むと, 完全に容認されるが, これは, 「つまらない」が一語の形容詞となっているからである (詳しくは, Kishimoto (2018b) 参照). 形容詞・形容動詞しか「思う」のとる小節の述語になれない. したがって, 名詞「学生」を「思う」がとる小節に埋め込むと (ia) のように適格にはならない.

　(i) a.　*私はあの子を学生に思う.

　　　b.??私はあの子を臆病者に思う.

名詞でも段階性が想定できるような「臆病者」のような名詞の場合は容認性が上がる. しかしながら, 「見える」のような述語のとる補部への埋め込み（「私にはあの子が臆病者に見える」）

は，形容詞としての語彙的な特性を保持していることがうかがえる．

　岸本 (2005)，Kishimoto (2007, 2008) が議論しているように，日本語において形容詞述語は主要部移動を起こさない．[16] 形容詞述語文の「ない」が形容詞としての語彙的な特性を保持しているならば，「ない」は主要部移動を受けず，否定のスコープは TP の主語位置にまで拡がらないことになる．これに対して，動詞述語文に現れる「ない」は形容詞としての性質を維持していないため，主要部移動を受け，TP まで否定のスコープを拡げるのである．

　ちなみに，「割り切れない」を「思う」のとる小節へ埋め込んだ (46b) は，(45a) より容認性が高い (Kishimoto (2007))．

(46) a.　彼にはその結果が<u>さっぱり</u>割り切れなかった．
　　 b.　彼はその結果を割り切れなく思っている．

「割り切れない」は，「割切れはしなかった」のように助詞を挟むことができるので「つまらない」などのような一語の形容詞でないことがわかる．ここでの「ない」は「さっぱり」のような否定極性表現を認可することができるものの，対応する肯定形「割り切れる」が存在しないことからわかるように，否定辞ではなく語彙的な形容詞として機能している．[17] そうすると，(45a) の容認性が少

と比べると，容認性は落ちる．

[16] 語彙的な述語は主要部移動を受けないと考えられる．本編では議論しないが，形容詞述語や動詞述語の直後に助詞が入れられることが 1 つの証拠になる．

　(i) a.　学生が本を読みもする．
　　 b.　それは美しくさえある．

主要部が移動をすると，助詞の挿入はできない．このことは動詞述語文の「ない」の右側に助詞が挿入できないことから確認できる．

　(ii) *学生が本を読まなくもある．

(ii) が容認されないのは，「ない」が主要部移動により T の位置に上昇するために，助詞を挿入できる統語的な位置が存在しなくなるためである．たとえ移動前の「ない」の右側に挿入されても，結局のところ語の中に挟まれてしまい派生が破綻してしまうのである．動詞述語文に現れる「ない」とは異なり，形容詞述語文に現れる「ない」は形容詞述語の右側に助詞を入れることができる．

　(iii)　この料理は高いばかりかおいしくなく<u>も</u>ある．

(iii) は，特に対比を表すような文脈があると，(ii) より容認性が高くなる．この事実は，形容詞述語文の「ない」が主要部移動を受けないことを示唆している．

[17] 「割り切れない」の「ない」は形容詞であるが，前の動詞と一語化していない．そのため，同じような形態を持っている「つまらない」のような語彙的な形容詞とは異なる振る舞いをする．例えば，「割り切れない」は否定極性表現の「さっぱり」を認可するが，語彙化した形容詞は (i) のように「さっぱり」のような否定極性表現を認可しない．

　(i) *この映画はさっぱりつまらない．

し下がるのは，形容詞と共起する「ない」は形容詞としての語彙的な性質をある程度保ってはいるものの，機能語に近くなっているからであると推測される.

　日本語の「ない」は形容詞と共起するか動詞と共起するかで異なる形態的な特性を示す. しかし，否定のスコープが TP にまで拡がるかどうかについては，「ない」と形態的な特徴とは相関しない. このことは，存在文に起こる「ない」と「要る」を否定する「ない」の統語的な分布から確認できる.

(47) a. あの学生には予習が {要らない／要りはしない}.
　　 b. 彼にはお金がない.

(47a) の「要る」に付く否定辞「ない」は，「は」のような助詞が前に起こると「する」が挿入されるので，動詞に形態的に依存する「ない」である（国文法では「助動詞」に分類される）. また，(47b) の存在文の「ない」は単独で現れている（国文法では「形容詞」に分類される）. この 2 つの文は，主語の否定極性表現の認可に関して以下のような違いが観察される.

(48) a. *あの学生にしか授業の予習が要らない.[18]
　　 b. あの学生にはこの授業の予習しか要らない.
(49) a. あの学生は少しのお金しかない.
　　 b. あの学生にしかお金がない.

(48) で，「しか」の認可について，主語と目的語の非対称性が観察されることから，「要る」と共起する「ない」のスコープは TP に拡がらないことがわかる. 「要る」と共起する「ない」は形容詞としての語彙的な性質を持っていて主要部移動を起こさない. このことは，「要らない」が「思う」の小節に埋め込むことができることから確認できる.

(50) 　私はその授業の予習を要らなく思う.

(i) が容認されないのは，語彙化された形容詞の中に含まれる「ない」が否定のスコープを統語的に投射しないためである.

[18] 「要る」の主語は与格（ニ格）で標示される「経験者」である. 行為の向けられる「目標」も与格で標示されるが，その場合は，TP の指定部に位置する主語ではなく動詞句内に現れる要素になるため，「ない」の作用域内に入る. したがって，(i) のように，目標を表す与格の否定極性表現は「ない」によって認可される.

　　(i) 今年はその国にしか援助が要らない.

「要る」のとる与格項が「経験者」であるか「目標」であるかは，（「あの国に対して援助が要らない」と「*あの学生に対して予習が要らない」の文法性の対立が示すように）「に」を「に対

「要る」と共起する「ない」は語彙的な性質を持っている．これは，「要る」が（動詞としての活用はするものの）動詞としての語彙的な性質を失っているためである．「要る」が動詞としての語彙的な性質を保持していないことは，「ほしい」の埋め込みができるかどうかを見ることによって検証できる．

(51) a. *私は [彼に授業の予習が要って] ほしい．

    b. 私は [彼に英語ができて] ほしい．

    c. 私は [彼にここにいて／来て] ほしい．

Kishimoto (2007, 2008) が議論しているように，「ほしい」のとるテ形補文節には，動詞を埋め込むことができる．これは状態動詞であっても非状態動詞であっても同じであるが，「要る」は例外的に「ほしい」のテ形補文節に埋め込むことができない．このことにより，「要る」は動詞としての語彙的性質を失っていると判断することができる．[19]

「要る」と共起する「ない」は，(51) で示されているように，「思う」の小節に埋め込むことができ，形容詞としての性質を示すが，存在文で独立で起こる「ない」は (52) が示すように，「思う」の小節に埋め込むことはできない．

(52) *私はそのお金をなく思う．

存在文に起こる「ない」は否定のスコープを文全体に拡げる．したがって，(53) の文は文法的である．

(53) a. あの学生は少しのお金しかない．

    b. あの学生にしかお金がない．

存在文に単独で起こる「ない」は（主要部移動を受け）否定のスコープが TP に拡がる．このことから，このタイプの「ない」は，形容詞の語彙的な性質を持たない機能語であることがわかる．そうすると，Kato (1985) などが主張

して」で置き換えられるかどうかによって判断できる．

[19] 「足りる」の否定形は「足りない」である．この「ない」は，(ia) のように「思う」への埋め込みができるので形容詞的な性質を示す．しかし，(ib) で示されているように「何も」のような否定極性表現を認可しない．これに対して，副詞の否定極性表現は (ic) のように認可される．

(i) a. ?私は今の年金を少し足りなく思う．

    b. *私は何も足りない．

    c. 料理がさっぱり足りなかった．

また，「欠く」と共起する「ない」は否定のスコープを投射しない否定辞であり，「*彼は少しも運動を欠かさない」のように，否定極性表現が認可されない．

しているように，存在文の否定述語はもともと「ある＋ない」の形を持っているが，動詞の「ある」が削除され，機能語の「ない」が独立して起こっていると考えられる.

　最後に，名詞述語文に現れる否定極性表現について簡単に考察する．名詞述語構文には，動詞述語文や形容詞述語文とは異なる制約が課せられている．名詞述語文にはいくつかのタイプがあるが，否定極性表現の振る舞いを検証しやすいのは (54) に例として挙げた措定文と指定文である.

> (54) a.　彼はいい人である.　　　　　（措定文）
>
> 　　　b.　彼は会長候補者である.　　　（指定文）

「いい人」は，特定の指示を持たず，人間の属性を記述する．したがって，(54a) は名詞述語が主語名詞句を叙述する措定文である．(54b) の名詞述語には意味的に欠けている部分（変項部分）があり主語名詞句がその変項部分の値を指定するので，指定文である．これらの構文の統語的な違いは，述語と主語を入れ換える倒置 (inversion) ができるかどうかにおいて観察される.[20]

> (55) a. *いい人は彼である.　　　　　（措定文）
>
> 　　　b.　会長候補者は彼である.　　　（指定文）

名詞述語文に現れる「しか」に関してはかなり特殊な制約がかかる．ここでは，倒置が起こっていないと考えられる (54) のタイプの名詞述語文に限定して考察する.[21] まず，(54) の 2 つの文のガ格名詞句に「しか」を付加し，述語を否定にすると非文法的になる.

> (56) a. *彼しかいい人ではない.
>
> 　　　b. *彼しか会長候補者ではない.

(56) のデータは，否定のスコープが主語に及ばないことを示しているのではない.[22] (54) の 2 つの名詞述語文に現れる「ない」がスコープを持つことは

---

[20] 名詞述語文は，いくつかの異なる解釈が可能なことが多く，場合によっては，措定文と指定文の両方の解釈ができる場合があることにも注意が必要である（西山 (2003) などを参照）.

[21] Higgins (1979) のもともとの分類では，(54a) の指定文において倒置が起こり，(55b) のタイプの指定文は倒置が起こっていないことになるが，Moro (1997)，den Dikken (2006) などの研究で指摘されているように，実際には，(54b) ではなく，(55b) に倒置が起こっていると考えることができる.

[22] 倒置された指定文でも，主語位置に現れる名詞句に「しか」を付加することはできない.

(57a–c) のような文から確認することができる.²³

(57) a. 彼はあまりいい人ではない.

　　 b. *[あまり有名な先生] がいい人ではない (ことがわかった).

　　 c. (今回は) [あまり有能な人物] が会長の候補者ではない (ことがわ
　　　　 かった).

(57a) の指定文の「あまり」は「ない」によって認可されるので, 指定文の「な
い」は否定のスコープを持っていることがわかる. しかし, (57b) の主語の中
に現れる「あまり」は「ない」によって認可されず, 否定極性表現の「あまり」
には, 部分否定の解釈が与えられない. このことは, (57b) の「あまり」が否
定のスコープの外にあることを示唆している. これに対して, (少しプロセス
しにくいかもしれないが) (57c) では主語に含まれる「あまり」が認可され,
(57c) は (多くの人材がいるにもかかわらず)「あまり有能でない人が会長候
補者になっている」という解釈が得られる. この違いは, 措定文の名詞述語と
共起する「ない」が, 主要部移動を起こさず, 文全体に否定のスコープが拡が
らないのに対して, 指定文の名詞述語と共起する「ない」が主要部移動を起し,
文全体に否定のスコープが拡がっていることを示唆している.

　ちなみに, (57c) の名詞述語構文では主語の中に現れる否定極性表現「あま
り」は認可されるが, 形容詞述語文においては, 主語に含まれる「あまり」は,
(58a–b) のように認可されない.

したがって, (i) は非文である.

　(i) *会長候補者しか彼でない.

遊離詞タイプの数量表現「誰も」は否定の名詞述語文に現れることができる. ただし, (iic)
の倒置された指定文には「誰も」が生起できない.

　(ii) a.　被疑者はまだ<u>誰も</u>公判中ではない (ようだ).

　　　 b.　彼らは<u>誰も</u>会長候補者でない.

　　　 c. *会長候補者は<u>誰も</u>彼らでない.

また, (iii) からわかるように, 述語として機能する名詞内に現れる「あまり」の認可の可能性
が異なる.

　(iii) a.　寝たばこはあまりほめられた火事の原因ではない.

　　　　 b. *あまりほめられた火事の原因は寝たばこではない.

(ii) や (iii) からわかるように, 倒置された指定文では, 倒置されていない名詞述語文とは異
なる分布が観察されるが, これは den Dikken (2006) が分析するように, このタイプの構文
が複雑な構造を持つためかもしれない.

²³ (57b-c) においては, 否定極性表現の「あまり」が主語の中に含まれているが, この場合
の名詞主要部は,「彼」「あの人」「孝夫」などの定名詞ではなく, 不定名詞でなければならな
い.

(58) a. *[あまり有名な俳優] が忙しくない (ようだ).

　　 b. *[あまり上品な人] が子供にやさしくない (ようだ).

　　 c. 　あの人は [あまり騒がしい] 子供にはやさしくない (ようだ).

(58a) では「あまり有名でない俳優なら忙しい」，(58b) では「あまり有能でない人ならやさしい」という解釈が得られない．これに対して，(58c) では，「あまり騒がしくない子供に対してならやさしい」という解釈を与えることができる．これは，形容詞述語とともに現れる否定辞のスコープが TP まで拡がらないため，形容詞がとる補語に含まれる「あまり」は認可されるものの，TP に存在する主語に含まれる「あまり」は認可されないからである．

　また，動詞述語文は，形容詞述語文とは異なり，主語に含まれる「あまり」であってもそれ以外の要素に含まれる「あまり」であっても「ない」によって認可される．

(59) a. 　[あまり有能な人] がここで働いていない．

　　 b. 　彼は [あまり楽しい] 番組を見ていない．

(59a) は「あまり有能でない人であれば働いている」，(59b) は「あまり楽しくない番組なら見ている」という解釈が可能なので，動詞述語文の否定辞のスコープは主語位置 (Spec-TP) に及んでいることがわかる．名詞述語文も，(57c) のように，主語に含まれる「あまり」が認可される場合には，否定辞の「ない」は TP に作用域を拡げていることになる．

　ここでの考察で重要なのは，少なくとも，(57c) の文が容認されるという点である．そうすると，(56) の「しか」が現れる文がともに非文法的になるのは，「しか」が否定のスコープの外に現れるからではなく，「しか」に課されている独自の制限のためであることがわかる．実際のところ，「しか」は否定のスコープ内に現れていても名詞述語文で認可されないことは，(60) の文法性の対比から確認できる．

(60) a. 　彼は少しも臆病者ではない．

　　 b. *彼は少ししか臆病者ではない．

　　 c. 　彼は少しだけ臆病者である．

「臆病者」には程度性があり，(60a) のように「少しも」のような否定極性を持つ副詞で修飾できるが，それでも (60b) で示されているように，「少ししか」は認可されない．ちなみに，「少しだけ」は肯定文で「しか〜ない」とほぼ同義

になるが，(60c) は容認される名詞述語文である．名詞述語文において「しか」
が容認されるのは (61) のような場合である．[24]

(61)　彼は臆病者でしかない．

以上のデータから，名詞述語文では，「しか」は文末に付加される形式しか許
されず，文中の要素には付加できないという特殊な制約があることがわかる．
いずれにせよ，(57) のような例から，名詞述語構文の場合，否定のスコープ
は TP にまで及ぶ場合と及ばない場合があることがわかる．このことは，名詞
述語と共起する「ない」は否定辞移動を起こす場合と起こさない場合があるこ
とを示唆している．

4.　例外的格標示構文

　日本語の埋め込み節の主語は，主節の主語とは異なる格標示を受ける構文が
ある．本節では，埋め込み節の主語がヲ格で標示される例外的格標示（ECM）
構文を取り上げ，ガ格主語とヲ格主語が異なる構造位置に起こることを示す．
　まず，(62a) は埋め込み節の主語がガ格で標示される主格主語構文である
が，(62b) は埋め込み節の主語がヲ格で標示される ECM 構文である．

(62)　a.　私は [その子が {かわいい／学生だ} と] 思った．
　　　b.　私は [その子を {かわいい／学生だ} と] 思った．

埋め込み節の主語をヲ格で標示する例外的格標示構文をとる動詞には「思う」
「言う」などがある．(62a) のガ格主語と (62b) のヲ格主語はどちらも埋め込
み節の述語の主語であるが，どのような構造位置を占めるのかが問題となる．
以下では，(63) で表示されているように，ヲ格主語もガ格主語も埋め込み節に
留まっているが，ヲ格主語はガ格主語よりも高い構造位置に現れることを示す．

(63)　[　　　[$_{CP}$ 主語-ヲ　[$_{TP}$ 主語-ガ　　　Pred]] 思う]

ヲ格主語の構造位置については，主節にあるのか埋め込み節にあるのかという
ことが問題になる (Kuno (1976), Tanaka (2002), Sakai (1998), Takeuchi

---

[24] 形容動詞の「臆病だ」は，(ia) のような形式も許容される．また (ib) の形式も可能である．
　(i)　a.　彼は (ほんの) 少ししか臆病でない．
　　　b.　彼は臆病でしかない．

(2010)). その中でも，Hiraiwa (2005a, 2005b) は，「も」による不定代名詞束縛の現象を見ることにより，ヲ格主語は，ガ格主語よりも高い構造位置に現れるものの，埋め込み節内に留まっていると主張している。[25]

(64)　私は誰をかわいいと<u>も</u>思っていない。

否定極性表現の「誰も」に付く「も」は，不定代名詞を c-統御している限りにおいて，不定代名詞からの切り離しが可能である。(64) の「も」は，補文標識の「と」の右側に付いているので，「も」は埋め込み節のみをそのスコープに収めているように見える。もしそうであるなら，(64) の「誰」が否定極性表現として解釈されうることから，ヲ格主語が埋め込み節にあると言いたくなる。

　しかしながら，「も」による不定代名詞束縛ではヲ格主語が埋め込み節にあるかどうかを判定できない。なぜなら，Takano (2003) などでも議論されているように，「も」は節外にある不定代名詞も束縛できるからである。「も」の束縛領域が節を越えていることを示す端的な証拠は (65) のような例から得られる。

(65)　私は誰に [PRO 授業をサボる（つもりだ）と] <u>も</u>言わなかった。

(65) の埋め込み節の意味上の主語である PRO は主節の主語によってコントロールされている。不定代名詞が現れるニ格項は主節の動詞が選択する項で，埋め込み節とは意味的にも統語的にも関係しないが，それでも「も」による不定代名詞束縛が可能である。そうすると，Hiraiwa (2005a, 2005b) の主張とは異なり，「も」による不定詞代名詞束縛は，ヲ格主語が埋め込み節内にあることを証明できないことがわかる。

　ヲ格主語が埋め込み節内にあることはもう 1 つのタイプの助詞「か」を使った不定代名詞束縛で検証できる。（「か」が不定代名詞を束縛すると存在量化の意味が生まれ，「不定代名詞＋か」は肯定極性表現として機能する。）まず，(66) は，「か」が主節にある不定代名詞を束縛できないことを示している。

(66)　*あの人は<u>誰</u>に授業をサボる（つもりだ）と<u>か</u>言っている。

(66) の事実から，「と」に付加されている「か」のスコープは主節には及ばないことがわかる。次に，Q 要素は「も」であっても「か」であっても，(67) のように主節の主語位置にある不定代名詞を束縛できない。

---

[25] Sakai (1998) も同様の「も」による束縛のデータを扱っているが，ECM 構文の主語は主節にあることを論じている。

(67)　*誰が花子をかわいいと {も／か} 言っていない.

(66) と (67) で観察される「も」と「か」の違いは, 不定代名詞を束縛できる
領域が主節の動詞句まで拡大するか, 従属節に限られるかの違いである. ここ
で重要な点は,「か」による不定代名詞束縛が可能な領域が埋め込み節に限ら
れるため,「と」節に付いた「か」がどのような不定代名詞を束縛できるかを見
ることによって,「と」節内にどのような要素が存在するかを判断できるとい
うことである.

　ここで, ECM 構文のヲ格主語について見てみると,「か」はヲ格主語の不
定代名詞を束縛することができる.

(68)　　あの人は誰をかわいいとか言っている.

「も」とは異なり「か」は不定代名詞の束縛領域を拡張しないので, (68) の不
定代名詞束縛の事実から, ECM 構文のヲ格主語は埋め込み節内に留まってい
ることがわかる.

　ECM 構文のヲ格で標示される主語が埋め込み節にあることは,「そう」の
置き換えによっても示すことができる. (69) で示されているように,「そう」
は「と」節を置き換えられる.

(69)　a.　太郎が [花子がかわいいと] 言った.
　　　b.　次郎もそう言った.
　　　c. *次郎も [花子がそう] 言った.
　　　d. *次郎もそうと言った.

(69a) が先行文脈としてあり,「言う」のとる「と」節に対して「そう」の置き
換えが起こった場合には, (69b) と (69c) の文法性の対比からわかるように,
節内の要素であるガ格主語を表出することができない. さらに,「そう」によ
る節の置き換えでは (69d) のように補文標識の「と」が表出できない. このこ
とは,「そう」の置き換えが TP ではなく CP をターゲットとしていることを
示している. つまり, この操作では (70) で示されているように, 埋め込み節
全体が置き換えられるのである.

(70)　[..... [CP [TP 　　　　]と] 言った]
　　　　　　　＿＿＿＿＿＿＿＿
　　　　　　　　　そう

そして,「そう」は「と」節の外側の要素を置き換えるわけではないために,

(71) の「そう」の置き換えでは，ニ格項を表出しても問題がない．

> (71) a.　太郎が花子に [授業をサボる（つもりだ）と] 言った．
>
> 　　 b.　次郎も<u>花子に</u>そう言った．

(71a) のニ格で標示された「花子に」は，「言う」の選択する項であり，「と」
節の外側にある．(69) と (71) から，「そう」の置き換えが起こった文におい
ては，「そう」が「と」節を置き換えているため，「と」節の内部にある要素を
表出すると容認されないが，「と」節の外にある要素は表出しても問題がない
ことがわかる．

　ここで，ECM 構文における「そう」の置き換えを見てみると，(72a) が先
行する文となる環境において「そう」の置き換えが起こった場合には，(72b)
で示されているように，ヲ格主語が表出できない．

> (72) a.　太郎が [花子をかわいいと] 言った．
>
> 　　 b.　*次郎も花子をそう言った．

(72) の「そう」の置き換えの事実から，ECM 構文のヲ格主語は，埋め込み節
内に含まれていることがわかる．

　ヲ格主語はガ格主語よりも構造的に高い位置に現れるが，このことについて
は，不定代名詞束縛や「そう」の置き換えを用いて確認することができない．
しかし，このことは，Kishimoto (2009) が議論している節の最後に現れる
「だけ」の焦点化の可能性を見ることによって検証することができる．(73) の
可能な解釈をみると，述語の後ろに付く「だけ」の焦点化は，ガ格主語に対し
ては可能であるが，題目化された主語に対しては可能でないことがわかる．

> (73) a.　メアリーがかわいい<u>だけ</u>だ．
>
> 　　 b.　メアリーはかわいい<u>だけ</u>だ．

(73a) は「メアリーだけがかわいい」という解釈を許すが，(73b) はそのよう
な解釈は許されないのである．この事実をもとに，Kishimoto (2009) は，「だ
け」の焦点化可能領域が（ガ格主語のある）TP まで及ぶが，（題目が存在する）
CP までは及ばないことを論じている．[26] そして，(74) でも，格標示の違いに

---

[26] 文末に現れる「だけ」のスコープは TP に及ぶので，(73a) には，述語を焦点化する読み
（「メアリーは，かわいいだけで，他に何のとりえもない」という読み）や「メアリーがかわい
い」全体を焦点化する読みもある．査読者が指摘するように (i) の例ではそのような読みが顕

よって，(73) と同じような解釈の違いが観察される．

(74) a. ジョンは [メアリーをかわいいだけ (だ)] と言った．
　　 b. ジョンは [メアリーがかわいいだけ (だ)] と言った．

(74a) は「メアリーだけがかわいい」という解釈を許さないが，(74b) は「メアリーだけがかわいい」という解釈を許す．この事実は，ガ格主語とは異なりヲ格主語が「だけ」の焦点化が可能な領域外にあることを示唆している．ヲ格主語は，埋め込み節内に留まるものの，TP よりも上位の構造位置である CP に存在するのである．[27]

　ここまでの議論は「か」が不定代名詞を束縛できる領域が埋め込み節の CP であるのに対し，「も」が埋め込み節を超えて不定代名詞束縛が可能であるということを示している．なぜ Q 要素の違いによって不定代名詞束縛の可能性が異なるかについては，補文標識「と」が上位の動詞に編入されるか否かの違いに帰着させることができる (cf. Ogawa (2007))．

(75) a. [　 [$_{VP}$ [$_{CP}$ 　　　　 と−も] と−も−V]]
　　 b. [　 [$_{VP}$ [$_{CP}$ 　　　　 と−か] V]]

著になる．
　(i) 幹事の太郎は後輩のメアリーをかばっているけれども，あいつは単にメアリーがかわいいだけだ．
ここで重要な点は，このような焦点化の可能性があるにもかかわらず，主題は焦点化の対象とならないことである．

[27]「だけ」が主節の文末に置かれた場合も，「だけ」の焦点化に違いが観察される．(ia) のヲ格主語を焦点化した「メアリーについてだけ，かわいいと言った」という解釈が得られるが，(ib) の埋め込み節のガ格主語は焦点化した解釈を得られない．
　(i) a. ジョンは [メアリーをかわいい] と言っただけだ．
　　 b. ジョンは [メアリーがかわいい] と言っただけだ．
また，ECM 節の中に含まれる他の項は上位節にある「だけ」による焦点化は受けない．
　(ii) ジョンは [メアリーを子供にやさしい] と言っただけだ．
(ii) の「子供にやさしい」は「子供にだけやさしい」という解釈が得られない．ECM 構文のヲ格主語は CP の指定部にあるので，上位節にある「だけ」の焦点化が可能である．通常のガ格主語は TP 内にあるので，上位節の「ない」による焦点化ができないとも考えられるが，話題化してもその可能性は変わらない．
　(iii) 彼は [お昼は食べたと] 言っただけだ．
話題化された名詞句は TP より上位に位置するが，それでも「だけ」の焦点化は受けない．したがって，ヲ格主語が「だけ」の焦点化を受けることができるのは，定形節の CP とは異なり，ECM 構文の CP が上位の節から可視的になっているからであると考えることができる．

Kishimoto (2001) が議論しているように,「も」の束縛領域はそれが付く要素の LF での位置によって決まる. もし「と」が付加されている「と」が上位の動詞に LF で編入されるなら,「も」のスコープが上位の動詞句まで拡がることが期待される. これに対して,「か」が「と」に付加されると編入が阻止されると考えられる. 実際,「か」を動詞に付加した「*本を読みかする」のような表現は容認されない. これに対して,「も」が動詞に付加された「本を読みも する」のような表現は可能なので,「も」は動詞に編入されてもよいと考えられる. いずれにせよ,「か」のスコープは埋め込み節を越えては拡がらないので, (「も」の不定代名詞束縛の可能性ではなく)「か」の不定代名詞束縛の可能性によって, どのような要素が埋め込み節内に起こるかを判断することができるのである.

5.　まとめ

　本論では, 異なる統語的特徴を示す項タイプと遊離詞タイプの 2 つ否定極性表現を用いて, 日本語の否定辞「ない」が語彙的な性質を失っている場合には, 否定辞移動が起り, 否定のスコープが TP まで拡がることを示した. これに対して,「ない」がもともとの形容詞の語彙的な性質を保持している場合には, 否定辞の移動が起こらず, 否定のスコープが TP には及ばない. 日本語の主格主語構文では, 主語は埋め込み節から主節の主語位置にまで移動するので, 上昇構文やコントロール構文において, 項タイプの否定極性表現と遊離詞タイプの否定極性表現が異なる振る舞いを示す. これは, 項タイプの否定極性表現は明示的な主語の現れる位置に生じるのに対して, 遊離詞タイプの否定極性表現はホストの項の位置の他にホストのコピーの現れる位置にも置くことができるからである. さらに, 本稿では, ECM 構文においては, ヲ格主語は埋め込み節内に留まっていることを示した. その際に,「も」の不定代名詞束縛はヲ格主語の位置を確定することができず, ヲ格主語が埋め込み節に留まるかどうかを調べるには「か」による不定代名詞束縛などの別のデータを見る必要があることも示した.

参考文献

Aoyagi, Hiroshi and Toru Ishii (1994) "On NPI Licensing in Japanese," *Japanese/Korean Linguistics* 4, 295–311.

den Dikken, Marcel (2006) *Relators and Linkers: The Syntax of Predication, Predi-*

cate Inversion, and Copulas, MIT Press, Cambridge, MA.

Fukui, Naoki (1995) *Theory of Projection in Syntax*, CSLI Publications, Stanford.

長谷川信子（1990）「On the VP Internal Subject Hypothesis」『日本語教育国際シンポジウム報告書』, 249-254, 南山大学.

Higgins, Roger (1979) *The Pseudo-Cleft Construction in English*, Garland, New York.

Hiraiwa, Ken (2005a) *Dimensions of Symmetries in Syntax: Agreement and Clausal Architecture*, Doctoral dissertation, MIT.

Hiraiwa, Ken (2005b) "Indeterminate-Agreement: Some Consequences for the Case System," *MIT Working Papers in Linguistics* 50, 93-128. MITWPL, Cambridge MA.

Hoji, Hajime, Shigeru Miyagawa and Hiroaki Tada (1989) "NP-movement in Japanese," ms., Univeristy of Southern California, Ohio State University and MIT.

Hornstein, Norbert (1999) "Movement and Control," *Linguistic Inquiry* 30, 69-96.

Kato, Yasuhiko (1985) *Negative Sentences in Japanese*, Sophia Linguistica XIX.

Kato, Yasuhiko (1994) "Negative Polarity and Movement," *Formal Approaches to Japanese Linguistics 1, MIT Working Papers in Linguistics* 24, 101-120.

Kawashima, Ruriko and Kitahara, Hisatsugu (1992) "Licensing of Negative Polarity Items and Checking Theory: A Comparative Study of English and Japanese," *Proceedings of the Formal Linguistics Society of Midamerica* 3, 139-154.

Kishimoto, Hideki (2001) "Binding of Indeterminate Pronouns and Clause Structure in Japanese," *Linguistic Inquiry* 32, 597-633.

岸本秀樹（2005）『統語構造と文法関係』くろしお出版, 東京.

Kishimoto, Hideki (2007) "Negative Scope and Head Raising in Japanese," *Lingua* 117, 247-288.

Kishimoto, Hideki (2008) "On the Variability of Negative Scope in Japanese," *Journal of Linguistics* 44, 379-435.

Kishimoto, Hideki (2009) "Topic Prominency in Japanese," *The Linguistic Review* 26, 465-513.

Kishimoto, Hideki (2010) "Subjects and Constituent Structure in Japanese," *Linguistics* 48, 629-670.

Kishimoto, Hideki (2012) "Subject Honorification and the Position of Subjects in Japanese," *Journal of East Asian Linguistics* 21, 1-41.

Kishimoto, Hideki (2013) "Verbal Complex Formation and Negation in Japanese," *Lingua* 135, 132-154.

岸本秀樹（2016）「文の構造と格関係」『日本語文法ハンドブック——言語論と言語獲得の観点から——』, 村杉恵子・齋藤衛・宮本陽一・瀧田健介（編）, 102-145, 開拓社, 東京.

Kishimoto, Hideki (2017) "Negative Polarity, A-Movement, and Clause Architecture in Japanese," *Journal of East Asian Linguistics* 17, 109-161.

Kishimoto, Hideki (2018a) "Projection of Negative Scope in Japanese."『言語研究』

153, 5-39.

Kishimoto, Hideki (2018b) "On the Grammaticalization of Japanese Verbal Negative Marker," *Journal of Japanese Linguistics* 34, 65-101.

Kuno, Susumu (1976) "Subject Raising," *Syntax and Semantics 5: Japanese Generative Grammar*, ed. by Masayoshi Sibatani, 17-49, Academic Press, New York.

Kuroda, S.-Y. (1988) "Whether We Agree or Not: A Comparative Syntax of English and Japanese," *Linguisticae Investigationes* 12, 1-47.

Miyagawa, Shigeru (1989) *Syntax and Semantics 22: Structure and Case Marking in Japanese*, Academic Press, San Diego.

Moro, Andrea (1997) *The Raising of Predicates: Predicative Noun Phrases and the Theory of Clause Structure*, Cambridge University Press, Cambridge.

Nakatani, Kentaro (2013) *Predicate Concatenation: A Study of the V-te V Predicate in Japanese*, Kurosio, Tokyo.

西山佑司 (2003)『日本語名詞句の意味論と語用論―指示的名詞句と非指示的名詞句―』ひつじ書房，東京.

Ogawa, Yoshiki (2007) "C-to-V Incorporation and Subject Raising Across CP-Boundary," *English Linguistics* 24, 33-66.

Rizzi, Luigi (1997) "The Fine Structure of the Left Periphery," *Elements of Grammar: Handbook of Generative Syntax*, ed. by Liliane Haegeman, 281-337, Kluwer, Dordrecht.

Rizzi, Luigi (2004) "On the Cartography of Syntactic Structures," *The Structure of CP and IP: The Cartography of Syntactic Structures: Volume 2*, ed. by Luigi Rizzi, 3-15, Oxford University Press, Oxford.

Watanabe, Akira (2004) "The Genesis of Negative Concord: Syntax and Morphology of Negative Doubling," *Linguistic Inquiry* 35, 559-612.

Sakai, Hiromu (1998) "Raising Asymmetries and Improper Movement," *Japanese/Korean Linguistics* 7, 481-497.

Shibata, Yoshiyuki (2015) "Negative Structure and Object Movement in Japanese," *Journal of East Asian Linguistics* 24, 217-269.

柴谷方良 (1978)『日本語の分析』大修館書店，東京.

Takano, Yuji (2003) "Nominative Objects in Japanese Complex Predicate Constructions: A Prolepsis Analysis," *Natural Language & Linguistic Theory* 21, 779-834.

竹沢幸一 (2004)「日本語複合述語における否定辞の位置と節構造」『日本語文法学会第5回大会発表論文集』，175-184，日本語文法学会.

Takeuchi, Hajime (2010) "Exceptional Case Marking in Japanese and Optional Feature Transmission," *Nanzan Linguistics* 6, 101-128.

Tanaka, Hidekazu (2002) "Raising to Object out of CP," *Linguistic Inquiry* 33, 637-652.

Watanabe, Akira (2004) "The Genesis of Negative Concord: Syntax and Morphology of Negative Doubling," *Linguistic Inquiry* 35, 559-612.

第 3 章

極性と否定極性と統語的条件
—日本語とスペイン語の否定現象から—

(Polarity, negative polarity and their syntactic conditions:
Negation-related expressions in Japanese and Spanish)

片岡喜代子

神奈川大学

1. 導入と目的

　言語は意味を音声形式（手話もあるがここでは音声とする）が担う．いくつかの音のまとまりからなる単位（形態素や語と呼ばれる）が意味を担い，その単位が複数組み合わさってより大きなまとまりである言語表現を成す．その大きなまとまりの意味は，その構成要素である単位の意味を合成的に順次組み合わせていくことで計算されるのが理想の形である．しかしながら，言語表現には形式と意味のずれがよく見られ，構成要素を単純に組み合わせただけでは出ないはずの意味が出てくることがある．ここでは日本語とスペイン語の「極性」を担う表現を見ることで，その否定との関わりや通言語的特質を確認し，統語的必要条件を確認した上で，どのような語用論的条件が働くかを論じる．[1]

　極性は否定とセットで語られることが多く，また否定・肯定そのものを極性として扱うことも一般的になっている．しかしながら，言語学において極性が言語現象との関連で注目された発端は，否定か肯定かというのが論点ではなく，ある言語表現が本来持たない意味解釈をどうやって導くかという問いであった．その議論は Fauconnier (1975) に始まる．以下の例を見られたい．

(1)　a.　My uncle can hear *the faintest* noise. (Fauconnier (1975: (12)))
　　　b.　私の叔父は<u>どんな小さな音でも</u>聞こえる．

　Fauconnier (1975) は (1a) のような最上級形式が，文字通りの意味に加え (1b) のような全称解釈も可能であることを指摘し，語用論的スケールにより

---

[1] 本稿は片岡 (2017) で扱った問題の考察を深め，議論を発展させたものである．

成立する全称解釈であることを主張した．その解釈過程の詳細は次節で見るが，最上級形式が，文脈により確立するスケールの極点（つまり出発点）を示すことでスケール上の値の進行を可能にし，すべての点を想起させることで全称解釈を導く．それこそが Fauconnier (1975) が捉えようとした特質であり，本来の「極性」である．

　本稿では，次節でまず Fauconnier (1975) が論じたスケールの特質に基づき「極性」を定義し，極性とは本来，否定・肯定とは独立の，スケールに基づく概念であることを見る．その上で第 3 節では，否定環境でしかスケールに基づく極性解釈を担えない項目があり，本来の意味での否定極性項目を識別する．第 4 節では日本語とスペイン語の事例で否定極性項目の統語的・意味的条件を確認した上で，語用論的条件を提示する．否定環境でしか極性を発揮できない項目には否定との一定の統語的・語用論的条件が要求されることを確認する．その意味で極性にとって否定はやはり特別な存在である．最後に第 5 節では，本研究のように極性をスケールに基づいて定義し，否定極性を厳密に捉えることで，否定環境に生起する表現の普遍的および個別の統語・意味特質が確認され，それによって言語個別の文否定の特質や文構造そのものの特質も見えてくることを論じる．否定との共起を要する表現にはスケール特質による極性を示さず，従って本来の意味での否定極性項目とは見なせず，その生起における否定との統語的関係も異なる項目も存在する．Fauconnier (1975) に従って否定極性をスケールに基づいて定義することには意義があることを論じる．[2]

2.　極性と極性解釈

　ここではまず「極性」の概念および極性解釈を確認する．

2.1.　Fauconnier (1975) による極性

　言語表現の持つ極性および極性解釈成立についての Fauconnier (1975) の議論は以下である．再度 (1) の例を挙げる．

---

[2]　否定との共起を要する項目には，「ろくな」等のようにスケールを想起させない項目もあり，それらも合わせて否定極性項目とする捉え方が一般的ではある．しかしながら，第 5 節でも触れるが，各項目の意味的機能と統語的条件には対応が見られ，スケールを成立させるか否かという要因での区分けは意味のあるものであり，否定現象を捉えるには必要である．関連議論は片岡 (2010, 2016) を参照してほしい．

(1) a.　My uncle can hear *the faintest* noise.　(Fauconnier (1975: (12)))

　　 b.　<u>私の叔父はどんな小さな音でも</u>聞こえる.

(1a) は「叔父は一番小さな音が聞こえる」という文字通りの解釈も勿論可能
である. しかし Fauconnier (1975) によればより優先的に取られる解釈は
(1b) のようなすべての音に及ぶような全称解釈である. Fauconnier (1975)
は, このような最低限の事柄に言及することですべてのことに及ぶ効果は推論
によって成立するとし, このような解釈は語用論的スケール (pragmatic
scale) の導入により成立すると主張した. もう少し詳しく説明すると, 以下
のようになる.

(2) (i)　音の大きさスケール：小 ---------> 大

　　(ii)　命題「人が音を聞く」の成立可能性スケール：小 ---------> 大

音の大きさスケールが, 人間社会という文脈で「人が音を聞く」という命題の
成立可能性スケールと結びつけられる. この文脈では小さい音より大きい音の
ほうが人は聴き易いという想定に基づいて, 音の大きさに対応して, この命題
の成立可能性スケールが導入される. これが語用論的スケールである.[3]

　(1a) における the faintest noise (最も小さい音) はこの音の大きさスケー
ルの最低点 (low point／極点)[4] に位置し, 語用論的スケールの最低点 (極点)
を占める命題「人が最も小さい音を聞く」に対応する. この文の文字通りの意
味はその最低点における命題の成立であるが, 「小さい音が聞こえるというこ
とは, それより少しでも大きい音は当然聞こえるはず」という推論が成立し,
このスケールの小から大に向かって推論が進んでいく. その結果, 推論が最高
点まで進んで, すべての点に言及することになり, 全称解釈が成立する. つま
り推論が進むのをスケール上の進行に対応させたのである (以下このようなス
ケールに基づく解釈をスケール解釈と呼ぶ).[5]

---

[3] Fauconnier (1975) はこれらの解釈で導入されるスケールはあくまで語用論的スケールで
あるので, スケールと関連づけられる命題は発話文の論理形式 (言語的意味) がそっくりその
まま利用されるのではなく, その一部分 (subparts of logical forms (Fauconnier (1975:
374)) でも可能と主張している.

[4] Fauconnier (1975) 自身は polarity (極性) という用語を用いず, low point／lowest point
と high point, あるいは lowest element／highest element, end of the scale という表現を用
いている. 唯一その註 17 において Schmerlimg (1971) の議論を受けて polarity problems と
いう言い方をしているだけである.

[5] Fauconnier (1975: 362) では, scale principle (スケールの原則) を以下のように提示し

　Fauconnier (1975) は英語の最上級形式がこのようなスケールを導く働きを
することを指摘しているが，それはあくまで文脈の助けを得てのことである．
最上級形式でもスケールを成立させない場合もある．例えば以下の例である．

(3)　He can stand *the faintest* noise.　　　　　　(Fauconnier (1975: (19)))

この文は文字通り「一番小さな音は耐えられる」という意味にしかならず，全
称量化の意味は確立されない．これは stand（耐える）という動詞の意味が導
く語用論的文脈ゆえ推論が進行しないからである．

　これら文法的最上級（grammatical superlatives）に加えて，同様の働きをす
る項目として (4) のような語用論的最上級（pragmatic superlatives）の存在も
指摘している．

(4)　Iago would betray his own brother.
　　(= Iago would betray anybody.)　　　　　　(Fauconnier (1975: (2)))

betray（裏切る）という述語に対応するスケール（(betray x／x を裏切る）の
成立可能性スケール）が文脈から導入され，そのスケール上において his own
brother が最低点／極点を占める働きをすることで，「自分の兄弟を裏切る」な
らば当然「（関係性のより薄い人）A を裏切る」はずという推論が順次最高点
まで進んで，結果として「誰をも裏切る」という全称解釈が成立する．

　この議論から分かるように，語用論的スケールに基づく全称解釈こそが極性
解釈であり，それを導く特性として極性を捉え，否定文や否定環境とは独立の
ものとして論じているのである．ただし次節で論じるように，その極性に対し
否定はやはり特別な働きをし，その特質ゆえにこの分析が Ladusaw (1979)
の否定極性項目の分析へと繋がっている．否定極性項目と呼ぶべき項目が存在
するのは確かである．

2.2.　日本語の極性表現

日本語でも同様の推論スケールにより全称解釈を導く表現は多く見られる．

(5)　太郎は一番小さな音でも聞こえる．
(6)　太郎は自分の弟さえ裏切るだろう．

ている．$R(x, ...)$ は任意の命題を表す．'If x_2 is lower than x_1 on the scale S associated with
$R(x, ...)$, then $R(x_2, ...)$ implies $R(x_1, ...)$; thus, in particular if R holds for the lowest ele-
ment on S, it holds for all elements of S (call this the scale principle).'

(7) a.　太郎は魚の骨まで食べる.

　　 b.　太郎は魚の骨さえ食べる.

最上級形式や文脈に応じた表現がこの極点を示す役割を担うが, 日本語の場合は「でも, さえ, まで」などが必要で, それらの助詞がないと推論スケールによる全称解釈は成立しない.

(8)　太郎は一番小さな音が聞こえる.

(9)　太郎は自分の弟を裏切るだろう.

(10)　太郎は魚の骨を食べる.

これらは文字通りの解釈のみで, 分脈が整っても全称解釈は難しい.「でも, さえ, まで」は取り立て助詞とも呼ばれているが, 極性解釈にはこれらの助詞が不可欠である. 極性解釈を与える特定の表現があるというよりも, むしろこれらの助詞がついていればどんな表現でも文脈が整えば極性解釈が成立する.

(11) a.　太郎は花子を裏切った.

　　 b.　太郎は花子まで裏切った.

　さらにまた, 片岡 (2016: 104) でも指摘しているが, これらの助詞によって導かれる全称解釈は肯定・否定環境を問わず成り立つ.

(12) a.　酒は一滴でも飲みたい.

　　 b.　酒は一滴でも飲みたくない.　　　　　　 (片岡 (2016: (46a), (46b)))

(12a) は例えば「酒好きの人」を想定した文脈で,「酒の量のスケール」に対応して「x を飲みたい」という述語から, 言わば「酒好きの人の願望・満足度」スケールが導入され, 推論スケールの働きをする.「酒好きの人」が「一滴」飲みたいなら当然「一口飲みたい」, さらに「コップ一杯」は当然飲みたい.「一口でも, 一杯でも飲みたい」というように推論が進み「どんな量であっても飲みたい」という全称解釈になる. 一方 (12b) では「酒嫌いの人」文脈で,「一滴飲みたくない」なら当然「一口飲みたくない」,「一口飲みたくない」なら当然「コップ 一杯飲みたくない」というように「酒嫌いの人の x を飲みたくない」スケールを進む. 導入されるスケールは異なるが,「一滴」がそれぞれのスケールの最低点 (極点) として出発点になっているのである.

　つまり, ある述語と文脈におけるその働きというスケール確立に必要な要件が整い, スケールの極点となる表現が導入されれば全称解釈は成立する.

Fauconnier (1975) が指摘したのはこのスケールの極点を示す表現の存在とそれに基づく全称解釈の成立であり，それこそが極性解釈である．また，ある表現が極点を示し語用論的スケールが確立して推論が進むか否かは，問題となる述語が否定か肯定かとは独立した特質である．Fauconnier (1975) が挙げる以下の例も，文脈から語用論的スケールが確立するか否かが鍵となっている．

(13)　He couldn't stand the hum of a bee.　　(Fauconnier (1975: (56))))
　　　彼はミツバチの鳴き声でも耐えられないだろう．

(14)　The hum of a bee would bother him.　　(Fauconnier (1975: (57))))
　　　ミツバチの鳴き声でも彼を不快にさせるだろう．

　一方で，このスケールの成立には否定を必要とする項目もある．次節ではそれを見て，その統語的・意味的条件を確認し，否定環境でのみ極性を示す項目を識別する．日本語に加えてスペイン語の例もあげるが，このような語用論的スケールの成立が人間不変の推論システムと関わっていることを示している．

3.　本来の意味での否定極性項目

　極性解釈と呼ぶべきものが本来は否定・肯定とは独立したものであることを見たが，それでもその極性解釈を否定環境でしか確立できない表現がある．この節では前節で見たような極性解釈を否定と共起した場合にのみ可能にする表現が日本語にもスペイン語にもあり，否定極性項目として位置付ける意義があることを見る．そして，次節ではそれらの統語的・意味的条件を確認して，本来の意味での否定極性項目と呼ぶべき項目を定義する．

3.1.　否定極性項目とその解釈
　以下の文の解釈を考えてみよう．

(15)　（彼は／彼女は）あいつのために指<u>一本動かさ</u>なかった．

この文は「指」に言及しているが「指」についてのなんらかの言明ではない．単なる数量表現としての量化解釈ではなく，「何もしなかった」という全称否定解釈を与える文である．同じような表現がスペイン語にもある．

(16)　**No** *movió*　　　***un dedo*** por él.
　　　not moved-3rd-sg　a finger for him

(15), (16) の解釈はほぼ同じで,「少しは動いてくれてもいいのに, 最低限の
こともしなかった」という意図を担う.「最低限の事柄に言及することで関連
するすべてに及ぶ効果」を導き, それに基づいた全称解釈であるが, その最低
限の事柄を表すのが「指一本動かす／mover un dedo」であり, Fauconnier
(1975) が指摘した語用論的スケールに基づく読みであると言える.

　この「指一本動かす／mover un dedo」は肯定文でも用いられる. ただし,
日本語文のほうは通常格助詞を伴って用いられる.

(17) a. （彼は／彼女は）あいつのために指（を）一本動かした.
　　　b.??（彼は／彼女は）あいつのために指（を）一本まで動かした.

(18)　Movió　　　***un dedo*** por él.
　　　moved-3rd-sg a finger for him

(17a), (18) はともに文脈さえ整えば容認可能な文であるが, 重要なのは肯定
文である (17a), (18) は単なる「指一本」についての言明を担う量化文である
という点で, 全称解釈は成立しない. (17b) のように, 日本語でスケールによ
る全称解釈を導く助詞を付しても全称解釈は成立せず, 奇妙な文になる. つま
り「指一本動かす／mover un dedo」は, 肯定文では文字通りの意味を担うが,
否定環境でのみスケールによる全称解釈を導く表現である.

　この解釈成立過程は, Fauconnier (1975) の分析に従うと次のように捉えら
れる.「指一本動かす／mover un dedo」という表現から, 述部 (mover x)／(x
を動かす) の実現可能性スケールが人間社会の文脈に基づき導入される. 肯定
命題スケールにおいては,「人は小さいものほど動かし易い」という語用論的
文脈ゆえに「指一本動かす／mover un dedo」は実現可能性スケールの最大値
を占める.

(19)　(x を動かす)／mover x) による肯定命題における実現可能性スケール
　　　…「腕と足を動かす」→「腕を動かす」→「指を動かす」
　　　実現可能性小の p_1 が成立すれば, 実現可能性より大の p_2 も成立
　　　<u>小→大への推論</u>

(1) の最上級形式の文も同様であったが, 肯定命題ではこのように推論が実現
可能性スケール上の値の小から大へ進む.

　一方これが否定文になると, 否定命題 NOT（指一本動かす／mover un
dedo）では実現可能性最大値が否定される. すると文脈から推論の方向が逆転
することになり, スケール上の大の値から小の値へと推論が進むことになる.

(20)　「指を動かさない」→「腕を動かさない」→「身体を動かさない」→…
　　　「何もしない」
　　　実現可能性大の p_2 が不成立なら，実現可能性小の p_1 も不成立
　　　大→小への推論

肯定文ではスケール上の値が小から大への推論の進行であったのが，否定文で
は同じスケール上の値が大から小への推論に変わる点に注目してほしい．これ
は Fauconnier（1975: 361）が指摘した「否定の持つ推論スケール上の進行方
向を逆転する働き」である．この場合，肯定文「指一本動かす／mover un
dedo」はスケール上の最上値（最終点）を示す．従って，それ以上スケールを
上へ進めることができず推論を進めることができないので，文字通りの解釈だ
けが可能である．ところが否定文では否定がスケールの進行を逆転させるの
で，「指一本動かす」／mover un dedo」という最大値が，NOT（指一本動かす
／mover un dedo）になると出発点になりスケールを逆向きに進む．つまり逆
転することで推論進行が可能になり，スケール上のすべての値を進んでいくこ
とで全称否定解釈が生まれる．このスケール解釈には否定が必要であり，否定
があることで全称解釈が成立していると言える．
　Fauconnier（1975）の議論を受けて Ladusaw（1979）は語用論的スケール
で示されていた推論を集合論の含意（entailment）という概念で表し，スケー
ル上の値の小から大への推論を上方含意（upward entailment），スケール上の
値の大から小への推論を下方含意（downward entailment）による推論と呼ん
だ．

(21)　Ladusaw（1979）
　　a.　小→大への推論：上方含意
　　b.　大→小への推論：下方含意

　Ladusaw（1979）は，Fauconnier（1975）が「推論スケール上の進行方向を
逆転する」と指摘した否定の働きを，「下方含意を導く力」として捉え直し，
否定以外にも下方含意効果をもたらす表現を精査している．そしてその下方含
意の意味環境でスケールによる全称解釈を導く表現を否定極性項目（Negative
Polarity Item（NPI））と扱ったのである．[6] ただしそれは，Fauconnier（1975）

---

　[6] 註 2 でも述べたが，Fauconnier（1975）自身は negative polarity という用語を用いていな
い．スケール解釈の形式化を試みた Ladusaw（1979）によって negative polarity item の概念
が確立し，その用語が普及したと言える．

の議論を受けてのことで，スケール上の lowest point（極点）を示す表現で否定環境でのみスケール解釈を導く項目を否定極性項目としたのである．

　「指一本動かす／mover un dedo」[7] は否定環境でのみスケールの極点を示し，その推論スケールに基づく解釈を可能にし，全称否定解釈を導く．これらはその意味において Fauconnier (1975) や Ladusaw (1979) が指摘した意味での否定極性項目と言える．昨今では否定と共起する表現はすべて否定極性項目と呼ばれるのが一般的であるが，極性や否定極性にはそれ独自の意味が込められているのである．Ladusaw (1979) はある項目が極性による全称解釈が可能になる否定的意味環境，つまり下方含意を導く意味的作用域を提示したが，次節で見るようにそれらの項目には統語的にも語用論的にも否定との一定の関係が要求される．否定環境でのみ推論スケール進行を可能にするような極点を示す表現を否定極性項目とすべきであり，それにより複雑に見える否定現象も少しずつ解明できるはずである．（関連議論は片岡（2016）も参照されたい．）

3.2.　否定極性項目が導く推論スケールの特質

　「指一本動かす／ mover un dedo」は否定文でのみ推論スケールによる全称解釈を成立させる．上でも述べたが，この（x を動かす／ mover x）による推論スケールでは，肯定述語「指一本動かす／ mover un dedo」はスケールの最終点を占めるので，肯定文ではそれ以上推論が進まず推論解釈が成立しない．

(22) a. Movió　　　　***un dedo*** por él.
　　　　moved-3rd-sg　a finger　for him
　　 b. （彼は／彼女は）あいつのために指を一本動かした．

否定文で全称解釈を可能にするのは導入される推論スケールであるが，この否定文でのみ確立される推論スケールの特質が 2 節で紹介した極性解釈のスケールとは少し異質のものであることを Fauconnier (1975) は指摘している．

　以下の最上級形式の文の意味を考えてほしい．それぞれ全称量化の解釈を与える文である．

(23) Martha didn't hear even the loudest noise.

　　　　　　　　　　　　　　　　　　　　（Fauconnier (1975: (135))）

　　 マーサは一番大きな音さえ聞かなかった．（どんな音も聞こえなかっ

---

[7] 英語の lift a finger も同様の否定極性項目である．

た)

(24)　Martha didn't hear even the faintest noise.

　　　　　　　　　　　　　　(Fauconnier (1975: (136)))

マーサはほんのちいさな物音一つ聞かなかった. (物音一つしなかった.)

「騒音を聞く／hear the noise」という述部と文脈から導入される語用論的スケールでは, the loudest noise が最高点, the faintest noise が最低点となる.

(25)　a.　騒音のスケール : the faintest noise ---> the loudest noise
　　　b.　騒音を聞く／hear the noise : 小 ---> 大

肯定命題「騒音を聞く／hear the noise」であれば「ある小さい音を聞けば, より大きい音は聞く」となり, スケール上の値の小から大へ (上方含意の) 推論が進む. 最高点の the loudest noise は肯定述部であればスケールの最終点になるので, 推論スケールによる解釈は成立しない.

(26)　Martha heard the loudest noise.
　　　マーサは一番大きな音は聞いた.

(23) では否定述部にあることでスケールが逆転して the loudest noise は出発点になり, 推論スケールが大から小へ進んで (下方含意), 全称否定が確立する. つまりスケールの原則に従った解釈成立であり, 否定により全称解釈が成立している. ところが (24) では the faintest noise はその同じスケールの最終点になり, スケール原則によれば推論は進まず全称解釈が成立しないはずである. つまり (24) はスケール原則に従っていないにも拘らず全称否定が成立していることになる.

　Fauconnier (1975) によれば, (23) は noise そのものの存在を示唆するが, (24) は noise が全く存在しなかったことを示唆する. 音を聞く／hear the noise というスケールで the loudest noise が最高点, the faintest noise が最低点とすると, スケールの原則で導かれる全称量化解釈は (23) である. (24) は最少量 (minimum quantity) を否定することで音の存在スケールが導入され, それにより全称否定解釈が得られる. つまり存在スケールの最小量の存在を否定することで, 順次すべての量の存在を否定し全称否定を導くという. 以下も同様である.

(27)　There wasn't the faintest noise.　　　(Fauconnier (1975: (14')))

　　　物音一つしなかった.

(28)　There isn't a drop of wine in the bottle. (Fauconnier (1975: (139)))
　　　瓶にはワイン一滴残っていなかった.

　これらは最小量の存在の否定 (negation of existence) により,存在否定スケー
ルを進みすべてを否定する全称否定を導く.上で見た「指一本動かす／mover
un dedo」も最小量の動きの存在とも捉えられる.最小量が存在しないならそ
れより多い量のものは当然存在しないという推論に基づく.全称否定を導くに
は否定が必須であり,論理的意味として否定存在量化 (¬∃xP(x)) でなけれ
ばならない.最低限の存在を否定することで推論スケールが進むので,最小量
を示す要素の存在を否定する形でなければならないのである.これこそが否定
極性項目であり,その後の議論では一般には最小要素 (minimizer) とも呼ば
れている.

　英語では最上級形式がスケール原則による解釈と存在否定スケールによる解
釈の両方を担う.さらに Fauconnier (1975) によれば,any もスケール原則
に従う全称解釈と否定存在量化によるスケール解釈の両方が可能である.

(29)　*Any* noise bothers my uncle.　　　　　　　(Fauconnier (1975: (4)))
(30)　My uncle can hear *any* noise.　　　　　　(Fauconnier (1975: (5)))
(31)　He did not hear *any* noise.　　　　　　　(Fauconnier (1975: (7)))

それゆえ以下の any の文は両方の解釈を担うと主張している.

(32)　Martha didn't hear any noise.　　　　(Fauconnier (1975: (137)))
　　　(i)　マーサはどんな音も聞こえなかった.　　（∀x¬P(x)）
　　　(ii)　マーサは物音一つ聞かなかった.　　　　（¬∃xP(x)）

対応する日本語から分かるように,日本語では両者は異なる形式を取り,「物
音一つ」の類が存在否定の役割をする.これについては次の 3.3 節で見ていく.

3.3.　日本語否定極性項目の特徴

　2.2 節でも見たが,日本語では最上級表現だけでは極性解釈による量化の意
味は成立しない.量化の意味を出すためには「さえ」などの助詞が必要である.

(33)　マーサは一番大きな音を聞かなかった.
(34)　マーサは一番小さな音を聞かなかった.
(35)　一番小さな音がしなかった.

(36) マーサは一番大きな音さえ聞かなかった.（どの音も聞かなかった.）

(37) ?マーサは一番小さな音さえ聞かなかった.（音は全くしなかった.）

(38) ?一番小さな音さえしなかった.（音は全くしなかった.）

しかしながら助詞が付されても (37), (38) は不自然で，通常以下の表現を用いる.

(39) マーサはもの音一つ聞かなかった.（音は全くしなかった.）

(40) 物音一つしなかった.（音は全くしなかった.）

(37), (38) のような最上級表現は存在否定による極性解釈を導く働きはできず，否定することで全存在の否定を導くには (39), (40) のような最小量表現が日本語では用いられる．これらこそが否定極性項目である．ここで着目してほしいのは，これらは日本語で極性解釈（スケールによる全称解釈）の確立には必須とされた助詞が付されていないが，それでも極性解釈が成立している点である．つまりそれ自体が否定環境で極性解釈を導く力を持つと言える．助詞の助けなしで独自に否定とともに存在否定による極性解釈を導かなければならず，そのため最小量を表す．それゆえ数量表現の最小である「数詞 1 ＋ 類別詞」を伴うことが多い．また格助詞も不要である．

(41) a. ネズミ一匹いなかった.（だれもいなかった.）

    b. ネズミが一匹いなかった.

    c. ネズミ一匹いた.

(41b) のように格助詞が付されると「ネズミ」についての量化文になり，全称否定は確立されない.[8] また 3.1 節でも述べたが，(41c) のような肯定文では極性解釈は不可能であり，文自体が奇妙である．可能な解釈としては単なる量化解釈であるが，それも通常は「ネズミが一匹」と格助詞が付される.

　次節では否定極性項目の統語的条件を確認して，本来の意味での否定極性項目と呼ぶべき項目を定義する.

---

[8] 否定と共起してスケールを想起し全称否定を導く名詞＋「数詞 1 ＋ 類別詞」の項目のうち「名詞＋ひとつ」について Sawada (2007) では，その意味的・文法的特徴を精査し，語用論的スケールの読みだけが可能であることを指摘した上で，「数詞 1 ＋ 類別詞」が本来持つはずの量化機能が失われてスケールを確立する項目として文法化していると主張している．否定極性項目として「名詞＋ひとつ」が語彙化していると捉えられる.

4.　否定極性項目の分布と統語的特質

　否定極性項目（以下 NPI）の生起条件として，意味的条件としては Fauconnier (1975) および Ladusaw (1979) が指摘したように，否定要素の作用域にあることである．この節では統語レベルでも否定要素の領域になければならないことを見る．それはすでに Klima (1964) で主張されていることであり，片岡 (2009, 2010) でも論じたが，さらなる議論を提示する．スペイン語と日本語それぞれにおいてその統語的条件が働いていることを確認する．

4.1.　スペイン語の否定極性項目の分布

　スペイン語の nadie や nada（一般に *n*-word と呼ばれる）は否定辞と共に全称否定を導く不定表現である．日本語の「だれも，なにも」や英語の any-に対応するように思えるが，動詞に前置すると否定辞なしで単独で全称否定を導く．

(42)　a.　**No** vino *nadie*.
　　　　　not　came　anybody　　　'Nobody came.'
　　　b.　*Vino *nadie*.
　　　　　came　anybody
　　　c.　*Nadie* vino.
　　　　　nobody　came　　　　　　'Nobody came.'
　　　　　(Bosque 1980: C. 2, (1), (2)) (Zagona (2002): 4, (61b), (61a))

　スペイン語では主語名詞句も目的語名詞句も，動詞に前置することも後置することも可能である．

(43)　a.　Juan vino.
　　　　　John　came　　　'John came.'
　　　b.　Vino Juan.
　　　　　came　John　　　'John came.'

(43a) と (43b) は使用される文脈は異なるが，論理的意味は同じである．
　n-word も主語としても目的語としても生起可能で，動詞に前置することも後置することも可能であるが，動詞に前置すると否定辞を必要としないのである．つまり (42c) のように単独で否定力を持つ一方で，(42a) のように否定辞と共起しても二重否定にはならない．否定環境に現れるので NPI に含めら

れることもあるが (Cf. Bosque (1980)), それらとは異なる特質を持つ.

　このように否定要素が一文中に複数現れても単一否定を成すという現象は, フラマン語やイタリア語などのロマンス系言語に多く見られる現象である. Haegeman (1995) および Haegeman and Zanuttini (1996) では, 特定の位置 (動詞に先行する位置) に否定要素が必ず生起する必要がある点に着目して, それを機能範疇 Neg の指定部への顕示移動と捉えた. 移動の結果指定部・主要部の一致が成されることで, 複数の否定要素の否定力を 1 つ残して他をすべて消す統語的操作として, 否定一致 (Negative Concord) が提案された. つまり意味レベルの前の統語レベルで, 否定要素一つを残して他の否定力を消す統語的操作がなされ, 否定要素が複数存在していても単一文否定が導かれるとしている.

　Zagona (2002: 197) はスペイン語も否定一致を行う言語であり, *n*-word や否定辞 no も否定一致項目 (Negative Concord Item (NCI)) であるとしている. (44) のように音形を持たない否定要素 (素性 [+NEG]) が統語レベルでは存在し主要部 Neg として機能範疇を成し, それが no や *n*-word など NCI と指定部・主要部の一致を成すことで否定文として成立するとしている.

(44)　　$[\ \alpha\ [_{\text{NegP}}\ \text{NCI}_1\ [_{\text{Neg}'}\ [_{\text{Neg}}\ +\text{NEG}]\ [_{\text{IP}}\ ....]]]]$

ここでは Zagona (2002) の分析に従う (関連議論は片岡 (2017)). スペイン語に音形を持たない否定要素が統語レベルで存在するならば, un dedo が NCI であるなら *n*-word と同じ動詞に前置する位置に現れてもいいはずであるが, (45b) のように不可能である. (46), (47) のように *n*-word 以外にも動詞に前置して全称否定を成す, つまり *n*-word と同じ振る舞いをする表現は存在するのである.

(45) a. **No** *movió*　　　　***un dedo*** por él.
　　　　not moved-3rd-sg　a finger　for him
　　 b. *Un dedo movió por él.　　　　　　　　　(NGLE: 48.7d-g)
　　 c. *Un dedo **no** lo movió por él.
(46) a. **No** he　　　　　estado aquí　*en* {m*i* /*la*} *vida*.
　　　　not have-1st-sg　been here　in my / the life
　　　　'I have never been here in my life.'
　　 b. *En* {m*i* /*la vida*} he estado aquí.

(Bosque (1980: C. 2) (27b), (28b))

(47)　a.　**No** lo　he　　　　　visto　*en todo el día.*
　　　　　not him have-1st-sg seen　in all the day
　　　　　'All day long, I have not seen him.'
　　　b.　*En todo el día* lo he visto.　(Bosque (1980: C. 2) (27c), (28c))

(45b) はスケールによる全称否定解釈は不可能で，文そのものも容認不可能である．un dedo は，音形を持たない否定要素があったとしても，指定部・主要部の一致により認可される NCI ではなく，異なる特質を持つと言える．また (45c) のように明示的否定要素があったとしてもその領域外に生起して全称否定解釈を導くことはできない．文そのものは文法的には問題がないが，意味が不明な奇妙な文になる．[9]

　音形を持たない否定要素は否定一致のために働くが，mover un dedo が NPI としてスケール解釈を導くための語用論的スケール成立には働けず，音形のある明示的否定要素が必要となる．Fauconnier (1975) が語用論的スケールと名付けたように，スケールは統語レベルで成立するものではなく語用論レベルで成立する．下方含意を導く推論スケールの語用論レベルでの確立には，統語的要素である音形のない Neg は働けないということである．

　したがって，mover un dedo など NPI には統語レベルで否定の領域内にあること（片岡（2009））に加えて，その否定要素が語用論レベルでも働き語用論的スケールを成立させる必要があると言える．NPI は，統語・意味・語用のレベルにおいて明示的否定要素の作用域になければならないのである．

　また，NPI にとっての統語的・意味的要件は，語用論的スケールの成立に寄与するためのものである．したがって，否定辞以外でも推論スケールを確立する，つまり下方含意を導く明示的要素があってその統語的領域に入っていれば，NPI は生起可能である．英語の NPI の分布についてはすでに Ladusaw (1979) が指摘しているが，スペイン語でも以下の下方含意の環境で NPI が生起する．

(48)　限定節
　　　Solo él *movería*　　　　　*un dedo* por ti.　(NGLE 2009: 48.6k)
　　　only he would:move-3rd-sg a　finger for you
　　　'Only he would *lift a finger* for you.'

---

[9]　(45) の例文の容認性判断は Arturo Varón 氏（神奈川大学）による．lo は目的語名詞句が動詞に前置した場合に生じる重複代名詞である．

(49)　条件節 (conditional)

Si tuvieras　　　　　*una pizca de vergüenza, ….*

（NGLE 2009: 48.6e）

if　would:have-2nd-sg a　　piece of shame

(*Lit.*) 'If you had *a piece of shame*, ….'

(50)　法的要素 (modality)

a.　Ante　　　　la **imposibilidad**

in:front:of the impossibility

de *pegar ojo*, se levantó dispuesto a ….　　（NGLE 2009: 48.6d）

of close eye, ….

'Being unable to get *a wink of sleep*, he woke up to ….'

b.　Ella **prefería**　　　　　que se　　muriera　 a *mover un dedo*

she　preferred-3rd-sg that CLI would:die to move　a　finger

por ayudarlo.　　　　　　　　　　　（NGLE 2009: 48.6r）

for help:him

'She preferred that he would die to *lift a finger* to help him.'

c.　**Me sorprende** mucho que *haya*　　　　　*movido un dedo*

I:am:surprised　much　　that would:have-3rd-sg lifted　　a　finger

por ella.　　　　　　　　　　　　　　（NGLE 2009: 48.9f）

for her

'I am much surprised that he would have *lifted a finger* for her.'

下方含意を導く表現の統語的領域内にあることが NPI にとっての必須要件であるが，意味・解釈レベルでもそれらの作用域に入る必要がある．下方含意は統語レベルでの意味計算の後，語用レベルで確立する意味環境であると言える．ただし，次節でも述べるが，日本語 NPI はこれらの環境には生起できない．

　付け加えておくが，スペイン語 *n*-word は下方含意の環境だけでは生起できない．NCI として否定一致の統語的過程が必須であると言える．

(51)　*Solo él haría　　　*nada*　 por ti.　　　　　（NGLE 2009: 48.6k）

only he would do nothing for　you

4.2.　日本語の否定極性項目とその分布

「指一本動かす」が NPI であることを見たが，日本語で NPI と見なせるも

のには「ネズミ一匹，水一滴，人ひとり」など「名詞＋数詞 1-類別詞」（以下 N＋one-cl (assifier)) の形式があり，推論解釈に必要な述部とともに生産的に作り出すことができる．その生起条件として，否定の統語的領域内に存在しなければならないということはすでに片岡 (2009, 2010) でも論じてきたが，ここでは述部のあり方に関連して，その新たな根拠となる議論を提示する．

　日本語には否定辞との共起を要する表現が他にもいくつか見られる．「-しか」（以下 XP-sika)，「だれも，なにも」（以下 wh-mo)，「ろくな～」（以下 rokuna-N) などである．以下のような疑問文に対し，それぞれ否定の返答文として生起可能である．

(52) a. だれか面接に来た？　―花子しか来なかった．
　　 b. だれか面接に来た？　―だれも来なかった．
　　 c. だれか面接に来た？　―ろくな学生が来なかった．
　　 d. だれか面接に来た？　―学生一人来なかった．

さてここで，これらの返答に以下のような省略文を用いると，容認性の違いが見られる．これらの違いは何によるものであろうか．

(53) a. だれか面接に来た？　―花子しか．
　　 b. だれか面接に来た？　―だれも
　　 c. だれか面接に来た？　―*ろくな学生が
　　 d. だれか面接に来た？　―*学生一人

日本語の否定辞 -ないは動詞や形容詞に付加される接辞である．否定文において見た目は動詞と -ないが構成素を成すように見えるが，主語名詞句や目的語名詞句と否定との作用域関係を見ると，目的語のみならず主語も否定の作用域に入ることが可能である．

(54) a. 5 人以上の学生がその本を読まなかった．
　　 (i) 5 人以上の学生 > Neg :
　　　　 There are five or more students who did not read the book.
　　 (ii) Neg > 5 人以上の学生 :
　　　　　 There are not five or more students who read the book.
　　 b. その学生が 5 冊以上の本を読まなかった．
　　 (i) 5 冊以上の本 > Neg :
　　　　 There are five or more books that the student did not read.

(ii)　5 冊以上の本 < Neg：

There are not five or more books that the student read.

（片岡（2016：(18)））

ある要素の統語的領域がその作用域になるという一般の仮定（Reinhart (1983)）に従えば，文否定要素（-nai）は構造上動詞句（VP）に付加される位置にあるとすべきである（関連議論は片岡（2006: 第 2 章）および片岡（2016: 4 節）を参照されたい）.

(55)　日本語否定文：.... [VP [VP ....] -nai]

また片岡 (2010) では，XP-sika と wh-mo は否定の統語的領域外に，rokuna-N と N + one-cl は否定の統語的領域内にあることを必要条件としている．その分析が正しいとすると，(52) の返答文はそれぞれ以下の構造になるはずである.

(56)　a.　花子しか [VP [VP 面接に来] なかった]

　　　b.　だれも [VP [VP 面接に来] なかった]

　　　c.　[VP [VP ろくな学生が面接に来] なかった]

　　　d.　[VP [VP 学生一人面接に来] なかった]

それぞれの否定との統語的条件ゆえに，XP-sika と wh-mo は否定述部外に，rokuna-N と N + one-cl は否定述部内にあることになる．(53) の省略文が述部省略文であるとすると，以下のようになるはずである.

(57)　a.　花子しか [VP [VP 面接に来] なかった]

　　　b.　だれも [VP [VP 面接に来] なかった]

　　　c.　[VP [VP ろくな学生が面接に来] なかった]

　　　c′.　ろくな学生が$_i$ [VP [VP t$_i$ 面接に来] なかった]

　　　d.　[VP [VP 学生一人面接に来] なかった]

　　　d′.　学生一人$_j$ [VP [VP t$_j$ 面接に来] なかった]

省略のための消去は構成素単位で行われるべきであるから，(57a, b) では -nai が付加された VP（否定述部）全体が消去されても，その否定述部外にある「花子しか」と「誰も」は生起可能である．一方，否定述部内にあるべき「ろくな学生」と「学生一人」はそこだけを残されて述部の残りの部分だけを消去することはできない．VP 接点を消去しているのに，その中の一部だけ残るわ

けにはいかないのである．あるいは（57c′），（57d′）のように残す部分を移動さ
せて VP を消去したとしても，それぞれ rokuna-N と N + one-cl は否定の統
語的領域外に存在することになり，結果として容認不可能になる．

　「学生一人」は NPI であるゆえに，否定の統語的領域になければならないと
いう捉え方が正しいことを示している．

5.　否定関連現象から見た文構造

　日本語でも NPI はスペイン語と同じ統語的・意味的条件を満たしているこ
とを見たが，では前節（56）の他の表現はどのような働きをする項目であろう
か．rokuna-N は片岡（2006: 第 4 章）で論じているように否定の統語的領域
にあるべき項目ではあるが，それは否定の焦点になる為であって，スケール解
釈を成立させるわけではなく NPI とは言えない．この節では否定の統語的領
域外にある XP-sika と wh-mo の特質を見て，その関連から日本語否定文の
構造についての分析案を提示する．その上で，スペイン語否定文の文構造との
相違も指摘する（関連議論は片岡（2016: 4 節）を参照してほしい）．

5.1.　日本語の文構造と否定を要する項目

　Fukui（1986 / 1995）では日本語には機能範疇は存在せず，従って素性の一
致（Agreement）もないと主張されている．さらに動詞と項名詞句との素性の
一致による文構造構築ではなく，叙述（Predication）による構造構築の可能性
を示唆している．ここではその考えに基づき，統語構造（LF）での姉妹関係に
基づいて主部・述部の関係作りがなされ，それによって文構造が成されるとい
う構造構築を提案する．文には無題文など非叙述文と，主部（Subject）と述部
（Predicate）から成る叙述文があり，日本語ではそれぞれ異なる構造を持つと
するのである．

　　（58）　日本語文の構造
　　　　a.　非叙述文：[$_{VP}$ ....]
　　　　b.　叙述文：[[$_{NP}$ ....] [$_{VP}$ ....]]

主題を持つ有題文なども叙述文の構造を成すとする．
　（55）の構造で示したように，日本語否定辞 -nai は接辞として動詞句（VP）
に付加し，VP の一部を成す．その結果否定辞が付加された動詞句は否定述部
を成すことになる．さらに，その述部の主部となる要素が生起可能で，それに

よって否定叙述文を成すが，その主部位置は否定の領域外となる．

(59)　日本語否定文の構造
　　　a.　非叙述文の否定文：[$_\text{VP}$ [$_\text{VP}$ ....] -nai]
　　　b.　否定叙述文：[[$_\text{NP}$ ....] [$_\text{VP}$ [$_\text{VP}$ ....] -nai]]

日本語否定文では，否定要素が VP をその領域に取る位置にあるので，無題文などの非叙述文はこの構造がそのまま反映され，結果として命題全体が否定の領域に入る．したがって，主語も目的語も否定の作用域で解釈されることが可能になる．一方主題文や，主部・述部から成る叙述文の否定文では主部になる要素が否定述部と姉妹関係にある位置を占める．つまり主部が否定述部をその領域に取ることになり，叙述文の主部は否定の領域には入らないことになる．

　　XP-sika や wh-mo は否定述部をとって叙述文を成す．叙述文における主部の働きをする項目であり，従って否定の領域には入らない．[10] これら日本語の文構造，否定文の構造特質および否定を要する XP-sika, wh-mo, rokuna-N, N+one-cl のそれぞれの個別の特質によって，(53) の省略文の現象も捉えることができる．

5.2.　スペイン語の否定文の構造と否定を要する項目

　　4.1 節でも述べたが，スペイン語は素性の一致に基づく否定一致という統語的過程を有し，文否定要素は機能範疇として構造の周辺部に位置する．

(60)　[$_\alpha$ [$_\text{NegP}$ no [$_\text{Neg'}$ [$_\text{Neg}$ +NEG] [$_\text{IP}$ ....]]]]　　　　　（片岡 (2016:(42)））

したがって，日本語では述部が否定された否定叙述文の主部として否定の領域外に出ることが可能な表現が多く存在しているのに対し，スペイン語では否定の領域外に生起するのは主題要素など限られている．また文構造の構築には項名詞句と述語動詞など一致を必要とするので，叙述による構造構築も存在しない．結果として否定の統語的作用域が働きを発揮していると言える．

　　否定を要する項目の分布の特質はその結果とも言える．一致を必要とする NCI と否定の作用域での生起を要する NPI との分布が厳密に区別され，現象

---

[10] XP-sika の統語的特質については片岡 (2006) を，wh-mo の統語的特質および意味特質についての議論，n-word との違いについては片岡 (2007) を参照されたい．(Cf. Watanabe (2004))

の違いを見せている．また，さらなる議論が必要ではあるが，否定の作用域での存在を必須とする NPI の分布が日本語とは異なる．日本語では，否定辞以外で下方含意の環境と言われる要素があっても，NPI は生起できず，明示的否定辞が必要である．

(61) a.　限定要素（only）
　　　　　*太郎だけが指一本動かす.
　　 b.　条件節（conditional）
　　　　　*もし太郎が指一本動かすなら，….
　　 c.　法的要素（modality）
　　　　　*太郎が指一本動かすなんて驚きだ.

否定の作用域の特質の違いがこれら NPI の分布に現れている可能性もある．否定辞の特質や NPI そのものの特質も含め，さらなる考察が必要である．

6.　結びに代えて

　本章では，Fauconnier（1975）が指摘した極性の概念を確認し，語用論的スケールに基づく全称解釈こそが極性解釈であり，それを導く特性として極性を捉え，元来は否定や肯定とは独立した特質であることを確認した．その上で，否定環境でしかスケールの極点を示す役割が発揮できない項目の存在を見て，それに基づく否定極性項目の定義を改めて確認し，またその項目を認めることに意義があることを論じた．
　肯定・否定に拘らず確立する極性解釈と否定環境でのみ確立する極性解釈は，英語などの場合その言語形式だけからは識別が困難であるが，日本語では形式で区別が可能であり，それらの分布を分析することが可能である（関連議論は Coppock and Engdahl（2016）を参照のこと）．否定極性項目の統語的・意味的・語用論的要件はやはり厳密にする意義のあるものであり，それによって複雑に見える否定関連現象の詳細をより明らかにすることができる．さらには否定関連現象全般の解明へ進んでいくことも可能で，言語の普遍特質や言語個別の構造および語彙特質をも明らかにできると考えている．

参考文献

Bosque, Ignacio (1980) *Sobre la Negación* (On the negation), Ediciones Cátedra, S.A., Madrid.

Coppock, Elizabeth and Elisabet Engdahl (2016) "Quasi-Definites in Swedish: Elative Superlatives and Emphatic Assertion," *Natural Language and Linguistic Theory* 34, 1181-1243.

Fauconnier, Gilles (1975) "Pragmatic Scales and Logical Structure," *Linguistic Inquiry* 6, 353-375.

Haegeman, Liliane (1995) *The Syntax of Negation*, Cambridge University Press, Cambridge.

Haegeman, Liliane and Rafaela Zanuttini (1996) "Negative Concord in West Flemish," *Parameters and Functional Heads,* ed. by Adriana Belletti and Luigi Rizzi, 117-179, Oxford University Press, New York and Oxford.

片岡喜代子 (2006)『日本語否定文の構造：かき混ぜ文と否定呼応表現』日本語研究叢書 18, くろしお出版, 東京.

片岡喜代子 (2007)「Neg を c-統御する不定語＋モ」『言語研究』第 131 号, 77-113, 日本言語学会.

片岡喜代子 (2009)「「N 一人」と「N が一人も」」*KLS 29, Proceedings of the Thirty-third Annual Meeting* (June 7-8, 2008), 12-22, Kansai Linguistic Society.

片岡喜代 (2010)「否定極性と統語的条件」『否定と言語理論』, 加藤泰彦・吉村あき子・今仁生美（編）, 118-140, 開拓社, 東京.

片岡喜代子 (2016)「否定関連現象から見た言語間変異—否定作用域と否定述部」『言語の意味論的二元性と統辞論』, 片岡喜代子・加藤宏紀（編）, 神奈川大学言語学研究叢書 6, 75-110, ひつじ書房, 東京.

片岡喜代子 (2017)「言語表現と論理的意味におけるずれ—日本語とスペイン語の否定関連表現から」『神奈川大学言語研究』No. 39, 41-58, 神奈川大学言語研究センター.

Klima, Edward S. (1964) "Negation in English," *The Structure of Language,* ed. by Jerry A. Fodor and Jerrold J. Katz, 246-323, Prentice-Hall, Englewood Cliffs, NJ.

Ladusaw, William A. (1979) *Polarity Sensitivity as Inherent Scope Relations*, Doctoral dissertation, University of Texas at Austin. [Published in 1980, Garland, New York and London.]

Laka, Itziar (1990) *Negation in Syntax: On the Nature of Functional Categories and Projections*, Doctoral dissertation, MIT.

Real Academia Española y Asociación de Academias de la Lengua Española (2009) "La Negación (The negation)," *Nueva Gramática de la Lengua Española* (NGLE), 3631-3715, Espasa Calpe, Madrid.

Reinhart, Tanya (1983) *Anaphora and Semantic Interpretation*, University of Chicago,

Chicago.

Sawada, Osamu (2007) "From Classifier Construction to Scalar Construction: The Case of the Japanese N *hitotu* V *nai* and N 1-classifier V *nai* Constructions," *Japanese/Korean Linguistics* 15, ed. by Naomi McGloin and Junko Mori, 161-172, CSLI Publications, Stanford.

Schmerling, Susan (1971) "A Note on Negative Polarity," *Papers in Linguistics* 4(1), 200-206.

Watanabe, Akira (2004) "The Genesis of Negative Concord: Syntax and Morphology of Negative Doubling," *Linguistic Inquiry* 35, 559-612.

Zagona, Karen (2002) *The Syntax of Spanish*, Cambridge University Press, Cambridge.

第4章

話題・焦点活性化と WH-mo, XP-sika, Rokuna N*

(Topic, focus and WH-*mo*, XP-*sika*, *rokuna* N in Japanese)

西岡宣明

九州大学

1. はじめに

日本語の否定文に生起が限定されている否定呼応表現（negative sensitive item: NSI）の代表的なものとして，(1) の「誰も」「何も」といった WH-mo 句や，(2) の「〜しか」の XP-sika 句に加え，(3) の「ろくな〜」といった低評価を表す rokuna N のようなものがある．[1]

(1) WH-mo
    a. *誰も*その本を買わなかった／*買った．
    b. 太郎は*何も*食べなかった／*食べた．

(2) XP-sika
    a. *太郎しか*その本を買わなかった／*買った．
    b. 太郎は*その本しか*買わなかった／*買った．

(3) Rokuna N
    a. この飲み屋には　ろくな　酒がない／*ある．
    b. 太郎は　ろくな　本を読まなかった／*読んだ．

従来，これらは「否定極性表現（negative polarity item: NPI）」として扱われてきたが，近年 (1) の WH-mo は NPI ではなく，「否定一致表現（negative concord item: NCI）」であるという分析が Watanabe (2004) 以来，浸透して

---

* 本章の最終稿の作成にあたり，編集ご担当の澤田治，岸本秀樹両先生から貴重なコメント，助言をいただいた．記して感謝の意を表したい．本研究は，日本学術振興会学術研究助成基金助成金（基盤研究 (C): 18K00654, 18K00574）の助成を受けている．

[1] Nagatsugu (2019) が指摘するように，「たいした〜」も「ろくな〜」と同様の分布を示す．

きており，また，Miyagawa Nishioka and Zeijlstra: MNZ (2016) は，(2) の
XP-sika も NPI ではなく NCI であるとする議論を展開している（Watanabe
(2004)，MNZ (2013, 2016)，Nishioka (2017) 等参照）．本章では，広く NPI
の定義として採用されている (4) に照らして考えた場合，MNZ (2016) で論じ
られているように，確かに (1) (2) ともに NPI ではなく NCI であり，(3) が
NPI であることを MNZ (2016) の分析では捉えられない事例を含めて，否定
の作用域の観点から論じる．特に，①主語と目的語／付加詞の（非）対称性，
②文断片，ならびに③これらの要素と共起した場合の主語の否定に関する解釈
制限について，これらの要素の認可条件とともに考察する．[2]

(4)　NPIs are licensed by being in the scope of (i.e. c-commanded by)
　　　negation at their overt positions.[3]

　　　　　　　　　　　　　　　　　　　(Cf. Ladusaw (1979)，Laka (1990))

　本章の構成は以下の通りである．まず，次節で①②に関する (1)-(3) の
NSI としての違いを示す．そして，3 節で日本語の話題，焦点活性化要請に基
づき否定文の作用域を明らかにしたうえで，4 節でこれらの要素の認可のメカ
ニズムを論じ，2 節でみた分布を③に関するデータとともに説明する．5 節で
論をまとめる．

2.　分布の違い

　(1)-(3) で出した NSI は生起位置に関して違いがみられる．本節ではこの
違いを従来あまり気づかれていない事実とともに提示する．

---

　[2] (4) は NPI の認可条件であり，NCI が否定の作用域に入っている場合を排除するもので
はない．査読いただいた編者お二人が指摘するように NPI と NCI の区別は明確ではない部分
もあるが (cf. Giannakidou and Zeijlstra (2017))，本章の論点は，否定と共に生じる要素を
一律に NPI とみなし，それにより否定の作用域を決定する議論は妥当性を欠くものであり，
否定の作用域はこれらの要素とは独立して確立されるべきであることと，①②③の現象の説明
を通して WH-mo, XP-sika の認可条件が (4) と異なるという MNZ (2016)，Nishioka (2017)
の妥当性を示すことである．
　[3] NPI は種類により，否定以外にも疑問，条件等の (Affective (Klima (1964))) 要素によっ
ても認可されるが，ここでは NPI に共通する統語的認可条件 (4) に基づき議論を進める．NPI
の認可要素の違いに基づく種類分けについては，van der Wouden (1997)，吉村 (1999) を参照.

2.1.　主語と目的語／付加詞の（非）対称性

　まず，主語として生起する場合と目的語あるいは付加詞として生起する場合についてみる．

> (5) a. *誰も*その料理を食べなかった．
> 　　b. 花子は*何も*食べなかった．
> 　　c. 太郎は連休に子供たちを*どこへも*連れて行かなかった．
> (6) a. *花子しか*その論文を読まなかった．
> 　　b. 太郎は*その論文しか*読まなかった．
> 　　c. 次郎は*図書館でしか*勉強しない．
> (7) a.*?*ろくな学生が*村上春樹の新刊を買わなかった．
> 　　b. 太郎は*ろくな本を*買わなかった．
> 　　c. 次郎はその本を*ろくなところで*買わなかった．

　(7a) のように，rokuna N は (5a) (6a) の WH-mo や XP-sika と違い，主語としての生起が難しい．これは rokuna N と WH-mo, XP-sika の違いを示すものであるが，では，前者は主語として生じることがないのかというと，そうではなく，以下においては問題なく生じる．

> (8) a. この飲み屋には*ろくな酒が*ない．（＝(3a)）
> 　　b. この前のパーティには*ろくな奴が*来なかった．
> 　　c. さっきのレースでは*ろくな馬が*走らなかった．
> (9) a. その本は／を　*ろくな学生が*買わなかった．
> 　　b. 試験は／を　*ろくな学生が*受けなかった．
> (10) a. ほら，*ろくな奴が*歌っていない．
> 　　b. これはひどい．*ろくなチェリストが*弾いていない．
> (11) a. *ろくな学生が*テストを受けなかったので，平均点が散々だった．
> 　　b. *ろくな学生が*テストを受けなかったことに太郎は立腹した．

　(7a) と (8)–(11) の違いはどこから生じるのであろうか．この問題を解くには，rokuna N が (4) を満たす NPI であるとすると（片岡 (2010)），否定の作用域の問題から考える必要がある．否定の作用域については 3 節で考察する．

2.2.　文断片

　上述の 3 種の NSI は，文断片として生じる可能性に関して，違いがある．

(12)　A:　誰を見たの?

　　　 B:　*誰も*.

(13)　A:　誰を見たの?

　　　 B:　*田中さんしか*.

(14)　A:　誰を見たの?

　　　 B:　*ろくな学生 (を)*.

WH-mo は文断片として問題なく使用されるが, XP-sika, rokuna N は使用できないことから, MNZ (2013) は, WH-mo は, NCI であるのに対し, XP-sika, rokuna N は NPI であるとみなして, 理論構築を行った. しかし, MNZ (2016) は, データを広げ, (15) (16) のような事例の観察を根拠の 1 つとして XP-sika を NCI であるとし, (17) の分類を提案した.[4] そして, (13B) と (15B) (16B) との違いは XP-sika が項であるか付加詞であるかの違いによると論じている. MNZ の分析では, 項は TP 指定部で格素性と焦点素性を照合し, そこに留まるのに対し, 照合すべき格素性のない付加詞は, CP 領域 (FP) の指定部へ直接移動し, 焦点化要請を満たしうることから, Merchant (2004) の TP 削除による文断片派生の文法性の違いが生じることになる.

(15)　A:　君何度もベトナムへ行ったことあるのだろう?

　　　 B:　(いや,) 一度しか.　　　　　　　　　　　　(Kuno (1995: 170))

(16)　A:　よく山田先生とは会うの?

　　　 B:　(いや,) 学外でしか/週に一度しか.　　　　(MNZ (2016: 9))

(17)　NCI:　WH-mo, XP-sika

　　　 NPI:　rokuna N　　　　　　　　　　　　　　　(MNZ (2016: 11))

ちなみに, WH-mo は先に主語, 目的語として提示したが, 実際は項ではなく, 項と共起する付加詞であるため, (12B) のように文断片として問題なく生じる. この点は (18) のように WH-mo は, 顕在的な項と共起し, 遊離数量詞と同様の振る舞いをすることから示される (Nishioka (2017: 654)).[5, 6]

---

[4] vP 内での生起, 多重生起などの他の論拠については, MNZ (2016) を参照.

[5] したがって, WH-mo が顕在的な項を伴わない場合は, Kawashima and Kitahara (1992) が指摘するように WH-mo が修飾する pro があると考えられる.

[6] XP-sika も以下のように顕在的な項と共起するが, 遊離数量詞や WH-mo が項の数量を表す付加詞であるのに対し, この場合 XP-sika は, 顕在的な要素と全体と部分の関係を表し, 同じ意味役割をもつ項であると考えられる (青柳 (2006), Kuroda (1988) 参照).

(i) a.　学生が　太郎しか　来なかった.

(18) a.　学生が　誰も　来なかった．

　　　b.　太郎が　くだものを何も食べなかった．

　　　c.　ジョンがバナナを3本食べた．　　(Aoyagi and Ishii (1994: 298))

また，項の XP-sika と違い，WH-mo は，遊離数量詞と同様に付加詞として振舞うことは，Konomi (2000) が指摘するように，(19) において関係節の先行詞となりえないことからも示唆される．さらに，(20) の対比は移動の島制約に関する項と付加詞の対比の反映であると言える．[7]

(19) a.　[言語学 112 の試験をパスした] 人しかこの講義をとってはいけない．

　　　b.　*[言語学 112 の試験をパスした] 誰も来なかった．

　　　c.　*ジョンが本を [ハーバードブックストアで買った] 2, 3 冊持ってきた．　　　　　　　　　　　　　　　　　　(Konomi (2000: 62))

(20) a.　リンゴしか$_i$ 太郎は [花子が t_i 食べたかどうか] 知らない．[8]

　　　b.*?何も$_i$　太郎は [花子が t_i 食べたかどうか] 知らない．

しかし，(13B) と (15B) (16B) の違いを項か付加詞かの違いとする MNZ (2016) の主張に対して，Nagatsugu (2019) は，(21) のような例を用いて異議を唱えている．

(21)　A:　テレビはよく見るの？

　　　B:　(いや,) ニュースしか．

Nagatsugu (2019) は，(13B) が容認されないのは対話文の意味的整合性の問題であると指摘する．文断片の XP-sika は先行発話の問う命題の否定を含むものでなければならないとする Nagatsugu の分析は，確かに (13) と (21) の違いを正しく捉える．(21B) は，「テレビをよく見る」という命題に対する否

---

　　　b.　太郎が　くだものを　リンゴしか食べなかった．

[7] その他の WH-mo と XP-sika の項，付加詞の違いを示す証拠に関しては，Konomi (2000), MNZ (2016) を参照．

[8] (20a) に移動の島制約が働かないのは，Konomi (2000) が主張するように，項である XP-sika は主節に基底生成され，従属節にそれと照応する pro を伴う派生が想定されるが，付加詞である WH-mo にはそれができないことによると考えられる．このことは，残余代名詞 (resumptive pronoun) の生起可能性の違いにより裏付けられる．

　(i) a. ?リンゴしか$_i$ 太郎は [花子が　それを$_i$　食べたかどうか] 知らない．
　　　b. *何も$_i$　　　太郎は [花子が　それを$_i$　食べたかどうか] 知らない．

定となりうるが,（13B）は,「誰かを見た」という命題に対する否定とはなり
えないからである. しかし, 次の例はどうであろうか?[9]

(22)　A:　研究室の学生は皆　よく　勉強しますか?
　　　 B:　（いや,）??鈴木さんしか.
　　　 B′:　（いや,）一握りしか.
(23)　A:　多くの人が中村先生の本を買いましたか?
　　　 B:　（いや,）??田中君しか.
　　　 B′:　（いや,）2 〜 3 人しか.

(22B)（23B）はそれぞれ,「研究室の学生が皆よく勉強する」「多くの人が中
村先生の本を買った」という命題を否定するものであり, Nagatsgu の指摘す
る意味的整合性を満たしているはずであるが, 依然として（15B）(16B)
(21B)（22B′）（23B′）と比較して容認性は低い. ここで着目すべきは, XP-sika
が（21B）では目的語であるのに対し,（22B）(23B) では主語として用いられ
ている点である. すなわち, XP-sika の文断片に関して説明すべきは MNZ
(2016) が論じた項か付加詞かの違いではなく, 主語か目的語/付加詞かの違
いにあると言える. 本章では, この違いを説明する分析をおこなう. そのため
に次節で否定の作用域の問題を考える.

3.　日本語の否定の作用域

Nishioka (2019) で論じたように, 日本語は談話配置型 (discourse-configu-
rational) 言語であり, その特性が否定の作用域の決定に関与している.

3.1.　主節における話題／焦点活性化
Nishioka (2019) は, 以下の É. Kiss (1995: 6) の談話配置型言語の定義に

---

[9] XP-sika の文断片の容認性に関しては, 話者による判断の揺れがある.（13B）(15B)
(16B)（21B）のすべてを容認しない話者も（少数ではあるが）存在する一方で,（22B）(23B)
も（15B）(16B)（21B）と同様に容認可能とする話者もいる. また,「できのいい学生しか」
や「金持ちの学生しか」のように XP 自体が尺度を示唆するものであれば容認性が高くなる傾
向があるという岸本秀樹氏の指摘も興味深い. 尺度性と付加詞性とに何らかの関係性があると
も考えられるがこの点については, 今後の研究に残す. 本章の分析は,（15B）(16B)（21B）
(22B′)（23B′）と（22B）(23B) の間に容認性の違いを見出す著者を含む多くの話者の文法性
を捉えるものである.

基づき，日本語は主節の節頭が，(24a) の意味での話題要素が生じる位置であり，(24b) の意味での焦点要素が生じる位置である（ただし焦点はそこに限定されない）ことを論じている．

(24) a. The (discourse-) semantic function 'topic,' serving to foreground a specific individual that something will be predicated about (not necessarily identical with the grammatical subject), is expressed through a particular structural relation (in other words, it is associated with a particular structural position).

　　 b. The (discourse-) semantic function 'focus,' expressing identification, is realized through a particular structural relation (that is, by movement into a particular structural position).

このことは，Kuno (1973) が指摘するように，「-は」句には (24a) の意味での話題（／主題）に加えて，対比（／対照）を表す用法があるが，節頭の「-は」句のみが話題として解釈されうることから窺われる．(Kuroda (1988) はそれが CP 指定部位置であることを示唆している．) 節頭の「-は」句は対比の解釈もあるが，節頭以外では対比の解釈しかない．例えば，(25) において，「太郎は」は話題，対比いずれの解釈も可能であるが，「その本は」は対比の解釈しかない．

(25)　太郎は　その本は　読んだ．

同様に Kuno (1973) は，主語の「-が」句は述語が恒常的状態，習慣的動作を表す場合（Carlson (1977) の個体レベル述語 (individual level predicate)），[10]「総記 (≒(24b) の焦点)」の解釈となることを論じている．以下の文は，「話題にしている動物の中で猿のみが賢い」という総記の意味しかない．

(26)　猿が賢い．

しかし，Kuno (1973) が指摘するように，従属節では，節頭であっても「-は」句は話題解釈とはならず，「-が」句も個体レベル述語の主語であっても総記解釈である必要はない．

(27) a.　[太郎が／??は　読んだ] 本はこれです．

---

[10] Saito (2010) を参照．

　　b.　次郎は [猿が賢い] と言った.

(27a) で「太郎は」に話題解釈はなく,「次郎は読まなかったが」といった文脈が与えられなければ対比解釈も難しく容認性の低い文となる. 他方, (27b) で「猿のみが賢い」という総記解釈は可能であるが, そうでない解釈も可能である. すなわち, 日本語は談話配置型言語であり, 主節の節頭位置で (24a) (24b) の意味での話題要素と焦点要素が表されるといえる. このことに基づき, Nishioka (2019) は (28) の一般化を論じている.[11]

　(28)　日本語は, 主節文で必ず節頭に話題要素か焦点要素をもたなければならない談話配置型言語である.

　この一般化は, 主格に「が」と「の」の両方を用いる熊本方言 (KJ) のデータによって裏付けられる. 以下にみられるように, 標準語では,「の」に主格用法はないが, 熊本方言にはそれがある.[12]

　(29)　a.　天気が／*の　いいね.
　　　　b.　天気が／の　よかね. (KJ)

Nishioka (2018, 2019) で論じたように熊本方言においてこの 2 つの主格の使い分けの要因として,「の」主格は話題, 焦点要素には付かないということが挙げられる.

　(30)　a.　小包が／の　届いた (ばい). (KJ)
　　　　b.　小包さえ／だけ　が／*の　届いた (ばい). (KJ)
　(31)　a.　あん病院で　太郎が／の　生まれた (たい). (KJ)
　　　　b.　あん病院で　私が／*の　生まれた (たい). (KJ)

(30b) のように, 主語に「さえ, だけ」がついて焦点化が明示されている場合, 熊本方言においても「の」は使われない. また, (31b) のように, 焦点化されている場合は「が」が用いられるが, 通例, 話題要素となる一人称代名詞には

---

[11] 以下の (ia) は自然な文であるが, (ib) は主語を焦点解釈しなければ不自然である. 生成文法の文献でその不自然さを解消するために, (ic) のように文末に「こと」をつけて従属化節とするのはこのためによるといえる.
　(i)　a.　太郎は　毎朝　6 時に起きる.
　　　　b.　太郎が　毎朝　6 時に起きる.
　　　　c.　太郎が　毎朝　6 時に起きること.
[12] 以下熊本方言のデータは KJ を付して示す. それがなければ標準語用法である.

「の」主格は使われない．この点を踏まえて，(32) の熊本方言を見ると，節頭
の主語には「の」は使えず非文となることから，(28) の妥当性が確認される．[13]

(32) a. *太郎の　勉強した．(KJ)
　　 b. *猿の　　賢か．(KJ)

しかし，(28) の一般化に関しては，以下のような例が反例となるように思
われるかもしれない．

(33) a. 手紙が来た．
　　 b. 雨が降っている．
(34) a. 手紙の来た．(KJ)
　　 b. 雨の降りよる．(KJ)

これらの文には話題を表す「-は」句はなく，(33) の主語の「-が」句も焦点
(総記) 解釈を持つ必要はない．また，(34) のように，熊本方言でも話題，焦
点を表さない「の」主格主語が問題なく用いられる．しかし，(33) / (34) の文
は，特定のもの (話題) について述べるのではなく，文全体が新しい情報を伝
達し，事態そのものを記述する Kuroda (1972) の定立判断 (thetic judgment)
文であり，これらの文においては Erteschik-Shir (1997, 2007) のいう談話の
「今，ここ」を表す非顕在的なステージ話題 (stage-topic) が節頭を占めている
と考えられる．すなわち，(28) の一般化は依然として成り立ち，以下のよう
に換言できよう．

(35)　日本語の主節文では，話題あるいは焦点が常に活性化されていなけれ
　　　ばならない．従属節では，焦点は随意的に活性化される．

ここで活性化とは話題あるいは焦点として機能する要素を節頭に持つという意
味である．(35) の具体的なメカニズムとして，以下の 2 つが考えられる．

(36) a. CP 領域での活性化 (Cf. Saito (2010))
　　　　 $[_{CP} \text{XP} [_{TP} \cdots] \text{C}_{\text{Topic/Focus}}]$

---

[13] (32) は，「～だそうだ」に相当する「げな」を文末に付ければ容認性があがる．これは，
従属節では (28) が働かない証拠である．
　(i) a. 太郎の　勉強したげな．(KJ)
　　 b. 猿の　　賢かげな．(KJ)

b.　TP 領域での活性化 (Cf. Miyagawa (2010))

[$_{CP}$ [$_{TP}$ XP […] T] C$_{[topic/focus]}$]

いずれにおいても XP が話題／焦点要素として解釈される．(36a) は，Saito (2010) に倣い TP より上位に話題／焦点要素がある場合である．[14] XP は TP 内の要素が CP 領域へ移動したものであるか，CP 領域に基底生成されたものである．ここには，XP は非顕在的なステージ話題である場合も含まれると考える．他方，(36b) は，Chomsky (2007, 2008) が φ 素性の一致をもつ言語において提案した C から T への素性継承のメカニズムを談話配置型の言語である日本語に topic／focus 素性として置き換えた Miyagawa (2010) の分析によるものである．この場合，話題／焦点解釈をもつ要素 XP は TP 指定部位置に生じる．Saito (2010), Miyagawa (2010) は，それぞれ独自の唯一的メカニズムとしてこれらを提案しているが，Nishioka (2019) で論じたように，両方ともが必要なメカニズムである．というのは，主語は移動により，話題化も焦点化もできないと考えられるからである．[15,16] すなわち，主節の節頭に (主格) 主語以外の要素 (非顕在的なステージ話題を含む) が想定できる場合には，(36a) のメカニズムが働き (ただし，この場合であっても (36b) のメカニズムが適用する可能性は排除されない)，(主格) 主語以外に節頭要素を想定できない場合は，(36b) のメカニズムが義務的に適用しているということである．従属節においては，いずれのメカニズムも随意的に適用し，焦点要素を示すと考える．

3.2.　話題・焦点と否定の作用域

Miyagawa (2001) は，(37) における部分否定解釈 (not > all) の違いを EPP に基づく，(38) の派生により説明している．

(37)　a.　全員が試験を受けなかった (よ)．　　　　　(*not > all, all > not)
　　　b.　試験を全員が受けなかった (よ)．　　　　　(not > all, all > not)

---

[14] Saito (2010) は，機能を明示化するために，CP ではなく PredP を用いている．

[15] 主語が局所的な話題化ができないことに関しては，Lasnik and Saito (1992) を参照．また，日本語において主語は移動により焦点化されないことを示す文断片に関する証拠として，MNZ (2016) を参照．

[16] 話題句「-は」が項として機能している場合は，CP 領域に話題句が基底生成し，TP 内には pro が生じていると考えられる (Kuno (1973), Saito (1985, 1987))．それ故，「は」主語話題句を伴う文は，(36a) による派生を持つ．

(38) a.　[$_{TP}$ Subj$_i$ … [$_{NegP}$ [$_{vP}$ t_i … Obj … $t_{V\text{-}v}$] $t_{V\text{-}v\text{-}Neg}$] V-v-Neg-T$_{[EPP]}$]

(Subj > not)

b.　[$_{TP}$ Obj$_i$ … [$_{NegP}$ [$_{vP}$ Subj … t_i … $t_{V\text{-}v}$] $t_{V\text{-}v\text{-}Neg}$] V-v-Neg-T$_{[EPP]}$]

(not > Subj)

c.　[$_{TP}$ Obj$_j$ [$_{TP}$ Subj$_i$ … [$_{NegP}$ [$_{vP}$ t_i … t_j … $t_{V\text{-}v}$] $t_{V\text{-}v\text{-}Neg}$] V-v-Neg-T$_{[EPP]}$]]

(Subj > not)

(39)

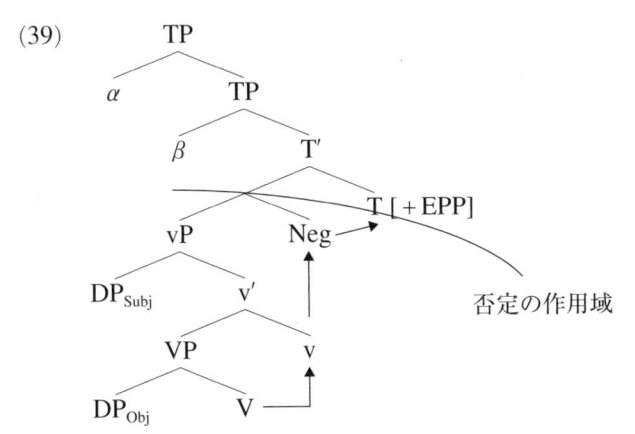

Miyagawa (2001) は，(39) のような主要部移動を想定し，否定の作用域が T
の c 統御領域であると考える．そして，(37a) は，(38a) のように，T の
EPP 素性を満たすため，主語が TP 指定部 ((39) の β 位置) へ移動するが，
そこは否定の作用域外であるため，全否定 (all > not) の解釈は可能であるが，
部分否定解釈を持てないと論じている．他方，(37b) には，(38b, c) の2つ
の派生を想定する．1つが，(38b) に示されるように目的語が EPP 素性を満
たすために TP 指定部へ移動するが，主語は vP 指定部に留まるものである．
この場合，主語は否定の作用域内にあり，部分否定の解釈を持つ．もう1つ
が，(38c) のように主語は EPP 素性を満たすために TP の指定部へ移動する
が，目的語もその上位 ((39) の α 位置) へ移動するというものだ．この場合，
主語は否定の作用域内にないため，全否定解釈が生じる．
　この分析に対して，西岡 (2018) は，以下のような例が問題となることを指
摘している．Miyagawa (2001) の分析では，文頭の主語は T の EPP 素性を
満たすため TP 指定部へ移動するはずであるので，部分否定の解釈はないこと
になるが，これらの例では，主語は難なく部分否定の解釈ができる．

(40) a.　全員がまだ来ていない.（完了相）　　　　　(not > all, all > not)

　　　b.　（ほら,）全員が歌っていない.（進行相）　　(not > all, all > not)

(41) a.　全員がそのテストを受けなかったから,来月またそれをするよ.

　　　　　　　　　　　　　　　　　　　（理由節）(not > all, all > not)

　　　b.　全員が試験を受けないなら,困る.（条件節）(not > all, all > not)

　そこで,前節でみた (35)(36) に基づいてこの問題を考えてみよう.まず,(37) は主節文であるから,話題か焦点が活性化されていなければならないはずである.(37a) は主語の前にその要請を満たす要素がないので,(42a) のように (36b) のメカニズムによる活性化が行われることになる.Miyagawa (2001) が想定するように否定の作用域が T の c 統御領域であれば,TP 指定部の主語は否定の作用域外に位置し,部分否定が不可能であることが正しく捉えられる.他方,(37b) は目的語が主語の前にあるので,(36a) のように目的語は CP 領域で話題 / 焦点解釈を受け,主語は TP 指定部にあると考えられる.この場合に部分否定の解釈が可能であるということは,否定の作用域は TP 指定部を含む広いものであるということになる.[17] これに対して,(37b) は Miyagawa (2010) が目的語かき混ぜ文に関して提案するように (42b) の派生をもつと考えられるかもしれない.確かにここでは,主語は vP 指定部にあることになり,(37a) / (42a) と同じ否定の作用域を想定して部分否定の解釈が可能であることを説明できる.

(42) a.　$[_{TP}$ Subj$_i$ … $[_{NegP}$ $[_{vP}$ t_i … Obj … $t_{V\text{-}v}]$ $t_{V\text{-}v\text{-}Neg}]$ V-v-Neg-T]C$_{[topic/focus]}$

　　　　　　　　　　　　　　　　　　　　　　　　　　　　　(Subj > not)

　　　b.　$[_{TP}$ Obj$_i$ … $[_{NegP}$ $[_{vP}$ Subj … t_i … $t_{V\text{-}v}]$ $t_{V\text{-}v\text{-}Neg}]$ V-v-Neg-T] C$_{[topic/focus]}$

　　　　　　　　　　　　　　　　　　　　　　　　　　　　　(not > Subj)

しかしながら,(42b) の派生では,Saito (2010) が Miyagawa (2001) の問題点として指摘した以下のような例が説明できない.

(43) a.　全員が自分自身を責めなかった.　　　(*not > all, all > not)

　　　b.　自分自身を全員が責めなかった.　　　(not > all, all > not)

---

[17] この点を支持する熊本方言のデータは Nishioka (2019) を参照.

(43a) は, (42a) の派生を持つとすると, 部分否定解釈がないことが正しく捉えられるが, (43b) が部分否定解釈をもつ派生が (42b) であるなら, vP 指定部の主語は TP 指定部にある目的語に束縛されることになり, 束縛条件 C により, 非文法的となることが事実に反して予測されてしまう. したがって, かき混ぜを伴う文の派生は, (36a) に基づく, 以下のようなものであり, かつ TP 指定部が否定の作用域内にあるということになる.

(44) $[_{CP}$ Obj$_j$ $[_{TP}$ Subj$_i$ ... t_{NegP} $[_{vP}$ t_i ... t_j ... $t_{V\text{-}v}]$ $t_{V\text{-}v\text{-}Neg}]$ V-v-Neg-T] C$_{[topic/focus]}$

(40) は, 完了相, 進行相の助けで, 文全体が新しい情報をもつ事態の記述である定立判断文としての解釈が容易に得られる. そのためここでは, 主語は話題/焦点の解釈を持たず, 非顕在的なステージ話題が CP 指定部にあると考えられる. すなわち, (37b) と同様に (36a) 型の ((44) の Obj の代わりに非顕在的なステージ話題が生じる) 派生をもち, この場合も TP 指定部が否定の作用域内にあることになる. また, (41) は従属節であるため話題／焦点の活性化 (topic/focus 素性の照合) が義務的ではなく, TP 指定部が否定の作用域内となることが可能である. 以上のことから, 次の一般化が成り立つといえる.

(45) 日本語の否定の作用域は, 話題/焦点の活性化と関連し, 活性化に寄与する話題／焦点要素は, 否定の作用域外に位置するが, そうでない要素は否定の作用域内にある.

(37a) (43a) では, 主語が話題/焦点の活性化に寄与する焦点要素であるが, (37b) (40) (41) (43b) では, 目的語や非顕在的ステージ話題がその役割を担っていることから, 主語は否定の作用域内にあり, 部分否定の解釈を持つといえる.[18] では, いかに (45) の一般化は捉えられるのだろうか. 次節では, この一般化を生じさせるメカニズムについての Nishioka (2019) の提案を述べる.

3.3. 否定の作用域を確立するメカニズム

西岡 (2007, 2010) は, (46) (47) のようなデータに基づき, 英語の否定文

---

[18] 3.1 節で述べたように, (36a) が適用しても, (36b) の適用の可能性は排除されないために, 話題要素で (36a) を満たしても, 焦点要素に関して (36b) が適用するメカニズムにより, 主語の全否定の解釈も生じると考えられる.

の作用域は T と vP 間に位置する not の c 統御領域ではなく，(48) のように TP の上位に位置する Pol の c 統御領域であることを論じている.

(46) a. Pictures of *anyone* did *not* seem to be available.

(Boeckx (2000: 362))

　　 b. A good solution to *any* of these problems does *not* exist.

(Hoeksema (2000: 136))

(47) a. Even then the writers of *none* of the reports thought that *any* rain had fallen *anywhere* else. (Klima (1964: 278))

　　 b. I gave pictures of *no one* to *anyone*. (Ota (1981: 22))

(48) a. [$_{PolP}$ Pol$_{[uNEG]}$ [$_{TP}$ (. . .) NE$_{[+NEG][uneg]}$(. . .)]]　　(NE は否定要素)

　　 b. [$_{PolP [+NEG]}$ Pol$_{[uNEG]}$ [$_{TP}$ (. . .) NE$_{[+NEG][uneg]}$(. . .)]]

(48) は，Pol と TP 内の not, no (...), hardly などの文否定に寄与する否定要素 NE との Agree に基づく素性転移／移動を表したものである.[19] NPI any が (46) では not に c 統御されておらず，また，(47) では否定数量詞 (none, no one) に c 統御されていないにも関わらず，文法的である事実は，(48) に基づき正しく捉えられる.[20]

　日本語にも同様に TP の上に PolP があると想定してみよう. さらに Haegeman (2000) が Rizzi (1997) の CP カートグラフィーに基づいて提案した (49) のような構造を日本語ももつと想定してみよう.（ここで，主要部位置の違いは無視する.）

(49) [$_{ForceP}$ Force [$_{TopP}$ Top [$_{FocP}$ Foc [$_{PolP}$ Pol [$_{FinP}$ Fin [$_{TP}$ T Neg ...]]]]]]

これを (36)（(50) として再掲）で述べた話題，焦点要素の 2 つの活性化のメカニズムに照らして考えると，(50a) の（主格）主語以外の要素による CP 領

---

[19] 素性の前の [u] は解釈不可能素性であることを示し，取り消し線で照合により削除されることを示す.（48b) での素性転移を非顕在的要素 (Op) の移動としても議論に影響しない. また，独自に英語の TP の上に PolP を想定する議論としては，Holmberg (2016) を参照.

[20] (ia) のような文が非文法的である事実は，Pol と NE の Agree 適用の経路に any が存在することによる干渉効果として捉えられる（西岡 (2007, 2010) 参照）.（ia) では，any (...) が NE (not) を c 統御しているが，文法的な (ib) (46) (47) では，そうではないことにより，干渉効果に関する違いが生じている.

(i) a. *Anyone didn't come to the party.

　 b. John didn't eat anything.

域での活性化が行われている場合，(51a) のように解釈不可能な否定素性 ([uNEG]) をもつ Pol と Neg（次節で述べるように，正確には NegP 指定部位置に想定する解釈可能な否定素性 ([NEG]) をもつ非顕在的な演算子 Op）との Agree により否定の作用域が確立するため，否定の作用域は TP を含む広いもの（PolP 指定部に位置する Op の c 統御領域）と考えられる．他方，(50b) の素性継承に基づく TP 領域内での活性化が行われている場合，Top/Foc と T の間に Pol が位置するため，(51b) のように Pol の持つ [uNEG] 素性も Top/Foc のもつ解釈不可能な topic/focus 素性 ([uTOP]/[uFOC] として表示) とともに T へ継承され，そこで Neg（否定の Op）と Agree により否定の作用域が確立するため，TP 指定部は否定の作用域外となる.[21]

(50) a.　CP 領域での活性化　(Cf. Saito (2010))

　　　　　$[_{CP}$ XP $[_{TP} \dots]$ C$_{Topic/Focus}]$

　　b.　TP 領域での活性化　(Cf. Miyagawa (2010))

　　　　　$[_{CP} [_{TP}$ XP $[\dots]$ T$]$ C$_{[topic/focus]}]$

(51) a.　$[_{TopP}$ XP$_{[TOC]}$ Top$_{[uTOP]}$ $[_{FocP}$ YP$_{[FOC]}$ Foc$_{[uFOC]}$ $[_{PolP}$ Op$_{[NEG]}$ Pol$_{[uNEG]}$ $[_{TP}$ T t_{Op} Neg$\dots]]]]$

　　b.　$[_{TopP}$ Top$_{[uTOP]}$ $[_{FocP}$ Foc$_{[uFOC]}$ $[_{PolP}$ Pol$_{[uNEG]}$ $[_{TP}$ XP$_{[TOP/FOC]}$ T$_{[uTOP][uFOC][uNEG]}$

　　　　素性継承

　　　　Op$_{[NEG]}$ Neg$\dots]]]]]$　　　　　　　　　　（影部分が否定の作用域）

(51) は，主要部の位置の違いは無視し，(49) のここでの議論に関係ある箇所のみを表示したものであり，Top か Foc かのいずれか，あるいは両方が (45) の活性化のために生じるものと考える.[22]

　以上のように (45) は，(49) (50) に基づき (51) のように導出される．次節では，本節でみた否定の作用域に照らして，1 節，2 節でみた 3 つの NSI について考える．

---

[21] 技術的には T まで降りてきた Pol の [uNEG] は主要部移動した Neg の元位置へ転送されて Op と照合すると考えるが，詳細にはここでは立ち入らない.

[22] 日本語の (37a) と違い，英語の (i) で主語の部分否定解釈が可能であるという事実は，西岡 (2007, 2010) の PolP 分析と，英語に想定される Chomsky (2007, 2008) の ϕ 素性継承は (49) の Fin から T へ行われるとの仮定により，ここでの分析に矛盾することなく導出される．その場合，[uNEG] は Pol に留まるために NE との Agree の適用の結果，TP 指定部は否定の作用域内にあることになる（詳細は，Nishioka (2019) を参照）.

　(i)　Everyone didn't take the exam.　　(every > not, not > every)

4. WH-mo, XP-sika, Rokuna N の認可のメカニズムと分布

4.1. WH-mo, XP-sika, Rokuna N の認可と派生

　本章でも，WH-mo, XP-sika, rokuna N は MNZ（2016）が出した（17）に基づき区分され，NCI は解釈不可能な否定素性（[uNEG]）をもち，否定演算子（Op）との Agree 操作により認可されるのに対して，NPI は意味部門のインターフェイスへ送る統語構造において否定の作用域内にあることで認可されるものと考える．この区分をこれらの要素がもつと考えられる素性とともに，（52）に示す．2.1. 節で論じたように，WH-mo は付加詞であり，XP-sika は主語，目的語として働く項の場合と付加詞の場合があるが，どれも [FOC] 素性をもつ焦点要素として解釈されると考える．また，rokuna N は随意的に [FOC] をもつと考える．

(52)　NCI: WH-mo, XP-sika---[uNEG], [FOC]
　　　 NPI: rokuna N---([FOC])　　　　　　　　　　　　　　　　(cf. (17))

NCI（WH-mo, XP-sika）を含む否定文の派生は概略以下のようになる．（ここでは，議論に関係のない機能範疇ならびに，ToP と Foc の階層上の区別を表していない．）

(53) a.

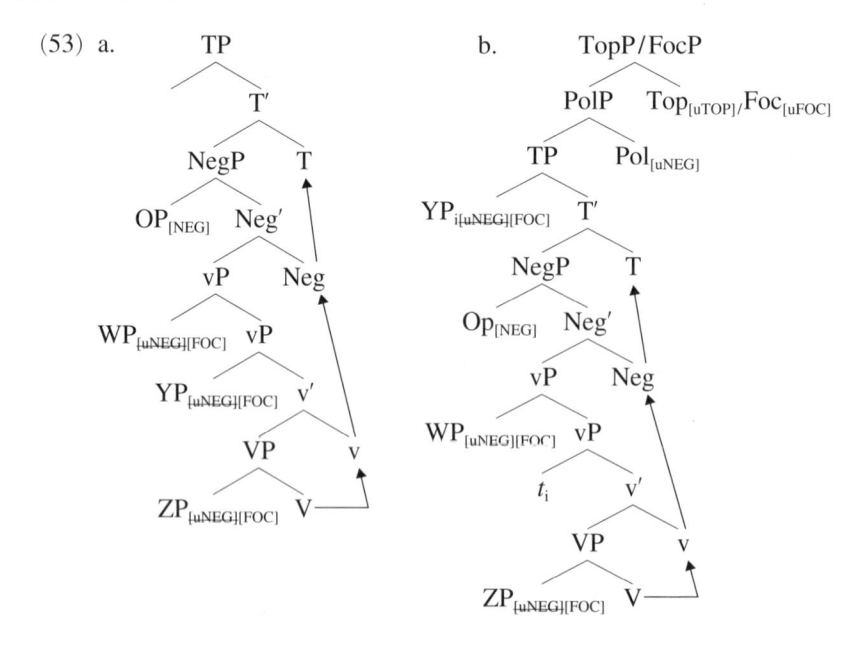

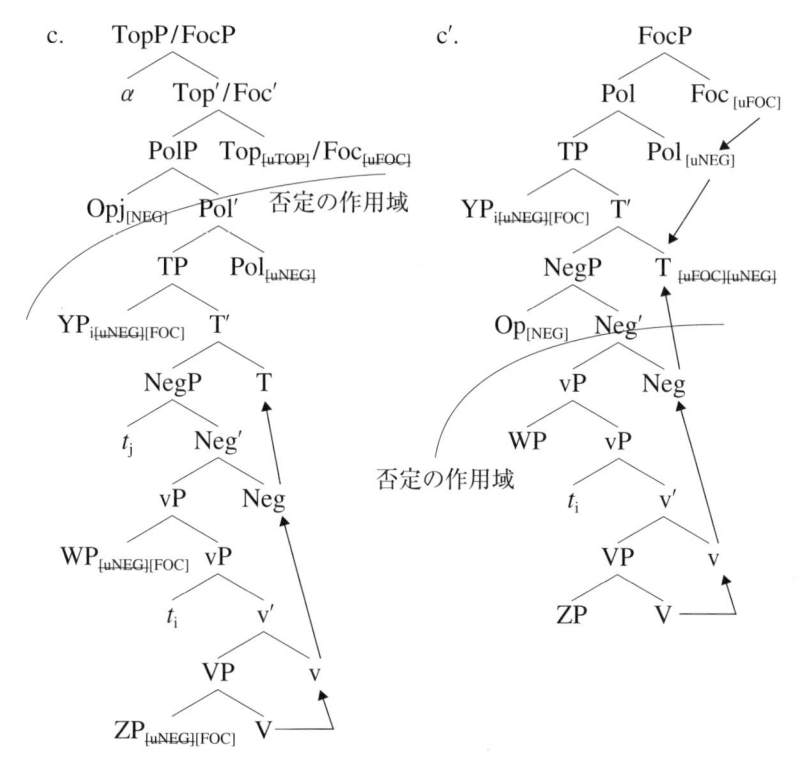

(53a) は（主語の TP 指定部位置への移動前の）TP までの派生構造である.
ここで NCI が WP（付加詞）, YP（主語）, ZP（目的語）の場合を示してい
る.[23] この段階で NCI の [uNEG] は, いずれの場合でも MNZ (2013, 2016)
で論じられているように, Op の持つ [NEG] と (upward) Agree の適用によ
り, 照合, 削除される. さらに派生が続き, Pol, Top/Foc が導入された段階
が (53b) である. 3 節で論じたように, (35) の日本語における主節文の話題,
焦点の活性化要請は, (50) のように CP 領域, TP 領域で行われる. (53c) が
(50a) / (51a) の CP 領域での活性化を表したものであり, 節頭位置の α には,
（基底生成あるいは移動による）話題要素（非顕在的ステージ話題を含む）か,
移動による主語以外の NCI（主語以外の XP-sika とすべての WH-mo）が生
じ, Top の [uTOP] や Foc の [uFOC] を照合, 削除する. この場合, Pol のも
つ [uNEG] は, PolP の指定部へ移動する $Op_{[NEG]}$ により, 照合され, 否定の

---

[23] WH-mo の場合, YP, ZP は項である pro を修飾する付加詞である (2.2 節註 5).

作用域がその c 統御領域として確立されるため，TP 全体を否定の作用域に含む．他方，主節の節頭に主語がある場合は，(50b)/(51b) の [uTOP]/[uFOC] [uNEG] の T への素性継承に基づく TP 領域での活性化となる．したがって，節頭主語 XP-sika は，(53c′) に表されるように TP 指定部を占め，T へ継承された [uFOC] を照合する．また，Pol から T へ継承された [uNEG] は，$Op_{[NEG]}$ により照合され，$Op_{[NEG]}$ の c 統御領域が否定の作用域となるため，否定の作用域は主語が位置する TP 指定部を含まない．[24] このように NCI は否定の作用域外に位置していても問題を引き起こすことはなく，否定の作用域内にあることが認可条件 ((4)) である NPI の rokuna N とは決定的に異なる．

4.2. WH-mo, XP-sika, Rokuna N の分布

上記に基づいて，まず，主語と目的語／付加詞の（非）対称性の問題を考えてみよう．(5)-(7) ((54)-(56) として再掲) でみたように，WH-mo と XP-sika は主語，目的語，付加詞のいずれとしても生じるが rokuna N は一見主語としては生じない．ただし，2 節で論じたように WH-mo は主語，目的語のように見えても実は主語，目的語を修飾する付加詞であった．また，rokuna N も (8)-(11) ((57)-(60) として再掲) に挙げたように主語として生じる例もある．

(54) a. *誰も*その料理を食べなかった．
　　 b. 花子は*何も*食べなかった．
　　 c. 太郎は連休に子供たちを*どこへも*連れて行かなかった．

(55) a. *花子しか*その論文を読まなかった．
　　 b. 太郎は*その論文しか*読まなかった．
　　 c. 次郎は*図書館でしか*勉強しない．

(56) a.*?*ろくな*学生が村上春樹の新刊を買わなかった．
　　 b. 太郎は*ろくな*本を買わなかった．
　　 c. 次郎はその本を*ろくな*ところで買わなかった．

(57) a. この飲み屋には*ろくな*酒がない．
　　 b. この前のパーティには*ろくな*奴が来なかった．
　　 c. さっきのレースでは*ろくな*馬が走らなかった．

---

[24] 註 21 参照．

(58) a.　その本は／を　ろくな学生が買わなかった.

　　 b.　試験は／を　ろくな学生が受けなかった.

(59) a.　ほら, ろくな奴が歌っていない.

　　 b.　これはひどい. ろくなチェリストが弾いていない.

(60) a.　ろくな学生がテストを受けなかったので, 平均点が散々だった.

　　 b.　ろくな学生がテストを受けなかったことに太郎は立腹した.

WH-mo, XP-sika ともに NCI であるので, その [uNEG] は, (53a) の基底位置で照合, 削除される. また, これらの要素が持つ [FOC] は解釈可能素性であるので, 他の要請を満たす必要がなければ移動の必要もない. 故に, 主語と目的語／付加詞の違いはない. (54) (55) においては, 節頭に NCI 主語をもつ (55a) のみが (53c′) の派生を持つが, それ以外は (53c) の派生を持つ.

　他方, NPI である rokuna N は意味部門へのインターフェイス構造において, 否定の作用域内になければならないが, 節頭に rokuna N が主語として生じている (56a) は主語 XP-sika (YP$_{i[uNEG][FOC]}$) の場合と同様に, (53c′) の TP 指定部位置に ([FOC] をもち) 生じることになるが, ここは, 否定の作用域外であるために認可されず非文法的となる. 目的語や付加詞として生じている (56b, c) や, 主語として生じていても, (57)–(59) においては, (53c) の派生が想定され, TP 全体が否定の作用域内なので問題なく認可される. (56b, c) (57) (58) では, 顕在的な要素が (53c) の α 位置に現れているが, (59) では, 非顕在的なステージ話題がその位置をしめ, 話題役割を果たしている. また, (60) は rokuna N が従属節内に生じているので, (35) で述べたように話題, 焦点の活性化は義務的ではない. そのため, (53c) の Top/Foc の投射を含まない (Pol の T への素性継承がなく, Op$_{[NEG]}$ の PolP 指定部への移動に基づく) 派生が可能であるために, TP 全体が否定の作用域内にあるといえる. それ故, TP 指定部に NPI の rokuna N があっても問題なく認可される.

　次に文断片を考えてみよう. 2.2 節で見たように WH-mo は文断片として用いられるが, XP-sika は目的語, 付加詞の場合の可能だが, 主語の場合は容認性が下がり, rokuna N は文断片としては不可能である.

(61)　 A:　誰が来たの？／誰にあったの？／どこへ行ったの？

　　 B:　誰も／誰にも／どこへも.

(62) A: 多くの人が中村先生の本を買いましたか？　（＝(23)）

　　 B: （いや，）??田中君しか.

　　 B′: （いや，）2〜3人しか.

(63) A: テレビはよく見るの？　（＝(21)）

　　 B: （いや，）ニュースしか.

(64) A: よく山田先生とは会うの？　（＝(16)）　　　　　（MNZ (2016: 9)）

　　 B: （いや，）学外でしか／週に一度しか.

(65) A: 誰が来たの？／誰にあったの？／どこへ行ったの？

　　 B: *ろくな学生（が）／*ろくな学生（に）／*ろくなところ（へ）.

文断片の派生は，Merchant（2004）が提案するように，残留要素が CP 領域へ移動した後に，TP 削除により派生すると想定する．残留要素は焦点要素として解釈されるので，より具体的には（53c）の Foc 投射をもつ以下の派生によると考えられる．

(66) a. $[_{TP} [_{NegP} Op_{[NEG]} [_{vP} ZP [_{vP} XP …YP… t_{V\text{-}v}]] t_{V\text{-}v\text{-}Neg}]$ V-v-Neg-T$]$

　　 b. $[_{FocP} [_{PolP} [_{TP} XP_i [_{NegP} Op_{[NEG]} [_{vP} ZP [_{vP} t_i …YP… t_{V\text{-}v}]] t_{V\text{-}v\text{-}Neg}]$ V-v-Neg-T$]$ Pol$_{[uNEG]}]$ Foc$_{[uFOC]}]$

　　 c. $[_{FocP} WP_{[FOC]} [_{PolP} Op_{[NEG]}$ ~~$[_{TP} XP_i [_{NegP} t_{Op} [_{vP} ZP [_{vP} t_i …YP… t_{V\text{-}v}]]$~~ ~~$t_{V\text{-}v\text{-}Neg}]$ V-v-Neg-T$]$ Pol$_{[uNEG]}]$~~ Foc$_{[uFOC]}]$

　　 c′. $[_{FocP} [_{PolP}$ ~~$[_{TP} XP_{[FOC]i} [_{NegP} Op_{[NEG]}$~~ ~~$[_{vP} ZP [_{vP} t_i …YP… t_{V\text{-}v}]] t_{V\text{-}v\text{-}Neg}]$~~ V-v-Neg-T$]$ Pol$_{[uNEG]}$ Foc$_{[uFOC]}$

　　 素性継承⬆︎＿＿＿＿｜＿＿＿＿｜　　　　　　（影部分が否定の作用域）

NCI の WH-mo は，すべて（ZP として生じるか，あるいは XP, YP に付加している）付加詞であるため，（66a）の vP 内で Op の [NEG] との upward Agree 操作により，その [uNEG] を照合した後，（66c）の WP 要素として FocP 指定部位置へ移動し，Foc の [uFoc] を照合，削除する．また，Pol の [uNEG] も Op の [NEG] により，照合，削除される．このため，（61B）の削除領域である（66c）の TP 内には否定素性は含まれていないために，（61A）の先行文が肯定文であっても，同一性が満たされ，TP 削除適用による（61B）の派生が許される．（63B）（64B）の XP-sika が目的語，付加詞の場合も同様である．他方，（62B）の主語 XP-sika の場合，（66c′）の XP として表されるように，それは TP 指定部にあるため，TP 削除の残留要素として派生することができない．ちなみに，（62B′）のように「2〜3人しか」が問題なく文法的

なのは，付加詞として振舞う数量表現であることによる。[25] また，(65B) のように NPI の rokuna N が文断片として生じないのは，文断片として生じるためには，(66c) の焦点解釈をもつ WP でなければならないが，それは否定の作用域外であり，NPI として認可されないことによる。(主語の場合，(66c′) の TP 指定部にあるが，これは，NPI が否定の作用域外にあることに加え，TP 削除の残留要素となれないことにもよる。)

以上のように話題，焦点の活性化と否定の作用域を考えれば，WH-mo, XP-sika, rokuna N の分布は自然に導きだせることを論じてきたが，これらの NSI は否定の作用域の議論で用いた部分否定の解釈の可能性に関しても興味深い振る舞いを示す。

(67) a. 全員が*何も*食べなかった。　　(all > not, *not > all)

　　 b. *何も*　全員が食べなかった。　　(all > not, not > all)

(68) a. 全員がリンゴしか食べなかった。　(all > not, *not > all)

　　 b. リンゴしか全員が食べなかった。　(all > not, not > all)

(69) a. 全員が ろくなものを食べなかった。(all > not, *not > all)

　　 b. ろくなものを 全員が食べなかった。(all > not, *not > all)

(67)–(69) の (a) の文は主語が文頭にあるために，(53c′) に表される TP 指定部にある主語によって焦点が活性化される。その場合，主語は否定の作用域外にあるため，否定の述語内容が「全員」についてあてはまる「全員が何一つ／リンゴ以外／ちゃんとしたものを口にしなかった」という全否定の解釈しかなく，部分否定の解釈はない。他方，(67b) (68b) の NCI が前置されている場合，(53c) の派生をもつものと考えられ，TP 指定部にある主語は否定の作用域内にあり，「(何人かが食べたものはいくつかあるが，) 全員が食べたものはない／リンゴ以外ない」といった部分否定の解釈を許す。また，文頭の NCI が焦点の活性化に寄与するのではない単なるかき混ぜ操作の適用により前置された場合，[26] (53c′) の派生を含むことになるため，全否定の解釈も持つ。他方，NPI が文頭の位置にある (69b) の場合，(53c) の派生は許されない。この派生で α が NPI なら，否定の作用域外であるため，NPI が適切に認可されない。そのために可能な派生は，NPI が話題/焦点の活性化に寄与しないか

---

[25] 2.2 節参照。

[26] NCI の有する [FOC] は解釈可能素性であるため，他に [uFOC] を照合する要素があれば，焦点の活性化に寄与しなくとも問題ない。

き混ぜにより前置されたものであり，解釈は元の位置でなされる（53c'）を含むものしかなく，TP 指定部に位置する主語は否定の作用域外となるために全否定の解釈しかない．以上のように（67)-(69）に見られる主語の部分否定解釈の可能性は本分析により，正しく捉えられる．

5. まとめ

　本章では，否定文でしか生じない NSI である WH-mo, XP-sika, rokuna N の分布について，否定の作用域に基づく統語的考察を行った．その際，日本語が，主節では話題／焦点を節頭位置で表さなければならないという話題／焦点の活性化要請をもつ談話配置型言語であることが否定の作用域の決定の要因であることを論じた．そして，WH-mo, XP-sika が NCI, rokuna N が NPI であるとする MNZ（2016）の区分を踏襲した上で，認可のメカニズムと派生を考察し，XP-sika に関する MNZ（2016）の反例も含んだ分布を新たなデータとともに説明した．本章の分析が正しければ，日本語の多様な（否定／肯定）極性現象も，日本語が談話配置型言語であるという言語の本質的特性から導き出せる可能性が開けてくる．また，それは他言語との比較の上でも有益であると思える．この視点からのより広範な極性現象の考察は今後の課題とする．

参考文献

青柳宏（2006）『日本語の助詞と機能範疇』ひつじ書房，東京.

Aoyagi Hiroshi and Toru Ishii (1994) "On NPI Licensing in Japanese," *Japanese/Korean Linguistics* 4, ed. by Noriko Akatsuka, 295-311, CSLI Publicaions, Stanford.

Boeckx, Cedric (2000) "A Note on Contraction," *Linguistic Inquiry* 31, 357-366.

Carlson, G. (1977) *Reference to Kinds in English*, Doctoral dissertation, University of Massachusetts, Amherst.

Chomsky, Noam (2007) "Approaching UG from Below," *Interfaces + Recursion = Language?*, ed. by U. Sauerland and H.-M. Gärtner, 1-29, Mouton de Gruyter, Berlin.

Chomsky, Noam, (2008) "On Phases," *Foundational Issues in Linguistic Theory: Essays in Honor of Jean-Roger Vergnaud*, ed. by R. Freidin, C. P. Otero, and M. L. Zubizarreta, 133-166, MIT Press, Cambridge, MA.

Erteschik-Shir, N. (1997) *The Dynamics of Focus Structure*, Cambridge University

Press, Cambridge.

Erteschik-Shir, Nomi (2007) *Information Structure: The Syntax-Discourse Interface*, Oxford University Press, Oxford.

Giannakidou, Anastasia and Hedde Zeijlstra (2017) "The Landscape of Negative Dependencies: Negative Concord and N-Words," *The WileyBlackwell Companion to Syntax*, 2nd ed., ed. by Martin Everaert and Henk C. Van Riemsdijk, 1-38, Wiley-Blackwell, London.

Haegeman, Liliane (2000) "Negative Preposing, Negative Inversion and the Split CP," *Negation and Polarity*, ed. by Laurence R. Horn and Yasuhiko Kato, 21-61, Oxford University Press, Oxford.

Hoeksema, Jack (2000) "Negative Polarity Items: Triggering, Scope, and C-Command," *Negation and Polarity*, ed. by Laurence R. Horn and Yasuhiko Kato, 115-146, Oxford University Press, Oxford.

片岡喜代子 (2010)「否定極性と統語的条件」『否定と言語理論』，加藤泰彦・吉村あき子・今仁生美 (編)，118-140，開拓社，東京．

Kawashima, Ruriko and Hisatsugu Kitahara (1992) "Licensing of Negative Polarity Item and Checking Theory: A Comparative Study of English and Japanese," *Proceedings of Formal Linguistic Society of Mid-America* 3, 139-154.

É. Kiss, K. (1995) "Introduction," *Discourse-Configurational Languages*, ed. by K. É. Kiss, 3-27, Oxford University Press, Oxford.

Klima, Edward E. (1964) "Negation in English," *The Structure of Language*, ed. by Jerry A. Fodor and Jerrold J. Katz, 246-323, Prentice-Hall, Englewood Cliffs, NJ.

Konomi, Keiji (2000) "On Licensing of SIKA-NPIs in Japanese," *Syntactic and Functional Explorations in Honor of Susumu Kuno*, ed. by Ken-ichi Takami, Akio Kamio and John Whitman, 51-82, Kurosio, Tokyo.

Kuno, Susumu (1973) *The Structure of the Japanese Language*, MIT Press, Cambridge, MA.

Kuno, Susumu (1995) "Negative Polarity Items in Japanese and English," *Harvard Working Papers in Linguistics* 5, ed. by Samuel D. Epstein, Höskuldur Thráinsson, Steve Peter, Andrea Calabrese, Bert Vaux and Susumu Kuno, 165-197, Harvard University Department of Linguistics, Cambridge, MA.

Kuroda, S.-Y. (1972) "The Categorical and the Thetic Judgment (Evidence from Japanese)," *Foundations of Language* 9, 153-185.

Kuroda, S.-Y. (1988) "Whether We Agree or Not: A Comparative Syntax of English and Japanese," *Papers from the Second International Workshop on Japanese Syntax*, ed. William J. Poser, 103-143, CSLI Publications, Stanford.

Ladusaw, William (1979) *Polarity Sensitivity as Inherent Scope Relations*, Garland, New York.

Laka, Itziar M. (1990) *Negation in Syntax: On the Nature of Functional Categories and Projections*, Doctoral dissertation, MIT.

Lasnik, Howard and Mamoru Saito (1992) *Move α*, MIT Press, Cambridge, MA.

Merchant, Jason (2004) "Fragments and Ellipsis," *Linguistics and Philosophy 27*, 661–738.

Miyagawa, Shigeru (2001) "The EPP, Scrambling, and *Wh*-in-Situ," *Ken Hale: A Life in Language*, ed. by Michael Kenstowicz, 293–338, MIT Press, Cambridge, MA.

Miyagawa, Shigeru (2010) *Why Agree? Why Move?: Unifying Agreement-Based and Discourse-Configurational Languages*, MIT Press, Cambridge, MA.

Miyagawa, Shigeru, Nobuaki Nishioka and Hedde Zeijlstra (2013) "Negative Dependencies in Japanese," *Proceedings of the 8th Workshop on Altaic Formal Linguistics (WAFL)* (MIT Working Papers in Linguistics 67), ed. by Umut Ozge, 231–244, MIT, Cambridge, MA.

Miyagawa, Shigeru, Nobuaki Nishioka and Hedde Zeijlstra (2016) "Negative Sensitive Items and the Discourse-Configurational Nature of Japanese," *Glossa: A Journal of General Linguistics* 1(1): 33, 1–28.

Nagatsugu, Kento (2019) *A Study of Sentence Fragments: Direct Generation in Parallel Architecture*, Doctoral dissertation, Kyushu University.

西岡宣明 (2007)『英語否定文の統語論研究―素性照合と介在効果―』くろしお出版, 東京.

西岡宣明 (2010)「文否定と否定素性移動」『否定と言語理論』, 加藤泰彦・吉村あき子・今仁生美（編）, 51–73, 開拓社, 東京.

Nishioka, Nobuaki (2017) "Expressions that Contain Negation," *Handbook of Japanese Syntax*, ed. by Masayoshi Shibatani, Shigeru Miyagawa and Hisashi Noda, 635–662, Mouton de Gruyter, Berlin.

西岡宣明 (2018)「日本語の否定の作用域とラベリング」『ことばを編む』, 西岡宣明・福田稔・松瀬憲司・長谷信夫・緒方隆文・橋本美喜男（編）, 102–112, 開拓社, 東京.

Nishioka, Nobuaki (2018) "On the Positions of Nominative Subject in Japanese: Evidence from Kumamoto Dialect," *Proceedings of the 10th Workshop on Altaic Formal Linguistics (WAFL10)*, MIT Working Papers in Linguistics 87, ed. by Theodore Levin and Ryo Masuda, 165–177, MIT, Cambridge, MA.

Nishioka, Nobuaki (2019) "Discourse-Configurationality and the Scope of Negation," *Nanzan Linguistics* 14, 25–55, Nanzan University.

Ota, Akira (1981) "Semantic Interpretation of NPs Containing *No*," *Sophia Linguistica* 7, 13–28.

Rizzi, Luigi (1997) "The Fine Structure of the Left Periphery," *Elements of Grammar*, ed. by Liliane Haegeman, 281–337, Kluwer, Dordrecht.

Saito, Mamoru (1985) *Some Asymmetries in Japanese and their Theoretical Implications*, Doctoral dissertation, MIT.

Saito, Mamoru (1987) "Three Notes on Syntactic Movement in Japanese," *Issus in Japanese Linguistics*, ed. by Takashi Imai and Mamoru Saito, 301-350, Foris, Dordrecht.

Saito, Mamoru (2010) "Semantic and Discourse Interpretation of the Japanese Left Periphery," *The Sound Patterns of Syntax*, ed. by Nomi Erteschik-Shir and Lisa Rochman, 140-173, Oxford University Press, Oxford.

van der Wouden, Ton (1997) *Negative contexts*, Routledge, London.

Watanabe, Akira (2004) "The Genesis of Negative Concord: Syntax and Morphology of Negative Doubling," *Linguistic Inquiry* 35, 559-612.

吉村あき子 (1999)『否定極性現象』英宝社，東京.

第 5 章

程度修飾と極性が交差するところ*

(Where degree modification and polarity sensitivity meet)

渡辺　明

東京大学

1.　はじめに

　本章では，これまでまともに取り上げられることがなかった日本語の不定の程度修飾要素「どんなに」の意味的・統語的性格について考察する．「誰」や「何」を含む不定語のシステムは，Kuroda (1965) に端を発し日本語の研究において活発に議論されているトピックであるが，「どんなに」については管見のおよぶ限り光が当てられた形跡がない．Ono (2006: 9) で例文が 1 つあげられているぐらいのものであろうか．「どんなに」は「どんな」を副詞にするために「に」が追加されているだけに見える形をしているが，以下示すように，「どんな」と「どんなに」は不定表現の根幹に関わる点において性格が異なる．この事実からだけでも，「どんなに」の意味・統語分析がきわめて興味深いことが予想されるのだが，「どんなに」が程度修飾要素として働いて否定極性や自由選択のふるまいを示すことにも着目すれば，その重要度ははかり知れない．限られた枚数の中ですべてを詳しく論じることはできないので，本書のテーマに沿って否定極性や自由選択に重点を置いた議論を展開するが，ある程度，全体像の輪郭を把握することも「どんなに」の面白さを認識する上で欠かせないことだと考えられるので，必要に応じて，関連するコメントを加えていくことにする．

　まず，そもそもこれまでなぜ「どんなに」が研究の盲点になっていたか，で

　* 本研究は科学研究費基盤研究（C）「日英語の程度表現の統語構造と意味」（課題番号 15K02591）のもと行われたものである．2019 年 3 月の青山学院大学での講演と名古屋学院大学でのワークショップにおいて貴重なコメントをいただいたことに感謝したい．また，初稿を丁寧に読んでくれた平岩健氏や最終段階で内容を精査してくれた編者から寄せられたコメントも大いに参考になったことを付け加えたい．

あるが，これは，他の不定表現と違って「どんなに」が疑問文で使えないという事実が障害になっていたと思われる．(1)のコントラストからわかるように，「どんな」は疑問文で使えるが，「どんなに」だと違和感がある．

(1) a. どんな問題が試験に出たの？
　　 b. *その問題はどんなに難しいの？
　　 c. *どんなに難しい問題が試験に出たの？

(1b, c) の違和感が微妙であるというのであれば，「どれぐらい」で置き換えた (2) と対比すればはっきりするであろう．

(2) a. その問題はどれぐらい難しいの？
　　 b. どれぐらい難しい問題が試験に出たの？

疑問文で使われる wh 句に「か」，「も」，「でも」を加えると wh ではない量化子になる，というのが不定表現についての一般認識である以上，疑問文で使うことができない「どんなに」が不定表現のリストからこぼれ落ちてしまってもそれほど不思議ではない．

　それでは，いかなる意味において「どんなに」が不定表現であるのか，ということになると，次の例文を観察することから始まる．

(3) a. 試験問題がどんなに（無茶苦茶）難しかったか，私は知っている．
　　 b. *試験問題がどんなに（無茶苦茶）難しかったか，私は息子にきいた．
　　 c. どんなに（無茶苦茶）難しい問題が試験に出たか，私は知っている．
　　 d. *どんなに（無茶苦茶）難しい問題が試験に出たか，私は息子にきいた．

「どんなに」は wh 感嘆文で使われるのである．Grimshaw (1979) が英語について論じているのと同じように，日本語でも「知っている」の補文には感嘆文のオプションがあるが，「きく」の場合にはない．[1] もし (1b, c) の違和感が微妙であるとすれば，感嘆文の構造が疑問文の構造とそれほど異なっていないことに起因していると思われる．実際，間接 wh 感嘆文だと，間接 wh 疑問文

---

[1] Ono (2006) と Yamato (2010) は，「なんて」を使う感嘆文が「知っている」の補文になれない事実を取り上げているが，これは，「のだろう」という文末の構造の問題であろう．

と同じく文末は「か」となる場合があるわけで，その際少なくとも目に見える
形で違いを担っているのは wh 句だけである．したがって，wh 感嘆文の解釈
にほぼ限定する働きをする「無茶苦茶」のような程度修飾語を加えてやると，
(3) で見られるようにコントラストがはっきりする．これまた Grimshaw が
英語で論じていることだが，感嘆文の場合は程度が極端であるというニュアン
スを必ず伴うので，(4) が示すように，疑問文とは違って *very* のような程度
修飾語を受け入れるのである．

> (4) a.　It's amazing how very tall John is.
>
> b.　*Fred will ask how very tall John is.

日本語でも，実際にどのような程度修飾語が感嘆文で可能なのかについては個
人差があるようだが，事情は基本的に同じであると考えられる．
　「どんなに」が不定表現であるならば，「か」／「も」／「でも」を追加した用
法があるはずである．「どんなにか」は，ここで詳しく論じることができない
が，感嘆文で使われる．3 節で例文をあげる．「も」と「でも」は，「どんなに
難しい問題（で）も」のような形で否定極性や自由選択の性質を帯びる場合が
あって，本章の議論の中心となる．否定極性と自由選択を合わせて広義の極性
と呼んで話を進めていくが，これは Fauconnier (1975a, b) のパイオニア的研
究の洞察に立ち戻ることも意味している．次節で詳しく分析していく．

2.　「どんなに … も」の否定極性的／自由選択的用法

　程度修飾の「どんなに」が「も」と結びつく構造は (5) に見られるように二
通りある．これは，Nishigauchi (1990) 以来よく議論されている普通の不定
語「誰」などが示す (6) のパターンと基本的に同じである．

> (5) a.　今年の夏は，どんなに暑くても毎日練習した．
>
> b.　ポアロはどんなに難しい事件もたちどころに解決した．
>
> (6) a.　誰が電話してきても留守だと言って下さい．
>
> b.　誰が作った料理もおいしかった．

こうした例からは，「どんなに」が否定極性や自由選択と関係があるなどとは
考えられないかもしれないが，これはこれで「どんなに」と「も」の組合せ自
体が自動的に広義の極性を引き起こすのではないことを示しており，分析を考
える際の重要なデータとなる．例えば，Watanabe (2004) が否定一致に属す

ると論じている「何も」の場合，否定文に限定された形でしか使うことができ
ないわけで，(5) のような過去の出来事をあらわす肯定文に否定一致表現や否
定極性表現が出現することはないのである．

　本稿では，スペースの都合上，(5b) のように「も」が名詞についている場
合を主として取り上げる．ただし，3 節で類似の程度表現と比較する際には
(5a) のような「て」のあとに「も」が生じている譲歩節の構造も考慮に入れる．

2.1. 現象

「どんなに」が広義の極性を示す例としては次のようなものがある．

(7) a.　花子はどんなに簡単な問題も解くことができない．
　　 b. *花子はどんなに簡単な問題も解くことができる．
(8) a. *花子はどんなに難しい問題（で）も解くことができない．
　　 b.　花子はどんなに難しい問題でも解くことができる．

(7) は否定極性，(8) は自由選択とみなしてよいであろう．ただ，当該の現象
は，上記 (5b) が全く問題ないことからわかるように通常の否定極性や自由選
択と明らかに異なっており，このことは，(7b) と (8a) がおかしな文となっ
ていることからさらに確実なものと結論づけられよう．

　広義の極性をもたらしているのは「も」ないし「でも」であるが，本論文で
は「も」と「でも」の使い分けについては将来の課題として残すことにし，そ
の違いを無視した分析を提示する．ここでは，「でも」が自由選択の方を好む
傾向があるとだけ指摘しておきたい．(8b) の可能文や (9a) の命令文のよう
に自由選択を認可すると考えられている構文 (Carlson (1981), Dayal (2004),
Aloni (2007)) では，「で」があった方がより自然に聞こえるからである．自
由選択を認可するはずの (9b) のような総称文で「で」がなくても不自然さを
感じないのは，否定極性や自由選択とは関係なくても問題ない (5b) のような
文が許されることと関係しているのかもしれない．

(9) a.　どんなに小さな異常でも報告して下さい．
　　 b.　どんなにがんこなよごれ（で）もこのスプレーできれいに落ちる．

一方，(10) のような例から，比較級は否定極性を認可していると考えられる．

(10) a.　どんなに高価なプレゼントよりもその一言がうれしかった．
　　　 b. *その一言よりどんなに高価なプレゼントもうれしかった．

　　否定極性を認可する環境として問題含みの条件節 (Heim (1984), von Fin-
tel (1999)) では，やや変なことが起こる．(11) が示すように，「でも」に加
えて「いいから」が要求される．

(11) a.　もし花子がどんなに簡単な問題でもいいから解いたら，ほめてあ
　　　　　げてほしい．
　　　b.??もし花子がどんなに簡単な問題でも解いたら，ほめてあげてほしい．
　　　c.　*もし花子がどんなに簡単な問題も（いいから）解いたら，ほめてあ
　　　　　げてほしい．

この「いいから」は，渡辺 (2010) で指摘しているように，最小量と「でも」
の組合せが希望の動詞の補文に生じるときなどにも要求されるが，条件節では
必ずしもそうではない．以下の例文を観察されたい．[2]

(12) a.　問題をひとつでもいいから解きたい．
　　　b.??問題をひとつでも解きたい．
　　　c.　問題をひとつでも多く解きたい．
　　　d.　もし花子が問題をひとつでも解いたら，ほめてあげてほしい．

---

　　[2] Matsui (2011) が普通の否定極性表現として分析している「そんなに」も，(i) からわか
るように条件節で「いいから」を必要としない．
　　(i)　もし花子がそんなに難しい問題を解いたら，ほめてあげてほしい．
ただ，ここでの形容詞／形容動詞の選択には注意が必要である．反意語を使うと (ii) のよう
におかしな文になるが，これは主節の「ほめてあげてほしい」が問題なのではない．この条件
節に合うような主節自体が見当たらないのである．
　　(ii)　*もし花子がそんなに簡単な問題を解いたら，ほめてあげてほしい．
ただ，(iii) のようにすると別の主節で容認可能になる．
　　(iii)　もし花子が解いたのがそんなに簡単な問題なら，無視しなさい．
郷路拓也氏は (ii) の条件節でも (iii) と同じ「無視しなさい」の主節と組み合わせれば容認可
能であるとするが，どうであろうか．筆者の語感では，(iii) の形を採用しないのであれば，
条件節内で焦点を導入するために「解いたのなら」のような節の終わり方にする必要がある．
　　また，(ii) に「でもいいから」を追加すると自然な文となることも指摘しておきたい．
　　(iv)　もし花子がそんなに簡単な問題でもいいから解いたら，ほめてあげてほしい．
Heim (1984) が英語について論じている否定極性表現認可にまつわる条件節の複雑さは，日
本語に即して例示すると (iv) のような場合に可能な推論に関係する．もっと難しい問題を解
いたら，当然，ほめるべきだというわけである．(i) と (iv) を比べて考えると，「いいから」
の役割は基準の引き下げということになるのかもしれない．これは当該の命題が成り立つ可能
世界の集合の拡張を意味し，Kadmon and Landman (1993) が名詞句レベルで論じていた拡
張と関連してくるかもしれない．
　　Matsui (2011) の「そんなに」の分析については，2.3 節で別の角度から再度言及する．

「いいから」の分析にも本論文では深入りできないが，条件節における違いは自由選択（「どんなに … でも」）と否定極性（「ひとつでも」）の差がひとつの要因となっているのかもしれない．自由選択項目である「どれでも」を使うと，(13) が示すように条件節ではやはり「いいから」が必要になる．

> (13) a.　もし花子が問題をどれでもいいから解いたら，ほめてあげてほしい．
> 　　　b.??もし花子が問題をどれでも解いたら，ほめてあげてほしい．

ただ，これはあくまでひとつの要因であって，否定極性においても注 2 で指摘したように「でもいいから」が必要になることもある．また，希望の動詞の補文でも，平岩健氏が指摘する (12c) は (12b) と異なり「いいから」を必要としないが，「多く」が比較級の解釈になっていることが関係しているのであろう．「多い」の比較級については Arii et al. (2017) が子供の言語発達の観点から論じているが，極性表現の容認度に影響を与える側面は今後の研究での課題である．

　「どんなに」と共起する「も」と「でも」の使い分けに話を戻すと，条件節で自由選択寄りの「でも」が要求されることは現時点で不可解としか言いようがない．条件節における否定極性と自由選択の認可の問題に結びつけることになるのであろう．だが，ここでそれを論じるわけにはいかない．より基本的なレベルで，(7) と (8) に見られるコントラストの原因を探ることから始めなければならない．

2.2.　Fauconnier のパラダイム

　(7) と (8) の例文は，Fauconnier (1975a, b, 1978) が全称量化とほぼ等価の意味をもつ最上級として分析している英語の例をもとにしている．(14) と (15) が対応する文であるが，全称量化的な意味がない場合は普通の最上級として解釈される．その場合は＋でもって示すという Fauconnier の表記法を本論文でも踏襲する．

> (14) a.　Max cannot solve the simplest problem.
> 　　　b.＋Max can solve the simplest problem.
> (15) a.＋Max cannot solve the most difficult problem.
> 　　　b.　Max can solve the most difficult problem.

(14a) や (15b) のような最上級が広義の極性，すなわち否定極性と自由選択

の本質をある意味示唆しているというのが Fauconnier の一連の論文の眼目だが，Coppock と Engdahl（2016）によるスウェーデン語の研究は，この種の最上級が名詞の形態の上でも普通の最上級と区別される言語が存在することを指摘して，絶対最上級の名称で呼んでいる．（14b）や（15a）に類する場合は，絶対最上級を使うと単純に違和感のある文になってしまうのである．英語の絶対最上級というと（16a）のような定冠詞を伴わない場合を想起するかもしれないが，スウェーデン語では普通の最上級と同じく定冠詞を使いつつ，名詞の形態で区別するようである．

(16) a. We had a most pleasant supper.

b. We are following the development with the greatest interest.

Coppock と Engdahl は，（16b）のように英語で定冠詞がある場合も絶対最上級としての解釈になることがあると述べている．絶対最上級としての解釈とは，個体の比較から割り出された第一位の程度ではなく，程度そのものの観点から見た最高度を意味する．

　Fauconnier の研究は，その後の否定極性や自由選択の研究の方向に大きな影響を与えることになったが，否定極性の *any* が満たさなければならない構造条件の適用を量化的な最上級が受けないことを（17）のコントラストを挙げて指摘している（Fauconnier（1975a: 371））のは記憶されるべきことだと思われる．

(17) a. The most beautiful girl could not seduce John.

b. *Any girl could not seduce John.

現代流の言い方をするならば，否定極性と等価な量化最上級は否定辞に c-command される必要はない，ということである．

　最上級との関連では，日本語の場合，普通の最上級を表す「一番」や「もっとも」（Aihara（2009），Shimoyama（2014））が個体比較の最上級に限定されていることを指摘しておきたい．（18a, b）の違和感は，個体比較に限定されていることのあらわれである．

(18) a. *一番わずかな表情の動きをポワロは見逃さなかった．

b. *一番わずかな表情の動きもポワロは見逃さなかった．

c. どんなにわずかな表情の動きもポワロは見逃さなかった．

表情の動きのようなものに対し，個体レベルでの最上級の同定は無理なので，

(18a, b) はおかしな文になるのである．序数詞は自然数対応であるから，程度そのものの稠密度をとらえることができず，個体比較限定の最上級にならざるを得ない．また，「もっとも」を使っても同じくおかしな文になるが，「もっとも」が「太郎の方がもっと背が高い」のように比較級で使われる「もっと」と関係があるのであれば，個体レベルでの最上級に限定されているのにこれまた不思議はない．比較級は本質的に個体比較なのである．日本語の最上級については片岡（第 3 章）の議論も参照のこと．いずれにせよ，意図する意味は (18c) のように「どんなに … も」を使うとほぼ表現できるようである．なぜそうなるかは 2.3 節で提示する分析によって判明する．

　さて，絶対最上級が示す広義の極性がどのように説明されるかというと，Fauconnier は，最上級が内在的に表現しているランキングと連動する形で全称量化を当該の文が含意する場合の現象であると分析している．(14a) と (15a) の場合，問題となる命題は「マックスが x を解くことができない」であり，一番簡単な問題は最低ランクということになる．[3] それを解くことができないなら，よりランクが上の問題を解くこともできないはずであるという推論が働くことになり，すべての問題について，解くことができないという命題が導かれる．逆に，一番難しい問題は最高ランクなので，(15a) が全称量化の意味を含意することはない．肯定文ではランキングが逆転するので，一番難しい問題が最低ランクとなり，(15b) では自由選択の意味が生じるが，(14b) ではそうならない．

　絶対最上級は程度そのものの問題なので，Coppock と Engdahl は命題の形として「マックスが難易度 d の問題を解くことができない」のようなものを考えて Fauconnier のアイデアを若干修正しているが，分析の基本的な論理構造は同じである．また，最上級で表現されるものを最低ランクと位置づけるのを嫌ってか，最高ランク（"the highest degree"）の個体に関する命題がよりランクの低いものについての命題を含意する，と言い換えている．

　なお，Fauconnier は条件節や比較級でも量化的な最上級が認可されるとして，以下の例文を挙げている．

(19)　a.　If Max can solve the simplest problem, he will be rewarded.

　　　b.　It is harder to see this planet than to see the most distant stars.

---

[3] 直前の段落で指摘したように，日本語で「一番」を使うと厳密には英語の絶対最上級と対応しないが，個体のランキングを取り上げている限り，このずれは無視できるのでそのままにしておく．

ここでも文全体として先ほどの例と同じ含意が成り立つということであるが，条件節を含んだ文で自動的にそうなるわけではないことが Heim（1984）の議論からうかがえる．Heim は Fauconnier の研究に言及していないが，Heim の観察によると，条件節における英語の *any* の認可も量化的最上級と同じく，ランク付けと連動する含意の論理に従っていることになる．ただ，Heim が挙げている例は数量の大小に基づくランキングに関わるものばかりである．そうでないランキングが関与している場合については，注 2 で指摘した日本語の例文を参照のこと．比較級については，Fauconnier のアイデアに沿った形の分析が妥当であることを *any* の認可について Zepter（2003）が論じている．

2.3.　程度の全称量化

　日本語の「どんなに … も」が（7）と（8）に見られるようなコントラストを示すことを Fauconnier の英語の分析に準じる形で説明するとなると，どのように考えればよいであろうか．「どんなに … も」が最上級表現であるとする理由は見当たらないが，「どんなに」が程度修飾表現であることに着目すると，Fauconnier 流の分析で「どんなに … も」に見られる広義の極性を捉えることができるようになる．そのために必要な理論的道具立ては三つだが，まず簡単な方から論を進める．

　2 節冒頭で，「どんなに … も」の形式は不定表現一般に見られるものと基本的に同じであることを（6）と比較しながら指摘しておいた．（6）の例文で使われている「も」は全称量化の意味解釈をもたらしているのだが，「どんなに … も」の場合にも同じく全称量化の意味が生じていると考えるのが妥当であろう．コンテクストによる量化の領域の絞り込みを無視してとりあえず大雑把にいうと，（6b）は（20a）のような解釈だが，（5b）は程度についての全称量化になる．（20a）にならった形式にすると（20b）だが，変項として d を使うことで程度についての量化であることをあらわしておくことにすると，（20c）のように簡略化できる．

(20)　a.　∀x [x はヒトである → x が作った料理がおいしかった]
　　　b.　∀x [x は程度である → ポワロは x の難易度の事件をたちどころに解決した]
　　　c.　∀d [ポワロは d の難易度の事件をたちどころに解決した]

　広義の極性が関係ない（5b）についてはこれで一見問題ないように思われるが，（7）や（8）のように反意語を使うと容認可能性が逆転する場合にはもう

ひと工夫必要となる．なぜなら，単純に程度について全称量化をかけるだけだと，(7a) と (8a) はともに (21) の解釈を受けることになり，一方が問題ない文で，もう一方がおかしな文になることが全く理解不可能な事実として残されてしまうからである．

(21)　∀d [花子は d の難易度の問題を解くことができない]

形容詞や形容動詞の反意語は，何らかの程度に言及している限りにおいて，同じランキング上の程度を問題にしており，無差別な程度の全称量化のもとでは反意語の区別が消えてしまうのである．

　この事態はどうやったら打開することができるのだろうか．次なるステップとして，「どんなに」だけで用いられる場合に，普通の不定表現と異なり，疑問文ではなく感嘆文での用法になるという事実について考察することから始める．

　感嘆文を定義する重要な意味指標の 1 つとして，極端な程度が感情の表明の対象となっていることは以前から認識されていたが，近年の感嘆文の研究において大きな里程標となった Zanuttini and Portner (2003) の論文以降，特に注目を集めるようになった．Rett (2011) にいたっては，(22) のように程度を示すような形容詞がない場合でも，構造上はランク付けの基礎になるものが存在していると提案している．

(22)　What desserts John baked!

本章で取り上げている「どんなに」はそもそも程度修飾のための表現であるから，程度を意味する述語と必ず一緒に出現する．(23) の感嘆文では怖さやおいしさの度合いが非常に高いことが感嘆の理由となっている．

(23) a.　あのときはどんなに怖かったことか．
　　　b.　どんなにおいしいデザートを花子が作ってくれたことか．

そこで，「どんなに」の構造の一部として，一定の度合いを超えているという意味を担うものが含まれていると提案する．Zanuttini と Portner は，感嘆文に生じる wh 句には疑問文で使われる wh 句には見られない統語形態要素が含まれている場合があることに注目して，感嘆文と疑問文では wh 句の内部構造が異なっている場合があると主張している．[4] (4a) で見られる英語の *very*

---

[4] 実際の形としては，感嘆文専用の wh 句が，疑問文で使われる wh 句に見られるものを欠

はその一例であるが,「どんなに」にも発音されない形で同様のものが含まれ
ていると考えてみる. 実際,「どんな」と「どんなに」の対応関係を理解しよう
とすれば,「どんな」が通常名詞を修飾する要素なので,「どんなに」の場合も
名詞的な要素が隠れていると考えるのが合理的である. また,「どんな」と
「に」それぞれが, 個別に使われている場合, 極端な程度を意味することとは
無縁であることも,「どんなに」の組合せにおいて音形をもたないものが隠れ
て存在していることを示唆する. いま, その極端な程度を意味するものを E
と表示することにすると,「どんなに」は (24) のような内部構造を持ち, こ
れ全体が程度修飾をしているときには, 極端な程度に限定するという意味貢献
をしているということになる.

(24) 　[どんな E] に

音形をもつものでこの E に近いものは, 澤田治氏 (私信) が指摘するように
「極端な程度」ということになるが, E がこれと全く等価であればそもそも E
が独自に日本語で使われる必要もないので,「どんな極端な程度に」はこれま
た澤田氏が観察するようにどこか不自然な表現となっている. ちなみに, E が
含まれていることにより,「どんなに」は疑問文で使えないという事実が説明
されることになる. また, (3) の「無茶苦茶」などは E とは独立に生じる.

　「どんなに」に E が含まれていて, 極端な程度に限定する役割を果たすとい
うことは,「どんなに」固有の性質ではない. Matsui (2011) は, 程度修飾の
「そんなに」について *very* と同じ意味が含まれている旨の分析をしている.
「どんなに」と「そんなに」はいわゆるコソアドの体系に属する同系列の表現で
あるから, E を共有していて何ら不思議ではない.「こんなに」と「あんなに」
でも同じことだろう.「そんなに」については井戸 (第13章) の分析も参照のこと.

　これで (7a) と (8a) のコントラストを説明するために必要なものはほぼ出
そろった. (7a) の「簡単な」と (8a) の「難しい」という反意語のペアは, そ
れぞれの極端な程度が異なるので, その基準となる度合いを $d_{易}$, $d_{難}$ と表すと
しておくと, (7a) と (8a) の解釈は (21) ではなく, (25a) と (25b) になる.[5]

いている場合もある. ドイツ語で屈折形態のない *welch* が感嘆文専用であると d'Avis (2016:
167) は指摘している.

　[5]　ここでは, 便宜上, 難易度は, $d_{難} > d_{易}$ となる絶対的な度合いとしておく. しかしながら,
Kennedy and McNally (2005) の論文およびそこで言及されている先行研究などで論じられ
ているように, 反意語にまつわる様々な現象を説明するには, 絶対的な度合いだけではなく,
ペアとなる反意語同士でその並ぶ順序が逆になっていると考えなければならないことがわかっ

(25) a. $\forall d$ [花子は $d < d_{易}$ の難易度の問題を解くことができない]

  b. $\forall d$ [花子は $d > d_{難}$ の難易度の問題を解くことができない]

(25a) の場合は，極端にやさしい問題が解けないのだから，それより難しい問題も無理であろうという含意が生じる．Fauconnier が絶対最上級について論じたことと結果的に同じ推論を働かせることができるのである．それに対し (25b) では，極端に難しい問題が解けないことはそれよりやさしい問題が解けないことを保証するものではないので，Fauconnier 的含意は生じない．肯定と否定が逆転しているだけの (7b) と (8b) のコントラストも同様の分析となる．

 しかしながら，このままでは，(7b) と (8a) が違和感のある文になっていることの説明にはならない．(8a) の解釈が (25b) であったとして，意味的におかしなことは何も生じていない．一定のレベル以上の難しい問題を解くことができない，というのはごく普通の命題内容であり，一定のレベル以下の簡単な問題を解くことができる，というのも同じである．では，何が起こっているのか．(7a) と (8a) のコントラストと似たようなことは (26) で見られる．(26b) に * はあえて付けていないが，その違和感は (8a) と類似のものであると考えられる．

(26) a. 花子は簡単な問題でさえ解くことができない．

  b. 花子は難しい問題でさえ解くことができない．

(26) のような現象は Fauconnier の研究でも取り上げられていて，全称量化的最上級に *even* を追加することができることも，(27a) のような例文をあげながら指摘している．

(27) a. Socrates can understand even the most complex argument.

  b. Tommy will eat just (*even) the most awful food.

「でさえ」や *even* は，関連する命題をまき込む推論を誘発するので，確かに，全称量化の意味の発生するメカニズムとして魅力的ではある．しかしながら，(27b) のように *just* などが最上級を修飾しているときには *even* が出現できないという理由で，全称量化的最上級におけるランキングに基づく含意の発生要

ている．上述の最上級でのランクを最高と呼ぶか最低と呼ぶかにも関わってくるのだが，論旨にはさして影響を与えないので，本文のような扱いにしておく．

因として発音されていない *even* を想定する可能性を Fauconnier は退けている．実際，絶対最上級が名詞形態の上で普通の最上級と区別されるスウェーデン語では，ランキングに基づく含意が生じていない場合の絶対最上級で *even* に相当するものが出現できない（Coppock and Engdahl (2016: 1206)）ので，いかなる原理でもって発音されていない *even* が構造上要請されることになるのかは，現在のところ，不明というしかない．そのようなものに頼る分析は，絶対最上級にしても日本語の「どんなに … も」にしても採用するわけにはいかないだろう．広義の極性とは関係ない（5b）で，ポアロが難しくない事件も解決したことが含意されるかというと，そんなことはない．難しくない事件，すなわち，つまらない事件などに名探偵は首を突っ込んだりしないからである．だからといって，（5b）をそういう理解のもとで使うことに何ら問題はない．（5b）の解釈には極端に難しいものという限定がついた程度についての全称量化だけで十分である．

　それではどうするか．Coppock と Engdahl の提案は，驚きの観点からの命題の強度がカギを握っているというものである．日本語で問題にしている例文に即して言うと，一定のレベル以下の簡単な問題が解けないことは，難しい問題が解けないことより確かに驚くべきことである．最上級の場合であると，最高に簡単な問題が解けないことがそれに相当する．スウェーデン語の絶対最上級は内在的に驚きの強度を要求する表現であるというのが Coppock と Engdahl の分析である．日本語の「どんなに … も」にも同じことが当てはまるとするのは妥当だと思われる．一定レベル以上の難しい問題が解けないという命題では，要求されている驚きの強度が欠如しているので，違和感のある文となってしまうのである．逆に，一定レベル以上の難しい問題を解くことができるという命題は，十分な驚きの強度を有しているといえる．この点，「も」がついていない「どんなに」が感嘆文で使われるというのはきわめて示唆的といえる．驚きの感情は感嘆文につきものである．したがって，驚きの強度を要求しているのは不定の「どんなに」の部分であり，広義の極性とは独立に働くと考えてよい．驚きなるものは主観的概念なので精密な経験的予測をなすとは言い難いのだが，よくよく観察すると，（5b）においても驚きの気分は感じられる．（28a）として再録するが，「たちどころに」を（28b）のように省くと言葉足らずの感じが残る．

　(28)　a.　ポアロはどんなに難しい事件もたちどころに解決した．
　　　　b.??ポアロはどんなに難しい事件も解決した．

十分な驚きを保証する修飾要素が何か必要であるためであろう．広義の極性が見られる場合にはこのような副詞がなくてもかまわないこととは一見奇妙なコントラストをなしているのだが，どちらの場合にも驚きの観点からの命題の強度が要求されていることを考慮に入れれば，（28）のような例文で副詞が必要とされる事実も提案した分析の範囲内で説明されることになる．一方，（26）の「でさえ」との共通点は，ともに関連する他の命題との比較が関わっているということに落ち着く．

　以上，まとめると，「どんなに … も」は極端なレベルに限った領域で程度の全称量化を引き起こす表現であり，それが同時に驚きの強度を要求することから，条件が整えば広義の極性を示すことになる．可能文の肯定／否定のペアにこの説明があてはまることを見たが，（9b）の総称文，（10a）の比較級，さらに（11a）の条件節を含む文も同じように驚きの強度の仕組みが働いていると言えるだろう．（11a）を例に簡単に説明すると，難しい問題を解いた人をほめてあげたいと考えるのが当然だと言えるのに対し，（11a）にはその正反対のことを述べているという驚きがあるのである．また，驚きの強度が要求されるという提案は，「どんなに」のみの形が感嘆文で使われるという事実にもつながる．ただ，驚きの強度が命令文でどれほどの有効性を持つかは，「いいから」の分布がどのように説明されるかという問題や命令文の意味分析の問題とともに将来の課題である．

　自由選択との関連では，Caponigro and Fălăuş（2018: 360）が述べているように，程度についての自由選択はこれまでほとんど取り上げられたことがない．Caponigro と Fălăuş が指摘しているのはルーマニア語の自由関係節の例だが，日本語の「どんなに … も」においても全称量化の形で程度の自由選択が観察されるので，言語間の比較を通して程度の自由選択のさらなる解明が進んでいくことが期待される。[6]

　程度の全称量化が否定より広いスコープをとっていることにも注意しておきたい．Barker（2018）は，存在量化が否定などの認可環境に対し狭いスコープをとることが否定極性表現の本質であると論じているが，本章で扱っている「どんなに … も」はそれとは性質が異なる．「どんなに … も」が常に否定極性を示すわけではなく，それ自体は否定極性表現とみなすことができないという

---

[6] 量化的な最上級についての Fauconnier のパイオニア的研究や Coppock と Engdahl の研究に Caponigro と Fălăuş は言及していないが，そのほか，Sæbø（2001: 743）が列挙しているスウェーデン語の例にも，量に関する自由選択の例文が含まれていることをここに記しておく．

事実は，量化のスコープの観点から理解されるべきことなのかもしれない．義務的に否定より広いスコープをとるということは，逆説的な言い方かもしれないが，程度の全称量化そのものは肯定極性であることを意味する．「どんなに …も」の否定極性的性格は，名詞も含めた全体についての，いわば，現象の名称にすぎないことをここで強調しておく．次に，その統語分析に移る．

3.　「どんなに … も」の統語的性格

　前節では，「どんなに … も」の「も」が個体に関わる普通の不定表現と同じ全称量化を引き起こし，違いは量化の対象が形容詞などに内在する程度であるにすぎないという仮定のもと，広義の極性を示す場合の分析を提案した．本節では，「も」の統語的な位置づけを行う．不定表現と共起し，名詞に後続している「も」が DP の主部であるという分析は，Watanabe (1992) で提案されたのち，Watanabe (2006) でさらに精緻化されたが，それが「どんなに … も」の「も」についても有効であることを示す．ただ，この分析は (5a) や (6a) のような譲歩節に「も」が後続する場合に適用できないので，譲歩節の「も」をどうするかという問題が残るのだが，程度の量化をやや詳しく検討すると，譲歩節の「も」は D の「も」とは別物であるという結論が得られる．これは，以下提出する根拠とは別の理由で Takahashi (2002: note 12) がすでに指摘していたことで，本節での議論はそれを補強する形になる．

3.1.　「どんなに」と「も」の関係

　「も」が複数の不定表現と結びつくことができるという事実は，譲歩節に関し Nishigauchi (1990) が詳しく取り上げていたが，名詞に後続する「も」についても同じであることが Shimoyama (2006) などによって研究の組上にのせられている．(29a) がその一例だが，興味深いのは，普通の不定表現と「どんなに」を (29b) のように組み合わせても構わないという事実である．

　(29) a.　誰が何について書いた本もよく理解できた．
　　　　b.　誰がどんなに難しいことについて書いた本もよく理解できた．

全称量化において個体用の変項と程度の変項を同時に束縛することが可能なのである．[7] このような組合せは，普通の不定表現の個体の量化と程度の量化が

---

[7] ここでの「束縛」は量化子と変項の関係を記述的に表現しただけで，実際の理論分析を意

同じメカニズムに依存していることの決定的証拠と考えてよい.

　また，Takahashi (2002: 582) は全称量化の「も」が補文標識「と」の直後に出現できないことを普通の不定表現について指摘しているが，「どんなに」の場合でも同じである．(30a) が Takahashi の例文である.

(30) a. *太郎は花子が誰を愛しているとも思っている.
　　　b. *太郎はこのトピックがどんなに面白くなるとも思っている.
　　　c. *太郎はポアロがどんなに難しい事件をたちどころに解決したとも思っている.

(30) が一律に容認不可能であることは，やはり，個体の量化と程度の量化の背後に同じ統語メカニズムが働いていることで説明できる．ちなみに，(30) の非文法性は不定表現と「も」が離れすぎていることによるものではない．(30c) は全く問題ない (29b) と距離的にほぼ同じである．「も」の統語的ステータスが D であるならば，(30) の非文法性は予想通りということになる.[8]

　程度の量化にもかかわらず D が全称量化であることを決定しているのは一見奇妙だが，「(で) も」の出現位置を考えると，D とせざるを得ない．(31a, b) が示すように，「どんなに」の直後や DegP の主部と思われる位置に「も」ないし「でも」が出てくることは不可能なのである．この点，あとで「どんなに」と詳しく比較する「いくら」は異なる．「いくら」の場合，(31c) のように「でも」が直後に来る.

(31) a. *このトピックはどんなに (で) も面白くなる可能性がある.
　　　b. *このトピックはどんなに面白く (で) もなる可能性がある.
　　　c. 　このトピックはいくらでも面白くなる可能性がある.

また，「どんなにか」の形式も (32) のような感嘆文で使われるので，「どんなに」の直後に「(で) も」が出てくる統語的可能性は，D 以外の範疇としての働きがもし許されているのならば，否定し得ない.

(32) 　花子はどんなにか怖い思いをしただろう.

味しない.

　[8] 最終的な分析では，もちろん，譲歩節の「も」も「と」の直後に出現できないことが保証されなければならない.

　なお，否定と結びつく「も」は補文標識「と」の直後に出現できる．Takahashi (2002) の議論を参照されたい.

後述する譲歩節の場合をここではいったん棚上げにしておくと,「どんなに」と結びつく「(で) も」の性格として D という範疇しか許されていないとしか言いようがない.[9]

　こうした事実は, 不定表現と結びつく「か」/「も」/「でも」がどの統語範疇に属しているかという問題が一筋縄でいかないことを浮き彫りにする.「いくらでも」の「でも」の範疇が何であるかは,「いくら」が使われる構造の詳細な研究を俟たねば何とも言い難い. 候補になるのは Deg であるが, 形容詞とどう結びつくのかは自明でない. D ではないことだけが現在確実な結論ということになろうか. ただ,「か」/「も」/「でも」が属している統語範疇として複数の可能性があるということが果たして何を意味しているのか, 程度の量化がこれまで取り上げられることのなかったあらたな課題を突きつけていることは明らかである. 次に,「いくら」と比較しながら譲歩節の「も」は D の「も」と性格が異なることを見ていくのだが, これも範疇の違いと結びついている可能性が大である. 程度の量化に着目することで, 不定表現の研究があらたな局面を迎えることになるのは間違いない.

　先にすすむ前に, 以下のような例についてひとことつけ加えておく.

(33) a.　誰からも反対された.

　　 b.　どんなに貧しい家庭からも募金が集まった.

「も」が D であるとすると, P に後続して出てくる場合をどう扱えばよいのかが常に問題になるが, とりあえず,「どんなに」と結びついている場合も事情はかわらないことを確認しておきたい. その上で, ゲルマン語やロマンス語でPとDが融合してしまう例 (例えばドイツ語で *von* と *dem* が融合して *vom* になるような場合) に言及しながら Watanabe (2006: 294–295) が指摘しているように, 日本語でもPとDが特殊な統語・形態プロセスを受けることがあると考えるのが妥当だとしておく.

---

[9]「どんなに」が (24) のように *E* という名詞的なものを含んでいるとすると, その上に DP が存在しているかどうかが問題となる. 存在しないのであれば,「か」は D 以外の範疇で使われていることになる. DP が存在しているのであれば,「(で) も」がそこに出現しないことにはさらなる説明が必要である. 例えば, 程度の変項を *E* が外部に提供していない, といったことが考えられる. そうすると,「か」が量化以外のどのような働きをしているのか, 問題となる. もっとも, (32) で「か」を省略することも可能なので,「か」の役割はどのみち解明が必要ではある. なお,「か」が「に」に後続していることについては, 本文で関連する事柄を取り上げる.

3.2.　「いくら」との比較

　これまでの議論では放っておいた譲歩節であるが,「も」が不定表現と結びつくもう一つの構造として無視するわけにはいかない.（5a）で見たように,譲歩節にも「どんなに」が出現して節の末尾の「て」の直後の「も」と結びつくことができる.この場合の「も」を単純に D とするわけにはいかないので,どのように分析すればよいのか,「どんなに」と「いくら」を比較しながら考察する.

　「いくら」も「どんなに」と同じく程度修飾要素として働く不定表現だが,（34）が示すように,譲歩節には「も」と共起して出現するが,単純な程度修飾要素の資格では疑問文で使えない.

　　(34) a.　花子がいくら優秀な研究者であっても,あんなに性格が悪いと仕
　　　　　　　事は見つからないね.
　　　　　 b. *花子はいくら優秀な研究者なの？

疑問文では量（特に金額）を問う表現としての用法に限定され,程度の意味を内在する形容詞や形容動詞を修飾する用法がないのである.「どんなに」と同じく,これまで「いくら」が程度修飾要素の不定表現として脚光を浴びることがなかったのはそのためだろうが,「でも」が直後についた（31c）のような場合や譲歩節で「も」と共起する場合は,程度の全称量化が起こっている.

　本論文では「いくら」の諸相について取り上げている余裕がないので「どんなに」との最小限の比較にとどまらざるを得ない.名詞に後続する「も」と共起できないことだけを指摘しておく.（35）は（5）と同じ構造パターンを「いくら」で試したものだが,（35b）だけが容認不可能な文となる.

　　(35) a.　今年の夏は,いくら暑くても毎日練習した.
　　　　　 b. *ポアロはいくら難しい事件もたちどころに解決した.

総称文や比較級で試しても同じことで,（36）は（9b）や（10a）とコントラストをなす.

　　(36) a. *いくらがんこなよごれもこのスプレーできれいに落ちる.
　　　　　 b. *いくら高価なプレゼントよりもその一言がうれしかった.

「でも」を使うと,総称文は（37a）のように問題ない文になるが,この場合の「でも」は,（37c）のようにコピュラが省略された譲歩節で名詞が述語的に使われている場合に出てくるものである.（37a）は（37b）と基本的に同じ構造

をしていると考えるべきであろう.

(37) a. いくらがんこなよごれでもこのスプレーできれいに落ちる.

    b. いくらがんこなよごれであってもこのスプレーできれいに落ちる.

    c. 花子がいくら優秀な研究者でも, あんなに性格が悪いと仕事は見つからないね.

結論としては,「いくら」と離れて出てくる「も」は譲歩節末尾のものに限定され, D のオプションはない, ということになる. もちろん, なぜ, こういうことになっているのかという問題の本質的な答を見つけるのはこれからの課題である. 統語分析の出発点としては, 譲歩節には主格が与えられている主語が出現できるので, 譲歩節末尾の「も」の範疇は C (補文標識) の一種であると考えておくのが無難であろう. ただ, C といっても, どのような性格のものを考えるのかは, 近年の CP 領域の拡大 (Rizzi and Bocci (2017) 参照) を考慮に入れながら検討する必要がある. 不定表現がからむ形での分析なので, wh 疑問文の構造と比較することになるはずである.

譲歩節の「も」と D の「も」が別物であるという結論自体は, 先にも述べたように Takahashi (2002: note 12) が以前に提出していて, その根拠は等位構造制約の効果に違いが認められるから, というものである. 例文はここに再録しない.「いくら」についての本論文のデータは Takahashi の結論が正しいものであることをさらに裏付ける形になる. 実際, 譲歩節の末尾にはいくつかの形式があって,「も」が出てくるかどうかに違いがあることを Shimoyama (2006: note 27) が指摘している. その観察を「どんなに」のバージョンで例示すると (38) のようになる.

(38) a. *今年の夏は, どんなに暑くて毎日練習した.

    b. 今年の夏は, どんなに暑かろうと (も) 毎日練習した.

    c. 今年の夏は, どんなに暑かろうが (*も) 毎日練習した.

「も」が必要なもの,「も」があってもなくてもよいもの,「も」が出てきてはいけないもの, の三種類である. スタイル上微妙なニュアンスの違いがあるように感じられるが, 量化の意味は同じなので,「も」があってもなくても量化に関わる構造は三者共通と考えなければならない.[10] このような事態は D の「も」

---

[10] 「誰」や「何」を含む場合の分析については中西・平岩 (本書) の提案を参照のこと. 程度修飾についても適用できるはずである. 彼らはここでいう譲歩節を譲歩条件節と呼んでいる.

に関しては存在しない.[11] 譲歩節の「も」と D の「も」の性格の違いとして認識する必要がある.

4.　結語

　日本語において程度の全称量化が不定のシステムの一部を形成していることを見てきた.この表現タイプがさらに驚きの強度を要求することで否定極性や自由選択の性格を帯びることがあるのは,Coppock and Engdahl (2016) が提案している英語やスウェーデン語の絶対最上級の分析と実質的に同じメカニズムによるものである.もちろん,英語やスウェーデン語の極性現象は最上級が関わっているが故に単一の程度が決め手となる役割を果たすのに対し,日本語の場合は極端な程度の範囲に限定された全称量化という違いはあるのだが,他の程度を示す個体についての命題を含意する点は共通している.

　全称量化を極端な程度の範囲に限定する役割を担っているものとして,音形を持たない E と表示する要素が「どんなに」に含まれていることも提案したが,これは「どんな」が単独では名詞修飾の働きをすることとの関連を捉える目的もある.名詞修飾と程度修飾の関係については,様態を問う疑問詞を介してこの二つがつながっていることをスカンジナビア諸語の比較をもとに Vang-snes (2008) が指摘していることを思い起こすべきであろう.Vangsnes の観察では,様態を問う疑問詞が程度修飾語と追加の形態素から成り立っている場合(様態 wh = 程度 wh + α)に名詞修飾用法もあるということだが,「どん(なに)」に「よう」が追加されて形態的により複雑な「どのよう(な／に)」が,(39) からわかるように程度修飾には使えない一方,(40) のように名詞修飾と様態修飾の両方で使われるという事実は,Vangsnes が観察しているスカンジナビア諸語のパターンと同じであるとみなしてよいかもしれない.[12]

(39)　a. *今年の夏は,どのように暑くても毎日練習した.
　　　b. *ポアロはどのように難しい事件もたちどころに解決した.

　なお,(38b, c) の形式は,「いくら」の場合,やや違和感がある.「いくら」がくだけたスタイルで使われるのに対し,(38b, c) がフォーマルなスタイルに属するからであろうか.

　[11] ただし,これまた Shimoyama (2006: note 27) の指摘するところであるが,比較級の「も」は省略可能である.

　[12] 「いかに」と「いかなる」の関係が問題となるが,「いかに」が疑問文ではなく感嘆文で使われるので,「どのように」と同じく E を含んでいることになるはずである.またの機会に詳しく論じたい.

(40) a. どのような本を読みますか.

　　 b. どのように説明しましたか.

ちなみに，(40) の例文をあげている Anderson and Morzycki (2015) は日本語以外のデータから程度修飾と名詞修飾の間に直接的な関係があると主張しているのだが，日本語やスカンジナビア諸語を見ると，その結論は早計であると言わざるを得ない．不定表現ないし wh 句の内部構造を詳細に検討する必要がある.

　絶対最上級がもたらす広義の極性は，Fauconnier の古典的研究で取り上げられて以来（ランキングに基づく極性についてのスカラーモデルを提唱している Israel (2011) を除くと）Coppock and Engdahl (2016) で久しぶりにあらたな展開につながったものだが，名詞修飾の反意語によって同じランキングが逆の並びになるということは，極性研究の歴史において長い間忘れられていたことであった．絶対最上級や程度の全称量化はもとより，否定極性限定の表現でも注 2 で指摘したように反意語のペアのどちらを使うかによって容認性に影響が出るので，今後，否定極性現象全般にわたる再検討が必要となるであろう．なお，絶対最上級の存在と不定のシステムに依拠した程度量化の存在がどのような関係にあるのかを確認するのは興味深い今後の課題である．どちらも程度修飾に関わることであるので，関連があってもおかしくないが，不定のシステム自体，どの言語にもあるわけではないので，実際どうなのかはある程度調査を進めないと判明しないはずである.[13]

　不定のシステムを利用した程度量化の現象が詳しく報告されるのは日本語に限らず今回がはじめてであろう．Beck et al. (2004, 2009) の研究は，程度量化が存在するかどうかがパラメータの一つであると提案しているが，日本語を含む 14 の言語の調査において，本論文で取り上げたタイプの表現については全く言及していない．英語の比較級を考察の出発点としているという制約が然らしめていることだとは思うが，そもそも，不定のシステムの一部として存在する程度量化が知られていなかったことも理由であると考えられる．Beck たちの研究以降も，この現象が報告されたことはなさそうである．不定のシステムと等位構造との関連を明らかにしようとする Mitrović and Sauerland (2016) や Szabolcsi (2015, 2018) の研究も程度量化の存在についてはふれて

---

[13] 「最小」や「最高」などが絶対最上級として用いられることはあるようだが，極性とは無縁のようである.（16b) の *the greatest interest* は日本語だと「最大の関心」となる.

いない．日本語以外で不定のシステムに依拠した程度量化がどうなっている
か，今後の研究が俟たれるところである．注6で言及したスウェーデン語の
自由選択は wh 句がベースになっている不定表現が関わっており，Sæbø
(2001) の記述からは程度量化全般が可能であることがうかがえるのだが，残
念ながら，Sæbø はこの点に踏み込んでいない．

　程度量化について言語間変異があることは，「どんなに」と「いくら」の違い
を考えると十分予想される．不定表現そのものに違いの源泉を求めることが一
つの可能性だが，「か」や「も」に対応する要素が性格を異にする場合もあるだ
ろう．例えば，Hiraiwa (to appear) は否定一致に関わるところで日本語と沖
縄語に違いが見られることを観察していて，その原因として日本語の「も」に
対応する沖縄語の「ん」の構造上の位置の違いをあげている．程度量化の場合
であれば，個体の変項に加えて程度の変項を束縛できるかどうかは，程度量化
の可能性を直接左右する要因である．また，Watanabe (2008) では不定表現
そのものと「か」や「も」との間に一致関係が存在していることが示唆されて
いるが，量化のタイプについて言語内や言語間で変異があるとすれば，一致に
関わる素性の働きに帰すことができる．程度量化の広範囲な分析によって不定
表現の理解が深まることを期待したい．

参考文献

Aihara, Masahiko (2009) "The Scope of -est: Evidence from Japanese," *Natural Language Semantics* 17, 341-367.

Aloni, Maria (2007) "Free Choice, Modals, and Imperatives," *Natural Language Semantics* 15, 65-94.

Anderson, Curt and Marcin Morzycki (2015) "Degrees as Kinds," *Natural Language and Linguistic Theory* 33, 791-828.

Arii, Tomoe, Kristen Syrett and Takuya Goro (2017) "Investigating the Form-Meaning Mapping in the Acquisition of English and Japanese Measure Phrase Comparatives," *Natural Language Semantics* 25, 53-90.

Barker, Chris (2018) "Negative Polarity as Scope Marking," *Linguistics and Philosophy* 41, 483-510.

Beck, Sigrid, Sveta Krasikova, Daniel Fleischer, Remus Gergel, Stefan Hofstetter, Christiane Savelsberg, John Vanderelst and Elisabeth Villalta (2009) "Cross-linguistic Variation in Comparison Constructions," *Linguistic Variation Yearbook* 9, 1-66.

Beck, Sigrid, Toshiko Oda and Koji Sugisaki (2004) "Parametric Variation in the Semantics of Comparison: Japanese vs. English," *Journal of East Asian Linguistics* 13, 289-344.

Caponigro, Ivano and Anamaria Fălăuș (2018) "Free Choice Free Relative Clauses in Italian and Romanian," *Natural Language and Linguistic Theory* 36, 323-363.

Carlson, Greg N. (1981) "Distribution of Free Choice *Any*," *CLS* 17, 8-23.

Coppock, Elizabeth and Elisabet Engdahl (2016) "Quasi-definites in Swedish: Elative Superlatives and Emphatic Assertion," *Natural Language and Linguistic Theory* 34, 1181-1243.

d'Avis, Franz (2016) "Different Languages—Different Sentence Types? On Exclamative Sentences," *Language and Linguistics Compass* 10, 159-175.

Dayal, Veneeta (2004) "The Universal Force of Free Choice *Any*," *Linguistic Variation Yearbook* 4, 5-40.

Fauconnier, Gilles (1975a) "Pragmatic Scales and Logical Structure," *Linguistic Inquiry* 6, 353-375.

Fauconnier, Gilles (1975b) "Polarity and the Scale Principle," *CLS* 11, 188-199.

Fauconnier, Gilles (1978) "Implication Reversal in a Natural Language," *Formal Semantics and Pragmatics for Natural Languages*, ed. by F. Guenthner and S. J. Schmidt, 289-302, Reidel, Dordrecht.

Grimshaw, Jane (1979) "Complement Selection and the Lexicon," *Linguistic Inquiry* 10, 279-326.

Heim, Irene (1984) "A Note on Negative Polarity and Downward Entailingness," *NELS* 14, 98-107.

Hiraiwa, Ken (to appear) "Negative … Concord or Polarity?: NSIs in Okinawan," *WAFL* 14.

Israel, Michael (2011) *The Grammar of Polarity: Pragmatics, Sensitivity, and the Logic of Scales*, Cambridge University Press, Cambridge.

Kadmon, Nirit and Fred Landman (1993) "*Any*," *Linguistics and Philosophy* 16, 353-422.

Kennedy, Christopher and Louise McNally (2005) "Scale Structure, Degree Modification, and the Semantics of Gradable Predicates," *Language* 81, 345-381.

Kuroda, Shige-Yuki (1965) *Generative Grammatical Studies in the Japanese Language*, Doctoral dissertation, MIT.

Matsui, Ai (2011) "On the Licensing of Understating NPIs: Manipulating the Domain of Degrees for Japanese *A*(*n*)*mari* and *Sonnani*," *SALT* 21, 752-769.

Mitrović, Moreno and Uli Sauerland (2016) "Two Conjunctions are Better than One," *Acta Linguistica Hungarica* 63, 471-494.

Nishigauchi, Taisuke (1990) *Quantification in the Theory of Grammar*, Reidel, Dordrecht.

Ono, Hajime (2006) *An Investigation of Exclamatives in English and Japanese: Syn-

tax and Sentence Processing, Doctoral dissertation, University of Maryland.

Rett, Jessica (2011) "Exclamatives, Degrees and Speech Acts," *Linguistics and Philosophy* 34, 411-442.

Rizzi, Luigi and Giuliano Bocci (2017) "The Left Periphery of the Clause—Primarily Illustrated for Italian," *The Wiley Blackwell Companion to Syntax*, second edition, ed. by Martin Everaert and Henk C. van Riemsdijk, 2171-2200, Wiley-Blackwell, Oxford.

Sæbø, Kjell Johan (2001) "The Semantics of Scandinavian Free Choice Items," *Linguistics and Philosophy* 24, 737-787.

Shimoyama, Junko (2006) "Indeterminate Phrase Quantification in Japanese," *Natural Language Semantics* 14, 139-173.

Shimoyama, Junko (2014) "The Size of Noun Modifiers and Degree Quantifier Movement," *Journal of East Asian Linguistics* 23, 307-331.

Szabolcsi, Anna (2015) "What Do Quantifier Particles Do?" *Linguistics and Philosophy* 38, 159-204.

Szabolcsi, Anna (2018) "Two Types of Quantifier Particles: Quantifier-Phrase Internal vs. Heads on the Clausal Spine," *Glossa*: A Journal of General Linguistics 3(1): 69, 1-32. DOI: https://doi.org/10.5334/gjgl.538

Takahashi, Daiko (2002) "Determiner Raising and Scope Shift," *Linguistic Inquiry* 33, 575-615.

Vangsnes, Øystein Alexander (2008) "Decomposing Manner *How* in Colloquial Scandinavian," *Studia Linguistica* 62, 119-141.

von Fintel, Kai (1999) "NPI Licensing, Strawson Entailment, and Context Dependency," *Journal of Semantics* 16, 97-148.

Watanabe, Akira (1992) *Wh-in-situ, Subjacency, and Chain Formation*, MIT Occasional Papers in Linguistics 2, MIT.

Watanabe, Akira (2004) "The Genesis of Negative Concord: Syntax and Morphology of Negative Doubling," *Linguistic Inquiry* 35, 559-612.

Watanabe, Akira (2006) "Functional Projections of Nominals in Japanese: Syntax of Classifiers," *Natural Language and Linguistic Theory* 24, 241-306.

Watanabe, Akira (2008) "The Structure of DP," *The Oxford Handbook of Japanese Linguistics*, ed. by S. Miyagawa and M. Saito, 513-540, Oxford University Press, Oxford.

渡辺明 (2010)「両極性表現」『否定と言語理論』, 加藤泰彦・吉村あき子・今仁生美 (編), 74-96, 開拓社, 東京.

Yamato, Naoyuki (2010) "The Left Periphery of Japanese Exclamatives, *Studia Linguistica* 64, 55-80.

Zanuttini, Raffaella and Paul Portner (2003) "Exclamative Clauses: At the Syntax-Semantics Interface," *Language* 79, 39-81.

Zepter, Alex (2003) "How to be Universal when you are Existential: Negative Polarity Items in the Comparative: Entailment along a Scale," *Journal of Semantics* 20, 193–237.

第Ⅱ部　意味論

第 6 章

日本語の裸不定語
—譲歩条件節における認可メカニズムを通して—*

(Bare indeterminates in Japanese)

中西公子・平岩　健

お茶の水女子大学・明治学院大学

1.　不定語システム

　Haspelmath（1997）の研究で知られているように，世界の言語にはいわゆる不定語システム（indeterminate system）を有する言語が多数存在している（日本語，ハンガリー語，バスク語，ラトビア語，ロシア語等）．不定語（indeterminate）とは，（1）の太字で表記された特定の形態素と共起することで，様々な不定代名詞として用いられる語のことである．（1）に例示した不定語はすべて人間を表しており，それぞれ疑問詞，存在量化詞，否定極性表現，全称量化詞，自由選択表現が形成されている．

（1）

	疑問	存在量化	否定極性	全称量化	自由選択
日本語	誰 … **か**	誰**か**	誰**も**	誰**も**	誰**でも**
ハンガリー語	ki	**vala**-ki	**sen**-ki	**minden**-ki	**akár**-ki
バスク語	nor	nor-**bait**	**i**-nor	—	**edo**-nor

日本語の不定語については，Kuroda（1965）以来数多くの研究がなされてきたが，（2）が示すように，不定語は「か」もしくは「（で）も」といったとりた

---

　* 本稿は，Workshop on Syntax and its Interfaces（2008 年 5 月 21 日於カルガリー大学）および Generative Lyceum（2008 年 6 月 28 日於関西学院大学）で発表した内容に基づいている．有益なコメントや質問をくださった聴衆の方々，Elizabeth Ritter 氏，Hotze Rullmann氏，浦啓之氏，渡辺明氏，そして本稿に詳細なコメントをくださった今仁生美氏と澤田治氏に感謝したい．本研究の一部は，日本学術振興会科学研究費基盤研究（C）「自然言語における名詞の分解—名詞の最小構成単位と類別システムとその普遍性の解明—」（研究代表者：平岩健（研究課題番号 16K02645））の助成を受けたものである．

て詞（quantificational particle）と共起せねばならないという観察が記述的一般化として広く受け入れられている（Kuroda（1965, 2013），Nishigauchi（1990），Kishimoto（2001），Shimoyama（2001, 2006, 2008, 2011），Takahashi（2002），Watanabe（2004），Nakanishi（2006），Yatsushiro（2009），Hiraiwa（2015, 2017, 2018），Saito（2017）等を参照）．例えば，日本語の不定語「誰」は，「か」と結合すれば疑問詞や存在量化詞となり，「も」と結合すれば強い否定極性表現（否定一致表現）や全称量化詞となり，また「でも」と用いられることで自由選択を表す不定代名詞となる．この時，「か」「（で）も」は必須であり，それらを取り除くと意味をなさないことに注意されたい．[1]

(2) a. 疑問詞　　　　　　誰が来たか分からない．　　（*誰が来た分からない．）
　　 b. 存在量化詞　　　　誰かが来た．　　　　　　　（*誰が来た．）
　　 c. 否定極性表現　　　誰も来なかった．　　　　　（*誰（が）来なかった．）
　　 d. 全称量化詞　　　　誰もが来た．　　　　　　　（*誰が来た．）
　　 e. 自由選択表現　　　誰でも来ていいよ．　　　　（*誰（が）来ていいよ．）

このような観察に基づき，Kuroda（1965: 43）は，不定語自体は量化的意味を持たず，付置される「か」や「（で）も」に内在している量化的意味によって束縛されることで初めて意味をなす論理変項であると分析している．一方，Saito（2017）は，日本語の不定語は演算子であるという分析を提案している．いずれの立場にも共通しているのは，「か」や「（で）も」が量化的意味を与えており，それらの存在なくしては不定語は解釈できないという点である．換言すれば，日本語の不定語は，中国語のそれとは異なり，生起環境に応じて自由に意味を変えるものではない（中国語については Li（1992），Lin（1996, 1998）等を参照）．

　本研究は，上述の背景を踏まえた上で，日本語の不定語が「か」や「（で）も」と共起せず単独で現れる現象が存在することを示すことで，これまでの記述的一般化の妥当性とそれに基づく不定語の分析に一石を投じるものである．また逆に，「も」が存在しているにも関わらず不定語が非文法的になるデータの存在も指摘する．そしてさらに一歩進んで，日本語の不定語が表層にある「か」

---

[1] 標準日本語では全称量化詞 /daʼre/ の時と強い否定極性表現 /dare/ の時ではピッチアクセントが異なる（Takahashi（2002），Shimoyama（2008, 2011），Kuroda（2013），Hiraiwa（2017））．ピッチアクセントの違いが両者の統語構造の違いに起因するという分析については Hiraiwa（2017）を参照．

や「（で）も」等といった音形を持つ形態素そのものによって認可されているように見えるのは表面上の見せかけにすぎず，実は不可視の疑問形態素（Q-mor-pheme）により認可されており，意味的には疑問演算子（question operator）と結合していることを主張する．これは，不定語の認可メカニズムは「か」や「（で）も」といった特定の要素ではなく，不可視の要素に還元されなければならないことを意味する．

2.　日本語の裸不定語

2.1.　譲歩条件節における裸不定語

　先に述べたように，これまでの記述的一般化では，日本語の不定語は「か」や「（で）も」の存在を要するとされてきた．[2] しかし，以下で示すように，不定語が「か」や「（で）も」と共起しなくても問題なく容認される例が多数存在する．その中でも本稿で取り上げるのは，Shimoyama（2006: 脚注 27）でも言及されている，不定語が譲歩条件節（concessive conditional clause）に現れるケースである．[3] まず (3) を見てみたい．

(3)　誰が {来（たとし）て *（も）／来るにして *（も）／来るとして *（も）}，太郎は喜ぶだろう．

この例では「も」が譲歩条件節に付置されており，また「も」がない場合は非文法的となるため，従来の記述的一般化と矛盾しない．しかし次の (4) に示すように，譲歩条件節において「も」あるいは「か」があると非文法的となる例が存在する．

(4)　誰が {来ようが／来たって／来るにしたって／来るとしたって／来るにしろ／来るにせよ／来るのであれ}（*も／*か），太郎は喜ぶだろう．

---

[2] 「か」「も」が出てこない例が全く無視されていたわけではないが，いくつかの論文などで散発的に個別現象として取り上げられているにすぎない．例えば，Shimoyama（2006）は不定語は「か」か「も」と共起せねばならないと主張しつつ，(i) のように，本稿の (3)-(5) と同様の例の存在に言及している．しかし，このような例に対する分析は提示されていない．

(i)　太郎は誰が {電話して *（も）／電話しようと（も）／電話しようが（*も）} 出なかった．　　　　　　　　　　　　　　　　　　　　　　　（Shimoyama (2006: 159)）

[3] 本稿では，譲歩条件を表す副詞節を譲歩条件節と呼び，譲歩条件節とそれがかかる節全体を便宜的に譲歩条件構文と呼んでおく．

以下，このように「か」も「（で）も」も伴わず単独で用いられる不定語のことを「裸不定語」（bare indeterminate）と呼ぶ．（4）の裸不定語で注目すべきは，「か」「（で）も」共にどこにも付置することができず，従来の記述的一般化に反するにもかかわらず文法的である点である．

　さらに，（5）が示すように「も」がオプショナルである譲歩条件節も存在する．

　　（5）　誰が来ようと（も），太郎は喜ぶだろう．

ここで 1 つの可能性として考えられるのは，（4）および（5）には音形のない「（で）も」が存在し，この形態素によって裸不定語として認可されるという可能性である．この可能性は，特に日本語の *wh* 疑問文を考える時，一定の現実味を帯びる．なぜなら，主節の *wh* 疑問文では上昇プロソディが必須である一方で，疑問の補文標識「か」は必須ではない，つまり，不定語は音形のある「か」を伴わなくてもよいからである．

　　（6）　a.　誰が来ます（か）↗？
　　　　　b.　誰が来るの（*か）↗？

同様に，反語表現や感嘆文においても「か」が現れない場合がある．

　　（7）　a.　こんな寒い日に誰が来るんだよ（*か）！
　　　　　b.　なんと／なんて／なんという寒い日だ（か）！

　しかし，譲歩条件節の裸不定語に対して，（3）と同様に音形を持たない「（で）も」を仮定し，従来の記述的一般化を維持することには問題がある．日本語の数ある不定語のうち，「なぜ」は他の不定語と異なり，（8）のように「（で）も」には認可されず，（9）のように「か」とのみ共起できる．

　　（8）　a.　全称量化詞　　　　*太郎がなぜ怒った人も反論した．
　　　　　b.　否定極性表現　　　*怒った理由がなぜもわからない．
　　　　　c.　自由選択表現　　　*なぜでも太郎は怒る．
　　（9）　a.　疑問詞　　　　　　太郎はなぜ怒りましたか？
　　　　　b.　存在量化詞　　　　太郎はなぜか怒ってしまった．

この特異な性質にも関わらず，（10）と（11）が示すように，「なぜ」は譲歩条件節に（裸）不定語として現れることができる．もし仮に（11）の譲歩条件節と同様，（10）の譲歩条件節にも不可視の「（で）も」が存在していると仮定したとしても，（8）が非文法的で（10）および（11）が文法的であるという対比

は説明できないであろう.

(10)　太郎がなぜ {怒ろうが/怒ったって/怒るにしたって/怒るとしたって/怒るにしろ/怒るにせよ/怒るのであれ}, 僕には関係ない.

(11)　太郎がなぜ {怒っ[?](たとし) ても/怒るにしても/怒るとしても/怒ろうと (も)}, 僕には関係ない.

2.2.　譲歩条件節と譲歩節および条件節との比較

　以上の観察から, 譲歩条件節における不定語の認可メカニズムが否定極性や全称量化の意味を表す不定語の認可メカニズムと異なっているのは明らかである. それでは, 譲歩条件節の特性とは何だろうか? 譲歩条件節は, その名の通り, 「譲歩」と「条件」の意味を兼ね備えた節である. ここではまず, 譲歩節および条件節との比較を通じて, 裸不定語が認可されるのは譲歩条件節のみであることを示す.

　譲歩条件節と譲歩節は類似しているものの, 同一ではない.(12) は譲歩条件節の例であり,(13) は譲歩節の例である.[4]

(12) a.　太郎が {来 (たとし) て *(も)/来るにして *(も)/来るとして *(も)}, 花子は喜ばない.
　　 b.　太郎が {来ようが/来たって/来るにしたって/来るとしたって/来るにしろ/来るにせよ/来るのであれ} (*も/*か), 花子は喜ばない.
　　 c.　太郎が来ようと (も), 花子は喜ばない.
(13) a.　太郎が来る *(も), 花子は喜ばなかった.
　　 b.　太郎が来る {のに/が} (*も), 花子は喜ばない.
　　 c.　太郎が来た {けれど/けど} (も), 花子は喜ばなかった.

(12) の譲歩条件構文では前件 (antecedent) の表す命題が単なる可能性として

---

[4] Haspelmath and König (1998) によると,(12) のような不定語が現れない譲歩条件と, 2.1 節で提示した不定語が現れる譲歩条件は異なる種類に属する. 具体的には, 前者は尺度譲歩条件 (scalar concessive conditional), 後者は全称譲歩条件 (universal concessive conditional) と呼ばれる.(i) が示すように, 英語では両者は統語的に異なるが,(ii) のように日本語では表面上は同じに見える.
　(i) a.　尺度: Even if Taro comes, I will not meet him.
　　 b.　全称: {Whoever/No matter who} comes, I will not meet him.
　(ii)　{太郎/誰} が来ても, 花子は喜ばない.

提示されているに過ぎないのに対し，(13) の譲歩構文では前件が真である点で，両者は明らかに異なっている．しかし，どちらの節にも，「も」が必須の場合，「も」が不可能な場合，「も」がオプショナルの場合の 3 つのパターンがある点は共通している．では，(12) や (13) のような譲歩を表す節に現れる「も」(もしくは譲歩の意味そのもの) が不定語を認可している可能性はあるのだろうか？[5] 譲歩節の例である (14) を見ると，単に譲歩の意味が存在するだけでは不定語は認可されないことが分かる．

(14) a. *誰が遅れて来るも，僕には関係なかった．
　　　b. *誰が来た {のに／が}，僕には関係ない．
　　　c. *誰が来た {けれど／けど} (も)，僕には関係ない．

そしてさらに重要なのは，従来の記述的一般化に反し，(14a) と (14c) では「も」が存在しているにもかかわらず不定語が認可されない点である．これは従来の記述的一般化に対する重大な反例の 1 つである．

　また，譲歩条件節は単なる条件節とも異なる．(12) の譲歩条件構文では後件 (consequent) が含意 (entail) されるのに対し，(15) の条件構文では通常は含意されないという点で両者は異なっている．しかし，どちらの場合も，前件の表す命題が単なる可能性として提示されており，この共通の性質が裸不定語の認可に何らかの関わりを持つ可能性がある．しかしやはり (16) が示すように，単なる条件節では裸不定語は認可されない．

(15)　もし太郎が {来たら／来るなら／来れば／来ると}，花子は喜ぶだろう．
(16) *もし誰が {来たら／来るなら／来れば／来ると}，花子は喜ぶだろう．

このことは，どうやら裸不定語の認可には譲歩と条件という 2 つの要因が関与しており，譲歩条件節の構造と意味を解明する必要性を示唆している．

　以上，本節では従来の記述的一般化に反して日本語に裸不定語が存在することを明らかにした．少なくとも譲歩条件節においては，不定語は音形を持つ「か」や「(で) も」の存在を必要としない一方，単なる譲歩節や条件節では不定語は容認されないことも示した．それどころか，「も」が存在しているにもかかわらず不定語が容認されない場合すら存在していた．以上の観察に基づ

---

[5]　(12a) の「太郎が来ても」のように「ても」形の譲歩条件節に現れる「も」の意味に関しては，Matsui (2009) を参照．

き，次節以降で裸不定語が認可されるメカニズムについて検討する．

3.　譲歩条件節の意味と裸不定語の認可メカニズム

3.1.　不定語の分析：Shimoyama (2001, 2006)

　譲歩条件節における裸不定語の認可メカニズムについて検討する前に，まず不定語の意味について検討しておく．Hamblin (1973) は *who* や *what* 等の英語の疑問代名詞は代替集合（a set of alternatives）を表し，それ以外の語彙は，通常の意味（例えば，固有名詞ならば個体，動詞ならば属性，など）を唯一の要素として持つ単集合を表すとした．Shimoyama (2001, 2006) は，Kuroda (1965: 43) の不定語は論理変項であるとする知見を発展させ，Hamblin の分析を日本語の不定語にも拡張し，不定語は個体の集合を表すとした（Hagstrom (1998) も参照）．例えば，(17a, b) が示すように，「誰」は人の集合であり，「来ました」は「x が来ました」という性質のみを要素として持つ単集合である．関数適用（functional application）により，「誰が来ました」の意味として (17c) の {a が来た，b が来た，c が来た，…} という命題の集合が導き出される．

> (17)　a.　$[[誰]]^{w,g} = \{x \in D_e: \mathrm{human}(x)(w)\}$
>
> 　　　b.　$[[来ました]]^{w,g} = \{\lambda x \lambda w'. \mathrm{come}(x)(w')\}$
>
> 　　　c.　$[[誰が来ました]]^{w,g} = \{p: \exists x[\mathrm{human}(x)(w) \,\&\, p = \lambda w'. \mathrm{come}(x)(w')]\}$

このように，Hamblin のシステムにおいては，不定語によって導入された集合は，この集合を項として取る演算子に出会うまで拡張し続けることになる．霜山は，不定語は「か」または「(で) も」と共起しなければならないという記述的一般化に基づき，不定語にとって演算子として機能するのは「か」または「(で) も」だけであると主張した．したがって，「誰が来ましたか？」という疑問文の意味は，疑問の演算子である「か」が (17c) を項として取ることにより導き出される．

　Kratzer and Shimoyama (2002) は，疑問演算子の意味として以下の2つを挙げている．

> (18)　a.　$[[Q\alpha]]^{w,g} = [[\alpha]]^{w,g}$
>
> 　　　b.　$[[Q\alpha]]^{w,g} = \{\lambda w'. \forall p[p \in [[\alpha]]^{w,g} \rightarrow [p(w) = 1 \leftrightarrow p(w') = 1]]\}$

Shimoyama（2006: 脚注21）はこのどちらが正しいか明言はしていないが，「か」と「(で)も」は代替集合と結合して単集合を生成すると主張していることから，日本語の疑問演算子は（18b）であることを示唆している．一方で，以下で本稿が採用する Rawlins（2008, 2013）の分析においては，（18a）が採用されている．この違いに関しては，3.2節および3.5節で詳しく議論する．

　Hamblin のシステムを用いた霜山の分析により，不定語が「か」あるいは「(で)も」の存在を必要とし，さらに両者が構造的に離れた位置に現れることができるという観察に説明が与えられたことになる．しかしここで問題となるのは，2節で論じた譲歩条件節における裸不定語の存在である．もし不定語が「か」あるいは「(で)も」という演算子によって認可されるのであれば，裸不定語は日本語では非文法的である筈である．以下では裸不定語の認可メカニズムを仔細に検討するが，その道具立てとして Rawlins（2008, 2013）の分析を次節で導入する．

3.2.　譲歩条件節の分析：Rawlins (2008, 2013)

　Haspelmath and König（1998）は（19）のような英語の *wh-ever* や *no matter wh-* を含む構文を，日本語の不定語を含む譲歩条件節と同様の種類の譲歩条件節として分類している（本稿の脚注4を参照）.[6] Rawlins（2008, 2013）は Hamblin のシステムに基づいて（19）の構文の詳細な意味分析を提示した．その分析によると，（19）の譲歩条件構文は（20）のような条件構文のリストとしてパラフレーズできる．

(19) a.　Whatever Alfonso has, he should stay home.

　　 b.　No matter what Alfonso has, he should stay home.

　　　　　　　　　　　　　　　　　　　　（Rawlins（2013: 146））

(20)　If Alfonso has a cold, he should stay home, and if Alfonso has the measles, he should stay home, and if Alfonso has the flu, he should stay home, and …

---

[6] Rawlins（2008: 1.2節）にあるように，（19）の構文の名称に関しては意見が分かれるところである．Rawlins では Zaefferer（1990, 1991）に従って無条件構文（unconditional）という名称が使われているが，その一方で Haspelmath and König（1998）などでは，全称譲歩条件構文（universal concessive conditional）と呼ばれている．ここでは一貫性を保つために，Rawlins の分析においても譲歩条件構文という名称を用いる．

Rawlins は，譲歩条件節が命題の集合を表す疑問節であると分析することで，(20) の意味を導き出す（同様の考えは Jayaseelan (2001: 87) にも見られる）．(19) のような譲歩条件節は，表面上は自由関係節 (free relative) にも見える．しかし Rawlins は，疑問文 (21a) と同様に譲歩条件節 (21c) は複数の *wh-*句を許すが，(21b) の自由関係節ではそれが許されないという点を，譲歩条件節が疑問節である証拠の 1 つとして提示している．

(21) a. Alfonso knows who said what.

　　 b. *Alfonso talked to who (ever) said what.

　　 c. Whoever buys whoever's property, the town council will still grant a building permit.　　　　　　　　(Rawlins (2013: 150))

意味的には，譲歩条件節は *if* 節と同様に，付加部として主節のモーダルに制約を加える（*if* 節に関しては Kratzer (1981, 1986) を参照）．*if* 節は単一の命題（あるいは Hamblin のシステムにおいては命題の単集合）を表す一方で，譲歩条件節は複数の命題（あるいは命題の集合）を表す点で両者は異なる．(19) において *wh-* 句は (22a) の個体の集合を表し，譲歩条件節は (22b) の命題の集合（例えば {Alfonso has a cold, Alfonso has the measles, Alfonso has the flu, …}）を表している．

(22) a. $[[\textbf{what}]]^{w,g} = [[\textbf{whatever}]]^{w,g} = \{x \in D_e: \text{non-human}(x)(w)\}$

　　 b. $[[\textbf{whatever Alfonso has}]]^{w,g} = \{p: \exists x[\text{non-human}(x)(w)\ \&\ p = \lambda w'. \text{Alfonso has } x \text{ in } w']\}$

Rawlins は，(18a) の疑問演算子が譲歩条件節全体をスコープに取る位置に存在すると仮定している．この疑問演算子は代替命題をそのまますり抜けさせるため，(22b) の意味は疑問演算子と結合した後も変わらない．[7]

さらに，譲歩条件節が主節と結びつく際，それぞれの命題が主節のモーダルの定義域に制限 (domain restriction) を与える（詳細は Rawlins (2013: 3.2 節) を参照）．(19) の譲歩条件構文の場合，譲歩条件節は主節と結びつき (23) のような命題の集合を生成するが，この時それぞれの命題は条件構文の意味に

---

[7] なお，Rawlins (2013: 2.4 節) は，(18a) の疑問演算子に網羅性 (exhaustivity) と相互排他性 (mutual exclusivity) を前提として加えたものを疑問演算子の意味として提示している．よって，疑問演算子は全く意味解釈に貢献しない訳ではない．しかし，これらの前提はここでの議論には直接関係しないため，(18a) を基に議論を進める．

等しい（*If Alfonso has a cold, he should stay home* 等）．すなわち，（23）は
条件構文が表す命題の集合ということになる．

(23)　{in all the closest worlds where Alfonso has a cold, he stays home,

　　　　in all the closest worlds where Alfonso has the measles, he stays
　　　　　home,

　　　　in all the closest worlds where Alfonso has the flu, he stays home,

　　　　…}

Hamblin のシステムでは，断定の意味を持つ文は最終的には単集合を表さね
ばならないため，（23）はこのままでは（19）の最終的な意味にはなり得ない．
この問題に対し，Rawlins は譲歩条件節の LF において（24）の全称量化演算
子が挿入されることで，（23）から単集合を得られると仮定する．[8] この演算子
は命題の集合 α と結合し，α に属するすべての命題が真である場合にのみ真
となる命題だけを含む単集合を生成する．よって（19）の意味として（20）が
導き出される．

(24)　$[[\forall \alpha]]^{w,g} = \{\lambda w'. \; \forall p[p \in [[\alpha]]^{w,g} \rightarrow p(w') = 1]\}$

　　　　　　　　　　　　　　　　（Kratzer and Shimoyama (2002: section 3))

　以上まとめると，譲歩条件節の LF 表示は（25）となる．*wh-* 句によって導
入された個体の集合は，譲歩条件節内で述部と結びついて命題の集合となり，
これが疑問演算子と結びつく．疑問演算子の意味が（18a）だとすると，譲歩
条件節は疑問演算子と結びついた後も命題の集合のままであり，これが主節と
結びついて（23）の命題の集合が生成される．最終的に，この集合が（24）の
全称量化演算子と結合することで，譲歩条件構文は単集合の意味を得るのであ
る．

(25)　$[\forall \; [\; [\; Q[\ldots \; wh- \; \ldots] \;] \; [主節] \;] \;]$

---

[8] Rawlins の分析では，譲歩条件構文では主節に断定の演算子（assertion operator）がある
と仮定されており，この演算子が全称量化演算子の適用を強要するとされている．全称量化演
算子はそれが必要とされる時にのみ挿入されるので，特定の状況においてのみ存在することに
なる（Menéndez-Benito (2006) を参照）．これに対し，疑問文では常に（18a）の疑問演算子
が存在し，単集合ではない解釈が許されるため，疑問文では全称量化演算子が挿入されること
はない．

3.3.　譲歩条件節における裸不定語の意味解釈

　Rawlins の分析を導入したところで，日本語の例に戻ろう．本稿では，3.1 節で導入した霜山の不定語の分析を踏襲し，不定語は個体の集合であるとみなすが，その集合と結合するのは「か」または「(で) も」であるという分析には異を唱える．本稿では，意味的には不可視の疑問演算子が裸不定語と結合しており，統語的にはその演算子は不可視の疑問形態素 (Q-morpheme) として裸不定語を認可していると提案する．不定語に導入される集合を項として取る演算子は「か」や「(で) も」のような形態素で具現化されている必要はなく，このような演算子が存在する環境であれば，不定語は「か」「(で) も」といった形態素なしで（つまり裸不定語として）現れることができるのである（疑問形態素が多くの言語では音形を持たないという仮説については Cable (2010) も参照）．その一例として，譲歩条件節における裸不定語の認可メカニズムを見てみたい．

　先に述べたように，日本語の不定語を含む譲歩条件節の意味は，英語の *wh-ever* や *no matter wh-* を含む構文に類似している．Rawlins の分析では *wh-* 句によって代替集合が導入されるが，日本語では不定語によって導入されるとすれば，Rawlins の分析が日本語にも当てはまるであろうことは想像に難くない．Rawlins の分析を用いると，(3)-(5) の譲歩条件節の意味として (26) が導き出されるが，これは日本語の譲歩条件節の意味を正しく捉えていると言えよう．この時，(26) ではすべての関連する人が言及されているとする．

(26)　アランが来たら太郎は喜ぶだろうし，ビルが来たら太郎は喜ぶだろうし，コナンが来たら太郎は喜ぶだろうし，…

　それでは，(26) の意味が生じる過程を細かく検討していく．(3)-(5) において不定語「誰」は (27a) のように人間の集合を表し，この集合が述部と結合した結果，(27b) の命題の集合が得られる．

(27)　a.　$[[誰]]^{w,g} = \{x \in D_e: \text{human}(x)(w)\}$

　　　b.　$[[誰が来ようが／誰が来ても／誰が来ようと (も)]]^{w,g}$
　　　　　$= \{p: \exists x[\text{human}(x)(w) \& p = \lambda w'. x \text{ came in } w']\}$

　Rawlins の分析をそのまま日本語に当てはめると，譲歩条件節は統語的に疑問節であり，よって (27b) の譲歩条件節が表す命題の集合は，(18a) の疑問演算子と結びつくことになる．そこで，まず日本語においても譲歩条件節が統語的に疑問節であるか検討する必要がある．表面上，(3)-(5) の譲歩条件節は

「誰が来ましたか？」のような疑問節と異なり，疑問を表す補文標識「か」は出現しない．しかし2節で論じたように，疑問節（と存在量化の「なぜか」）でしか認可されない「なぜ」が譲歩条件節で認可されるという観察は，譲歩条件節が統語的に疑問節であることの証左である．

さらに，日本語の譲歩条件節は疑問節と同様，代替集合を内包していることを示す統語的・意味的証拠がある．日本語の「それとも」という選言的接続詞は疑問節では生起が許されるが，通常の叙述節では許されない（英語の疑問節においても選言的接続詞 *or* が存在するという Larson (1985) の議論も参照）．Hamblin のシステムでは疑問節は命題の代替集合であり，2つ以上の代替命題を必要とする選言的接続詞は，命題の代替集合を持たない通常の叙述節では非文法的となる．

(28) a.　太郎は [次郎が来たのかどうか／否か] 尋ねた．
　　　b.　太郎は [次郎が来たのか] それとも [花子が来たのか] 尋ねた．
(29) *[次郎が来た] それとも [花子が来た]．

ところが非常に興味深いことに，この「それとも」という選言的接続詞は，(30) が示すように譲歩条件節に生起することが可能である．

(30) a.　[次郎が来ようが]，それとも [来なかろうが]，太郎は喜ぶだろう．
　　　b.　[次郎が来ようが]，それとも [花子が来ようが]，太郎は喜ぶだろう．

一方，(31) の条件節や (32) の譲歩節では非文法的である．

(31) a.　*[もし次郎が来たら]，それとも [花子が来たら]，太郎は喜ぶだろう．
　　　b.　*[もし次郎が来るなら]，それとも [花子が来るなら]，太郎は喜ぶだろう．
(32) a.　*太郎が来た {けれど／けど} (も)，それとも花子が来た {けれど／けど} (も)，僕には関係ない．
　　　b.　*太郎が遅れて来るも，それとも花子が遅れて来るも，僕には関係なかった．

以上から，英語同様，日本語の譲歩条件節は疑問節の性質を有していると断定して問題ないだろう．よって (33) に示すように，日本語の譲歩条件構文は，(25) の英語の譲歩条件構文と同様の LF 表示を有すると仮定する．

(33)　[[[[... 不定語 ...] Q] [主節]] ∀]⁹

　まず，(27b) の譲歩条件節による命題の集合は，(18a) の疑問演算子と結合するが，譲歩条件節の意味は保持されたまま主節の意味と結合する．その結果，(34) のような「もし x が来たら，太郎は喜ぶだろう」(x は「誰」が表す集合に属する人) という条件構文の表す命題の集合が生成される．

(34)　{アランが来たら太郎は喜ぶだろう，ビルが来たら太郎は喜ぶだろう，
　　　　コナンが来たら太郎は喜ぶだろう，...}

　そして，(34) は (24) の全称量化演算子の項となり，その結果，(34) の集合に属するすべての命題が真であるという意味 (すなわち (26)) が得られる．¹⁰

　以上，(裸) 不定語が譲歩条件構文において問題なく解釈されることを示した．先に見たように，譲歩条件節は「も」を伴うものがあり，また意味的にも全称量化解釈であるため，あたかもそこに生起する不定語は「も」によって認可されているかのように考えがちである．しかしながら，本稿の分析が正しければ，その不定語は，「か」によっても「(で) も」によっても認可されていないことが分かる．

　これはすなわち，統語的には裸不定語が [Q] 素性を持つ不可視の疑問形態素により認可されていることを意味する．

(35)　[　[... 不定語 ...] X₍₊Q₎]

---

　⁹ 以下の 3.4 節で不定語の認可メカニズムについて統語的立場から検討するが，演算子は主要部にある形態素であるとする立場を取るため，ここでは主要部パラメータに応じてそれを反映した位置に演算子を表記する．ただし，意味的には演算子とその項が姉妹関係になっている限り，両者の順がどちらになっていても同じ結果となる．

　¹⁰ (3)–(5) において譲歩条件を表す動詞形態 *-ooga* / *-tatte* / *-siro* / *-seyo* は仮定形や命令形であり，これはいわゆる接続法 (subjunctive) に相当する．英語でもやはり譲歩条件節には接続法の述語形が現れ，非常に興味深い共通点であるが，紙幅の都合により，稿を改めて詳しく論じる．

(i)　a.　Rain or shine, we're having our party outside today.
　　　　 = Whether it rains or shines, ...
　　b.　Come what may, we will go ahead with our plan.
　　　　 = Whatever may happen, we will go ahead with our plan.

(Quirk et al. (1985: 156, 1101–1102))

（35）における不定語の認可は，（6）で指摘したように，主節の疑問文ではオプショナルであり，裸不定語が疑問節において観察されるという事実からも支持される．

3.4.　不定語の統語認可メカニズムと Kuroda（1965）

　本稿では，不定語を束縛しているのは「か」そのものでも「（で）も」そのものでもなく，これらの形態素とは独立した，集合を束縛する疑問の演算子であることを主張してきた．裸不定語と結合するこの演算子は，統語構造では音形を持たない疑問形態素であるが，では構造上，どこに現れるのであろうか？

　この問題を考える時，Kuroda（1965）の「は」や「（で）も」等のとりたて詞（黒田の用語では副助詞）の分析が非常に示唆的である．Kuroda（1965）は「は」や「か」「（で）も」は，見た目上は名詞（36b）や動詞（36c）に付加しているような場合であっても，基底構造では（36a）のように節に付加しており，それが付置変形（attachment transformation）により表層位置に生起すると提案した（Kuroda（1992: Chapter 9）も参照）．

(36) a.　[$_{CP}$ [$_{CP}$ 太郎が来た]（で）も]．　　　（基底構造）
　　　b.　[$_{CP}$ [$_{DP}$ 太郎（で）も] 来た]．　　　（表層構造）
　　　c.　[$_{CP}$ 太郎が [$_{VP}$ 来も] した]．　　　（表層構造）

本稿の分析は，1960 年代に提案されたこの黒田の分析を改めて支持するものである．もちろん「か」や「（で）も」そのものが付置変形により移動するという点は本稿の主張が正しいとするとそのまま受け入れることはできない．しかしながら，黒田の知見は特定の意味を持つ要素が節のレベルに存在しているという点にある．すなわち，本稿では，意味的に不定語を束縛する音形を持たない疑問形態素は，統語的には補文標識 C であり，それが裸不定語を認可していると提案する（日本語の疑問文の統語構造については Watanabe（1991）を参照）．

(37)　　[$_{CP}$ [… 不定語 …] C$_{[+Q]}$]

この疑問形態素は LF では演算子としてこの位置で解釈されるが，譲歩条件節では音形を持たないので PF では外在化（externalization）されない．多くの場合，不定語は「か」や「（で）も」といったとりたて詞と共起するため，あたかも演算子が持つ意味をこれらの形態素が持っているかのような印象を受ける

が，それは特定の意味を音形のある言語形式に結びつけようとしがちな誤謬に起因するものである.[11] まさにこれが理由で裸不定語は不定語研究の長い歴史の中で注目されることも，正当な記述を受けることもなかったとも言えよう.

3.5.　介在効果

先行研究では日本語の不定語は介在効果（intervention effect）を示すという観察がされてきた. その説明としては意味論的アプローチ（Nishigauchi (1990), Shimoyanma (2006)）および統語論的アプローチ（Takahashi (2002)）が共存している. しかし，Rawlins (2013: 2.2.1 節) が指摘しているように，英語の譲歩条件構文の LF 表示と日本語の譲歩条件構文の LF 表示は類似しているにもかかわらず，前者では介在効果が生じないのに対し，後者では生じる. 本節ではこの問題を検討する.

1 節で示したように，不定語が「も」と共起する場合は全称量化の解釈となるが，その際 (38a) のように「も」は不定語から離れた位置に現れることができる.[12] しかし，(38b) のように「も」が不定語と共起しない場合は，累加や意外性の解釈が生じる.[13] Nishigauchi (1990: 164) および Shimoyama (2006: 145) は (38c) のように不定語が間接疑問節の中にあり，(38a) と同様に「も」が不定語から離れた位置にある場合，不定語は全称量化詞としてではなく疑問詞として解釈され，「も」は (38b) と同様の累加あるいは意外性の意味しか持たないことを示した. すなわち，(38c) において不定語が「も」と結びつくことが，介在する「か」によって阻止されているように見えるのである.

---

[11] とりわけ，本稿のように不定語を認可しているものは不可視の要素であるという考え方では，「誰（で）も」における「（で）も」や「誰か」における「か」がどのような役割を果たしているのかは重要な問題である. 例えば，Kuroda (1965) は不定語は論理変項のようなものであり，「か」や「（で）も」は代替（集合）の存在を含意するものとして分析している. 本稿では「（で）も」については詳しく論じないが，「か」については 4 節を参照.

[12] Shimoyama (2006) は，「も」は (i) の意味を持つ全称量化詞であり，不定語に起因する集合を項として取るとした.

(i)　$[[\forall \alpha]]^{w,g} = \{\lambda P \lambda w'.\ \forall a[a \in [[\alpha]]^{w,g} \rightarrow P(a)(w') = 1]\}$

(Kratzer and Shimoyama (2002: section 3))

[13] 「も」の多義性に関しては，多数の先行文献が指摘するところである（沼田 (2009)，中西 (2010) 等を参照）. 脚注 12 にあるように，(38a) のように不定語と共起する「も」が不定語による集合を項として取るのであれば，不定語のない (38b) のような場合には異なる語彙項目の「も」を想定する必要がある（Shimoyama (2006: 脚注 12) を参照）.

(38) a. [[誰が招待した] 客] も来た.

　　b. [[太郎が招待した] 客] も来た.

　　c. [[[[誰が書いたか] メアリーが知りたがっている] 手紙] に] もジョ
　　　 ンが返事を書いた.　　　　　　　　　　(Nishigauchi (1990: 164))

Shimoyama (2001, 2006) は, Hamblin の分析を用いれば (38c) の介在効果は問題なく説明できるとする. (38c) で不定語によって導入された集合は「か」と結びつくが,「か」の意味が (18b) の代替集合と結合し単集合を生成する疑問演算子であるとすれば, 結果として単集合が生成される (Shimoyama (2006: 脚注 28)). (38a) のような全称量化の解釈は,「も」が不定語による集合と結合する時にのみ生じるとすると, (38c) では「も」が結びつくのは単集合であるため全称量化の解釈は不可能であると説明できる (脚注 12 および 13 を参照).

　ここで, (39) の LF 表示を比較してみる. (39a) は英語の譲歩条件構文のもの (前出の (25) と同じ) であり, (39b) は日本語の (38c) のものである. 疑問演算子 Q と「か」がそれぞれ *wh-* と不定語に起因する集合を項として取り, その結果生成された集合がさらに他の述部などと結合し, 最終的に全称量化演算子あるいは「も」と結合する.

(39) a. 英語 (介在効果なし) 　　 [∀[[Q [... *wh-*...]] [主節]]]

　　b. 日本語 (介在効果あり) 　　 [[[... 不定語 ...] か ...] も]

Rawlins の分析では, 疑問演算子 Q の意味は (18a) のように代替集合と結合しその意味をそのまま保持するというものであり, (39a) の英語の譲歩条件構文で *wh-* に起因する命題の集合は, 最終的に全称量化演算子と結びつくことになる. すなわち, Rawlins が指摘するように, 全称演算子が *wh-* に起因する命題の集合を項として取ることを, 介在する疑問演算子は邪魔しないのである. したがって, Rawlins の分析を日本語に当てはめて,「か」が疑問演算子であると仮定すると, (39b) で不定語が「も」と結びつくことが可能であるという誤った予測となる.

　一方, 霜山が「誰が来ましたか?」のような疑問文で仮定していたように, 疑問演算子 Q の意味が (18b) であれば, (39b) で不定語に起因する命題の集合と Q が結合することで単集合が生成される. しかし, 全称量化演算子は Q の介在により命題の集合を項として取ることができなくなり, 英語の譲歩条件節 (39a) でも介在効果が現れることを予測してしまう.

　この問題に対する解決法の 1 つとして，Rawlins は次の提案をしている．すなわち，(39b) のような介在効果の例においては，代替集合から単集合を生成する役割は「か」が担っているのではなく，間接疑問節を取る「知っている」等の動詞（以下，Q 動詞）が担っているとする．[14] 次の (40) の LF 表示は，(39b) に Q 動詞を含めたものである．

　　(40)　[[[… 不定語 …] か] Q 動詞 …] も]

不定語により導入された集合は (18a) の疑問演算子「か」と結合し，その集合はそのまま Q 動詞の項となる．この時，Q 動詞によって単集合が生成されるため，「も」の項は単集合となり全称量化の解釈はできないことになる．このように，疑問演算子の意味が (18a) であるとしても，Q 動詞により単集合ができると仮定することで，従来の (38c) のような介在効果が説明できる．[15]

　この分析が正しければ，日本語の譲歩条件節内でも Q 動詞があれば介在効果が生じるという予測が得られる．この予測は (41a) と (42a) の対比により確かめられる．まず，(3)-(5) で見てきたように，日本語の譲歩条件節 (41a) では，英語の譲歩条件節同様，介在効果は見られない．

　　(41)　a.　誰が {来 (たとし) ても／来ようが／来ようと (も)}，僕には関係ない．
　　　　　b.　[[[[… 不定語 …] Q] [主節]] ∀]

---

[14] Shimoyama (2006: 脚注 21, 28) はこの可能性について言及しているが，不定語による集合を項とするのは「か」と「も」だけであるとして，この可能性を否定している．

[15] Takahashi (2002: 591) は以下に示す別のデータを用いて介在効果の存在を主張している．
　　(i)　*[[誰を批判した] 誰か] を逮捕した警官も罰せられた．
　　　　　[[[… 不定語 …] 不定語+か …] も]
この例では，Q 動詞がないので，本稿の分析では介在効果を説明することはできないように思われる．しかしながら，もし本当に高橋が言うように「か」が構造上二つの不定語「誰」を c-統御できる高さに存在しているとするなら，(i) においてなぜ「か」が関係節内の「誰」を束縛できないのか，という疑問が残る．実際，介在に関わらず，不定語に付く「も」も同様に他の不定語を束縛できない．
　　(ii)　*[[誰を批判した] 誰も] を逮捕した警官が罰せられた．
以上を鑑みると，(i) において「か」が関係節内の不定語を束縛できる高さにあるという高橋の仮定には問題が残ることになり，(i) のデータが介在効果により非文法的になっているという説明は成り立たないのではないかと思われる．

しかし，（42a）では，不定語は動詞「聞く」の項である間接疑問文の疑問詞と
してしか解釈されない．すなわち，太郎が「誰が来るのか」という質問をしよ
うがしまいが関係ないという解釈しかなく，太郎がどの人に関して（その人が）
来るか聞いても関係ないという解釈は不可能である．これは，（42b）の LF 表
示に基づいて説明される（下線部は譲歩条件節にあたる部分である）.

(42) a. 太郎が [誰が来るか] {聞い（たとし）ても／聞こうが／聞こうと
　　　　　（も）}，僕には関係ない.

　　　b. [[[[[… 不定語 …] か] Q 動詞 …] Q] [主節]] ∀]

不定語により導入された集合は，まず譲歩条件節内で（18a）の疑問演算子
「か」と結びつくが，この集合はそのまま Q 動詞「聞く」の項となり，この結
合により {太郎が誰が来るか聞く} という命題の単集合が生成される．この Q
動詞の介在によって，不定語は譲歩条件節にある疑問演算子 Q と結びつくこ
とはできなくなり，当然，構文全体をスコープとして取る全称量化子に束縛さ
れることもできなくなる.

4.　裸不定語：譲歩条件節を超えて

　本稿の分析が正しければ，譲歩条件節における裸不定語の認可のみならず，
これまで「か」や「（で）も」に束縛されることで認可されていると疑われるこ
とのなかったシンプルな不定語の例に関しても，我々の従来の理解を改めねば
ならないことが示唆される.[16]

　最初に，これまで詳しく論じられることのなかった自由選択表現の「不定語
＋でも」であるが，この不定語も「でも」により認可されているのではなく，
本稿で提案したのと同様に，不可視の疑問形態素により裸不定語として認可さ
れていることになる．まず「でも」はそれ以上分解のできない形態素ではなく，

---

[16] 以下のように，日本語では全称量化詞の「不定語＋も」と「名詞＋も」では主格の格助詞
と共起できるか否かに違いがある.

　　(i) a.　誰もが

　　　　b.　太郎も (*が)

この違いを根拠に「も」そのものに二種類あるとする向きもあるかもしれないが，沖縄語那覇
方言などではいずれの場合も「も」に相当する「ん」と主格の格助詞「が」「ぬ」は共起するこ
とから，本稿では日本語における (i) のコントラストは形態的な理由に帰するものとし，「も」
に二種類ある証拠とは考えない（Hiraiwa (2019) を参照）.

コピュラ「で＋ある」と「も」から構成されている譲歩条件節であることに注意しなくてはならない．その上で，

(43)　[_CP [誰であっても] Q]

のように譲歩条件節の動詞「ある」が削除された縮約形であると考える（コピュラの構造に関しては Nishiyama（1999）を参照）．自由選択表現「でも」と譲歩条件節との平行性は以下の同義性からも明らかである．[17]

(44) a.　[誰であっても] そう思うよ．
　　　b.　[誰だって] そう思うよ．
　　　c.　[誰でも] そう思うよ．

　さらに，本稿の分析は，(45) のような「不定語＋か」の存在量化詞についても従来の分析を覆す．

(45)　[誰か]（が）来た．

一般的には「誰か」は不定語「誰」に「か」が結合して形成されている名詞であると考えられてきた．しかしながら，この分析には 1 つの問題がある．「か」は「(で) も」とは異なり，単独の普通名詞に付置することはできないのである．

(46) a.　[誰も] が来た．
　　　b.　[太郎も] 来た．
(47) a.　[誰か] が来た．
　　　b.　*[太郎か] 来た．

本稿の分析が正しければ，この「か」は疑問を表す補文標識と考えるべきであることになる．すなわち，存在量化詞は，文法化の過程で間接疑問節「誰（である）か」から「知らない」に相当する述語が削除されたものと考えられる．

---

[17] 自由選択表現は統語的には項ではなく付加詞であることも，この分析を支持する（Hiraiwa (2017) を参照）．自由選択表現は格標示を受けることはない．
　(i) a.　そんなことは [誰でも] 知っている．
　　　b.　*そんなことは [誰でも] が知っている．
これは自由選択表現は共時的には譲歩条件節という副詞節であるため，その縮約形である「不定語＋でも」も当然付加詞として振る舞うからである．

(48)　[[_{CP} 誰　か] 知らない] （が）来た.

この仮説は，一見信じがたく思われるかもしれないが，Haspelmath（1997: 130）によると中高ドイツ語や古英語で見られるパターンであり，さらに，「誰かしら」という別の存在量化詞表現の存在により支持される.

(49)　[[_{CP} 誰　か] 知らない] （が）来た.

(48) と違い，(49) には動詞「知る」が含まれている点が非常に興味深い. この場合，削除されているのは述語「知らない」全体ではなく，「ない」という否定辞のみである. このような存在量化詞表現は，「か」が取り立て詞であり，不定語と直接結びついているとする従来の分析では捉えられないであろう.[18] さらに，現代日本語では，次のように間接疑問節そのものがあたかも存在量化詞のように用いられる表現がある. このような表現の存在は，存在量化詞の「か」が疑問の補文標識であるという本稿の仮説をさらに強化するものである.

(50)　　さっき [_{CP} 誰だったか] （が）来たよ.

また，現代日本語でも次の (51) のように，存在量化詞解釈を副詞節により表現することも可能である.

(51)　[[誰（だった）か] 知らない] が，（人が）来た.

(51) から (48) に至るこのような文法化の過程は，石垣（1955）および黒田（1999）が指摘するように，「が」が接続詞から格助詞に変遷した過程を想起させる. 「誰か知らない」のような間接疑問節表現は，(51) のように接続詞「が」と用いられることによって副詞節として存在量化を表していたが，長い言語の変化の過程で「が」が次第に格助詞化するに伴い，そこから「知らない」全体が削除されることで (50) が成立し，さらに疑問節内のコピュラと否定の「ない」が削除されることで (49) の表現が生まれ，最終的には動詞「知らない」全体が削除され「誰か」という存在量化詞表現 (48) が成立したことは想像に難くない.
　最後に，本稿では詳しく論じないが，強い否定極性表現および全称量化詞

---

[18] 沖縄語那覇方言には，日本語の選言接続詞「か」に相当する単語が存在しないにもかかわらず，不定語の存在量化詞が存在することも本分析を支持する. 沖縄語那覇方言における存在量化詞表現は，日本語の (47) に相当する，（自問）疑問節が用いられる.

「不定語＋も」について言及しておく．これらは，本稿の分析が正しければ，以下の構造を持つことになる．[19]

(52) a.　[_CP [誰も来なかった] Op]
　　 b.　[_CP [誰もが来た] Op]

不可視の演算子は主節である CP に付加しており，統語的にはこの形態素により不定語が認可されるが，譲歩条件節や疑問節と異なり，この不可視の演算子は疑問演算子である筈である．(52a) と (52b) のそれぞれにどのような演算子が関与しているのかの検証は今後の研究を待つ必要がある．

5.　結語

　本稿では，「か」や「(で) も」を伴わない裸不定語の存在とその認可メカニズムに関して考察してきた．裸不定語は従来の不定語システムの分析の再考を迫り，その本質的理解において極めて重要である．

　それでは「か」や「(で) も」に代わる裸不定語の認可メカニズムとは何であろうか？ 本稿では譲歩条件節の研究から，裸不定語を認可しているのは音形を伴わない疑問形態素（意味的には疑問演算子）であることを主張した．そして，このメカニズムは自由選択表現や存在量化詞における不定語の認可でも用いられていることを示し，従来の我々の不定語の理解の再考を提案した．

　言うまでもなく，本稿では十分に考察できなかった問題もある．本稿で考察した譲歩条件節において裸不定語を認可する不可視の認可子は疑問形態素であった．裸不定語を認可する疑問形態素以外の不可視の認可子が存在するのか，また存在する場合，本稿で提案したメカニズムと全く同様なのか，等は今後の研究課題である．

　最後に，裸不定語が生起する他の現象について述べておきたい．本稿では紙幅の事情から譲歩条件節に考察対象を限ったため，ここではデータの提示のみにとどめておくが，「か」「(で) も」を伴わず裸不定語が認可されるデータは譲歩条件節以外にも広く存在する．このことは裸不定語を真に認可しているの

---

[19] 日本語の否定極性現象については，Watanabe (2004), Shimoyama (2001, 2006), Nakanishi (2006), Hiraiwa (2015, 2017), Miyagawa, Nishioka and Zeijlstra (2016) を参照．また理論的分析の概観は Giannakidou (2000, 2006), Giannakidou and Zeijlstra (2017), Collins and Postal (2014) が詳しい．

は「か」や「(で) も」といった要素そのものではなく，音形を伴わない形で存在している演算子であるという本稿の提案を強く支持する．換言すれば，「か」「(で) も」によって認可されているように見えるケースは，ある意味偶然に過ぎないとも言えよう．

　まず Shimoyama (2006: 脚注 27) が指摘するように比較構文では「も」はオプショナルであり，裸不定語を許す．[20]

(53) a.　太郎は [誰より (も)] 早く大学に来る．
　　　b.　太郎は [誰が来るより (も)] 早く大学に来る．

Shimoyama (2006) は述べていないが，比較構文では (54a) が示すように「も」の代わりに「か」も現れることができる．しかし，「か」は不定語を認可できない．

(54) a.　太郎は [花子より (か)] 早く大学に来る．
　　　b. *太郎は [誰より (か)] 早く大学に来る．

　次に，(55a) に示すように，裸不定語はある種のト節の中でも許される．これは，(55b) に示すようにコト／ノ節では裸不定語が非文法的であるのとは対照的である．この裸不定語は「特定の誰か」を表すという点で，本稿で見てきた譲歩条件節の裸不定語とは異なる．

(55) a.　太郎は [{誰／誰それ} が来ると] は言わなかった．
　　　b. *太郎は [誰が来る {こと／の}] は言わなかった．

トとの関連では，Kuno, Kato and Narita (2012) が観察している不定の数量を表す表現も (56b) のように「か」も「も」も伴わない場合があり興味深い．

(56) a.　観光客が一日に何百人 {も／か} 来た．
　　　b.　観光客が一日に何百人と来た．

また，Sudo (2008) が論じている不定語の反復表現も「か」「(で) も」を伴うことはない．

---

[20] Kuroda (1965, 96) は，比較構文に「も」が生起することを早くから観察しているが，(53b) のように不定語が用いられる場合は「も」の削除は非文法的であると述べている．しかし，少なくとも今日の日本語では「も」はオプショナルであることは疑いの余地がないであろう．

(57) a.　太郎は明日誰々が来ると言った.
　　　b.　「to love 誰々」は「誰々を愛する」という意味だ.

また，いわゆる否定極性表現として否定語を要求する不定語＋最小化辞 (mini-mizers) の組み合わせ (Watanabe (2006)) や「何ら」等も「(で)も」を付置することができない.[21]

(58) a.　誰一人 (*も) 来なかった.
　　　b.　誰 *(も) 来なかった.
　　　c.　一人 *(も) 来なかった.
　　　d.　何ら (*も) 問題ない.

最後に，裸不定語が現れる慣用句的な表現も多く存在する.

(59) a.　誰／何／どこ／となく
　　　b.　何から何まで
　　　c.　誰彼構わず
　　　d.　なんだかんだ

これらの裸不定語は，統語パターンも意味解釈も一様ではなく，言うまでもなく（裸）不定語の認可メカニズムをさらに深く理解する上で今後の研究は避けて通ることのできないデータである.

参考文献

Cable, Seth (2010) *The Grammar of Q: Q-particles, Wh-movement, and Pied-piping*, Oxford University Press, New York.

Collins, Chris and Paul M. Postal (2014) *Classical NEG Raising*, MIT Press, Cambridge, MA.

Giannakidou, Anastasia (2000) "Negative … concord?" *Natural Language & Linguistic Theory* 18, 457–523.

Giannakidou, Anastasia (2006) "N-words and Negative Concord," *The Blackwell*

---

[21] Watanabe (2006) は不定語＋最小化辞が名詞内に埋め込まれると「も」が必須となるという対比も観察している.

　(i) a. *そのプロジェクトは何一つの成果をあげなかった.
　　　b.　そのプロジェクトは何一つの成果もあげなかった.

(Watanabe (2006: 247))

Companion to Syntax, ed. by Martin Everaert and Hans van Riemsdijk, 327–391, Blackwell, London.

Giannakidou, Anastasia and Hedde Zeijlstra (2017) "The Landscape of Negative Dependencies," *The Wiley Blackwell Companion to Syntax*, 2nd ed., ed. by Martin Everaert and Henk van Riemsdijk, 2099–2136, Wiley-Blackwell, New York.

Hagstrom, Paul (1998) *Decomposing Questions*, Doctoral dissertation, MIT.

Hamblin, C. L. (1973) "Questions in Montague English," *Foundations of Language* 10, 41–53.

Haspelmath, Martin (1997) *Indefinite Pronouns*, Oxford University Press, Oxford.

Haspelmath, Martin and Ekkehard König (1998) "Concessive Conditionals in the Languages of Europe," *Adverbial Constructions in the Languages of Europe*, ed. by Johan van der Auwera, 563–640, Mouton de Gruyter, Berlin.

Hiraiwa, Ken (2015) "The QP Syntax: Noun Class, Case, and Augment," *The Proceedings of NELS 45*, ed. by Thuy Bui and Deniz Özidiz, 1–11, GLSA, Amherst, MA.

Hiraiwa, Ken (2017) "Labeling Roots: Indeterminates and Particles," *The Proceedings of NELS 47,* volume 2, ed. by Andrew Lamont and Katerina Tetzloff, 79–88, GLSA, Amherst, MA.

Hiraiwa, Ken (2018) "Something Visible in Japanese," *Glossa* 3(1), 132.

Hiraiwa, Ken (2019) "The Origin and Architecture of Existential Quantifiers in Okinawan," ms., Meiji Gakuin University.

石垣謙二 (1955)『助詞の歴史的研究』岩波書店，東京.

Jayaseelan, K. A. (2001) "Questions and Question-word Incorporating Quantifiers in Malayalam," *Syntax* 4(2), 63–93.

Kishimoto, Hideki (2001) "Binding of Indeterminate Pronouns and Clause Structure in Japanese," *Linguistic Inquiry* 32(4), 597–633.

Kratzer, Angelika (1981) "The Notional Category of Modality," *Words, Worlds, and Contexts: New Approaches in World Semantics*, ed. by Hans-Jürgen Eikmeyer and Hannes Rieser, 38–74, Walter de Gruyter, Berlin.

Kratzer, Angelika (1986) "Conditionals," *Proceedings of Chicago Linguistics Society* 22, volume 2, ed. by Anne M. Farley, Peter Farley and Karl-Erik McCollough, 1–15, CLS, Chicago.

Kratzer, Angelika and Junko Shimoyama (2002) "Indeterminate Pronouns: The View from Japanese," *The Proceedings of the Third Tokyo Conference on Psycholinguistics*, ed. by Yukio Otsu, 1–25, Hituzi Syobo, Tokyo.

Kuno, Masakazu, Takaomi Kato and Hiroki Narita (2012) "-*To* in Japanese as an NPI Scalar Focus Particle," *The Proceedings of the 13th Tokyo Conference on Psycholinguistics*, ed. by Yukio Otsu, 121–136, Hituzi Syobo, Tokyo.

Kuroda, S.-Y. (1965) *Generative Grammatical Studies in the Japanese Language*,

Doctoral dissertation, MIT.

Kuroda, S.-Y. (1992) *Japanese Syntax and Semantics: Collected Papers*, Kluwer, Dordrecht.

黒田成幸 (1999)「主部内在関係節」『ことばの核と周縁：日本語と英語の間』，黒田成幸・中村捷 (編)，27-103，くろしお出版，東京.

Kuroda, S.-Y. (2013) "Prosody and the Syntax of Indeterminates," *Lingua* 124, 64-95.

Larson, Richard (1985) "On the Syntax of Disjunction Scope," *Natural Language & Linguistic Theory* 3, 217-264.

Li, Y.-H. Audrey (1992) "Indefinite wh in Mandarin Chinese," *Journal of East Asian Linguistics* 1, 125-156.

Lin, Jo-Wan (1996) *Polarity Licensing and Wh-phrase Quantification in Chinese*, Doctoral dissertation, University of Massachusetts at Amherst.

Lin, Jo-Wan (1998) "On Existential Polarity *WH*-phrases in Chinese," *Journal of East Asian Linguistics* 7, 219-255.

Matsui, Ai (2009) "Constructing Concessive Conditionals in Japanese," *Proceedings of Sinn und Bedeutung* 13, ed. by Arndt Riester and Torgrim Solstad, 357-369, University of Stuttgart, Stuttgart.

Menéndez-Benito, Paula (2006) *The Grammar of Choice*, Doctoral dissertation, University of Massachusetts at Amherst.

Miyagawa, Shigeru, Nobuaki Nishioka and Hedde Zeijlstra (2016) "Negative Sensitive Items and the Discourse-configurational Nature of Japanese," *Glossa* 1(1), 1-28.

Nakanishi, Kimiko (2006) "*Even, only*, and Negative Polarity in Japanese," *The Proceedings of the 16th Semantics and Linguistics Theory* (*SALT 16*), ed. by Philippe de Groote and Mark-Jan Nederhof, 138-155, CLC Publications, Ithaca, NY.

中西公子 (2010)「数詞とりたての「も」と否定」」『否定と言語理論』，加藤泰彦・吉村あき子・今仁生美 (編)，260-284，開拓社，東京.

Nishigauchi, Taisuke (1990) *Quantification in the Theory of Grammar*, Kluwer, Dordrecht.

Nishiyama, Kunio (1999) "Adjectives and the Copulas in Japanese," *Journal of East Asian Linguistics* 8, 183-222.

沼田善子 (2009)『現代日本語とりたて詞の研究』ひつじ書房．東京．

Quirk, Randolph, Sidney Greenbaum, Geoffrey Leech and Jan Svartvik (1985) *A Comprehensive Grammar of the English Language*, Longman, London.

Rawlins, Kyle (2008) (*Un*) *conditionals: An Investigation in the Syntax and Semantics of Conditional Structures*, Doctoral dissertation, UCSC.

Rawlins. Kyle (2013) "Unconditionals," *Natural Language Semantics* 40, 111-178.

Saito, Mamoru (2017) "Japanese *Wh*-phrases as Operators with Unspecified Quantificational Force," *Language and Linguistics* 18(1), 1–25.

Shimoyama, Junko (2001) *WH-constructions in Japanese*, Doctoral dissertation, University of Massachusetts at Amherst.

Shimoyama, Junko (2006) "Indeterminate Phrase Quantification in Japanese," *Natural Language Semantics* 14, 139–173.

Shimoyama, Junko (2008) "Indeterminate Pronouns," *The Oxford Handbook of Japanese Linguistics*, ed. by Shigeru Miyagawa and Mamoru Saito, 372–393, Oxford University Press, New York.

Shimoyama, Junko (2011) "Japanese Indeterminate Negative Polarity Items and their Scope," *Journal of Semantics* 28, 413–450.

Sudo, Yasutada (2008) "Japanese Wh-doublets and Metalinguistic Variables," *Toronto Working Papers in Linguistics* 28, 341–356.

Takahashi, Daiko (2002) "Determiner Raising and Scope Shift," *Linguistic Inquiry* 33 (4), 575–615.

Watanabe, Akira (1991) *"Wh-in-situ, Subjacency, and Chain Formation*, MIT Occasional Papers in Linguistics 2, MITWPL, Cambridge, MA.

Watanabe, Akira (2004) "The Genesis of Negative Concord: Syntax and Morphology of Negative Doubling," *Linguistic Inquiry* 35(4), 559–612.

Yatsushiro, Kazuko (2009) "The Distribution of Quantificational Suffixes in Japanese," *Natural Language Semantics* 17, 141–173.

Zaefferer, Dietmar (1990) "Conditionals and Unconditionals in Universal Grammar and Situation Semantics," *Situation Theory and its Applications I*, ed. by Robin Cooper, Kuniaki Mukai and John Perry, 471–492, CSLI Publications, Stanford.

Zaefferer, Dietmar (1991) Conditionals and Unconditionals: Cross-linguistic and Logical Aspects," *Semantic Universals and Universal Semantics*, ed. by Dietmar Zaefferer, 210–236, Foris, Dordrecht.

第7章

「より」「ほど」「くらい」の極性について[*]

(On polarity of comparative expressions,
yori, *hodo* and *kurai* in Japanese)

今仁生美

名古屋学院大学

1. はじめに

　ことばによって「複数の対象物を比較する」ことは，予想外に難しい行為である．例えば，目の前に 2 個の石が落ちているとしよう．われわれは，この 2 個の石を目にしたとき，通常は直ちにそれらの形状が互いに異なることを認識する．しかしながら，2 個の石の違いを言語化するのはそれほど容易ではない．われわれは，「大きさ」や「重さ」，あるいは「丸さ」といったいわゆるスケール（scale）を用いて両者の違いを特定しようとするが，このとき，2 個の石を見比べて，例えば「A は B より丸い」と断言することができるとは限らない．海辺で拾った石は楕円であることが多いが，そういった 2 個の楕円形の石の場合，どちらがより丸いのかを判断するのはそれほど容易ではない．なぜなら，「言語を介した比較」は，目視による比較を階層的に超える，より難しい認識方法だからである．

　一般に，比較や程度を表す表現は，極性をもつことが多い．例えば，(1) がその例で，

(1) a.　この灰色の石は，あの石より白い．
　　 b. #この灰色の石は，あの石より白くない．

---

　* この論文を書くにあたって，窪田悠介氏，水谷謙太氏，宝島格氏から有益なコメントをいただいた．また，編者の澤田治氏と岸本秀樹氏からも貴重なコメントをいただいた．ここに記して感謝を申し上げる．この研究の一部は，JSPS 科研費（課題番号 17K02699）の助成を受けたものである．

「A は B より」という表現は否定辞と共に用いられると，否定辞がつかない文よりも意味が取りにくく感じられる。[1] 実際のところ，(1b) の文を聞いたとき，「あの石」は一体どのような色であるのかをとっさに答えるのはかなり難しい。これに対し，(2b) では，「あの石」がどのような色であるのかを推測するのは比較的容易である。

 (2) a. *この灰色の石は，あの石ほど白い。

   b. この灰色の石は，あの石ほど白くない。

(1b) と (2b) は，いずれの場合も 2 個の石の色を比べているのであるから，意味の取りやすさに関しては同じであるはずである。それなのに，なぜ，(1b) は意味が取りにくく，(2b) は意味が取りやすいのであろうか。

 また，(3) におけるように，「くらい」が 2 つ（以上）の対象の比較を含む場面も極性を示す。

 (3) a. この石は，あの石くらい，重い。

   b. #この石は，あの石くらい，重くない。

 従来の研究ではこういった比較表現の用法の記述的な分析，さらには，比較表現の特性の理論的分析が中心となってきたが，本論では，むしろ，これらの比較表現がなぜ極性を示すのか，そのメカニズムを明らかにすることを目標とする。具体的には，スケールの計算性に着目し，「A は B より」，「A ほど」および「A くらい」という 3 つの比較・程度表現に対し，これらの表現における極性の性質の違いは，文法的なものであるというよりむしろスケールの計算の仕方やスケールにおける推論によるものであることを示すと共に，極性の出所を明らかにする。以下では，2 節で「A は B より」，3 節で「A ほど」，そして 4 節で「A くらい」について論じる。[2]

---

 [1] McGloin (1976) は (1b) のような文を非文とするが，本論では非文とは見なしていない。本論では，(1b) のような文は，意味が取りにくいだけであると考える。なお，以下では，時間をかければ意味が取れる文に対しては記号の '#' を，文法的に非文である文に対しては記号 '*' を，文法性の判断にゆれが生じる文に対しては記号 '?' を用いることにする。# と ? の違いを峻別することができない例文もあるが，その峻別については今後の課題としたい。

 [2] 本論では，「A は B より長い」という構文を扱い，「A より B が長い」という構文は扱わない。後者の文においては，A と B を長さにおいて比較しているというよりむしろ「A ではなく B が長い」という解釈のほうが強いためである。

2. 「A は B より」構文の極性

2.1. 絶対段階的形容詞と極点参照

　比較を扱う標準理論においては，「A は B より」という構文は A と B を比較する文であり，用いられる形容詞が「丸い」のような絶対段階的形容詞であっても「長い」のような相対段階的形容詞であっても，同一スケール上で A と B が比較されるという点では両者に変わりはない。[3] これに対し，本論では，形容詞が絶対段階的形容詞である場合は，A と B が互いに比較されているのではないと考える．例えばそれが「丸い」である場合，A および B と比較されるのは，「丸い」という属性をもっとも顕著に具現化する「円」であり，A と B のどちらが円に近いかが測られると考える．以下では，「丸い」のような絶対段階的形容詞を含む「A は B より〜」が解釈されるときは，スケール上の極点（端点）が参照されるという仮説を立て，この極点の参照が難しくなる，あるいは，極点は存在してもスケール計算上矛盾が起こる場合に文の自然さが落ちることを示す．[4, 5]

　前節で見たように，「A は B より」の構文は，否定辞と共に用いると，通常意味が取りにくくなる．(1b) を (4) として再掲する．

　　(4) #この灰色の石は，あの石より白くない．

理屈では，(4) は，以下の図 1 の状況を実際に見ている場合の発話であれば，色の比較が目視によって可能となるので意味を取るのが容易であるはずであるが，実際はそうではない．つまり図 1 を目の前にしていても，(4) の真偽を瞬時に判断することは難しい．

---

[3] 本論では，「丸い」や「白い」のような両端閉鎖の形容詞を絶対段階的形容詞（absolute gradable adjective），「長い」や「高い」のような両端解放の形容詞を相対段階的形容詞（relative gradable adjective）とよぶことにする（詳しくは Kennedy and McNally (2005) を参照）．

[4] 「A は B より」に関する先行研究としては，Ishii (1991), Beck, Oda and Sugisaki (2004), Hayashishita (2007, 2009), Oda (2008), Kawahara (2009), Kubota (2011), Sawada and Grano (2011), Shimoyama (2012), Sudo (2015), Sawada (2013, 2018a, 2018b) などがある．また関連する研究として Watanabe (2013) がある．

[5] 本論では，属性をもっとも端的に表す対象を極点（＝端点）と呼ぶことにする．例えば，「丸い」という属性の場合，極点は「円」である．

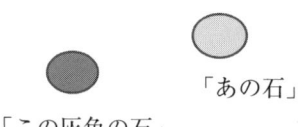

「あの石」

「この灰色の石」

図 1

なぜ（4）の真偽を瞬時に判断することが難しいのか．この問題を解く鍵として本論で提唱するのは，（4）は「極点参照」をしているということである．[6]

   (5)　極点参照：
        2つ（以上）の対象を何らかの属性（例えば「丸い」）に関して比較する場合，比較を助ける手段として，その属性をもっとも端的に表しているもの（この場合は「円」）が参照される．

（5）が述べているのは，2つ（以上）の対象が属性 p に関して比較されるとき，p をもっとも端的に表すもの，この場合は「円」が参照されるということである．例えば，冒頭で取り上げた海岸の 2 つの楕円形の石を考えてみよう．より丸いのはどちらの石であるのかを判断するとき，われわれは，単に 2 つの石を比較しているのではない．両者を見比べているだけであれば，単に両者の違いを認識するに留まる．より丸いのはどちらであるかを判断するためには，比較を助ける手段として参照すべき「円」が必要である．（4）の「白い」という形容詞であれば極点は「（無彩色の）白」という色であり，「平らな」という形容動詞であれば極点は曲率ゼロの平面となる．[7]

   「A は B より」構文において A と B を比較するとき「円」を参照することがどのように働くのかを見るために，まず比較文ではない文から考えてみよう．（6）と（7）から分かるように，「丸い」は程度を表す副詞と共に用いられることができる．

---

  [6] Kennedy and McNally (2010) では，色を表す形容詞を分析するにあたって "prototype" という概念が用いられている．"Prototype" は，ある意味で，極点に近いが，Kennedy and McNally では height に対しても prototype が適用されており，この点で本論の極点とは異なる．この点に関しては澤田治氏からご指摘をいただいた．ここに記して感謝を表したい．
  [7] ただし，参照されるべき極点は，ある意味で，文脈に相対的なものである．例えば，羊を飼っている放牧民のグループがいたとしよう．そして，このグループの人たちは，「白」という語彙は用いるが，無彩色の白色は見たことがなく，また，羊たちは，毛は白いのだが，汚れていて茶色っぽいのだとしよう．このとき，「あの羊はこの羊より白い」という発言における極点は，言うまでもなく無彩色の白ではない．この放牧民のグループが（理屈上）知っている限りのスケール上最大の白色が極点となる．

(6)　この石は，少し丸い．

(7)　この石は，かなり丸い．

こういった「丸さ」の程度を扱うために，ここでは，円を極点とし，他の形状が順序づけられている図 2 のような順序構造を仮定する．

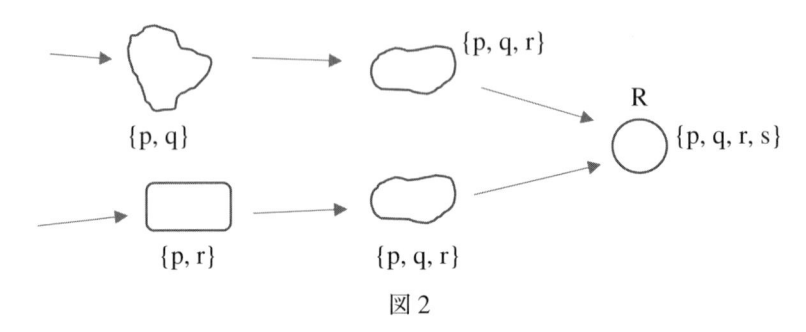

図 2

なお，さまざまな形状の順序づけを行うために，個々の形状は，その形状を特徴づける命題の集合に対応づけられると仮定する．そうすると，図 2 においては，円以外の形状は，「円」を円たらしめている命題の集合 {p, q, r, s} から，何らかの命題（の集合）を引き算したものであることになる（p や q の例としては，p＝「R は真円である」，q＝「R の曲率は 0 ではない」，r＝「R の曲率は 0.5 ではない」などが挙げられる）．結果として，「円」を極点として，個々の形状が丸さに関して順序づけられているものが得られる．なお，図 2 に示されているように，すべての形状が一つのスケール上に並ぶとは限らないため，順序は全順序ではなく半順序である．

　本論のこの枠組みは Kratzer（1981, 1991）が提唱する理論に対応するが，その点については次の 2.2 節で論じることにし，ここでは半順序を導入する必要性について述べておきたい．標準的な比較構文の分析では，(8) は (9) のような意味内容をもつとされる．なお，d は A（または B）がもつ長さを表す（Kennedy and McNally (2005)）．より正確には，d は A（または B）の（長さの）スケール上への投射である．

(8)　A is longer than B.

(9)　$\max \{\lambda d.\text{long}\,(A, d)\} > \max\{\lambda d.\text{long}\,(B, d)\}$

この定式化の場合，2 つの対象は 1 つのスケールの上に並んでいる．実質的には，長さをもつ対象はすべてこのスケール上に並ぶことになる．しかしなが

ら，実際は，ある属性を満たす対象すべてが 1 つのスケール上に並んでいるとは限らない．例えば，図 3 のような状況を考えてみよう．なお，左側の丸は薄い灰色，右側の丸は薄い青色だとする．（印刷は白黒のため色相と彩度が分かりにくいが，実際に薄い灰色と薄い青色を並べたとき，どちらがより白いか判断ができない場合がある．）

薄い灰色　　　薄い青色

図 3

このような状況の場合，(10) の真偽を判断するのは難しい．

　(10)　左側の丸は，右側の丸より，白い．

つまり，(10) では，図 3 の 2 つの丸を「白さ」に関して比較することができないのであるが，このことは，「2 つの丸は，右側の白丸を起点とし，図 4 のように順序づけられている」と考えるとうまく捉えることができる（図 4 では白黒の印刷のため 2 つのスケールの違いが分かりにくいが，上の列を灰色系統の色の列，下の列を青色系統の色の列として見てほしい）．

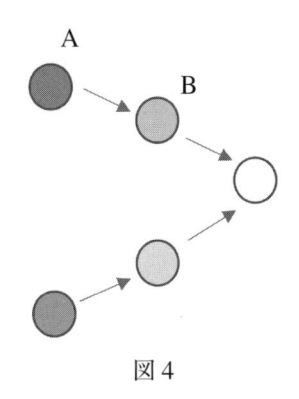

図 4

この図 4 の場合は，A と B を白さに関して比較することができ，(11) の真偽も判断することができる．

　(11)　B は A より白い．

図 4 は半順序の図であり，そのため同じスケール上に並んでいる対象同士は

比較できるが，別のスケール上の対象と比較することはできない．（10）の真
偽は判断ができず，（11）の真偽は判断できるのはそのためである．結局のと
ころ，この例が示すのは，比較構文の分析においては，従来の理論におけるよ
うな 1 つのスケール上にすべての対象が並ぶ全順序の構造だけでなく，半順
序の構造も導入する必要があるということである．

　次の 2.2 節では，この節で主張したことと Kratzer の理論との関連について
論じる．

2.2.　様相基盤（modal base）と順序源（ordering source）

　2.1 節で述べた枠組みの核となる部分は，Kratzer（1981, 1991）によって整
備され，現在では様相表現を分析する際の標準理論となっている二重構造的枠
組み（「様相基盤（modal base）」と「順序源（ordering source）」を用いる枠組
み）を用いたものである．結論から述べると，2.1 節で導入した「極点」は
Kratzer の理論で用いられる順序源による命題を最も多く満たす可能世界（以
下では Portner（2009）にならって「最適世界（best world）」と呼ぶことにす
る）に相当する．[8] また，比較の対象の範囲は状況に応じて定まるが，この性
質は様相基盤に相当する．さらには，Kratzer の理論では半順序が導入される
が，本論も同様である（半順序は「白い」のような絶対段階的形容詞の分析に
必要であるが，相対段階的形容詞の場合は通常は全順序である．本論では，形
容詞の順序構造は基本的に半順序であり，その特殊な例が相対段階的形容詞の
全順序構造であると考える）．以下では，これらの点についてより詳しく述べ
ることにしたい．

　（12）の must は，認識様相を表す場合（「ジョンはゲームに勝つに違いな
い」）と義務様相を表す場合（「ジョンはゲームに勝たなければならない」）の 2
通りある．この現象に対して，Kratzer は，must を多義語と見なさず，むし
ろ多義性は状況の違いから生み出されると考える．

（12）　John must win the game.

（13）　a.　Under his physical condition, John must win the game.

　　　　b.　As far as his financial state is concerned, John must win the game.

---

　[8] 実際には，最適世界の存在を仮定する立場と仮定しない立場があるが，この立場の違いは
本論には直接影響しない．最適世界が存在しない場合は，参照すべき世界が定まらないだけで
ある．

すなわち，(12) の must は認識様相を表すのか，それとも義務様相を表すのかは，(13) の下線を引いた語句によって示唆されるように，(12) の発話が置かれている状況に依存する形で決まる．例えば，発話の状況が「ジョンは日ごろから鍛えている」「ジョンは昨年優勝した」「ジョンの相手は弱い」といったものであれば，must は認識様相を表すものとして解釈されやすい．このような命題の集合を取り出すのが様相基盤と呼ばれる関数 f である．f は，評価世界（通常は発話世界）w に対して上のような命題の集合 Q を割り当てる．[9] 命題は可能世界の集合とみなされるが，このとき，Q の中のすべての命題が成り立つ可能世界の集合 R が得られる．この R の中の最適世界のすべてにおいて 'John wins the game' が真であれば，認識様相の場合の (12) は真である．ところで，様相表現の中には，(14) のように弱い様相を示すものもある．

(14)　John probably must win the game.

順序源 g は，こうしたさまざまな種類の様相表現も扱うために導入された関数である（より詳しくは注 10 を参照されたい）．[10]

　さて，前節で，「A は B より丸い」という文の場合，極点の「円」が比較の際に参照されると述べたが，これと似たことが順序源による命題の集合 S にも当てはまる．例えば，「太郎は交通反則金を支払わなければならない」と言うとき，われわれは，法律 S を参照する．そして，参照することで初めて法律上の義務に言及することが可能になる．[11] また，Kratzer の枠組みでは順序

---

[9] 関数 f は，様相論理におけるいわゆる接近可能な (accessible) 可能世界の集合を取り出す働きに相当する．様相の標準理論においては，様相の必然性や可能性は接近可能な可能世界の集合を量化することで表される．「接近可能な可能世界」は，厳密には反射性・対称性・推移性によって定義されるが，ここでは何らかの発話状況に関与する可能世界の集合を指すと考えてよい．

[10] 可能世界の集合は順序源 g によって次のように順序づけられる．g は，可能世界 w に対して，命題の集合を割り当てる関数である．たとえば $g(w) = \{p, q, r, s\}$ であるとすると，この命題の集合を最も多く満たす可能世界が最適世界となる．可能世界間の順序は，具体的には，(i) によって定まる．

(i)　$\forall w', w'' \in \cap f(w):\ w' \leq_{g(w)} w''$ iff $\{p \in g(w) | w'' \in p\} \subseteq \{p \in g(w) | w' \in p\}$

(i) が述べているのは，以下のようなことである：順序を評価する可能世界（例えば現実世界）w において，様相基盤 f によって割り当てられる命題のすべてが成り立つ可能世界の集合を考えたとき（$= \cap f(w)$），その中の可能世界が $w' \leq_{g(w)} w''$ の順序を与えられるのは（w' のほうが順序としては最適世界に近い），w'' よりも w' のほうが，(g によって割り当てられる）命題の数が多いときである．

[11] ただし，完全な法律の世界では犯罪は生じない．現実世界では，当然のことながら，犯

づけられるのは可能世界であるが，図形や色の順序づけも本質的には可能世界の順序づけと同じである．それぞれの図形・色は，極点である図形・色を特徴づける命題の集合から，何らかの命題（の集合）を除去したものであると見なせるからである．比較構文と Kratzer の枠組みは，他にも共通点がある．スケールを表す形容詞においては，(15) と (16) に示すように，何が比較されるかは状況に応じて決まるが，

(15)　これは，(卵としては) 丸い方だ．

(16)　これは，(ベルトとしては) 長すぎる．

状況のこの働きは様相基盤のものと同じである．

　以上見てきたように，「A は B より」構文に対する本論の枠組みは，Kratzer の二重構造的枠組みに準ずる．Kratzer の枠組みの中で本論との関連においてもっとも重要なのは順序源の働きである．すなわち，何かを比較する場合は，順序をつける基準のようなものがあり，それを参照することで必然・可能の判断や対象間の比較が可能になるということである．

2.3.　絶対段階的形容詞

　この節では比較構文に戻って「丸い」や「白い」のような絶対段階的形容詞を含む文の分析を行うが，具体的な議論に入る前に，以下のことを確認しておきたい．ここに 1 つのスケールがあり，図 5 におけるように図形が順序づけられているとする．これらの図形は，「丸い」という属性を満たすものとそうでないものに分かれる．つまり，「丸い」の閾値 θ が存在する．この場合，互いに比較できるのは「丸い」という属性を満たすものの集合の要素だけであり，閾値 θ を超えた形状のもの（図 5 の台形）は「丸い」の領域のものとは比較できない．

罪は起こるので，「太郎は交通反則金を支払わなければならない」の場合，「太郎が交通違反をした」や「太郎が交通違反をした形跡がある」といった事実が優先される．

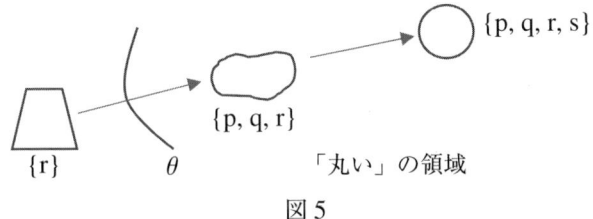

図 5

以下は，この点を踏まえた上での分析となる．

さて，(17) の場合，A は，図 6 に例示されるように，「B と極点の間」つまり太字の矢印の区間内のいずれかの位置を占める．

(17)　A は，B より丸い．

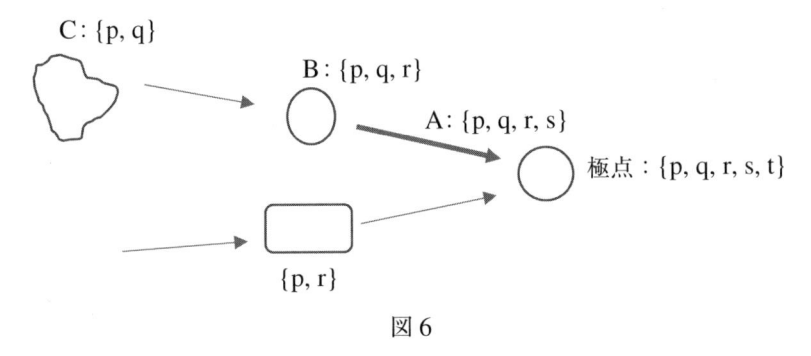

図 6

この (17) を否定したものが (18) であるが，

(18) #A は，B より丸くない．

このとき，スケール計算の仕方として少なくとも2つの可能性がある．1つは，図7のように，否定が順序を逆転させるという解釈である．この場合，「Bより」は B を始点とし，A は B よりも低いスケール上に位置づけられる（例えば A は太字の矢印の区間内のいずれかの位置を占める）ことになる．

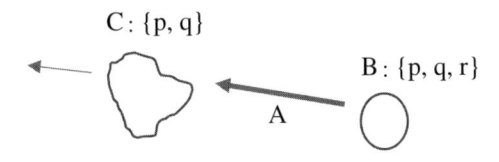

図 7：極点が存在しない

この場合，参照すべき極点は存在しない．より正確には，仮に半順序の列が（スケールが低い側で）収束したとしても収束点はどのような形なのかが確定できず，それを参照することはできない（つまり「丸くない」ものの極点を求めることは現実的には不可能である）．このため，この計算方法の場合，比較に用いるための参照点が得られず，結果的に文の意味は取りにくくなる．

　もう 1 つの解釈は，「A は B より丸い」における A のスケール上の位置が否定によって逆転するという解釈である．このことを説明しよう．「A は Bより丸い」のであるから，図 8 に示されるように，A は太字の矢印の区間内のいずれかの位置を占める．このとき，B と極点の間に必ず σ の区間（A を含まない区間）が存在する（A が B より丸いためには，必ず σ の区間が存在しなければならない）．さて，否定の働きにより，「A は太字の矢印の区間にない」つまり，A は，矢印の区間より低い位置に置かれることになるが，この場合，A の位置によっては矛盾が生じる可能性がある：A が σ の区間のどこかに位置づけられた場合，スケール上は「A は B より丸い」は真であるが，同時に，「A は B より丸い」は否定辞により否定されるので偽である．したがって，図 8 の場合も，文の意味をとるのは難しいことになる．

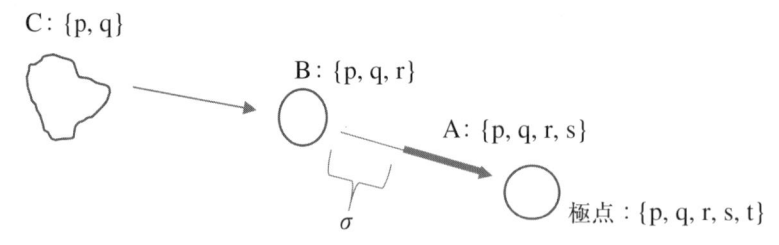

図 8：極点が存在する

　本節を終える前に，冒頭の (1b)（(19b) として再掲）において「あの石」はどのような色であるのかをとっさに答えるのがなぜ難しいのかを見ておこう．なお，図 4 のときと同様，白黒の印刷のため 2 つのスケールの違いが分かりにくいが，上の列を灰色系統の色の列，下の列を青色系統の色の列とする．

(19) a.　この灰色の石は，あの石より白い．（図 9 の場合，偽）
　　 b. #この灰色の石は，あの石より白くない．

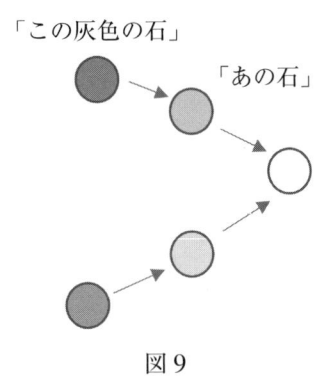

「この灰色の石」

「あの石」

図9

図9では，白を極点とし，それぞれの色が順序づけられているが，この順序は半順序である．したがって，前節で述べたように，1つのスケール上に位置する色同士は白さに関して比較できるが，他のスケール上の色とは比較できない．しかしながら，われわれのほとんどは色の系列を意識していない．しかも「白くない」色は多数存在するため，その中から，1つのスケール上に順序づけられる色の系列を選び出すのはきわめて難しい．「この灰色の石はあの石より白くない」という文を聞いたとき，「あの石」の色が瞬時に識別できないのは，上で論じたように「AはBより〜ない」のスケール計算が困難であるのに加えて，「灰色の石」のスケール上に並ぶ色が瞬時に思いつかないというのが理由の1つであると考えられる．[12]

2.4. 相対段階的形容詞

　形容詞には絶対段階的形容詞の他に，相対段階的形容詞がある．絶対段階的形容詞である「丸い」や「白い」では，極点を出発点として，スケール上に個々の対象が順序づけられる．これに対し，相対段階的形容詞である「長い」や「高い」には極点（端点）がない．すなわち，「長い」の場合でいえば，対象Aに対して，常にAより長いものが存在する．また，相対段階的形容詞の場合も対象は順序づけられるが，順序そのものは全順序であり，すべての対象は1つの列の上に順序づけられる．

　相対段階的形容詞によって2つ（以上の）対象を比較する場合，解釈の仕方

---

[12] 実際のところ，インフォーマントの中に「AはBより白くない」の場合，Aは灰色のような色なのか，それとも茶色のように全く異なる系の色なのかが分からないので文の意味が取りにくいという者がいた．

には3通りある.(20) を例にとってみよう.

(20) #A は B より長くない.

3通りの解釈のうちの1つは,絶対段階的形容詞のときと同じである.まず「A は B より長い」という文の場合,A はスケールの上で [B+σ] よりも高い位置にある(つまり太字の矢印上のいずれかの位置にある).

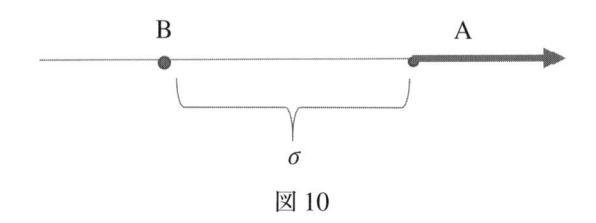

図 10

ここで重要なのは,(「A は B より長い」のであるから)必ず σ の区間が存在するということである.さて,否定の働きにより,A は太字の矢印よりもスケール上低い場所に位置づけられることになるが,A が σ の区間のどこかに位置づけられる場合,「A は B より長い」は真である.しかし同時に,否定辞によって「A は B より長い」は否定されるので,「A は B より長い」は偽である.したがって,この解釈の場合,矛盾が生じる.

別の解釈は,図11に示されるように,B を始点とし,スケール上では A が B よりも低い場所に位置づけられると解釈する場合である.

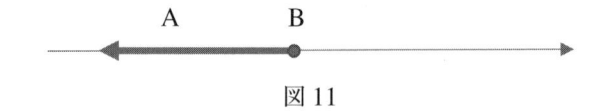

図 11

(20) の「A は B より長くない」を「A は B より短い」と同じ意味であると解釈する人がいるが,それは B を始点とするこの図11を想定していると考えられる.[13]

もう1つの,そしておそらく最も標準的であると考えられる解釈は,図12

---

[13] (20) が不自然なのは,「A は B より短い」という,より簡潔な言い方が存在するのにそれを使わなかった(つまりグライスの公理に違反する)からであるという考え方もありうる.しかし,この考えの場合,「#A は B より丸くない」が不自然である理由を説明できない.2つの語彙が対をなす「長い vs. 短い」のような場合と異なり,「丸い」には対をなす語彙がないのであるから,「A は B より丸くない」は自然なはずである.

に示される解釈である．われわれは，通常は，図 12 のように 2 つの対象を並べてその長さを比較する．このとき，2 つの対象の長さに差があれば，太字の区間が存在する．われわれはこの区間を認識することで，B に焦点が当たっていれば「B は A より長い」と言い，A に焦点が当たっていれば「A は B より短い」と言う．しかし，この図 12 の場合，「A は B より長くない」を計算するのは難しい．なぜなら，図 11 と異なり，図 12 はいわゆる始点となる場所がなく，そのため，「長くない」がどの区間を指しているのかが分かりにくくなるからである．

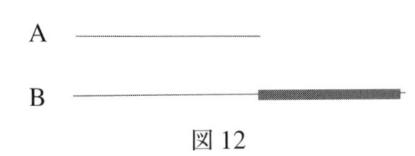

図 12

つまり，(20) に対しては，図 10 あるいは図 11（「長くない」＝「短い」）のように解釈する人もいるが，通常は，われわれは図 12 に沿って (20) を解釈しようとする．そして，図 10 と図 12 の場合は，文は不自然に感じられることになる．

　なお，日本語と英語の相対段階的形容詞に関していえば，両者には (21) と (22) に見られるような違いがあることが Sawada and Grano (2009) や Kubota (2011) によって論じられている．

(21)　This rope is 20cm long. (absolute measurement)
(22)　このロープは 20cm 長い. (differential measurement)

(Sawada and Grano (2009))

(21) は「このロープ」の長さが 20cm であることを述べているのに対し，(22) は「このロープ」は他のロープ（あるいは望ましい長さ）よりも 20cm 長いということを述べたものである．つまり，日本語の場合，20cm といった長さを表す語句を含む文は，基本的には，図 12 の構図に基づいて解釈される．そのため，(23) の不自然さに対しても，上で述べたことと同じことがあてはまる．

(23) #このロープは 20cm 長くない.

3. 「ほど」構文の極性

　「A は B ほど〜」という構文は，基本的には，B の程度がかなり高いことを表す.[14] 例えば，「太郎は次郎ほど高くない」の場合，次郎はかなり背が高いという含みがある.

　「A は B ほど〜」は，「A は B より〜」と異なり，否定極性をもつ場合と肯定極性をもつ場合がある. 例えば，(24) と (25) の構文の場合は否定極性をもつ. ((24b) の「いる」に関しては後に論じる.)

(24) a.　太郎ほど賢い人は，いない／そんなにいない.

　　　b.　太郎ほど賢い人は，(*)いる／*多い.

(25) a.　富士山は，エベレストほど高くない.

　　　b.　*K2 は，エベレストほど高い.

次の (26) の場合は極性をもたないように見えるが，(26b) が自然であるのはメタ言語的否定の場合である. つまり，「比叡山が驚くほど高いということはない」という解釈のときに，(26b) は自然な解釈となる.[15] そのため，(26) の構文の場合は，肯定極性をもつと考えることができる.

(26) a.　　エベレストは，驚くほど，高い.

　　　b.　(?)比叡山は，驚くほど，高くない.

なお，(26b) のような文において常にメタ言語的否定の解釈が可能であるわけではなく，例えば，「太郎は驚くほど背が高くない」になると，やはり文の自

---

[14] ただし，「ほど」には，(i) のように「程度が高い」という意味合いをもたず単に程度を表すのみの用法もある.

　(i)　牛肉を 100g ほどください.

おそらくこれが「ほど」の原義であると考えられるが，本論では (i) のような用法は扱わない. なお，この (i) の「ほど」は，(ii) のように「程度」という語句に置き換えることができるが，

　(ii)　牛肉を 100g 程度ください.

(iii) と (iv) に示されるように，本論で扱う「ほど」の方は「程度」に置き換えることはできない.

　(iii)　太郎ほど賢い人はいない.

　(iv)　*太郎程度賢い人はいない.

[15] 丹羽 (1992) は，「Z 氏の言うことを額面通りに受け取るほど世間知らずではない」という例文を挙げて，「「額面通りに受け取るほど世間知らずだ」という高程度の文の否定だと考えられる (p. 100)」と述べている. 丹羽のこの「否定」は，メタ言語的否定を指すものと考えられる.

然さはかなり落ちる．

　さて，先の節で見た「A は B より〜」構文においては，スケール上の計算が可能かどうかが文の（不）自然さを左右した．これに対し，「A は B ほど〜」という構文には，次のような慣習的推論（conventional inference）が文の自然さに深く関わる．[16, 17]

　(27)　「ほど」における慣習的推論

　　　　a.　通常，属性のスケールの位置が高くなればなるほど，その属性を満たす個体数は少なくなる．

　　　　b.　同一スケール上で A と B が比較されていて，そもそも B の位置がかなり高いことがすでに分かっている場合，A を含む他の対象は B より低い位置を占める可能性が大きい．

まず慣習的推論の (27a) から見てみよう．先の (24) が (27a) の例である．(24) を少し変更して，(28) として再掲する．

　(28)　a.　　太郎ほど賢い人は，いない／そんなにいない．

　　　　b.　＊太郎ほど賢い人は，多い．

　　　　c.（＊）太郎ほど賢い人は，いる．

われわれの世界では，なにかの程度が大きい場合，それを満たす個体数は少ないというのが常識的な知識である．例えば，山は高くなればなるほど，その高さを満たす山の数は少なくなる．したがって，(28a) のように，賢さにおいて高いレベルにある太郎に匹敵する人は少ない，あるいは存在しないということであれば，常識的な知識に合致する．逆に，(28b) のように太郎に匹敵する賢さをもっている人が多い場合は，太郎の賢さが特筆するほどのものではないことになり「ほど」の用法に反する．そのため (28b) は，不自然に感じられるのである．また，(28c) の場合は，動詞「いる」が太郎の賢さに匹敵する人が存在することを表すのみで，その多寡は不明である．このため，(28c) は 2 通りの解釈が可能で，「太郎の賢さに匹敵する人はいるにはいる」というニュアン

---

[16] 本論では，「慣習的推論」という用語を「常識的知識に基づいた推論」の意味で用いる．慣習的推論は，語彙に付随する含意である慣習的推意（conventional implicature）と区別されるもので，例えば，「スケールの上で高い位置を占める対象物の数は少ないはずだ」といった非単調的な推論を指す．

[17]「ほど」の先行研究としては，奥津 (1980, 1986)，丹羽 (1992)，益岡・田窪 (1992)，川端 (2002)，井本 (2000, 2004)，東寺 (2012, 2015a, 2015b) などがある．

スで解釈する場合は比較的自然であるが,「太郎の賢さに匹敵する人はけっこ
ういる」というニュアンスの場合は不自然になる.

　慣習的推論 (27b) の例は,(25) である.(25) を (29) として再掲する.

(29) a.　富士山は,エベレストほど高くない.
　　　 b. *K2 は,エベレストほど高い.

この構文における慣習的推論は,「「A は B ほど〜」の B はスケールとしては
かなり高い位置にあるのであるから,A を含む他の対象はスケール上の位置
が B より低い可能性が大きい」というものである.そのため,「ほど」を用い
て K2 がエベレストに匹敵する高さであることを表すことはできない(K2 は
エベレストと同じくらい高い山である).(29b) が不自然であるのはそのため
である.

　ところで,この構文にはもう 1 つ特徴がある.それは,比較される 2 つの
対象は,どちらも同じスケールの上になければならないということである.つ
まり,その 2 つの対象が異なるスケールによって測られていると,文の容認
可能性は落ちる.(30b) がその例で,生駒山とエベレストの高度がそれぞれ異
なるスケールで測られており(「高い」と「低い」はそれぞれ別のスケールを表
すことに注意されたい),そのため文の容認可能性が低くなる.

(30) a.　富士山は高い山だが,エベレストほど高くない.
　　　 b. *生駒山は低い山だが,エベレストほど高くない.

　以上,否定極性を示す「ほど」についてみてきたが,この節の冒頭で述べた
ように,肯定極性を示す「ほど」の用法もある.以下ではこの肯定極性の「ほ
ど」についてみてみよう.一般になにかの程度が高いことを表すには,「もの
すごく」「非常に」といった副詞が用いられるが,他にも方法はある.その 1
つが,「ほど」構文で 2 つのスケールを用いるという方法である.

(31)　「A は B ほど」構文が肯定極性を示す場合は,2 種類のスケール(α
　　　 と β)が用いられる.β は,A が α において高い位置を占めるという
　　　 ことを示すために用いられる.このとき,B は β 上で高い位置を占
　　　 める.

(32) は (31) の例である.(32a) であれば,(31) の α が軽さのスケール,β
が感情のスケールに相当する.

(32) a.　驚くほど，太郎は軽い．

　　 b.　ありえないほど，太郎は軽い．

　　 c.　*当然だと思えるほど，太郎は軽い．

図 13 に示されているように，（32a）では，太郎の軽さの程度が高いことを強調するために，別のスケールである「感情の度合い」が用いられている．[18, 19]

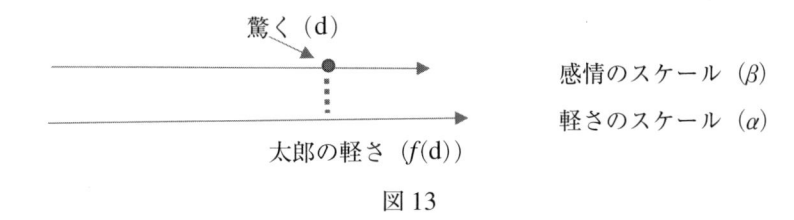

図 13

---

[18] この「ほど」の用法については，益岡・田窪（1992）に以下のような的確な定義がある．

　(i)　「ほど」は，状態の程度を，他の事態が持つ程度の量で示す表現である．否定の表現が主節に来ると，「ほど」の節が表す程度に，主節の表す程度が達しないことを表す．

（益岡・田窪（1992: 197））

例として「死ぬほど疲れた」と「あなたが考えているほど，難しいものではありません」が挙げられている．

[19] 東寺（2015b）は，（i）の文に対して（ii）のように述べ，（ii）に基づき（iii）や（iv）のような文の容認可能性が落ちるのは，「かなり驚く」と「??かなり驚かない」の対立が背後にあるからであると述べている（詳細は東寺（2015a, b）を参照）．

　(i) a.　太郎は驚くほど大きい仏像を見た．

　　　 b.　花子は恥ずかしくなるほど派手な帽子を選んだ．　　　　 （東寺（2015b））

　(ii)　　例えば，「驚くほど大きい」であれば，「驚く」というデキゴトを使って「大きさ」の度合いを表しているということである．つまり，ホドは，本来，度合いを表わさないデキゴトを使って，何らかのスケールの度合いを表している．「驚くほど大きい」の場合，「大きさ」について「驚く大きさ」と，「驚かない大きさ」という区切りが想定され，そのうち，「驚く大きさ」であると述べている，と考えたい．（東寺（2015b））

　(iii)　*[かなり驚く] ほどよく落ちる．　　　　　　　　　　　　　 （為瀬（2004））

　(iv)　*彼は [相当しつこい] ほどメールを送ってきた．　　　　　　 （為瀬（2004））

本論のアプローチでは，（iii）や（iv）の容認可能性が落ちる理由は以下となる．「かなり驚く」の場合，「かなり」「少し」「やや」などが順序づけられる（別の）スケールが立ち上がる．そのため，一方では「驚く」「腰を抜かす」などが順序づけられる「感情のスケール」，他方では「かなり」「少し」などが順序づけられる程度のスケールが存在することになる．しかしながら，この構文の特徴は，（iii）を例に取るなら，「落ちる」度合いの高さを示すために「感情のスケール」を用いるというものであるので，結果的にスケールの計算が破綻してしまう．これは，東寺（2015a）の「（二つのスケールが含まれていると）どの度合いかを定めづらくて，容認性が低くなる（p. 113）」という考えとほぼ同じである（なお，為瀬（2004）による（iii）と（iv）は，東寺の論文からの引用である）．

図 13 においては，「感情のスケール」において「驚く」は高い位置 d を占める．その d に，太郎の軽さ f (d) が相対的に対応することで，太郎の軽さの程度が高いことが示される．[20] なお，(31) の「B は β 上で高い位置を占める」ということは，(32c) に例示されているように，「ほど」が「当然だと思える」などスケール上の位置が低い表現と共起することはできないことからも分かる．β に相当するスケールとしては「感情」の他にもいろいろあるが，ここでは一例のみ挙げておこう．(33) や (34) では，「死ぬ」や「(砂の量が多くて) 指で字が書ける」といった事態の程度が高い (つまり通常は起こらない事態である) ものを用いて太郎の疲労度の高さや砂の量が多いことが表わされている．[21]

(33)　太郎は，死ぬほど疲れた．　　　　　　　　　　　　　(奥津 (1986))

(34)　傘の表面には，指で字が書けるほど，砂がつもっていた．

　　　　　　　　　　　　　　(『砂の女』：井本 (2000)（下線は井本による）)

　この肯定極性を示す「ほど」と否定とはどのような関係をもっているだろうか．以下では，その点をみてみることにしよう．先の (26) の例を (35) として再掲する．(35b) は，先にも述べたように，メタ言語的否定の解釈（「比叡山は驚くほど高いということはない」）のときのみ自然である．したがって，否定辞を述語否定と解釈する場合は，文の容認可能性が落ちる．

(35) a.　　エベレストは，驚くほど，高い．

　　　 b. (?)比叡山は，驚くほど，高くない．

先に述べたように，この構文では，常にメタ言語的否定の解釈が可能であるわけではない．例えば，(36b) は，メタ言語的否定として解釈するのが難しいため，結果として文の容認可能性は低い．[22]

(36) a.　太郎は，驚くほど，背が高い．

　　　 b. ?太郎は，驚くほど，背が高くない．

---

[20] 2 つのスケールは種類が異なるので，対応関係はあくまで相対的なものである．つまり，2 つのスケールの間に対応関係がある場合，一方がスケール上高ければ，他方もスケール上高い位置にあるということであり，スケール値まで同じであるわけではない．

[21] この用法の「ほど」のより詳しい分類に関しては井本 (2000) を参照されたい．

[22] 例外はある．理由はよく分からないが，次のような文は自然である．

　(i)　太郎は，あきれるほど，人気がない．

　(ii)　太郎は，心配になるほど，元気がない．

(36b) は，「背が高くない」を「背が低い」に読み替えれば自然になるが，言う
までもなく，「背が高くない」は「背が低い」と同じではない．では，(35b) や
(36b) の不自然さはどこから生じているのだろうか．その理由を図 14 を用い
てみてみよう．点 d を感情のスケール上への「驚くほど」の投射とし，d に対
応する「背の高さ」のスケール上の点を $f(d)$ としよう．このとき重要なのは，
図 14 におけるように，感情のスケール上には閾値 θ があるということである．

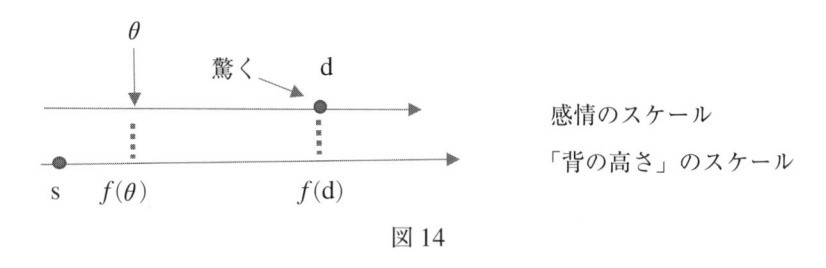

図 14

閾値 θ があることは，(37) が不自然であることから分かる．

   (37) *太郎は，普通と思えるほど，背が高い．

さて，(36b) の「太郎は驚くほど背が高くない」の場合，図 14 において，「太
郎の背の高さ」は，少なくとも $f(d)$ よりも低い区間のいずれかの点 s に位置
づけられるのであるが，このとき，閾値 θ に対応する背の高さのスケール上
の点を $f(\theta)$ とすると，s は $f(\theta)$ よりも低い点である可能性をもつ．この場合，
つまり，s が $f(\theta)$ よりも低い位置にある場合，「驚くほど」を用いることはで
きない．なぜなら，「驚くほど」は $f(\theta)$ よりも低い位置にある s をマークするこ
とはできないからである．結果的に，スケール計算ができない部分が生じてし
まう．文の容認可能性が低くなるのはこのためであると考えられる．(35b) の
否定がメタ言語的否定でない場合の容認可能性の低さも同様の理由による．[23]

---

[23] メタ言語的否定の解釈の場合は，スケール計算は行われていないと考える．これは，例
えば，「ほとんど」を含む文がメタ言語的に否定されるとき集合計算が行なわれないのと同じ
現象である：「ほとんどの学生が来なかった」において，否定が「ほとんど」より広いスコープ
を取る場合は，意味が取りにくい（例えば「100 人の学生のうち 40 人が来なかった場合この
文は真か偽か」という問いに答えるのは難しい）．しかしながら，メタ言語的否定の「ほとん
どの学生が来たのではない」の場合は簡単に意味が取れると感じる人は多い．これは，メタ言
語的否定の場合は集合計算を行っていないということの証左である．

4.　「くらい」構文の極性

　「A くらい」は，A の近傍を表す語句である.[24] したがって，基本的には，A のスケール上への投射 d は，スケール上のどの位置も占めることができる．例えば，(43) はトラクターの重さ d が重さのスケール上の 10t の近傍であることを意味し，(44) は牛肉の重さ d が重さのスケール上の 300g の近傍であることを意味する．

　　(43)　このトラクターの重さは，10t くらいだ．
　　(44)　牛肉を 300g くらいください．

これが「A くらい」の基本的な用法であり，この用法の場合，「A くらい」は文字通りスケール上の位置を示す働きしかもたない．

　ただし，次のような例では肯定的あるいは否定的なニュアンスの相違が生じることがしばしば指摘されてきた．

　　(45)　太郎くらい賢い人は，いない．
　　(46)　太郎くらい賢い人は，いくらでもいる．

これらの例においても，基本的には (43) や (44) のときと同じく，「A くらい」は近傍を表し，そのため A は（この場合は賢さの）スケール上のどの位置も占めることができる．ニュアンスの違いが生じる理由は，そこに慣習的推論が働くからである．この場合の慣習的推論は，「スケールの値が高くなればなるほど，その値を満たす個体数は減少する」というものである．つまり，(45) が述べているのは，太郎の賢さと同じレベルを満たすことができる者は太郎の他にいないということであるから，この慣習的推論により，太郎の賢さはスケール上でかなり高いところに位置づけられることになる．ここから，太郎は非常に賢いという肯定的なニュアンスが生まれる．これに対し，太郎の賢さと同じレベルを満たす人数が多い場合，再び慣習的推論により，太郎の賢さはスケール上の低いところにあることになる．つまり，(46) では，太郎の賢さは，

---

[24] 「くらい」に的を絞った記述的な研究は少なく，田中 (2003) があるくらいである．「くらい」を記述的に扱っているものとしては，他に，益岡・田窪 (1992)，丹羽 (1992) がある．なお，一連の Hayashishita (2007)，Kubota (2011)，Hayashishita (2017) の理論的な研究では，「くらい」をめぐる重要な議論が展開されている．詳細はここでは論じないが，本論の主張，すなわち，「A くらい高い」の特性は「高い」のスケール上に A の近傍を取ることであるとする主張は，Kubota のアプローチのほうに近い．

賢さのスケールの上で低い位置にあり，そのため太郎の賢さは大したことはないという否定的なニュアンスが伴う．

このように，スケール上を自由に動く，すなわちいかなるスケール値も持つことができる「A くらい」であるが，「A くらい」の用法に制限がないかというと，実際はある．(47) と (48) を比較してみよう．

(47)　君ほどの人間が，なぜこんな失敗をしたんだ．

(48)　?君くらいの人間が，なぜこんな失敗をしたんだ．

(47) に比べ，(48) は多少不自然である．この理由としては，以下のようなことが考えられる．「A くらい」は，この節の冒頭で述べたように，基本的にはどのスケール値も持ちうる．このため，A が実際にスケール上のどこに位置づけられているのかは，何かそれを示すマーカーのようなもの（300g のような具体的な数値や慣習的推論など）がなければ特定できない．例えば，次の (49) の場合であれば，「信じられない」や「よく」といった語句が引き金となり，慣習的推論が働く．(49a) の場合であれば，話し手は聞き手の失敗を信じられないと言っているのであるから，聞き手は高く評価されている．他方，(49b) では，「よく」によって失敗の数が多いことが示されており，失敗がありふれたものであることが分かる．ここからありふれた失敗すらしてしまう聞き手を低く評価するニュアンスが生まれる．

(49) a.　君くらいの人間が，こんな失敗をするなんて，信じられない．

　　　b.　よく君くらいの人間が，こんな失敗をしてしまうんだよ．

(48) に戻っていえば，(48) は，(49) の「信じられない」のような慣習的推論の引き金をもたない．そのため，スケールの高い位置にあるのかそれとも低い位置にあるのか判断することができず，結果として不自然になるのであると考えられる．

ところで，対象がスケールの上で高い位置にある場合と低い位置にある場合とでは，その対象の性質に大きな違いがある．次の例を考えてみよう（「高程度」と「低程度」という用語については注 25 を参照）.[25]

---

[25]　丹羽 (1992) によれば，「くらい」の用法は「高程度」「低程度」「適当程度」「同程度」「不定程度」の 5 つに分類される．

　(i)　透き通るくらい色が白い．（高程度）

　(ii)　山田くらいの学生ならいくらでもいるよ．（低程度）

　(iii)　病気しないくらいに頑張りなさい．（適当程度）

(50) a.　これくらい，食べることができる（高程度）
　　　　　　→「これ以外のものを食べる」
　　　b.　これくらい，食べることができる（低程度）
　　　　　　→「これを食べる」

(50a) では「これ」がスケールの上で高い位置にあるとしよう．この場合，話し手の目の前にはたくさんの量の食べ物があり，話し手は「これはたくさんの量であるが，この量のものを食べることができる」と言っているのである．この用法について，益岡・田窪 (1992) は，「「くらい」（「ぐらい」）は，状態の程度を，他の事態によって例示的に表す表現である (p. 197)」と定義している．つまり，「これ」の量を示すことで，「これ」以外の食べ物について同じくらいの量を食べることができると述べているのである．前節で述べたように，同じ用法は「ほど」にもある．次の 2 つの文がほぼ同じ意味を表すのはこのためである．

(51) a.　餃子を飽きるくらい食べた．
　　　b.　餃子を飽きるほど食べた．

他方，(50b) は，「これ」そのものを食べることができると述べている点で，(50a) とは異なる．通常，食べ物の量が少なくなればなるほど「これを食べることができる」は真である可能性が高くなる．話し手が「これ」の量に関して，低く見積もっているというニュアンスが生じるのはこのためである．(52) が示すように，(50b) は否定文にすると文の自然さが落ちるが，これも，理屈は同じである．つまり，「食べ物の量が少なければ少ないほどそれを食べることができない」というのは慣習的推論に反するため，文の自然さが落ちるのである．

(52) *これくらい食べることができない．（低程度）

　ところで，(53) が示すように，「くらい」が丹羽 (1992) の 5 分類の 1 つである「同程度」を表すとき，「A くらい」という表現を含む文は弱い極性を示す．

(53) a.　この石は，あの石くらい，小さい．
　　　b. #この石は，あの石くらい，小さくない．

(53b) の場合，「この石」のサイズがどのくらいのものであるのか，とっさに

(iv)　前回くらいの記録がでれば十分だ．（同程度）
(v)　どれくらいのものなんだろう？（不定程度）　　　　　　　　　（丹羽 (1992)）

判断することは難しい．このことは，(54b) のように，たとえ，先行文脈によってサイズが示されていても同じである．

(54) a.　この石は，小さい．あの石も，この石くらい，小さい．
　　　b.　この石は，小さくない．#あの石も，この石くらい，小さくない．

「A くらい」を含むこの種の文の極性は，否定の使用によって，A の近傍が取れなくなることから生まれると考えられる．そのことを図 15 でみてみよう．まず「A くらい」の「くらい」は，図 15 に示されるように，A の近傍を取る．

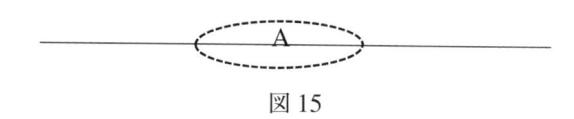

図 15

このとき，「B は A くらい〜」は，B が A の近傍の中に位置することを意味する．したがって，これを否定した「B は A くらい〜ない」は，B が A の近傍の「外」に位置することを意味することになるが，この場合，B は，A の近傍よりスケールの上で高い位置にあるか，あるいは，それよりも低い位置にあるかであるため，B のスケール上の位置が定まらない．つまり，「この石はあの石くらい小さくない」という文の場合，「この石」はあの石より小さいのか，それとも大きいのかが分からないことになってスケールの計算ができないため，文は不自然になるのであると考えられる．

4.　結語

　日本語に限らず，一般に比較表現は極性をもつ傾向にある．用法によって多少の違いは生じるが，「より」は肯定極性，「ほど」は否定極性を示しやすい．それに対し，「くらい」は「同程度」の用法のときに肯定極性を示す．これらはいずれも複数の対象を比較するという点では同じであるのに，なぜ極性に違いが生じるのか．本研究は，この問いに答えることを目標とした．

　具体的には，スケールの計算の難易が極性の形をとって言語上に現れるという主張を主軸に，「A は B より」「ほど」「くらい」の 3 つの比較表現について概ね次のような分析を行った．

　「A は B より」という構文は，「白い」や「丸い」のような絶対段階的形容詞を含む場合，その意味解釈には「極点参照」が深く関わっている．「極点」とは，属性を端的に表す対象，例えば「丸い」という形容詞の場合であれば「円」

である．本論では，「A は B より」構文において絶対段階的形容詞が用いられている場合は，A と B が互いの間で比較されるのではなく，A と B のそれぞれが極点と比べられるのであることを論じた．そして，極点をもつ半順序のスケール構造に否定の作用が加わると，うまくスケール計算ができないことを示した．また，相対段階的形容詞が含まれる場合のスケール計算についても論じた．「ほど」の極性に関しては，慣習的推論（常識的な知識に基づく推論）が大きく関わることを見た．例えば，「スケールの高い位置を占める個体数は少ない」という推論から「エベレストほど高い山はない」と「*エベレストほど高い山は多い」の対比が生まれる．最後の「くらい」に関しては，近傍という位相的な概念が関わることをみた．本論では，「A くらい」の働きは A のスケール上の近傍を示すということであり，「?君くらいの人間がなぜこんな失敗をしたんだ」や「*これくらい食べることができない（低い評価の場合）」，「#この石は，あの石くらい，小さくない」などの文の不自然さは近傍の性質および慣習的推論によって説明できることを示した．

参考文献

安達太郎 (2001)「比較構文の全体像」『広島女子大学国際文化部紀要』9, 1–19.

安達太郎 (2005)「「ほど」による程度構文と否定」『広島女子大国文』21, 1–14.

Beck, Sigrid, Tosiko Oda and Koji Sugisaki (2004) "Parametric Variation in the Semantics of Comparison: Japanese vs. English," *Journal of East Asian Linguistics* 13, 289–344.

Hayashishita, J.-R (2007) "*Izyoo (ni)*- and *Gurai*-comparatives: Comparisons of Deviation in Japanese," *Gengo Kenkyu* 132, 77–109.

Hayashishita, J.-R (2009) "*Yori*-comparatives: A Reply to Beck et al. (2004)," *Journal of East Asian Linguistics* 18, 65–100.

Hayashishita, J.-R (2017) "Reconfirming Izyoo(ni)- and Gurai-comparatives as Comparisons of Deviation," *Journal of East Asian Linguistics* 26(2), 163–187.

井本亮 (2000)「連用修飾成分「ほど」句の用法について」『日本語科学』8, 7–28.

井本亮 (2004)「誇張表現としてのホド構文」『日本語と日本文学』38, 1–15.

Ishii, Yasuo (1991) *Operators and Empty Categories in Japanese*, Doctoral dissertation, University of Connecticut.

Iwasaki, Eiichi (2011) "Comparative Correlative Constructions Revisited," *The Economic Journal of Takasaki City University of Economics* 54(1), 39–55.

川端元子 (2002)「程度副詞相当句（節）「P ほど」について」『日本語教育』114, 40–49.

Kawahara, Koji (2009) "Phrasal Comparatives and their Composition," *York Papers in Linguistics* 9, 48–79.

Kennedy, Christopher and Louise McNally (2005) "Scale Structure, Degree Modification, and the Semantics of Gradable Predicates," *Language* 81, 345-381.

Kennedy, Christopher and Louise McNally (2010) "Color, Context and Compositionality," *Synthese* 174(1), 79-98.

Kubota, Yusuke (2011) "Phrasal Comparatives in Japanese: A Measure Function-based Analysis," *Empirical Issues in Syntax and Semantics* 8, ed. by Oliver Bonami and Patricia Cabredo Hofherr, 267-286.

益岡隆志・田窪行則 (1992)『基礎日本語文法―改訂版―』くろしお出版，東京.

望月郁子 (1969)「類義語の意味領域―ホドをめぐって」『国語学』78, 34-51.

長田紀子・辻村侯子 (1997)「「ほど」と「くらい」の用法に関する考察」『講座日本語教育』32, 34-55.

丹羽哲也 (1992)「副助詞における程度と取り立て」『人文研究』44(13), 93-128.

Oda, Toshiko (2008) *Degree Constructions in Japanese*, Doctoral dissertation, University of Connecticut.

奥津敬一郎 (1980)「「ホド」―程度の形式副詞」『日本語教育』41, 149-168.

奥津敬一郎 (1986)「形式副詞」『いわゆる日本語助詞の研究』，沼田善子・杉本武（編），29-104，凡人社，東京.

Portner, Paul (2009) *Modality*, Oxford University Press, Oxford.

Sawada, Osamu (2013) "The Comparative Morpheme in Modern Japanese: Looking at the Core from 'Outside'," *Journal of East Asian Linguistics* 22, 217-260.

Sawada, Osamu (2018a) "Scale Structures in Discourse: Discourse-pragmatic Properties of Japanese Comparative Expressions," *Proceedings of the Linguistic Society of America* 3, 1-15.

Sawada, Osamu (2018b) *Pragmatic Aspects of Scalar Modifiers: The Semantics-pragmatics Interface*, Oxford University Press, Oxford.

Sawada, Osamu and Thomas Grano (2011) "Scale Structure, Coercion, and the Interpretation of Measure Phrases in Japanese," *Natural Language Semantics* 19(2), 191-226.

Shimoyama, Junko (2012) "Reassessing Crosslinguistic Variation in Clausal Comparatives," *Natural Language Semantics* 20(1), 83-113.

Sudo, Yasutada (2015) "Hidden Nominal Structures in Japanese Clausal Comparatives," *Journal of East Asian Linguistics* 24, 1-51.

田中聡子 (2003)「「くらい」の意味的特徴―「ほど」との比較を中心に―」『言語と文化』4, 277-292，名古屋大学.

東寺祐亮 (2012)「ホドの構造と解釈―比較相関構文における項の選択―」『九州大学言語学論集』33, 1-40.

東寺祐亮 (2015a)『意味とスケール：度合いが関わる表現の統語論』博士論文，九州大学.

東寺祐亮 (2015b)「程度表現のホドの意味的特性と構造」『九州大学言語学論集』35, 227-238.

Watanabe, Akira (2013) "Non-neutral Interpretation of Adjectives under Measure Phrase Modification," *Journal of East Asian Linguistics* 22, 261-301.

第 8 章

On the Strong and Weak Readings
of the Scalar Particle *-Mo* in Japanese*

（「日本語のスカラー詞「も」の強い読みと弱い読みに関する考察」）

Yasutada Sudo

University College London

1. Introduction

The particle *-mo* in Japanese can be interpreted as an additive or scalar particle (Nakanishi (2006, 2008)).[1] In this paper we are exclusively interested in the scalar use of *-mo*, which becomes particularly prominent when *-mo* combines with numerals and other inherently scalar expressions (although the additive reading is not excluded in such cases). For example, in (1), *-mo* attaches to a scalar expression *100 en* '100 yen' and generates an inference to the effect that 100 yen is a large amount of money.

(1) John-wa   100-en-mo   motteiru yo.
     John-TOP 100-yen-MO have PRT
     'John even has 100 yen.'

---

* The present work stemmed from conversations with Toshiko Oda during her visit at MIT in 2009–2010, whom I would like to thank for bringing this intriguing topic to my attention and for useful discussion. I would also like to thank Gennaro Chierchia, Danny Fox, Jon Gajewski, Luca Crnič, and Andreea Nicolae, for comments and suggestions, as well as the audiences of the LF Reading Group at MIT on 25 August 2010, LENLS 7 in Tokyo on 19 November 2010, the Workshop on Japanese Syntax, Semantics, and Pragmatics at the University of Chicago on 2 March 2012, and the 6th Meeting of Formal Approaches to Japanese Linguistics at ZAS, Berlin on 27 September 2012, where I presented work closely related to what is reported here. Needless to say, all remaining errors are solely mine.

[1] It appears to be crosslinguistically common for the same particle to be used to express additivity and scalarity. As the additive reading is orthogonal in this paper, I will remain uncommitted here as to how the ambiguity is to be accounted for. See Szabolcsi (2015, 2017) for more data, and an interesting idea.

This scalar inference is to be attributed to the particle *-mo,* as the version of the sentence without it, namely (2), is neutral with respect to how large an amount 100 yen is.[2]

(2)　John-wa　100-en-o　　motteiru yo.
　　　John-TOP　100-yen-ACC　have PRT
　　　'John has 100 yen.'

The main empirical puzzle I would like to discuss in this paper is that when a negation is added to (1), as in (3), the scalar inference becomes ambiguous.[3]

(3)　John-wa　100-en-mo　mottei-nai yo.
　　　John-TOP　100-yen-MO　have-NEG PRT
　　　a.　'John does not have 100 yen, which is a large amount.'
　　　b.　'John does not have 100 yen, which is a small amount.'

Although truth-conditionally equivalent, the two readings are clearly distinguished by the scalar inferences they are associated with. From the reading in (2a), it is inferred that 100 yen is a large amount of money, just as in (1), while from the other reading in (2b), the opposite inference is generated that 100 yen is a small amount. Let us call these readings the *strong* and *weak* readings of *-mo,* respectively.

To think about how this ambiguity should be explained, I will draw heavily on previous studies on the English scalar particle *even. Even* is known to give rise to strong and weak readings as well, although, interestingly, the sentences corresponding to (1) and (3) are not ambiguous in English. Specifically, (4a) only has a strong reading, while (4b) only has a weak reading.

---

[2] (2) involves the accusative case suffix *-o,* unlike (1). Although *-o* and *-mo* could cooccur (in the order *-o-mo*), it sounds less natural (perhaps more formal) to my ear, at least in a sentence like (1). I will ignore morphosyntactic details like this in this paper.

[3] Prosody might play a role in determining the reading, but as far as I can see, it does not uniquely determine the reading, although more empirical work is certainly needed here. I thank Osamu Sawada (p.c.) for bringing this potential issue to my attention.

(4) a. John even has \$3.

    b. John doesn't even have \$3.

Two kinds of approaches have been put forward for the strong and weak readings of *even* in English. Putting the details aside for the moment, the Scope Theory aims at accounting for the two readings of *even* with a single lexical entry by analysing the weak reading of (4b) as due to scope interaction with the negation (Karttunen and Peters (1979), Heim (1984), Wilkinson (1996), Lahiri (1998), Gurzoni (2003, 2004), Nakanishi (2006, 2008), Crnič (2011)). On the other hand, the Ambiguity Theory postulates two different lexical entries for *even* (Rooth (1985), Rullmann (1997, 2007), Herburger (2000), Schwarz (2005), Giannakidou (2007)), and accounts for the distribution of the two readings as follows: the version of *even* that is responsible for the strong reading is a positive polarity item (PPI) and can only be used in a positive context like (4a), while the version of *even* that is responsible for the weak reading is a negative polarity item (NPI) and can only be used in a negative context like (4b).

As far as theoretical parsimony is concerned, it would be ideal if the two readings could be explained with a single lexical entry for *-mo*, but the studies cited above have pointed out various pros and cons of both theories, and the debate is far from settled. It is certainly not my purpose here to defend one approach to *even* over the other. It is also logically possible that one of them is correct for *even* in English, but the other one is more appropriate for a similar item in a different language like *-mo* in Japanese. Rather, what I would like to focus on in this paper is to examine the distribution of the strong and weak readings of *-mo* in Japanese through the lens of these theoretical views. As we will see, there are non-trivial differences between *even* and *-mo,* posing a question about how these differences are to be captured under these theoretical views. I have to admit that I am unable to give an empirically satisfactory analysis of *-mo* in this paper, unfortunately, but there will be some new empirical findings that have not been previously reported to the best of my knowledge, which I argues have some interesting consequences on the two theoretical views.

The current paper is structured as follows. In Section 2, we will adapt a version of the Scope Theory of *even* to *-mo* in order to account for the ambiguity of (3). The idea is that -*mo* may take scope under or over the negation, resulting in different scalar inferences. However, in Section 3, we will see that this analysis faces some empirical issues. I will then discuss in Section 4 how the Scope Theory and the Ambiguity Theory could be amended to account for the data, although, as I already remarked, I will not be able to offer a complete account. Nonetheless, I believe there are things to learn from elucidating issues that -*mo* poses for these theories. Section 5 contains conclusions and related further issues.

2. The Scope Theory

I would like to start with the Scope Theory, primarily because, as remarked above, it is more economical, as far as the lexical semantics is concerned, and also because I think its predictions are heuristically useful in the present context (so not because I think it is empirically superior to the Ambiguity Theory). As briefly mentioned already, the idea of the Scope Theory is to account for the two readings of (3) in terms of the relative scope of -*mo* and the negation. The particular version of the theory that I would like to consider here makes two crucial assumptions, largely following previous similar proposals for the English scalar particle *even* (see Karttunen and Peters (1979), Lahiri (1998), Gurzoni (2003, 2004), Nakanishi (2006, 2008), Wilkinson (1996), Crnič(2011), among others).[4]

The first assumption concerns the phrase *100 en* '100 yen,' and is perhaps not very controversial. That is, we assume that (for the relevant readings) *100 en* invokes alternatives like *90 en, 200 en, 10000 en,* and so on, which, as we will see shortly, will be used to account for the scalar inference. Note also that under the relevant readings of (3), *100 en* '100 yen' receives a so-called 'at least' reading, rather than an 'exact' reading, in which (3) entails that John doesn't have any amount of money larger than 100 yen. We assume that all alternatives to *100 en* in (3) receive an 'at least' reading.

The second assumption has to do with the semantics of the scalar particle -*mo*. We assume that -*mo* takes scope at some propositional level, which

---

[4] Essentially the same proposal has been put forward by Nakanishi (2006, 2008) for -*mo* in Japanese, but my empirical conclusions will be different from hers.

may be different from where it is pronounced,[5] and introduces a scalar pre-
supposition based on the propositional constituent it operates on as well as
the set C of its alternatives, while its assertive meaning is assumed to be
vacuous. Thus, we can state its semantics as follows.

(5)　'-mo$_C$ ϕ' asserts the same thing as 'ϕ' and presupposes that 'ϕ' is
　　less likely to be true than 'ψ,' for all alternatives ψ in C distinct
　　from ϕ.

Several remarks are in order. First, the scalar presupposition is stated in
terms of likelihood here, but it should be acknowledged that this is not at all
uncontroversial and other analyses have been put forward (e.g. Karttunen
and Peters (1979), Bennett (1982), Kay (1990), Rullmann (2007), Fran-
cescotti (1990), Greenberg (2017)). That said, what is given in (4) will do
for our current purposes, and I will stick to it. Secondly, *even* is often con-
sidered to carry an additive presupposition as well, although as is well dis-
cussed, it looks as though it is absent in some cases (Rullmann (1997),
Crnič (2011), Francis (2018)). It is likely that *-mo* also has an additive
presupposition, at least in some cases, but that does not seem to play a ma-
jor role in the context of the present paper, so I will ignore it. Thirdly, I
follow previous studies on focus particles (especially Rooth (1992) and Fox
and Katzir (2011)), and assume that the set C of alternatives is constrained
by two considerations: all alternatives in C must be (i) 'focus alternatives'
of the propositional constituent that *-mo* operates on, and (ii) also 'relevant'
in some pragmatic sense. For the sake of exposition, we assume with Fox

---

[5] Being a nominal suffix, *-mo* can only appear directly following a nominal (or a suffix
to a nominal). If no nominal phrases have a propositional type in Japanese, then it means
that *-mo* always has to take scope at a place different from where it is pronounced. Howev-
er, note that it can attach to a nominalized verb, e.g. as in *shaber-i-mo* 'speak-NML-MO,'
and one might be able to argue that *-mo* in such a construction takes a nominalized VP as
its argument on the surface and such a VP has a propositional meaning. As I would like to
minimise my theoretical commitment in the present paper, I will remain silent on this point.
It should also be mentioned that independent evidence suggests that *-mo* and other focus
particles in Japanese may take scope somewhere different from where they appear on the
surface (Aoyagi (1994)), e.g. it can be shown that the additive reading of *-mo* attaching to
direct object can take a VP-level scope. Thus, that the scope of *-mo* does not correspond
exactly to its surface position does not seem to be too farfetched.

and Katzir (2011) that focus alternatives are linguistic expressions derived by replacing the focused (or more accurately F-marked) constituent, but I believe nothing crucial hinges on these details. I will also not attempt to delve into the highly ill-understood issue of how exactly pragmatics constrains the value of C, because our main concern in this paper is grammatical factors that affect the availability of the strong and weak readings of *-mo*, and not pragmatic ones.

Let us now see how this analysis accounts for the strong and weak readings of (3) as a scope ambiguity. Consider first the following (quasi-) LF representation, where *-mo* crucially takes scope over the negation. For the sake of readability, I will ignore irrelevant syntactic details and represent most of the items in English.

(6)　$-mo_C$ (not (John has 100 yen))

The assertive meaning of this sentence is simply that John does not have 100 yen or more (note that *100 en* receives an 'at least' reading here). The scalar presupposition, on the other hand, is that this is less likely to be true than any alternatives in C. I crucially assume here that what is in focus is the numeral *100*, and so all relevant alternatives are of the form *not (John has n yen)* where *n* is a numeral. Recall at this point the aforementioned assumption that the numerals in the alternatives also receive 'at least' readings. Then, for all numerals $n < 100$, *John does not have n yen* entails *John does not have 100 yen*. Furthermore, notice that whenever *p* entails *q, q* cannot be less likely than *p* (Crnic (2011)). Therefore, if C contained any alternative with $n < 100$ in place of *100*, the scalar presupposition could never be satisfied. Conversely, in order for the scalar presupposition to be satisfied, C must be a subset of the set in (7). I assume that C obligatorily contains the sister constituent of *-mo* at LF, namely, *John does not have 100 yen* in the case of (6) (though this assumption does not seem to be crucial).

(7)　{John does not have 100 yen, John does not have 101 yen, John does not have 102 yen, …}

In such a set C, 100 yen is guaranteed to be the smallest amount of money, and this is assumed to be responsible for the inference that 100 yen is a small amount for John to have. It should be mentioned, however, that it is not immediately clear how exactly such a value for C results in this particular inference. Here is one idea.[6] By assumption, we regard C as a set of contextually relevant alternatives. Let us furthermore require it to contain all alternatives that are relevant for the current discourse context. Then, in order for the scalar presupposition is satisfied in the discourse context, the alternatives of the form *John does not have n yen* for $n < 100$ must not be relevant, i.e. 100 yen is the smallest amount of money that is relevant. Admittedly, it is still very unclear what exactly it means for alternatives to be relevant in a given discourse context, which I believe is generally not well understood. Yet, this issue is inconsequential for the main goal of this paper, which is to account for the distributions of the strong and weak readings of *-mo*, so let us simply pretend that an appropriate pragmatic theory can be developed.

The strong reading of (3) is accounted for with the following LF. This time, the negation takes scope over *-mo*.

(8)   not (-mo$_C$ (John has 100 yen))

Crucially, the alternatives in this case should not contain negation. The scalar presupposition triggered by *-mo* is that *John has 100 yen* is the least likely to be true in the set C of alternatives and is assumed by the general theory of presupposition projection to 'project out' through the negation and become part of the presupposition of the entire sentence. Then, by essentially the same reasoning as above, C is required to be a subset of the following set of alternatives.

(9)   {John has 100 yen, John has 99 yen, John has 98 yen, ...}

In such a set, 100 yen is the largest amount of money, which leads to the inference that 100 yen is a large amount of money for John to have in the current discourse context. The strong reading of (1) is analysed analogously.

---

[6] Another possibility is to assume that the scalar presupposition is not about likelihood, at least for the relevant readings of (3). Determining the exact quality of the scalar presupposition is an orthogonal issue to the distribution of the strong and weak readings of *-mo*, so I will put aside this debate here. See Bennett (1982), Kay (1990), Francescotti (1990), Herburger (2000), Giannakidou (2007), Rullmann (2007), and Greenberg (2017) for discussion.

Recall at this point that the English counterpart of (3), given in (4b), is unambiguous and only has the weak reading. In order to account for the lack of the strong reading here, the Scope Theory needs to assume that an LF isomorphic to (8) is somehow unavailable for *even* in English. This might sound a little ad hoc, but since *even* is only used here as a comparison and we are not trying to develop an analysis of it, let us accept that *even* is subject to some scope constraint in (4b).

So far we have successfully accounted for the ambiguity of (3), but as we will see in the next section, this analysis runs into problems when other types of sentences are considered.

3.　A Closer Look at the Distributions of the Strong and Weak Readings of *-Mo*

As we have just seen, in order to explain the weak reading of (3), the Scope Theory crucially makes use of the fact that the negation changes the entailment relation among the alternatives. That is, by assumption, *100-en* '100 yen' gives rise to alternatives that are totally ordered by entailment, and in order for the scalar presupposition of the strong reading of (3), or equivalently of (1), to be true, 100 yen must be the largest amount found in C. Negation reverses the entailment relation, because if sentence ϕ entails another sentence ψ, then *not* ψ entails *not* ϕ. Consequently, when *-mo* outscopes the negation as in the LF in (6), the scalar presupposition now requires 100 yen to be the smallest amount found in C.

One testable prediction this makes is that sticking in any such operator that reverses entailment should make the weak reading available. Which operators are they? They are precisely those that are *Downward Entailing* (*DE*). We say that an operator Op is DE iff whenever $\alpha \Rightarrow \beta$, $\text{Op}(\beta) \Rightarrow \text{Op}(\alpha)$, where $\Rightarrow$ is generalised entailment. The prediction of the Scope Theory is, thus, that the weak reading of *-mo* should be observed whenever *-mo* and its associate (e.g. *100-en*) sandwiches a DE operator (or more generally an odd number of DE operators) at LF and no other entailment changing operator is found between them. This prediction seems to be, however, only partially correct. Below we will look at several different DE operators, only some of which give rise to the weak reading.

3.1. *Before*

Let us first look at an example that seems to be in line with the prediction of the Scope Theory. *Before* is DE, because if ϕ entails ψ, then *John left before* ψ entails *John left before* ϕ. Now, consider the sentence in (10) where *-mo* appears within the embedded clause headed by *-mae* 'before.'

(10) John-wa   kyaku-ga   10-nin-mo kuru-mae-ni
      John-TOP guest-NOM 10-CL-MO come-before-AT
      yoituburetesimatta.
      drank.himself.to.sleep
      'John drank himself to sleep before even 10 guests arrived.'

This example does have a weak reading, and this is correctly predicted by the Scope Theory, assuming that *-mo* may take scope above *-mae* 'before.' One might think that this crucial assumption that *-mo* could take scope outside its local finite clause is unusual (see Rullmann (1997, 2007) for similar remarks for *even*), but let us accept for the sake of argument that the scope of *-mo* is not constrained by finite clause boundaries (see Crnič (2011) for further discussion on a similar assumption for *even* under the Scope Theory).

There is, however, an interesting complication that arises here, which is not straightforwardly explained by the Scope Theory as presented in the previous section. Notice that there is nothing in the Scope Theory that prevents *-mo* from taking scope within the embedded clause in (10), and assuming that the presupposition projects out from a *-mae*-clause (which seems to be a reasonable assumption), the strong reading should also be available. This prediction is not entirely incorrect in the sense that the strong reading is possible in a *-mae*-clause. However, it misses the fact that the weak vs. strong reading of *-mo* correlates with the *veridicality* of the *-mae*-clause. Let me explain.

It is known that *before*-clauses in English can have *veridical and non-veridical* readings (Heinämäki (1974), Beaver and Condoravdi (2003)). Or perhaps it might be better to call them *factive* and *noon-factive* readings. A factive reading presupposes that the *before*-clause is true. For instance, the veridicality of the *before*-clause is entailed by (11a), suggesting that it is a factive presupposition. On the other hand, the most prominent reading of

(11b) does not entail that John finished his qualifying paper.

(11) a.　Did you meet John before he published his first book?

　　 b.　Did John quit graduate school before he finished his qualifying paper?

The declarative version of (11b) likewise does not entail that John finished his qualifying paper.

Similarly, -*mae*-clauses can be factive or non-factive. Now, coming back to -*mo,* we observe that its strong reading requires -*mae* to be factive, while its weak reading requires it to be non-factive. To see this, consider first the following sentence, where the strong reading is more natural.

(12)　John-wa　5,000,000-en-mo　syakkin tsukuru-mae-ni
　　　 John-TOP 5,000,000-yen-MO debt　　make-before-at
　　　 anata-ni　soodansi-nakatta no?
　　　 you-to　 consult-NEG　　Q
　　　 'Didn't John talk to you, before he ended with a debt of 5 million yen (which is a large amount)?'

When the amount mentioned here is intuitively small, the sentence becomes infelicitous, suggesting that the strong reading is the only reading here.

(13)　#John-wa　　100-en-mo　　syakkin tsukuru-mae-ni
　　　 John-TOP　 100-yen-MO debt　　 make-before-at
　　　 anata-ni　soodansi-nakatta no?
　　　 you-to　 consult-NEG　　Q
　　　 'Didn't John talk to you, before he ended up with a debt of 100 yen (which is a large amount)?'

On the other hand, the weak reading is only compatible with a non-factive reading of -*mae* 'before,' as in (14), for example.

(14)　John-wa　500-en-mo　 kasegu-mae-ni sigoto-o　　yametesimatta.
　　　 John-TOP 500-yen-MO earn-before-AT work-ACC quit
　　　 'John quit his job before he earned 500 yen (which is a small amount).'

This sentences does not entail that John earned 500 yen, so -*mae* 'before' here is non-factive. And it becomes infelicitous when a large amount is substituted for *500-en* '500 yen.'

(15) #John-wa   500,000-en-mo   kasegu-mae-ni
      John-TOP 500,000-yen-MO earn-before-AT
      sigoto-o   yametesimatta.
      work-ACC quit
      'John quit his job before he earned 500,000 yen (which is a small amount).'

The Scope Theory as presented in the previous section has nothing to say about this interaction with veridicality/factivity of *-mae* 'before.' This of course does not necessarily mean that the Scope Theory is wrong. For example, one might wonder how to compute the entailment relation among alternatives when the factive presuppositions of the alternatives are taken into consideration, which we will discuss in the next section.

At this point, it should also be mentioned that an analogous observation can be made for English *even* as well. That is, only the weak reading of *even* is available in a non-factive *before*-clause, as illustrated by (16).

(16)   John gave up before he even earned $10.

The problem this example poses is the same as above: Under the Scope Theory of *even,* it is not so clear why the strong reading is absent here. Furthermore, *even* seems to be simply infelicitous in factive *before*-clauses.

(17) #Did you know John's work before he published even 10 papers in *Nature?*

Thus even if we managed to derive the strong reading of *-mo* in factive *before*-clauses, it would still be puzzling why (17) does not have a strong reading. Recall that for a simple negative sentence in (4b), we assumed that *-mo* has to outscope the negation, but for (17), it is unlikely that *even* cannot take scope within the local finite clause, given that no such constraint on scope seems to be found elsewhere.

In sum, for both *-mo* and *-even,* the Scope Theory needs to say something additional to account for its interaction with veridicality/factivity of *before*-clauses. Before trying to think about what that additional mechanism might be, let us look at some more contexts where the weak reading of *-mo* can be found.

3.2.　Conditionals

Another context where the weak reading of *-mo* is observed is in antecedents of conditionals, as demonstrated by (18).[7]

> (18)　100-en-mo　mottei-reba,　iroiro　　　　ka-eru　yo.
> 　　　　100-yen-mo　have-COND,　various.things　buy-can　PRT
> 　　　　'If you have 100 yen, which is a large / small amount, you can buy various things.'

Both weak and strong readings are available for this sentence, but one thing to notice here is that, as in the case of *before*-clauses, the interpretation of the conditional correlates with the reading of *-mo*. That is, under the strong reading, the conditional seems to obligatorily receive a 'veridical / factive' reading. This reading of a conditional is forced with an adverbial like *hontooni* 'indeed,' and when such an adverbial is present, the weak reading becomes unavailable. For example, (19) only has a strong reading.

> (19)　hontooni 100-en-mo　　mottei-reba / ru-nodea-reba,
> 　　　　if indeed 100-yen-mo　have-COND / PRES-NODA-COND,
> 　　　　iroiro　　　　ka-eru　yo.
> 　　　　various.things　buy-can　PRT
> 　　　　'If you indeed have 100 yen, which is a large amount, you can buy

---

[7] It should be mentioned that Nakanishi (2006) concludes that *-mo* does not have a weak reading in conditionals based on the following data. The judgment here is as reported in her paper.

　(i) ??ichiban kantanna mondai-mo　toita-ra,　　　A-o　　mor-aeru.
　　　most　easy　　problem-MO solved-COND A-ACC get-can
　　　(intended) 'If I even solve the easiest question, I can get an A.'

(Nakanishi (2006: (11b)))

I am not so sure about the acceptability of this example (due in part to the additive reading that is available and felicitous here), and to my ear, (ii), with the same antecedent, sounds perfectly natural under the weak reading.

　(ii)　ichiban kantanna mondai-mo　toita-ra,　　　zyuubun-desu.
　　　　most　easy　　problem-MO solved-COND, enough-is
　　　　'If you even solve the easiest problem, it'll be enough.'

various things.'

Thus, here again, as in the case of *-mae* 'before,' factivity seems to correlate with the availability of the weak and strong readings.

The Scope Theory, as presented in the previous section, predicts a weak reading of (18), provided that the conditional reverses entailment and if *-mo* can take scope above the conditional. However, it should be acknowledged that the semantics of conditionals is a long-standing open issue and according to some views, conditional antecedents are actually non-monotonic, and not DE. That is, it sometimes seems as though conditional antecedents are DE contexts, but sometimes not. More concretely, the entailment from (20a) to (20b) seems to be valid.

(20)　a.　If John comes to my talk, I will be happy.
　　　b.　If John and Bill come to my talk, I will be happy.

However, the inference from (21a) to (21b) does not seem to be valid.

(21)　a.　If John comes to my talk, I will be happy.
　　　b.　If John comes to my talk but hates my theory, I will be happy.

It is beyond the scope of this paper to say anything insightful about the semantics of conditionals, so I will not attempt to conclude much from the availability of the weak reading of *-mo* per se. But notice that even if conditionals are non-monotonic, the availability of the weak reading itself does not necessarily pose a problem for the Scope Theory, because for such cases, it simply does not force any reading, with the value of C being only constrained pragmatically (cf. Crnič(2011)). In the absence of a precise pragmatic theory of how the value of C is to be determined, the theory actually does not rule out the weak reading. That said, by the same token, the strong reading is also not excluded, so it still falls short of accounting for the correlation with veridicality / factivity. Incidentally, similar observations seem to hold for *even* in English, posing analogous problems, but data are omitted here.

3.3.　Embedded Declaratives
Another context where factive presuppositions seems to matter is embed-

ded declarative sentences. Firstly, a weak reading is observed with a negation in a higher clause, as in (22). This sentence is ambiguous between a strong and a weak reading.

(22)　Mary-wa　[John-ga　　100-en-mo　　motteiru to] kitaisitei-nai yo.
　　　　Mary-TOP [John-NOM 100-yen-MO have C]　　　expect-NEG PRT
　　　　'Mary does not expect John to have 100 yen, which is a large /
　　　　small amount of money.'

The Scope Theory accounts for the strong reading by keeping the scope of -*mo* within the embedded clause, which should be possible. One potential complication here is how the scalar presupposition generated in the embedded clause becomes part of the presuppositions of the entire sentence, but let us assume that this can be done (see Heim (1992), Geurts (1999), Sudo (2014) for discussion). The weak reading, on the other hand, is accounted for under the assumption that -*mo* can take scope over the negation in the matrix sentence. Note that *kitaisitei*-'expect' is not a neg-raising predicate, so -*mo* really has to take scope in the matrix sentence.[8]

The following examples demonstrate that the relevant DE operator does not need to be a negation, but can be the embedding predicate itself, which is in line with the predictions of the Scope Theory. These examples are ambiguous between the weak and strong readings as well.

(23)　a.　John-wa　　100-en-mo　　motteiru to-wa　　kangaenikui / sinzigatai.
　　　　　　John-TOP 100-yen-MO have　　　C-TOP hard.to.believe
　　　　　　'It's hard to believe that John has even 100 yen.'
　　　　b.　John-ni-wa　　　100-en-mo　　kasegu koto-ga　　fukanooda.
　　　　　　John-DAT-TOP 100-yen-MO earn　　　fact-NOM impossible
　　　　　　'It's impossible for John to earn even 100 yen.'

Unsurprisingly, when the embedding predicate is positive, the weak reading is unavailable. Thus, (24) only has a strong reading.

---

[8] It should be mentioned here that previous studies such as Nakanishi (2006) and Yoshimura (2007) assume that -*mo* cannot have a weak reading in such contexts, but their observations are based on examples involving factive predicates (see also Yoshimura (2007)). As we will see below, factivity does interfere with the availability of the weak reading.

(24)　Mary-wa　[John-ga　　100-en-mo　　motteiru to] kitaisiteiru yo.
　　　Mary-TOP [John-NOM 100-yen-MO have　　C] expect　　PRT
　　　'Mary expects John to have 100 yen, which is a large/small
　　　amount of money.'

So far, the data are compatible with the Scope Theory. Now we observe
that even when the embedding predicate is negative, the weak reading is not
observed if the embedded clause is presupposed to be true. For example,
the sentences in (25) only have strong readings.

(25) a.　Mary-wa　　John-ga　　100-en-mo　　motteiru koto-o
　　　　　Mary-TOP　John-NOM 100-yen-MO have　　　fact-ACC
　　　　　shir-anai.
　　　　　know-NEG
　　　　　'Mary does not know the fact that John has 100 yen, which is a
　　　　　large amount.'
　　　b.　John-ga　　100-en-mo　　motteiru to-wa　　odorokida.
　　　　　John-NOM 100-yen-MO have　　fact-TOP surprising
　　　　　'It is surprising that John has 100 yen, which is a large amount.'
　　　c.　Mary-wa　　John-ni　　100-en-mo　　ageta koto-o
　　　　　Mary-TOP　John-DAT 100-yen-MO gave fact-ACC
　　　　　kookaisiteiru.
　　　　　regret
　　　　　'Mary regrets that she gave John 100 yen, which is a large
　　　　　amount.'

As in the previous cases, this effect of factivity is not straightforwardly
accounted for by the Scope Theory. It should also be mentioned in this
connection that presuppositions triggered by other items also affects the
availability of the weak reading. For instance, adding a cleft to (23a), as in
(26), will make the weak reading disappear.

(26)　100-en-mo　　motteiru no-wa　　　John-da to-wa　kangaenikui
　　　100-yen-MO have　　　NML-TOP John-is　C-TOP hard.to.believe
　　　'It is hard to believe that it is John who has 100 yen.'

Note that, as Crnič (2011) discusses in detail, *even* can have the weak reading in factive contexts. For example, (27) has a weak reading.

(27)　It is surprising that Mary even gave $10 to John.

Thus this is another context where *even* and *-mo* diverge, implying that we cannot simply extend the Scope Theory to *-mo* (*pace* Nakanishi 2006, 2008).

3.5.　Questions

In addition to embedded declarative sentences, the weak reading of *-mo* is found in embedded interrogative clauses too. For example, both sentences in (28) are ambiguous between the weak and strong readings.

(28)　a.　John-wa　　100-en-mo　　motteiru ka utagawashii / wakaranai.
　　　　　John-TOP　100-yen-MO have　　Q　doubtful / not.sure
　　　　　'I doubt / am not sure if John has 100 yen, which is a small / large amount.'

　　　b.　boku-wa John-wa　　100-en-mo　　motteiru ka sir-anai.
　　　　　I-TOP　John-NOM 100-yen-MO have　　　Q　know-NEG
　　　　　'I don't know if John has 100 yen, which is a small / large amount.'

It can be demonstrated that questions themselves are not enough to make the weak reading available. For example, the weak reading is unavailable if the embedding predicate is positive, as in (29).

(29)　a.　John-ga　　100-en-mo　　motteiru ka Mary-wa　　tazuneta.
　　　　　John-NOM 100-yen-MO have　　Q　Mary-TOP　asked
　　　　　'Mary asked if John has 100 yen, which is a large amount of money.'

　　　b.　John-ga　　100-en-mo　　motteiru ka Mary-wa　　shiritagatteiru.
　　　　　John-NOM 100-yen-MO have　　Q　Mary-TOP　wonder
　　　　　'Mary wonders if John has 100 yen, which is a large amount of money.'

These examples are quite puzzling under the Scope Theory, because embedded questions are generally non-monotonic, and not DE. That is, even if ϕ entails ψ, *I'm not sure ψ* does not entail and is not entailed by *I'm not* *sure* ϕ, and similarly for other predicates that embed questions. Under the Scope Theory, then, the scalar presupposition allows C to contain any focus alternatives, as long as pragmatics permits. Then, neither the strong nor the weak reading is strictly speaking predicted or prohibited. This might be fine for (28), because the strong and weak readings are simply not forced but compatible with the analysis, but crucially, it fails to account for the fact that (29) only has a strong reading. In other words, since in all these cases, the embedded question is a non-monotonic context, the Scope Theory fails to differentiate (28) on the one hand and (29) on the other.

Additionally, presuppositions make the weak reading of *-mo* unavailable in embedded questions as well. For instance, adding *naze* 'why,' which triggers a factive presupposition, to (28b) makes the weak reading go away, as in (30a), and similarly, additing cleft does too, as in (30b).

(30) a.　boku-wa John-ga　　naze 100-en-mo　 motteiru ka sir-anai.
　　　　　 I-TOP　　John-NOM why 100-yen-MO have　　 Q　know-NEG
　　　　　 'I don't know why John has 100 yen, which is a large amount.'
　　　 b.　boku-wa 100-en-mo　 motteiru-no-ga　　John ka sir-anai.
　　　　　 I-TOP　　100-yen-MO have-NML-NOM　　John Q　know-NEG
　　　　　 'I don't know if it is John who has 100 yen, which is a large amount.'

I would also like to mention that the weak reading of *-mo* is generally absent in unembedded, information-seeking questions like (31), reinforcing the point that questions themselves do not make the weak reading available.

(31)　John-wa 100-en-mo　 motteiru no?
　　　 John-top 100-yen-mo have　　 Q
　　　 'Does John have 100 yen, which is a large amount of money?'

Interestingly, however, a rhetorical question seems to license the weak reading. For example, (32), when read as a rhetorical question, does have a weak reading.

(32)　John-ga　　 100-en-mo　 motteiru to omou?
　　　 John-NOM 100-yen-MO have　　 Q think
　　　 'Do you really think John has even 100 yen!?'

This observation about unembedded questions is also puzzling, given the other data we have seen so far. That is, we saw that factivity made the weak reading unavailable in context like *before*-clauses, conditionals and embedded declarative and interrogative clauses. However, in the case of questions, rhetorical questions, which presuppose that the answer is negative, do make the weak reading available, while non-presuppositional, information-seeking questions lack the weak reading. It is possible that the negativity of the presupposition is crucial here, but it is not immediately clear how the Scope Theory could capture that.

Note also that English *even* generally has weak readings in both embedded and unembedded questions. I will leave open how to account for this in the Scope Theory (see e.g. Guerzoni (2003)), but this fact also suggests that the Scope Theory for *even* cannot be straightforwardly extended to explain *-mo* in Japanese.

3.4. Quantificational DPs

Lastly, let us look at quantificational DPs. Japanese lacks simple quantificational determiners like *no* and *few,* which are expressed by a negative concord item and *most* + negation respectively, and in both cases there will be a negation in the sentence. Even if the weak reading is available in such sentences, therefore, it's not clear if that is due to the negation or to the quantificational determiner.

One DE context that can be tested in Japanese is the restrictor of a universal quantifier. As predicted by the Scope Theory, the weak reading is indeed available, as illustrated by (33).

(33)　100-en-mo　motteita hito　zen'in-ga / donohitomo nanika
　　　100-yen-MO have　person all-NOM / everyone　something
　　　katteitta.
　　　bought
　　　'Everyone who had 100 yen, which is a small amount, bought something.'

Interestingly, there are also DE quantifiers that do not make the weak reading available, contrary to the predictions of the Scope Theory. For example, the quantifier *fewer than 10 students* is DE, because, for example,

John has 110 yen entails *John has 100 yen* (under the 'at least reading'),
while *Fewer than 10 students have 110 yen* entails *Fewer than 10 students
have 100 yen*. Then, given how the Scope Theory works, (34) is predicted
to have a weak reading with the LF in (35).

(34)　10-nin-miman-no gakusei-ga　　100-en-mo　　motteiru yo.
　　　10-CL-<-GEN　　　student-NOM 100-yen-MO　have PRT
　　　'Fewer than 10 students have 100 yen, which is a large amount of
　　　money.'

(35)　-mo$_C$ (fewer than 10 students have 100 yen)

In order for the scalar presupposition to be true in (35), C must be a subset
of the following set of propositions, because for any $n < 100$, *Fewer than 10
students have n yen* entails *Fewer than 10 students have 100 yen*.

(36)　{fewer than 10 students have 100 yen, fewer than 10 students have
　　　101 yen, fewer than 10 students have 102 yen, …}

This should result in a scalar inference that 100 yen is a small amount of
money, but as a matter of fact, this reading is absent, meaning that the
Scope Theory overgenerates here.　Incidentally, the Scope Theory works
well for the English version of (34) given in (37), which does have a weak
reading.

(37)　Fewer than 10 students even have $5.

One way to save the Scope Theory from this problem might be to assume
that *-mo* cannot take scope above the subject quantifier in (34), perhaps for
some syntactic reason, and hence the LF in (35) is simply not well-formed.
I have serious doubts about such a locality constraint on the scope of *-mo*,
because the weak reading is observed even when the relevant DE operator is
in a higher clause, as we repeatedly saw above.

Let us also look at non-monotonic quantifiers like *exactly two students,*
because here again, *-mo* and *even* behave differently.　As Crnič(2011) ob-
serves, the weak reading of *even* is observed in their scope.

(38)　Exactly two students even earned $5 this semester.

On the other hand, the weak reading of *-mo* is unavailable.

(39)　kongakki-wa　　　choodo　futari-no gakusei-ga
　　　this.semester-TOP exactly 2. CL-GEN　student-NOM
　　　100-en-mo kaseida.
　　　100-yen-MO earned
　　　'Exactly two students earned 100 yen, which is a large amount, this
　　　semester.'

Crnič points out that the Scope Theory is compatible with the availability of the weak reading in (38), because for such non-monotonic examples, it predicts no logical constraints on the value of C, as the alternatives will not entail one another, and consequently the value of C should be determined purely pragmatically. Thus, he takes it to be a good prediction of the Scope Theory that the weak reading, as well as the strong reading, is actually observed in (38). However, when the Scope Theory is applied to -*mo* in (39), it becomes unclear why it only has a strong reading, because the logical structure of the sentence does force it just as in the case of English.

In sum, under negative quantifiers like *fewer than 10 students* and non-monotonic quantifiers like *exactly 2 students,* -*mo* and *even* behave differently. The Scope Theory, which was originally developed for *even,* makes the correct prediction here, while something additional needs to be assumed for the lack of the weak reading of -*mo.*

4.　Discussion

To quickly summarise the main points of the observations from the previous section, (i) the weak reading of -*mo* is sensitive to factivity and other presuppositions in *before*-clauses, conditionals, and embedded declaratives, and (ii) despite the fact that embedded questions create non-monotonic contexts, the weak reading is available if the embedding predicate is negative, (iii) for unembedded questions, the weak reading is observed in rhetorical questions but not in information-seeking questions, and (iv) DE quantifiers like *fewer than 10 students* and non-monotonic quantifiers like *exactly 2 students* fail to give rise to the weak reading. We also saw that *even* in English behaves differently from -*mo* in having weak readings in all DE contexts, as well as under non-monotonic quantifiers, except that it is sensitive to factivity in contexts mentioned in (i) above, as well.

As already explained in the previous theory, these observations are problematic for the Scope Theory, which wrongly predicts that the weak reading should be available in all DE contexts. I would now like to discuss ways in which it could be amended, although I am unable to offer a satisfactory solution that explains all the data. After that, we will also consider what issues the same observations pose for the Ambiguity Theory.

4.1. Fixing the Scope Theory

The data in Section 3 show that the actual distribution of the weak reading is narrower than all DE contexts, and in this respect, one might think that the weak reading of *-mo* is similar to so-called strong NPIs, such as *in weeks* and *either*. This seems promising because strong NPIs are known to be licensed under negation or a negative embedding predicates, but not when the negative embedding predicate is factive, as shown in (40).

(40) a.　Mary hasn't talk to Bill in weeks.

　　 b.　Mary does not expect that she'll see Bill in weeks.

　　 c. *Mary is sorry that she has talked to Bill in weeks.

(Gajewski (2011: 120))

Strong NPIs are also not licensed by quantifiers like *fewer than 10 students* or *exactly 2 students*.

(41) a. *Fewer than 10 students have seen Bill in weeks.

　　 b. *Exactly 2 students have seen Bill in weeks.

Thus it looks like whatever accounts for the distribution of strong NPIs might also account for the distribution of the weak reading of *-mo*. However, there are non-negligible differences between them as well. Most notably, strong NPIs are not licensed in (non-veridical) conditionals, as Gajewski (2011) observes.

(42) *If Bill has seen Mary in weeks, he is keeping it a secret.

(Gajewski (2011: 120))

Thus, it would not be possible to straightforwardly extend an analysis of strong NPIs to the weak reading of *-mo,* but I believe it is still instructive to discuss theoretical ideas proposed for strong NPIs in order to see more clearly what exactly will be problematic when they are applied to the weak reading of -*mo*.

There are two types of approaches to strong NPIs. Zwarts (1998) and van der Wouden (1997) put forward the idea that different NPIs are sensitive to different degrees of negativity. According to the standard Ladusaw-Fauconnier Hypothesis, weak NPIs like *ever* and *any* are licensed by DE operators, and according to Zwarts and van der Wouden, strong NPIs, on the other hand, are licensed by DE operators that are also anti-additive, i.e. those DE operators Op that validate the following implication: $\text{Op}(\alpha) \sqcap \text{Op}(\beta) \Rightarrow \text{Op}(\alpha \sqcup \beta)$, where $\sqcap$ is generalized conjunction and $\sqcup$ is generalized disjunction. This hypothesis nicely accounts for the fact that *fewer than 10 students* does not license strong NPIs, because it is DE but not anti-additive. For example, *Fewer than 10 students speak French* and *Fewer than 10 students speak German* do not together entail *Fewer than 10 students speak French or German*. However, this analysis is not without empirical problems. For instance, quantificational determiners like *every* and *no* are anti-additive with respect to their restrictors, but strong NPIs are not licensed there, as observed by Gajewski (2011).

(43) a. *Every student who has arrived here in weeks is happy.
    b. *No student who has arrived here in weeks is happy.

It should be noticed, however, that this particular prediction might be fine for the weak reading of -*mo,* because it is observed in the restrictor of a universal quantifier, as we saw in (33) (and as remarked above, Japanese lacks a determiner that corresponds to *no*). However, there are other problems. For example, we also saw that the weak reading of -*mo* is observed in certain embedded questions, which are non-monotonic contexts. In addition, as discussed in Section 3.2, antecedents of conditionals might also be non-monotonic, but still license the weak reading of -*mo*. Therefore, it is simply empirically incorrect to assume that the weak reading of -*mo* is found only in anti-additive contexts. Furthermore, as far as the Scope Theory is concerned, it would still have to be explained why exactly anti-additive contexts, rather than DE contexts, give rise to the weak reading. According to the version of the theory discussed in Section 2, it is entailment reversal that is crucial. It is not so clear why anti-additivity is necessary to yield the weak reading.

In this respect, Gajewski's (2011) proposal for strong NPIs looks more promising. He proposes that the licensing conditions for strong NPIs also refer to DE-ness, just like weak NPIs, but they are crucially stronger than those for weak NPIs in requiring the licensor to be DE even when scalar implicatures and presuppositions are taken into consideration. For instance, *fewer than 10 students* is DE, but when its existential scalar implicature is added, it creates a non-monotonic context. Similarly, *every* and *no* are DE, and in fact, anti-additive, with respect to their restrictors, but when their existential presuppositions are taken into consideration, their restrictors become non-monotonic contexts. This nicely explains the data in (41), which are problematic for Zwart's and van der Wouden's analysis. In addition, this gives a nice analysis of the observation that factive presuppositions matter for the licensing of strong NPIs, as we saw in (40c): *be sorry* is a DE predicate (and thereby licenses weak NPIs), but when its factive presupposition is factored in, its complement clause becomes a non-monotonic context.

Now, the question for us is, can we marry this idea and the Scope Theory of *-mo* and account for our obserations? Let us try to incorporate Gajewski's insight into the Scope Theory by revising the semantics of *-mo* in (5) as follows.

(44)　'-mo$_C$ ϕ' asserts the same thing as 'ϕ' and presupposes that the conjunction of the assertion, presupposition, and scalar implicature of 'ϕ' is less likely to be true than the conjunction of the assertion, presupposition, and scalar implicature of 'ψ,' for all alternatives ψ in C distinct from ϕ.

This, however, is not going to capture all the observations from Section 3. For example, one might think that this has something to say about the effect of factivity / veridicality in *before*-clauses, conditionals, and embedded declarative sentences, but if the factivity is factored in, *-mo* in the relevant examples will be in non-monotonic contexts, and as Crnič stresses, in non-monotonic contexts, neither a strong nor a weak reading should be forced, at least as far as the logical structure of the alternatives are concerned, because the theory predicts no logical constraints on the value of C. Thus, the prediction is that in veridical *before*-clauses, conditionals, and embedded declarative clauses, both readings should be possible, not just the strong reading, as far as pragmatics allow them. This does not seem to be empirically correct.

Furthermore, to account for the fact that strong NPIs are not licensed in (non-veridical / factive) conditionals, as we saw in (42), Gajewski refers to scalar implicatures of conditionals that make them non-monotonic. But then, in such contexts, (45) predicts both strong and weak readings of -*mo*, depending on pragmatics factors, while in reality, only the weak reading is observed in non-veridical contexts. Similarly, (45) has nothing to say about -*mo* in non-monotonic contexts like embedded questions and the scope of *exactly 2 students,* predicting both readings to be available, while we only observed the strong reading in such contexts.

To summarise the discussion, while Gajewski's account of strong NPIs is very interesting and insightful in its own right, it does not seem to be able to save the Scope Theory. I have no concrete alternative idea at the moment, but hopefully the discussion above has clarified what problems the Scope Theory faces, when applied to -*mo*. Let us now consider the alternative theory, the Ambiguity Theory.

4.2. The Ambiguity Theory

The Ambiguity Theory for *even* assumes that postulates two versions of *even,* both of which are assumed to take local scope. One is essentially the same as in the Scope Theory and is meant to account for the strong reading. The weak reading, on the other hand, is explained by another lexical entry whose scalar presupposition is reversed. Thus, instead of presupposing that ϕ is least likely to be true among the alternatives in $C,$ it presupposes that ϕ is most likely to be true among the alternatives in $C.$ The Ambiguity Theory aims at capturing the distributions of the strong and weak readings by putting constraints on the distributions of these items. Recall that in English a simple positive sentence like (4a) only has a strong reading, and a simple negative sentence like (4b) only has a weak reading. To account for this, it assumes that the strong *even* is a PPI and is anti-licensed in (4b), while the weak *even* is a (weak) NPI and is anti-licensed in (4a). This way, the Ambiguity Theory crucially relies on the theory of polarity items to capture the distributions of the strong and weak readings. As discussed by previous studies on *even,* the distribution of its weak reading is very similar to the distribution of (weak) NPIs like *any* and *ever,* and to that extent, the Ambiguity Theory seems to be empirically satisfactory, although it is a different question how to explain the distribution of weak NPIs.

Let us now consider how the Ambiguity Theory could be applied to *-mo* in Japanese. First, recall that the simple negative sentence in (3) is ambiguous between the strong and weak readings, unlike the English counterpart in (4b), so it would have to be assumed that the strong *-mo* is not a PPI, unlike the strong *even.* But this assumption causes a problem when it comes to those contexts where only the weak reading is available, such as non-factive *before* clauses.

Also, the distribution of the weak *-mo* is not so easy to account for under this theory. The data show that the distribution of the weak reading of *-mo* is narrower than the distribution of the weak reading of *even,* so we clearly cannot analyse the weak *-mo* as a weak NPI, but at the same time, as we already discussed earlier in this section, the weak *-mo* cannot be analysed as a strong NPI, either. Generally I am not aware of polarity items whose distribution is identical to the distribution of the weak reading of *-mo.* Such an item could exist, but even if we managed to find one, it would still need to be answered how its distribution should be theoretically explained.

5. Conclusions

To conclude, the distributions of the weak and strong readings of *-mo* pose challenges for both the Scope Theory and the Ambiguity Theory. In particular, we saw that the weak reading of *-mo* exhibits a narrower than the weak reading of *even,* and does not seem to be explained as a strong NPI. While I am unable to offer a positive theoretical contribution here, I hope the observations and discussions in this paper will lead eventually to a deeper understanding of the phenomenon under discussion.

Before closing, I would like to mention one open issue that seems particularly interesting to me. Up until now, I have intentionally avoided the numeral *one,* because *one + mo* can be interpreted as a so-called *minimizer,* similar in nature to English phrases like *budge an inch* (Nakanishi (2006,

2008)). Minimizers are negative polarity items, both in English and Japanese (and probably also in other languages), but interestingly enough, the distribution of *one* + *mo* is narrower than that of the weak reading of *-mo*. Specifically, it is licensed under clausemate negation, as in (45).

(45)　John-wa　1-en-mo　mottei-nai yo.
　　　John-TOP 1-yen-MO　have-NEG PRT
　　　'John does not have a red cent.'

Nakanishi (2006, 2008) seems to assume that only clausemate negation can license Japanese minimizers, but according to my informal survey, at least some speakers allow long-distance licensing. For example, for those speakers, the following sentences are acceptable.

(46)　a.　John-ga　　1-en-mo　　motteiru ka wakar-anai.
　　　　　John-NOM 1-yen-MO　have　　Q　not.sure-NEG
　　　　　'I am not sure if John has any money.'
　　　b.　Mary-wa　John-ga　　1-en-mo　motteiru　to kitaisite-nai.
　　　　　Mary-TOP John-NOM 1-yen-MO have　　　C　expect-NEG
　　　　　'Mary doesn't think that John has any money'

In these contexts presuppositions interfere with the licensing, as in the case of the weak reading of *-mo*. For instance, minimizers are not licensed in factive complements as in (47).

(47)　*Mary-wa　John-ga　　1-en-mo　motteiru no-o　　shir-anai
　　　Mary-TOP John-NOM 1-yen-MO have NML-ACC know-NEG

Now, crucially, the weak reading of *-mo* and minimizers of the form *one* + *mo* differ in contexts like non-factive conditionals and *before*-clauses. In these contexts, the former is observed, but the latter is not licensed.

(48)　a.　*moshi 1-en-mo　mottei-reba, iroiro　　　　ka-eru　yo.
　　　　　if　　1-yen-MO have-if,　　various.things buy-can PRT
　　　　　(intended) 'If you have any amount of money, you can buy various things.'
　　　b.　*John-wa　kyaku-ga　　hitori-mo　kuru-maeni
　　　　　John-TOP guest-NOM 1.CL-MO　come-before

yoituburetesimatta.
drank.himself.to.sleep
(intended) 'John drank himself to sleep before any guest came.'

I think it would be ideal if the same analysis of *-mo* could be used to explain the distribution of minimizers, perhaps referring to the properties of the alternatives they give rise to, but I have nothing concrete to offer at this point. See Nakanishi (2006, 2008) for more data of minimizers and an analysis based on the Scope Theory of *even* (and see Lahiri (1998) for similar items in Hindi), although, as far as I can see, her analysis does not seem to be empirically satisfying and also fails to capture the distribution of the weak reading of *-mo* more generally.

References

Aoyagi, Hiroshi (1994) "On Association with Focus and Scope of Focus Particles in Japanese," *Formal Approaches to Japanese Linguistics*, 23–44, MITWPL, Cambridge, MA.

Bennett, Jonathan (1982) "*Even if,*" *Linguistics and Philosophy* 5, 403–418.

Crnič, Luka (2011) *Getting* Even, Doctoral dissertation, MIT.

Fox, Danny and Roni Katzir (2011) "On the Characterization of Alternatives," *Natural Language Semantics* 19, 87–107.

Francescotti, Robert M. (1990) "*Even:* The Conventional Implicature Approach Reconsidered," *Linguistics and Philosophy* 18, 153–173.

Francis, Naomi (2018) "Preuspposition-denying Uses of *Even*," *Proceedings of SALT* 28, 161–176.

Gajewski, Jon (2011) "Licensing Strong NPIs," *Natural Language Semantics* 19, 109–148.

Geurts, Bart (1999) *Presuppositions and Pronouns*, Elsevier, Amsterdam.

Giannakidou, Anastasia (2007) "The Landscape of EVEN," *Natural Language and Linguistic Theory* 25, 39–81.

Greenberg, Yael (2017) "A Revised, Gradability-based Semantics for *even*," *Natural Language Semantics* 26, 51–83.

Guerzoni, Elena (2003) *Why Even Ask? On the Pragmatics of Questions and the Semantics of Answers*, Doctoral dissertation, MIT.

Guerzoni, Elena (2004) "*Even*-NPIs in Yes/No Questions," *Natural Language Semantics* 12, 319–343.

Heim, Irene (1984) "A Note on Negative Polarity and Downward Entailingness," *Proceedings of NELS 14.

Heim, Irene (1992) "Presupposition Projection and the Semantics of Attitude Verbs," *Journal of Semantics* 9, 183–221.

Heinämäki, Orvokki (1974) *Semantics of English Temporal Connectives*, Doctoral dissertation, University of Texas, Austin.

Herburger, Elena (2000) *What Counts: Focus and Quantification*, MIT Press, Cambridge, MA.

Karttunen, Lauri and Stanley Peters (1979) "Conventional Implicature," *Syntax and Semantics 11: Presupposition*, ed. by Choon-Kyu Oh and David Dineen, 1–56, Academic Press, New York.

Kay, Paul (1990) "*Even*," *Linguistics and Philosophy* 13, 59–111.

Lahiri, Utpal (1998) "Focus and Negative Polarity in Hindi," *Natural Language Semantics* 6, 57–125.

Nakanishi, Kimiko (2006) "*Even, only,* and Negative Polarity in Japanese," *Proceedings of SALT 16*.

Nakinishi, Kimiko (2008) "Scope of *even*," *Proceedings of NELS 38*.

Rooth, Mats (1985) *Association with Focus*, Doctoral dissertation, University of Massachusetts, Amherst.

Rooth, Mats (1992) "A Theory of Focus Interpretation," *Natural Language Semantics* 1, 75–116.

Rullmann, Hotze (1997) "*Even*, Polarity, and Scope," *Papers in Experimental and Theoretical Linguistics*, 40–64, University of Alberta Working Papers in Linguistics.

Rullmann, Hotze (2007) "What does *even* even Mean?" Handout from a colloquium talk at the University of Calgary.

Schwarz, Bernard (2005) "Scalar Additive Particles in Negative Contexts," *Natural Language Semantics* 13, 125–168.

Sudo, Yasutada (2014) "Presupposition Satisfaction in Attitude Contexts," *The Arts and Craft of Semantics: A Festschrift for Irene Heim,* ed. by Luka Crnič and Uli Sauerland, 175–199, MITWPL, Cambridge, MA.

Szabolcsi, Anna (2015) "What do Quantifier Particles Do?" *Linguistics and Philosophy* 38, 159–204.

Szabolcsi, Anna (2017) "Additive Presuppositions are Derived through Activating Focus Alternatives," *Proceedings of the 21st Amsterdam Colloquium*, ed. by Alexandre Cremers, Thom van Gessel and Floris Roelofsen, 455–464.

van der Wouden, Ton (1997) *Negative Contexts: Collocation, Polarity and Multiple Negation*, Routledge, London.

Wilkinson, Karina (1996) "The Scope of *even*," *Natural Language Semantics* 4, 193–215.

Yoshimura, Keiko (2007) *Focus and Polarity:* Even *and* Only *in Japanese*, Doctoral dissertation, University of Chicago.

Zwarts, Frans (1998) "Three Types of Polarity," *Plurality and Quantification*, ed. by Fritz Hamm and Erhard Hinrichs, 177–238, Kluwer, Dordrecht.

第III部　肯定極性項目

第 9 章

肯定極性を持たない肯定極性表現
—日本語の「wh か」の分析—*

(Positive polarity items without positive polarity:
An analysis of "wh-*ka*" in Japanese)

吉本　靖

琉球大学

1.　はじめに

　本稿では，日本語で肯定極性表現（positive polarity item）と呼ばれている表現の中から，「誰か」や「何か」などの，不定代名詞に「か」のついた表現（以下，「wh か」と称する）を取り上げ，その意味解釈上の制約について考察する．その制約とは，「wh か」は否定の直接作用域の中にある解釈を受けられない，というものである．この制約が観察されることが，「wh か」を肯定極性表現に分類する根拠なのであるが，実はこの制約に違反した解釈を持つ「wh か」は様々な文脈で現れる．このように一見したところ奇妙な「wh か」の解釈に関する事実に対して説明を与えることが本稿の目的である．

　分析の核となるのは，「wh か」はその不定の指示対象の存在を前提とするという観察である．そこから，「wh か」の不定指示対象の存在が断定的に否定される解釈を「wh か」は持てないという制約が導かれる．さらに，この制約を，「wh か」を含む最小の命題に適用されるものとすることで，広範囲に渡る「wh か」の振る舞いに対して説明が与えられることを主張する．

　英語の some タイプの肯定極性表現については，弱い否定極性表現が認可される環境で some が否定辞の直接作用域の中にこれることが Szabolcsi (2004)

---

　* 本稿に取り組む機会を与えてくださった編者の澤田治・岸本秀樹・今仁生美の 3 氏に感謝の意を表したい．本稿の内容の一部は「ワークショップ：極性表現の構造・意味・機能」（2019 年 3 月 29 日，30 日，名古屋学院大学）における発表に基づいているが，一部は内容が大幅に修正されている．その引き金になったのは藏藤健雄氏からのコメントであった．ここに記して，謝意を表したい．また，修正稿を読んでくださり的確なコメントを下さった澤田治・岸本秀樹の両氏には重ねて感謝の意を表したい．

により指摘されている．Szabolcsi はそのような環境では肯定極性表現が「救出」されると主張しているのだが，この分析には経験的に問題があることが近年の研究で明らかになっている．日本語の「wh か」にも some 同様の救出現象が観察されるが，それが起こる環境は，従来考えられていたよりも広範囲にまたがっている．この事実をもとに，本稿では従来の通説と異なり，「wh か」は肯定極性を持たないという仮説を提案する．もちろん，「wh か」はある種の否定文では否定辞より広い作用域をとる解釈しかないのだが，そのような否定文の方が有標の環境であり，説明を要する環境であるというのが本稿の主張である．「wh か」が肯定極性を持たないのであれば，この表現は肯定極性を持たないにも関わらず，特定の環境では肯定極性表現として振る舞うということになる．本稿のタイトルはこの観察を反映している．

　本稿の構成は次のとおりである．第 2 節で，肯定極性表現の基本的性質を概観する．第 3 節で，肯定極性表現救出現象について，Szabolcsi (2004) の先行研究を振り返りながら見ていく．第 4 節ではある種の否定疑問文に現れる「wh か」は，命題否定の作用域の中にはないことを確認し，そのような文に現れる否定辞の解釈については特別な扱いが必要であることを示す．続く第 5 節では，Szabolcsi が肯定極性表現を救出すると同定した環境以外の環境でも肯定極性表現が救出されるという Larrivée (2012) の主張を概観し，日本語の「wh か」についても同様のことが言えることを確認する．第 6 節は本稿の中心をなす節で，「wh か」と否定辞との間の解釈上の事実について，「wh か」が内在的に持つ「存在の前提」という特質を基にして説明を与える．第 7 節は本稿のまとめである．

2.　肯定極性表現の基本的性質

　肯定極性表現という用語は，ある表現が肯定文と相性がよく，否定文とは相性が良くないという観察から付けられた名称である．[1] 日本語の肯定極性表現としては，例えば McGloin (1972, 1976) があげている (1), (2) の例に含まれる「大変」や「誰か」などがある．

　(1) a.　太郎は {大変／とても／非常に} 喜んでいた．

---

[1] Baker (1970) では affirmative-polarity item という用語が使用されていたが，英語の文献では，後に positive polarity item という用語がそれにとって変わった．

　　b. ＊太郎は｛大変／とても／非常に｝喜んでいなかった.

(2) a.　誰か来た.

　　b. ＊誰か来なかった.

例文（1a, b）が示すように，程度の副詞「大変」「とても」「非常に」は肯定文では問題なく生起するが，否定文では生起しない. 同様に，例文（2a, b）が示すように，「誰か」は肯定文には現れるが，否定文に現れると座りが悪い. 「大変」や「誰か」などが肯定極性表現と呼ばれるのは，このような事実に基づいている. 本稿で分析の対象とする肯定極性表現は（2）の「誰か」のように不定代名詞（indeterminate pronoun）に副助詞「か」のついた表現で，他に「何か」「どこか」「いつか」などがあり，これらをまとめて「wh か」と呼ぶことにする. ただし，「なぜか」は肯定極性表現の性質を示さないので，ここでは「wh か」の中には含めない.[2]

　肯定極性表現は常に肯定文だけに生起し，否定文には決して現れないのかというと，そうではない. 例えば，（2b）の「誰か」に格助詞をつけた（3）は容認可能であることが Hasegawa（1991: 282-283）により指摘されている.

　　(3)　誰かが来なかった.

ただし，（3）の「誰か」は，その解釈において制限がある. この解釈上の制限を説明するためには，論理表示において「wh か」は存在量化子に該当すると考えることが便利なので，本稿ではそのように「wh か」を扱う.[3] そうすると，（3）は（4a）の解釈はもつが，（4b）の解釈は持たない，と言うことができる.

　　(4) a.　$(\exists x: x = 人)\neg(x が来た)$

　　　　b. ＊$\neg(\exists x: x = 人)(x が来た)$

言い換えると，（3）の「誰か」は否定辞より広い作用域を持つ解釈だけが許され，否定辞より狭い作用域を持つ解釈は得られない，ということである.

　後の議論に関連してくるので，先にあげた「誰か」を含む（2b）の容認可能性判断について，ここで補足しておきたい. （2b）は座りが悪い事を確認したが，このタイプの文が常に容認不可能であるわけではない. 例えば，今仁

---

[2] 「なぜか」が肯定極性表現ではないことは次の例文が容認されることからわかる.

　(i)　太郎はなぜか来なかった.

　(ii)　今日はなぜか調子が良くない.

[3] ただし，今仁（1993）のように，「wh か」は量化子ではないとする立場もある.

(1993: 217) があげている (5) には，(2b) に感じられる座りの悪さが感じられない．

 (5)　まだ，誰か来ていないんです．

この事実は，格助詞がついていなくても，「wh か」が単文の否定文で認可される場合もある事を示している．本論との関連で重要なのは，(5) の格助詞のついていない「誰か」も (3) の格助詞のついている「誰か」と同じく，否定辞よりも広い作用域を持つ解釈しかないということである．[4]

 ここで日本語の「wh か」に対応する英語の肯定極性表現 some に目を向けると，「wh か」の解釈に課せられた制約と同じことが英語の some についても言える．例えば Szabolcsi (2004) は (6) の文が正文であるのは，something が否定辞より広い作用域を持つ場合，あるいは not が強調的な否認の働きをする場合のみであると指摘している．[5]

 (6)　I don't see something.

このように，一口に肯定極性表現といっても，否定文で生起すること自体が不可能であるもの（「大変」など）と，否定文で生起することが可能ではあるが，その解釈が限定されているもの（「誰か」，some など）の2種類が存在する．Giannakidou (2002) に従い，前者を「限定された分布」(limited distribution) を持つもの，後者を「限定された解釈」(limited interpretation) を持つもの，と呼ぶことにする．後者の場合，肯定極性の性質は否定辞の作用域の中に入れないという点に求められる．（ただし，後で見るように，「wh か」や some は否定辞の作用域の中にある解釈を許す場合も多々ある．）本稿の分析の対象は「wh か」であるが，その中でも特に，限定された解釈を持つ「wh か」に焦点を当てて分析を進めていく．[6]

 上述のように日本語の「wh か」と英語の some は類似した特性を持ってい

---

 [4] (2b) のような文と (5) のような文の間になぜこのような容認可能性の違いがあるのかについては，今仁 (1993) を参照されたい．

 [5]「強調的な否認」(emphatic denial) とは，Horn (1989) が「メタ言語否定」(metalinguistic negation) と呼んでいるものである．日本語の (3) や (5) の場合，メタ言語否定の読みは不可能であろう．したがって (3) や (5) では「誰か」が否定辞より広い作用域を持つ場合のみ，正文ということになる．日本語の否定辞「ない」が Horn の「メタ言語否定」のほとんどのタイプを表せないことについては，Yoshimura (2013) を参照されたい．

 [6] 格助詞を伴う「wh か」と伴わない「wh か」の統語構造的違いについては，Hasegawa (1991: note 1) を参照されたい．

るので，分析の出発点として，Szabolcsi (2004) が提唱した，some タイプの肯定極性表現に課される制約 (7) を確認しておこう.[7]

(7) a. Some タイプの肯定極性表現は，同節中にある anti-additive oper-ator の直接作用域の中には生起しない.[8]

　　　b. ただし，肯定極性表現と anti-additive operator を含むユニットが否定極性表現を認可する環境にある場合には，その限りではない.

Anti-additive operator とは，英語の場合，具体的には文否定の not や否定量化子の no one，前置詞の without などの演算子を指す.[9] 日本語には no one に相当する否定量化子はなく，without に相当する表現である「～なしに」は否定辞の一種と考えられることなどから，Szabolcsi の制約 (7) を (8) に置き換えて，それが日本語の「wh か」にまつわる事実を正しく説明できるか見てみよう.

(8) a. 「wh か」タイプの肯定極性表現は，同節中にある否定辞の直接作用域の中には生起しない.

　　　b. ただし，「wh か」と否定辞を含むユニットが否定極性表現を認可する環境にある場合には，その限りではない.

まず，(8a) について.「wh か」と否定辞が同節中にない場合には「wh か」が否定辞の作用域内に入れることは，(9) で確認できる. (9) の補文中の「誰かに」は主節の否定辞「ない」の作用域の中にある解釈を受ける.

(9) 花子は [太郎が誰かにその話をしたこと] を知らない.

「wh か」が同節中の否定辞の作用域の中にある解釈を受けられない例としては，すでに (3) を見たが，例文 (10) でもその点を確認しておこう. (10) は，「現代日本語書き言葉均衡コーパス」(以下,「少納言コーパス」と称する)[10] で

---

[7] 以下，英語文献からの引用の和訳はすべて筆者によるものである.

[8]「A と B が同節中にある」とは,「A を含む最小の節が B を含む最小の節でもある」関係を指している.

[9] 文否定の not は anti-additive であるだけではなく，antimorphic でもある. これらの用語の定義および極性表現との関わりについては van der Wouden (1997) や吉村 (1999) を参照されたい.

[10] データの収集には Web 上の「現代日本語書き言葉均衡コーパス」(BCCWJ) のデモ版(「少納言」) を利用した.

見つけた文 (11) の一部を取り出したものである.

　(10)　何かがうまくいっていない. [^{OK}何か＞ない, ＊ない＞何か]

　(11)　この台詞を聞かされたら,何かがうまくいっていないと考える方がい
　　　　い.

(10) でも (3) と同じく,「wh か」は否定辞より広い作用域しか持てない.
(10) の [ ] の中に示したように,否定の「ない」が肯定極性表現の「何か」
より広い作用域を持つ解釈は不可能である.仮に,[ない＞何か] の作用域関
係が成り立つとしたら,(10) は否定一致表現の「何も」を含む (12) と作用域
関係については同じ意味を持つはずであるが,事実はそうではない.

　(12)　何もうまくいっていない.

この事をもう少し詳しく説明しておく.(10) の文は (13) の論理表示のうち,
(13a) の解釈しか持たず,(13b) の解釈は不可能である.

　(13) a.　(∃x: x＝物事)¬(x がうまくいっている)　[何か＞ない]
　　　 b.＊¬(∃x: x＝物事)(x がうまくいっている)　[ない＞誰か]

一方,(12) の文は,論理的に等価な (14a, b) のどちらの論理表示でも表すこ
とができる解釈を持つ.

　(14) a.　(∀x: x＝物事)¬(x がうまくいっている)
　　　 b.　¬(∃x: x＝物事)(x がうまくいっている)

一見して明らかなように (13b) と (14b) は同じ論理表示である.したがって,
もし (10) が (13b) の解釈を持てるなら,(10) は (12) と作用域関係上は同
じ意味を持つことになる.ところが,事実はそうではなく,(10) と (12) は
真理条件的に異なる意味を持っていて,(10) の代わりに (12) を用いて同じ
状況を表すことはできない.以上,(10) の「wh か」は否定辞の作用域の中に
ある解釈はなく,(8a) の制約を満たしていることを確認した.
　次に,(8a) の制約において,単に否定辞の「作用域」という用語は用いら
れず,「直接作用域」という用語が使用されていることにも触れておく.「直接
作用域」(immediate scope) という概念の必要性は Kroch (1979) や Line-
barger (1980, 1987) で論述されており,英語の (15) のような文にまつわる
事実を説明するのに威力を発揮する.

(15)　John didn't say something at every party.　　[^{OK} not > every > some]

(Szabolcsi (2004: 415))

例文（15）では，否定辞と肯定極性表現 something が同節内にあるにもかかわらず，something が否定の作用域の中にある解釈が可能である．これは，[　]に示した作用域関係を見ればわかるように，否定演算子と some の間に普遍量化子 every が介在していて，some は否定演算子の直接作用域の中にはないからである．日本語でも同様の事実が観察され，(16) は (15) と同じ作用域関係の解釈が可能である．

(16)　太郎はすべてのパーティーでは何かを言わなかった．[11]

以上，制約 (8a) が肯定極性表現「wh か」の限定された解釈を説明するのに有効であることが確認できた．次節では，制約 (8a) に対する但し書きである (8b) の妥当性について検討していく．

3.　肯定極性表現救出現象

Szabolcsi (2004) の提案した制約を日本語の「wh か」に特化して表現した (17)（＝(8)）をここでもう一度見てみよう．

(17)　a.　「wh か」タイプの肯定極性表現は，同節中にある否定辞の直接作用域の中には生起しない．

　　　b.　ただし，「wh か」と否定辞を含むユニットが否定極性表現を認可する環境にある場合には，その限りではない．

本節で扱うのは (17b) であるが，それを (17a) とも結びつけて書き換えると (18) になる．

(18)　「wh か」と否定辞を含むユニットが否定極性表現を認可する環境にある場合には，例外的に，「wh か」は同節中にある否定辞の直接作用域の中にある解釈を受けられる．

---

[11] より自然な日本語では (16) は (i) のように言われることが多いと思われるが，(i) は複文になっていて，「何か」と「ない」が同節中にないため，「直接作用域」という概念の有効性をこの文で示すことはできない．

　(i)　[太郎はすべてのパーティーで<u>何か</u>を言った] わけでは<u>ない</u>．

(17b) や (18) の中の「否定極性表現」とは正確には英語の ever タイプの弱い
否定極性表現のことである.[12] 弱い否定極性表現を認可する環境としては，条
件節，先行詞として普遍量化子を持つ関係節，only の作用域，反意述語 (ad-
versative predicate) の補文，否定の上位節の補文，疑問文など，数多くの環
境が知られている.[13] これらの環境で英語の someone が否定辞よりも狭い作
用域を持てることを，Szabolcsi (2004: 417-418) は次のような例文で示して
いる.

(19)　If we don't call someone, we are doomed. （条件節）
(20)　Every boy who didn't call someone … （普遍量化子にかかる関係節）
(21)　Only John didn't call someone. （Only の作用域）
(22)　I am surprised that John didn't call someone. （反意述語の補文）
(23)　I don't think that John didn't call someone. （否定の上位節の補文）[14]

これらの文では，否定辞と someone を含むユニットが，弱い否定極性表現を
認可する環境にあり，このような場合に限り，同節中に否定辞が存在しても
some タイプの肯定極性表現は否定の直接作用域に入る解釈が可能になる，と
いうのが Szabolcsi の主張である．Szabolcsi の用語を使うと，(19)-(23) の
ような文では肯定極性表現が「救出」(rescue) されている，ということにな
る．本稿でもこの比喩を採用し，通常なら否定の直接作用域では認可されない
はずの「wh か」が，その環境で認可される現象を「肯定極性表現救出現象」と
呼ぶことにする.
　さて，目を再び日本語に向けて，上記英文 (19)-(23) を日本語に訳してみ
て，「wh か」が救出されるかどうか見てみよう.

(19′)　誰かに電話しなければ，我々は死ぬ運命にある.
(20′)　誰かに電話しなかった少年は皆，…
(21′)　ジョンだけが誰かに電話しなかった.
(22′)　ジョンが誰かに電話しなかったなんて，びっくりだ.

---

[12] 吉村 (1999: 122) によると，英語の他の弱い否定極性表現には any, at all, budge an
inch なども含まれる.
[13] 弱い否定極性表現を認可するその他の代表的環境については吉村 (1999: 10-13) を参照
されたい.
[14] 二重否定の環境で英語の肯定極性表現が認可されることについては Baker (1970) によ
る詳細な分析がある．また，二重否定の環境に生起する some については Jespersen (1909-
49: VII, 17.65) がすでに言及している.

(23′)　ジョンが誰かに電話しなかったとは私は思わない.

(19′)–(23′) はいずれも,「誰か」が否定辞の作用域内にある解釈を許す. 例えば, (19′) は「誰にも電話しなければ, 我々は死ぬ運命にある」と作用域関係上は同じであるような解釈を持っている.

　(24)–(29) は「少納言コーパス」で見つかった,「wh か」の救出が起きている文である.

(24)　何かきっかけがないと客への電話はしづらい.　　　　　　　（条件節）

(25)　誰かがそばにいないといたたまれなかったり, ⋯　　　　　　（条件節）

(26)　僕らが今までしていたことを, 誰かに知られたくなかったらね, ⋯
　　　　　　　　　　　　　　　　　　　　　　　　　　　　　　　（条件節）

(27)　何かしないでいられるものではなかった.
　　　　　　　　　　　　　　　　　　　　（否定の上位節内の埋めこみ文）

(28)　何かを信じずにはいられなかったのだし, ⋯
　　　　　　　　　　　　　　　　　　　　（否定の上位節内の埋めこみ文）

(29)　何か目的がなくてはならないと裕孝は思っている.
　　　　　　　　　　　　　　　　　　　　（否定の上位節内の埋めこみ文）

(24)–(26) の否定の条件節に現れる「wh か」は皆, 否定辞の作用域内にある解釈を許す. 例えば, (26) は「⋯誰にも知られたくなかったらね」と同じ論理表示を持つ解釈（演算子の作用域関係で表すと [¬ >∃] の解釈）が可能である.[15] 同様のことが, 否定の上位節を持つ例文 (27)–(29) についても言える. これらの文でも「wh か」は皆, 否定辞の作用域内にある解釈があり, 例えば (27) には,「何か」を「何も」に置き換えた場合と同じ作用域関係を持つ解釈が存在する.

　以上の考察をまとめると, 日本語でも英語同様に, 弱い否定極性表現が認可される環境においては「wh か」は (17a) の制約から解放され, 同節内の否定辞よりも狭い作用域を持つ解釈が可能であるといえる.

---

[15] 論理表示が同じ文は, 必ずしも意味的に等価ということではない. (26) の「誰かに」を「誰にも」に置き換えると, 意味の何らかの側面に違いが生じる. 本稿では便宜上「wh か」の解釈上の違いを否定辞との作用域関係で分析しているが, 作用域関係だけでは説明できない意味の違いがあることは確かである. そのような意味の違いを説明するには, 論理表示による分析ではなく, Fauconnier (1994) のメンタルスペース理論のような分析が必要になるであろう.

4.　否定疑問文に現れる「wh か」

　ここで，Szabolcsi（2004）では議論されていない，否定疑問文における肯定極性表現の振る舞いについて考えておきたい．疑問文が弱い否定極性表現を認可することは周知の事実であり，このことから疑問文では肯定極性表現救出が起きることが予測される．実際，日本語の肯定極性表現が疑問文においては同節内の否定辞と共起できることが McGloin（1972, 1976）や Hasegawa（1991）によって指摘されている．[16]

　しかし，日本語の否定疑問文において「wh か」が同節内の否定辞の作用域の中にある解釈ができるかどうかの判断には微妙な問題が絡んでいる．このことを考察するにあたり，「少納言コーパス」で採集した次の文を考えてみよう．

　(30)　君のパパが，<u>何か</u>言って<u>なかった</u>？
　(31)　ずっとこのままでは嫌でしょ？　<u>何か</u>進展させた<u>くない</u>？？[17]

(30)-(31) の否定疑問文では「wh か」が同節内の否定辞と共起している．問題は，これらの「wh か」が否定の作用域の中にある解釈を持つかどうかである．これまで見てきた，同節内の否定辞の作用域内にある「wh か」は，それを否定一致表現の「wh も」に変えた場合に得られる論理表示と同じ解釈が得られた．そこで，(30)-(31) の「何か」を「何も」に変えてみると，(30′)-(31′) が得られる．

　(30′)　君のパパが，<u>何も</u>言って<u>なかった</u>？
　(31′)　ずっとこのままでは嫌でしょ？<u>何も</u>進展させた<u>くない</u>？？

(30) と (30′) そして (31) と (31′) をそれぞれ比べてみると，これらの文は同一論理表示で表せるような命題を共有していないように思える．[18] このことからすると，(30)-(31) の否定疑問文においては「wh か」は否定の作用域にはないように見える．

　その一方で，(30)-(31) と意味的にほぼ同じであると思われる (30″)-(31″) を考えてみると，「wh か」は否定辞の作用域の中にあることがわかる．

---

[16] McGloin（1972, 1976）と Hasegawa（1991）はまた，日本語の「wh か」は，条件節でも同節内の否定辞と共起できることも指摘している．

[17] 文末に疑問符が2回続いているのは原文のままである．

[18] それだけではなく，(30′) と (31′) は，文自体が奇妙に感じられる．このことについては，後で考察する．

(30″)　[君のパパが, <u>何か</u>言ってた] んじゃ<u>ない</u>？

(31″)　ずっとこのままでは嫌でしょ？ [<u>何か</u>進展させたい] んじゃ<u>ない</u>？？

　(30″)–(31″) の例文中の [　] で括られた命題は明らかに文末の「ない」の作用域の中にある. (30)–(31) がそれぞれ (30″)–(31″) に置き換えられるのであれば, (30)–(31) でも「何か」は否定の作用域の中にあるはずである.

　この, 一見矛盾しているように見える事態は, (30)–(31) のような否定疑問文においては, 文構造上「wh か」と同節内にあるように見える否定辞が, 論理形式上は上位節の中にある, と考えることで説明がつく. すなわち, (30)–(31) の否定疑問文の論理形式は, (30″)–(31″) の論理形式同様, 2 つの節により成り立っており, 否定辞は論理形式上は上位節の中にあると考えられるのである. 言い換えると, (30)–(31) の否定辞は, (30″)–(31″) の [　] で括られた命題を否定してはいない, ということである. (30)–(31) の否定辞の機能は, 疑問演算子と共に [　] 内の命題について「そうじゃない？」というように確認を求めることであるといえよう. このように考えることによって, 「何か」を「何も」に置き換えた (30′)–(31′) が奇妙に感じられることにも説明が与えられる.「何も」は否定一致表現であるため, 同節内の否定辞の作用域になければならない. ところが, (30′)–(31′) の否定辞が論理形式上は (30)–(31) と同じように上位節の中にあるとすると,「何も」に課された否定辞との同節条件に違反してしまう. これが (30′)–(31′) が奇妙に感じられる理由であろう. もちろん, (30′)–(31′) の否定辞が論理形式上「何も」と同節内にあると解釈すれば「何も」は認可されるのだが, この解釈は (30′)–(31′) のままでは難しく, 文末に「の」をつけるなどしないと得づらいように思える.

　以上の考察をまとめると, (30)–(31) のような単文否定疑問文の中にある「wh か」は否定辞の作用域の中にはあるが, その否定辞は「wh か」を含む最小の命題を否定する機能を持つ否定辞ではなく, 疑問演算子と共にその作用域内の命題について「そうじゃない？」と確認する機能を持つ否定辞である. その否定辞は論理形式上は「wh か」を含む節より上位の節にあると考えられる.

5.　Szabolcsi (2004) の分析に対する反例と Larrivée (2012) の代案

　(17b) に記した Szabolcsi の例外規定は, 肯定極性表現と否定極性表現が深いところで密接に関係していることを示唆しているようで非常に興味深い. また, 第 3 節で見たようにこの例外規定は日本語にもあてはまり, 言語の普遍

的な性質の 1 つである可能性を感じさせるものでもある.

　しかしながら, Szabolcsi (2004) の分析には経験的な問題があることが, Larrivée (2012) の研究で明らかにされている. 次の例が示すように, 弱い否定極性表現を認可する環境以外の環境でも肯定極性表現が救出されるのである.

(32)　The fact that he didn't say something was good.　(Larrivée, p. 880)

(33)　If John were insensitive, he wouldn't have said something.

(Larrivée, p. 888)

「弱い否定極性表現を認可する環境」とは, Ladusaw (1979) のいう下方含意 (downward entailment (DE)) の環境であるが, (32) の fact の補文は DE ではなく, (33) の条件文の後件もそうではない. したがって Szabolcsi の分析によれば, これらの文における something は否定の作用域内にある解釈はないはずだが, 予想に反してそのような解釈が存在すると Larriée は指摘する.

　そして日本語でも DE 環境以外の環境で (少なくとも表層上は) 同節内の否定辞の直接作用域にある「wh か」の存在が数多く認められる. (34)-(37) に「少納言コーパス」で見つかったそのような「wh か」を含む文のいくつかをあげておく.[19]

(34)　誰かに先を越されたくないからな.

(35)　彼女も悩んでいるようで, 誰かに相談もできないようです.

(36)　この作品, コーンが誰かに見つからないように隠れている感じがします.

(37)　この瞬間を誰かに邪魔されたくないという気持ちが, 無意識に働いていた.

いずれの例文においても, 「誰か」が「ない」の作用域内にある解釈が存在する.

　Larrivée (2012) は, 上記 (32), (33) のような文と, メタ言語否定の関与している (38) や対比 (contrast) の関与している (39) に対して共通の説明を

---

[19] DE テストの例を 1 つだけ示すと, (37) の「wh か」と否定辞を含むユニットである「この瞬間を誰かに邪魔されたくない」が下方含意の環境にないことは次の例からわかる.
　(i) a.　[ここで走りたい] という気持ちが, 無意識に働いていた.
　　　b.　[ここで速く走りたい] という気持ちが, 無意識に働いていた.
(ia) は (ib) を伴立しないため, 下方含意は成り立たない.

与えられると主張している.[20]

(38)　John didn't say something, Jane did. (メタ言語否定)

(39)　John should have said something, and he didn't say something. (対比)

その説明とは, Dryer (1996) の提唱した「活性化された命題」(activated proposition) という概念を用いる説明である. Larrivée (2012: 885) によると, 「活性化された命題」とは「前提」(presupposition) と伝統的に呼ばれてきたものに該当するが, Dryer (1996) が再定義した意味での「前提」であり, 「共有された信念」ではなく「共有された情報」を指す. Larrivée による「活性化」の定義は必ずしも明確ではなく, 説明箇所によって少し異なっている. ここではとりあえず「話者と聴者の両方にとってアクセス可能な状態」と考えておく.[21] つまり「活性化された命題」とは, 「話者と聴者の両方にとってアクセス可能な状態にある共有された情報」と考えていいだろう.

　メタ言語否定の関与している (38) と対比の関与している (39) に関しては, 「活性化された命題」が何であるかはわかりやすい. (38) では John said something が活性化された命題で, 談話に出現したこの命題に対して, (38) の話者は異議を唱えていると言える. (39) では, 後半部分の he didn't say something が発話される時点で, 前半部分の命題 John should have said something が活性化されており, そのために something の救出が可能になっているというのが Larrivée の分析である.

　Larrivée は下に再掲した (40) (= (32)), (41) (= (33)) も (38), (39) と同様に「活性化された命題」により説明できるとしているのだが, (40) に関してはあまり説得力がないように思える.

(40)　The fact that he didn't say something was good.

(41)　If John were insensitive, he wouldn't have said something.

例文 (40) では something が名詞 fact の補文 (同格節) に現れているため, その補文内の命題が真であることが前提とされている. よって he didn't say

---

[20] Szabolcsi (2004: 413) も強調的な否認 (emphatic denial) や対比 (contrast) のある文脈では, DE 環境でなくても some が同節の否定辞の直接作用域に入れることに気づいているが, それらは分析の対象から除外している.

[21] Larrivée (2012: 885) 参照.

something が活性化された命題ということになるのだろうが，この命題は否定命題であるという点で上の（38），（39）とは決定的に異なる．肯定命題が活性化されている（38），（39）ではその活性化された命題にある something が認可されて，次の発話の否定文中でも something が許容されるという説明が可能であるが，活性化された命題自体が否定命題である（40）ではそのような説明はできない．今述べた問題を回避し，「活性化された命題」という概念で（40）も説明できるという可能性もあるのかもしれないが，その明確な方法が示されていない以上，Larrivée の説を本稿で採用することはできない．

　次節では，「wh か」が救出されている様々な例文について考察を深め，「wh か」の救出現象に対する，より良い説明を提案したい．

6.　「wh か」の解釈上の制約と断定命題を基にした分析

　本節の目的は，「wh か」と否定辞の作用域関係に関する事実を根本から洗い直し，より妥当な分析を提示することである．まず 6.1 節で，「wh か」が否定の作用域に入れない理由について考察する．次に 6.2 節で，「wh か」に課された解釈上の制約を提案し，それに抵触しない限り「wh か」と否定辞との作用域関係は自由であることを主張する．6.3 節では，6.2 節の提案を最小命題という観点から再吟味し，「wh か」に課された制約は，それを含む最小の命題が断定される時にのみ課される制約であることを論じる．6.4 節では，残された課題について述べる．

6.1.　否定の作用域に入れない「wh か」や some

　英語の some 系列の肯定極性表現（someone, something, etc.）については，古くから Lakoff（1969）などによって肯定の前提（positive presupposition）が存在することが指摘されてきた．例えば Lakoff（1969: 610, 612）は，(42a)と (42b) を比較し，some の使用されている (42a) は問題ないが，any の使用されている (42b) は聞き手が混乱すると述べている．

(42) a. If John sees <u>some</u> goldfish in that tank, it's not surprising: there are lots of them in there.

　　 b. If John sees <u>any</u> goldfish in that tank, it's not surprising: there are lots of them in there.

その理由は，Lakoff によると，次の通りである．(42a) では，「タンクに金魚が存在する」という肯定の前提が存在する．しかし，any の用いられている (42b) には，否定または中立の前提があり，「タンクに金魚が存在する」という肯定の前提はない．したがって (42b) では，前提とされていることと，文で明言されていること (there are lots of them in there) が適合せず，混乱を生むことになる．

　英語の some に関するこの洞察は，日本語の「wh か」を含め some 系列の肯定極性表現が，そもそもなぜある種の否定文において否定の作用域の中に入れないのかという根本的な問いに対して答えを与えてくれる．ここでは日本語の例を分析してこのことを確認していきたい．まず (43) について考えてみよう．

(43) a. 　<u>誰か</u>が来てい<u>ない</u>.　　　　　　[^{OK} 誰か＞ない, *ない＞誰か]

　b. 　太郎は<u>何か</u>に気づいてい<u>ない</u>.　　[^{OK} 何か＞ない, *ない＞何か]

どちらの文も「wh か」が否定辞より広い作用域を持つ解釈しかない．第 2 節で見たように，このような文の存在が，「wh か」を肯定極性表現と考える根拠であった．ここで some 系列の肯定極性表現を含む文には肯定の前提が存在するという Lakoff の主張に基づき，「wh か」や some には (44) の特性があると考えてみよう．

(44)　「wh か」（および some 系列の肯定極性表現）は，それが指示する不定の対象の存在を前提とする．

この特性を基に (43) の文を考えてみる．もしも (43a) で「誰か」が否定の作用域に入る解釈を受けるとどうなるか．論理表示で表すと (45) のようになる．

(45)　¬(∃x: x ＝ 人) (x が来ている)

(45) の論理表示が表していることは，(44) の「wh か」の持つ性質に矛盾する．なぜなら，(45) の解釈では「来ている人」の存在が否定されているからである．この矛盾を解消するためには，(46) のように演算子の作用域を変えれば良い．

(46)　(∃x: x ＝ 人)¬(x が来ている)

論理表示 (46) が表している意味は，「来ていない人が存在する」ということであり，(44) の性質に違反しない．(43a) では「誰か」の指示対象は明確で

はないが，その不定の人が存在するということをこの文は表現している．同様の説明が「何か」を含む例文 (43b) にも適用でき，英語の some 系列の肯定極性表現にも適用できる．このことから，(43) のような文において「wh か」（および some 系列の肯定極性表現）が同節内の否定辞の作用域の中にある解釈を受けないという事実は，これらの表現が内在的にもつ特性 (44) による帰結であるということができる．[22]

6.2. 「wh か」に課された解釈上の制約

前節では「wh か」が持つ根本的な特性として「それが指示する不定の対象の存在を前提とする」という性質があることを提案した．この節では，その特性を基に「wh か」に課された解釈上の制約として (47) を提案する．

(47)　「wh か」はその不定の指示対象の存在が断定的に否定される解釈を持てない．

(47) で使用されている「断定」という概念をここでは (48) のように定義する．

(48)　ある命題を断定するとは，その命題が真であることを明言することである．[23]

したがって，(47) において「不定の指示対象の存在が断定的に否定される」とは，「不定の指示対象が存在しないことが明言される」ことを意味する．「不定の指示対象が存在しないことに話者がコミットしている」と言っても良い．

例文 (49a, b)（=(43a, b)）を (47) の制約に照らし合わせて考えてみよう．

(49) a.　誰かが来ていない．　　　　　　[^{OK} 誰か＞ない，*ない＞誰か]
　　　 b.　太郎は何かに気づいていない．　[^{OK} 何か＞ない，*ない＞何か]

---

[22] 第2節で，「なぜか」は肯定極性表現ではないため，本稿においては「wh か」の中に含めないことに言及した．「なぜか」が肯定極性表現ではないという事実は本節で提示した分析により説明可能になる．「なぜか」は「誰か」や「何か」と違い，不定の指示対象を持たない．したがって「なぜか」は (44) の特性を持っておらず，否定辞の作用域の中にあっても問題が生じない．

[23] この定義は Kuroda (2005: 26) と Abbott (2000: 1431) を参考にした．Kuroda からの引用を (i) に，Abbott からの引用を (ii) に記載しておく．

　(i)　Asserting is a cognitive act of committing oneself to the truth of a conceived proposition and in its essence independent of other cognitive act or cognitive state.

　(ii)　… what is asserted is what is presented as the main point of the utterance—what the speaker is going on record as contributing to the discourse.

(49a, b) は断定否定文である．したがって，その中の「wh か」が否定の作用域の中にある場合，(47) に違反する．そのため，「wh か」は否定辞より広い作用域を義務的に持つことになる．

　次に，非断定節の中に「wh か」が現れている場合を考えてみる．(50) と (51) はその例である．

　(50)　誰かがそばにいない<u>と</u>いたたまれなかったり，···．(＝(25))

　(51)　<u>何か</u>しないでいられるものではなかった．(＝(27))

(50) の条件節は，その性質上，断定の環境ではない．したがって，(50) の「誰か」の存在は断定的に否定されておらず，(47) の制約に違反しない．この例のように，「wh か」が (47) の制約に違反しない場合には，「wh か」と否定辞との間の作用域関係は自由であると仮定してみよう．そうすると，(50) で「wh か」が否定辞よりも狭い作用域を持てるという事実が説明されることになる．(51) は否定の上位節内の埋めこみ文の中で「何か」と「ない」が共起している文である．この文でも，「何か」の不定の指示対象の存在が断定的に否定されてはいない．話者は，明確ではないにせよ「何か」の存在を想定しているはずである．したがってこの文の「何か」も (47) の制約に違反しない．先ほどの仮定にしたがい，ここでも「wh か」と否定辞との作用域関係が自由であるなら，(51) で「何か」が否定辞の作用域の中にある解釈を受けられることが説明できる．

　ここで，「wh か」が肯定極性表現と呼ばれる理由について再度確認しておこう．第 2 節で見たように，「wh か」は限定された解釈を持つタイプの肯定極性表現である．したがって，「wh か」に肯定極性があるという時，何が意味されているかというと，「wh か」が同節内の否定辞の直接作用域の中にある解釈を受けられない，ということである．ところが，実際は，第 3 節と第 5 節で見たように，また，上記 (50), (51) でも確認したように，「wh か」が同節内の否定辞の直接作用域の中で解釈される例が数多く存在する．それどころか，「wh か」が否定辞より広い作用域を持つ場合の方が例外的であるように思われる．そうであれば，「wh か」は肯定極性を持たないと考えた方がいいであろう．これを仮説として (52) に明示しておく．

　(52)　「wh か」は肯定極性を持たない．

例文 (50), (51) の説明時に「「wh か」が (47) の制約に違反しない場合には，「wh か」と否定辞との間の作用域関係は自由である」と仮定したが，この仮定

は（52）から導かれる．肯定極性を持たないということは，否定辞との作用域関係になんら制約がないということを意味するからである．

本稿の分析が正しければ，「wh か」の「救出現象」は存在しないことになる．なぜならば，「wh か」が「救出」されると考えられていた環境の方が実は無標の環境で，「wh か」が肯定極性表現のように振る舞う環境のほうが有標の環境ということになるからである．[24]

6.3. 「wh か」の制約と断定命題

前節では，「wh か」が持つ解釈上の制約（47）を仮定することにより，いくつかの環境で「wh か」が否定辞の作用域の中にある解釈を許す事実が説明できることを見た．本節では，第 3 節や第 5 節であげたその他の例も（47）の制約で説明できるかどうかについて考察する．

まず，第 5 節で見た，下方含意（DE）の環境に「wh か」と否定辞のユニットがないにもかかわらず，「wh か」が否定辞より狭い作用域を持つ解釈が得られる文を考察しよう．(53)–(56)（＝(34)–(37)）がそのような文である．

(53)　誰かに先を越されたくないからな．
(54)　彼女も悩んでいるようで，誰かに相談もできないようです．
(55)　この作品，コーンが誰かに見つからないように隠れている感じがします．
(56)　この瞬間を誰かに邪魔されたくないという気持ちが，無意識に働いていた．

これらの例文は「wh か」に課された制約として提案した（57）（＝(47)）で説明できるだろうか．

(57)　「wh か」はその不定の指示対象の存在が断定的に否定される解釈を持てない．

直観的に判断すると，(53)–(56) の「wh か」の不定指示対象の存在は，断定的に否定されていない．したがって（57）によりこれらの文の解釈上の事実

---

[24] この分析は，Giannakidou (2011: §9) の some の分析に通じるものがある．Giannakidou は，Szabolcsi (2004) の分析を批判的に検討し，特別な扱いが必要なのは強調された some であり，強調されない some は通常の不定名詞句と同じ振る舞いをすると主張する．また，肯定極性表現であるのは強調された some であり，強調されない some は文脈によって特定の解釈を受けたり不特定の解釈を受けたりするとも述べている．

が説明できるのだが，この直観的判断のもとになっているのは何だろうか．Abbott (2000) によると，「断定」は文の中の原子命題 1 つに限定される傾向があるという．また，断定される命題は典型的には主節に相当するとも述べている．このことを念頭において，まず (53) と (56) の文を考えてみたい．これらの文には希望を表す述語「たい」が存在する．(53) を例にとると，その中には「誰かに先を越されることを望まない」という命題が含まれている．そしてこの命題には「誰かに先を越される」という命題と，「X を望まない」という命題が含まれている．(「X」は分析されていない項を表す．) 希望の述語の補文にくる命題 ((53) では「誰かに先を越される」) は，まだ実現されていない命題であり，それが真であることを明言する断定命題ではない．したがって，(53) と (56) では「wh か」が断定的に否定されていないと判断されることになる．このように考えてみると，(57) は (58) のように置き換えることができるであろう．

(58) 「wh か」を含む最小の命題が断定されている時，「wh か」はその不
定の指示対象の存在が否定される解釈を持てない．

(58) の有効性を確認するために，次に例文 (55) を考えて見てみよう．(55)には「誰かに見つからないように」という従属節が含まれているが，「誰か」を含む最小の命題である「誰かに見つからない」は，「ように」の補部にある命題であることからもわかるように，断定されていない．したがって「誰か」は(58) の適用を受けず，否定辞の作用域の中にある解釈を持てることになる．

例文 (54) (= (59)) はどうであろうか．

(59) 彼女も悩んでいるようで，<u>誰か</u>に相談もでき<u>ない</u>ようです．

この文に含まれる「誰かに相談もできない」という命題は「X ようです」という命題に埋め込まれている．英語の It seems that X と同じく，断定はこの主節の「X ようです」だけであり，話者は「誰かに相談もできない」ことが真であることを明言してはいない．したがって，この文も (58) に違反していないことがわかる．[25] 以上，第 5 節で提示した例に関しては，「wh か」に課された

---

[25] ここで提示している分析から予測されることに反して，「誰か」を含む最小の命題 (i) 自体，「誰か」が否定の作用域の中にある解釈を許すように思える．
(i) 彼女は誰かに相談もできなかった．
このことについては，6.4 節で考察することにする．

制約を (58) に置き換えても説明が可能であることを見た.

　次に考察しなければいけないのは, 第 3 節で提示した, Szabolcsi が同定した肯定極性表現救出環境にある例文である. 既に考察した条件文を除いて, (20′)–(23′) を (60)–(63) として再掲する.

　(60)　誰かに電話しなかった少年は皆, …
　(61)　ジョンだけが誰かに電話しなかった.
　(62)　ジョンが誰かに電話しなかったなんて, びっくりだ.
　(63)　ジョンが誰かに電話しなかったとは私は思わない.

まず, (60) を完全な文にした「誰かに電話しなかった少年は皆, 後悔した」を考えてみよう. ここでも, 断定されているのは主節のみであると仮定すると, 命題「(少年は) 誰かに電話しなかった」は断定されていないことになり, 断定命題のみに課される制約 (58) は適用されず, 「誰か」が否定辞より狭い作用域を持つ解釈が可能であることが説明できる. 実際この命題は断定されてはいないと思えるが, 断定命題の同定に関する問題については次節で簡単に触れることにする.

　(61) に関しては, Horn (2002) が英語の only に関する分析で提案した, 「断定的に不活性」(assertorically inert) という概念が説明を与えてくれる. Horn の分析に基づいて (64a) (= (61)) を分析してみると, (64a) には (64b) の意味と (64c) の意味が含まれているが, 断定されているのは (64c) の意味だけである. 否定命題である (64b) は断定されていない.[26]

　(64)　a.　ジョンだけが誰かに電話しなかった. (= (61))
　　　　b.　ジョンは誰かに電話しなかった.
　　　　c.　ジョン以外の人は皆, 誰かに電話した.

(64b) は断定的には不活性な命題であるため, (58) の適用を受けない. したがって, (64a) で「誰か」は否定辞の作用域の中にある解釈を受けられることになる.

　次に (63) を考えると, 「誰か」は主節動詞「思わない」の補文中にあり, その補文は話者によって断定されていない (= 真であることが明言されていない). したがって, 「誰か」は (58) に違反せず, 補文にある否定辞より狭い作用域を取れることになる.

---

[26]　この根拠については Horn (2002: 62ff) や吉村 (2010: 333ff) を参照されたい.

　最後に（62）について．この文でも述語「びっくりだ」の補文が断定されて
いなければ，「wh か」の解釈について説明が与えられる．実際，この文では
「ジョンが誰かに電話しなかった」という命題は，話者によって信じられては
いても，断定されているとは言えないだろう．（62）が発話される文脈として
は，話し相手から「ジョンは誰かに電話することになってたんだけど，しな
かったんだって」ということを聞いた時，などが考えられる．この文脈では，
（62）の発話者は話し相手が言ったことに対して，それが真であるということ
にはコミットしていない．したがって（62）で「誰か」が否定辞より狭い作用
域を持てることも（58）により説明できる．以上，（60)-(63）に関して，（58）
の制約により解釈上の事実が説明可能になることを確認した．

　しかし，ここで，補文は常に非断定環境だとは言えないことについて触れて
おく必要がある．補文の命題内容が断定されるかどうかは，述語によって違い
があることが Kuroda（2005: §3.1）によって指摘されている．Kuroda による
と，「知っている」の補文は statement-making contexts（陳述文脈）であり，
「残念に思う」の補文は non-statement-making contexts（非陳述文脈）である．
Kuroda の言う statement はここで言う「断定」と同じ意味で捉えていいよう
に思える．[27] そうであれば，「知っている」の補文は断定環境で，「残念に思う」
の補文は非断定環境であるということになる．実際，これらの述語の補文に
「wh か」を含む否定文がある場合，「wh か」の解釈に関して違いが認められ
る．

　　（65）　［誰かが来なかった］ことを花子は知っている．　　　　［*ない＞誰か］
　　（66）　［誰かが来なかった］ことを花子は残念に思っている．［^{OK}ない＞誰か］

（66）では，「誰も来なかったことを花子は残念に思っている」と同一論理表示
になる解釈が可能であるが，（65）では「誰も来なかったことを花子は知って
いる」と論理表示的に等価の解釈は不可能である．この事実は，（65）では補
文も断定されていることを示唆している．

6.4.　残された課題

　最後に，残された課題のいくつかに言及して，本稿の分析を閉じることにし
たい．まず，脚注 25 で触れた（67）とそれに類似する（68）を考えてみよう．

---

[27] Austin（1950/1970: 120）を引用し，Jary（2010: 199, note 2）も statement と assertion
は本質的に同じ現象を指すものとして扱っている．

(67)　彼女は誰かに相談もできなかった.

(68)　この状況じゃ,　誰かに相談もできない.

これらの文は単文否定断定文であり,　明らかに制約 (58) の適用を受ける.　そして予測されるのは,　「誰か」は否定辞より広い作用域しかとれないということであるが,　予測に反して「誰か」が否定辞より狭い作用域をとれる.　一体何が起こっているのだろうか.　1 つの可能性として考えられるのは,　これらの文においては,　「誰かに相談したい」という肯定の会話の推意 (conversational implicature) が感じられ,　それがこの文の解釈に影響を与えているのではないか,　ということだ.[28] Larrivée 流に言えば,　「誰かに相談する」という命題が活性化されている,　ということになるだろう.　もう 1 つの可能性として,　「相談」についている助詞「も」が何らかの形で「wh か」が否定辞の作用域の中に入ることを可能にしているということも考えられる.　試しに (67)–(68) の「も」を「が」に変えると,　「誰か」は否定辞より広い作用域しかとれないように思える.　このことからすると,　(67)–(68) で起きていることには,　会話の推意ではなく,　「も」の働きが関与しているようである.　「も」を「が」に変えても,　会話の推意には変化がないように思えるからだ.　具体的な分析は今後の課題である.[29]

　次に,　少納言コーパスで見つかった (69)–(70) に触れつつ,　断定命題の同定の問題について述べておきたい.　(69)–(70) の「誰か」は否定辞の作用域の中にある解釈を持つ.

(69)　あたりに目を配って,　エリ子は誰かに見られていないことを確かめた.

(70)　荷物番を誰かに頼めない一人旅の女性は特に重宝するでしょう.

これらの文は,　「wh か」を含む最小命題が否定平叙文であり,　潜在的には断定の解釈を受ける可能性がある.　だが,　その最小の命題は埋めこみ文であるため,　通常は断定の解釈を受けない.　「断定」の定義 (48) をもとに直感的に判断すると,　(69)–(70) では通常通り主節命題のみが断定されており,　「wh か」

---

[28] 極性は異なるが,　否定極性表現の認可に会話の推意が重要な役割を果たしていることが Linebarger (1980, 1987) によって主張されている.　「極性の尺度モデル」(Scalar Model of Polarity) を主張する Israel (2011: §9.4) も,　否定極性表現の認可には Linebarger 流の会話の推意を考慮する必要性があることを認めている.

[29] この問題を考えるにあたっては,　小林 (2009) が参考になるだろう.

を含む最小命題は話者によって断定されてはいないと言えるだろう．そうであれば，これらの文における「wh か」の解釈は問題ないのだが，断定節の同定を直感に頼るのではいかにも心許ない．前節で見たように，述語によっては補文に断定の解釈を許すものもある．この種の補文が断定されているか否かを直感的に判断するのは容易ではないだろう．したがって，本稿で提案した「whか」の分析においては，命題がどういう場合に断定されていると言えるのかを明確にすることが重要になってくる．Kuroda (2005) では，助詞「は」をトピックとして解釈できるか否かと，陳述文脈であるか否かには対応関係があることが示されているが，この点も含めて，断定命題の同定方法に関しては今後の研究に委ねたい．

7.　おわりに

　本稿の目的は，肯定極性表現「wh か」が否定の環境で生起している文について考察し，「wh か」と否定辞との間の作用域関係が限定される場合とそうでない場合があるという事実について，説明を与えることであった．「否定辞との間の作用域関係が限定される場合」とは，「wh か」が否定辞より広い作用域しか持てない場合である．このような限定された解釈を持つ「wh か」を基にして，「wh か」は肯定極性表現であると言われているわけであるが，逆に「whか」と否定辞との間の作用域関係が限定されない場合の方が無標の状況であると考える方がいいことを論じた．否定辞との作用域関係が自由であるということは，すなわち極性を持たないということであり，このことから「wh か」は肯定極性を持たないという仮説を提示した．単文否定断定文において「wh か」が肯定極性表現のように振る舞うのは，「wh か」が存在を前提とするという特性と，それから導かれる解釈上の制約 (58) ──「wh か」を含む最小の命題が断定されている時，「wh か」はその不定の指示対象の存在が否定される解釈を持てない──によるものである，ということを主張した．

　本稿ではまた，Szabolcsi (2004) に対する Larrivée (2012) の反論を基に，弱い否定極性表現を認可する環境は「wh か」の「救出」が行われる特別な環境というわけではないことも示した．実際には，弱い否定極性表現が認可される環境以外の環境でも「救出」は起きており，その事実は，「wh か」が肯定極性を持たないのであれば，当然予期されることである．このことから，本稿の分析によれば「肯定極性表現救出現象」そのものが存在しないことになる．同じことが英語の some 系列の表現についても言えるかどうかについては本稿では

考察の対象としなかったが，some を含む文に肯定の前提があるという事実から出発すれば，some と否定辞との作用域関係に関する事実に対しても基本的には「wh か」と同じような説明が可能であろう．ただし，Larrivée (2012) の提示している例文の中には，(58) のような解釈上の制約だけでは説明が困難であるように思われるものもあり，注意深く検証する必要がある．本稿で論じた日本語の「wh か」の分析に関しては，前節で示したように課題もいくつか残ってはいるが，解釈上の事実の説明に一定の効力のある分析を提示できたのではないかと思う．

参考文献

Abbott, Barbara (2000) "Presuppositions as Nonassertions," *Journal of Pragmatics* 32, 1419-1437.

Austin, J. L. (1950/1970) "Truth," *Philosophical Papers*, ed. by J. O. Urmson, and G. J. Warnock, 117-133, Oxford University Press, Oxford.

Baker, Carl Lee (1970) "Double Negatives," *Linguistic Inquiry* 1, 169-186.

Dryer, Matthew S. (1996) "Focus, Pragmatic Presupposition, and Activated Propositions," *Journal of Pragmatics* 26, 475-523.

Fauconnier, Gilles (1994) *Mental Spaces: Aspects of Meaning Construction in Natural Language*, Cambridge University Press, Cambridge.

Giannakidou, Anastasia (2002) "Licensing and Sensitivity in Polarity Items: from Downward Entailment to (Non) veridicality," *CLS* 38(2), 29-54.

Giannakidou, Anastasia (2011) "Negative and Positive Polarity Items," *Semantics: An International Handbook of Natural Language Meaning*, ed. by M. von Heusinger and P. Portner, 1660-1712, Mouton de Gruyter, Berlin.

Hasegawa, Nobuko (1991) "Affirmative Polarity Items and Negation in Japanese," *Interdisciplinary Approaches to Language: Essays in Honor of S.-Y. Kuroda*, ed. by C. Georgopoulos and R. Ishihara, 271-285, Kluwer, Dordrecht.

Horn, Laurence (1989) *A Natural History of Negation*, University of Chicago Press, Chicago.

Horn, Laurence (2002) "Assertoric Inertia and NPI Licensing," *CLS* 38(2), 55-82.

今仁生美 (1993)「否定量化文を前件にもつ条件文について」『日本語の条件表現』，益岡隆志 (編)，203-222，くろしお出版，東京．

Israel, Michael (2011) *The Grammar of Polarity: Pragmatics, Sensitivity, and the Logic of Scales*, Cambridge University Press, Cambridge.

Jary, Mark (2010) *Assertion*, Palgrave Macmillan, Hampshire.

Jespersen, Otto (1909-1949) *A Modern English Grammar on Historical Principles*,

George Allen & Unwin, London.

小林亜希子 (2009)「とりたて詞の極性とフォーカス解釈」『言語研究』第 136 号，121-151.

Kroch, Anthony (1979) *The Semantics of Scope in English*, Garland, New York.

Kuroda, S.-Y. (2005) "Focusing on the Matter of Topic: A Study of *wa* and *ga* in Japanese," *Journal of East Asian Linguistics* 14, 1-58.

Ladusaw, William (1979) *Polarity Sensitivity as Inherent Scope Relations*, Doctoral dissertation, University of Texas, Austin. [Republished in the series Outstanding Dissertations in Linguistics, Garland, New York & London, 1980.]

Lakoff, Robin (1969) "Some Reasons Why There Can't Be Any *some-any* Rule," *Language* 45, 608-615.

Larrivée, Pierre (2012) "Positive Polarity Items, Negation, Activated Propositions," *Linguistics* 50(4), 869-900.

Linebarger, Marcia (1980) *The Grammar of Negative Polarity*, Doctoral dissertation, MIT.

Linebarger, Marcia (1987) "Negative Polarity and Grammatical Representation," *Linguistics and Philosophy* 10, 325-387.

McGloin, Naomi Hanaoka (1972) *Some Aspects of Negation in Japanese*, Doctoral dissertation, University of Michigan.

McGloin, Naomi Hanaoka (1976) "Negation," *Japanese Generative Grammar: Syntax and Semantics* 5, ed. by M. Shibatani, 371-419, Academic Press, New York.

Szabolcsi, Anna (2004) "Positive Polarity—Negative Polarity," *Natural Language and Linguistic Theory* 22, 409-452.

van der Wouden, Ton (1997) *Negative Contexts: Collocation, Polarity, and Multiple Negation*, Routledge Studies in Germanic Linguistics 1, Routledge, London and New York.

吉村あき子 (1999)『否定極性現象』英宝社，東京.

吉村あき子 (2010)「否定と語用論」『否定と言語理論』，加藤泰彦・吉村あき子・今仁生美 (編)，332-356，開拓社，東京.

Yoshimura, Akiko (2013) "Descriptive/Metalinguistic Dichotomy?: Toward a New Taxonomy of Negation," *Journal of Pragmatics* 57, 39-56.

第 10 章

否定極性・肯定極性の第一言語獲得
─子どもはどこまで大人と同じなのか─*

(The acquisition of negative and positive polarity:
How do children differ from adults?)

郷路拓也

津田塾大学

1. はじめに

　本章では，否定極性・肯定極性の第一言語獲得に関して，これまでの先行研究から得られたデータを元に，「子どもと大人の違い」について考察する．これは第一言語獲得研究において，理論構築以前の「出発点」とも言える，基礎的な観察データの確認となる．なお一般に否定極性表現・肯定極性表現と呼ばれる語彙項目（あるいは句表現）は言語ごとに多種多様であるが，本稿ではスペースの関係上，それらのうちごく一部に焦点を絞らざるを得ない．具体的には 2 節で英語の否定極性表現 *any* の獲得について，3 節で日本語の肯定極性表現「か」の獲得について概観する．

2. 否定極性表現の第一言語獲得

2.1. 獲得されなければならない知識

　一般に「否定極性表現」と呼ばれる要素の最も顕著な特徴は，その分布に制限が課されていることである．代表的な例として英語の *any* を挙げて説明しよう．これは (1a) のような否定文に出現した場合には適格となるが，対応する肯定文 (1b) では認可 (license) されない．

---

　* 本稿の執筆に際しては，2019 年 3 月 29 日・30 日に名古屋学院大学にて開催されたワークショップ『極性表現の構造・意味・機能』の発表者・出席者の方々に様々な示唆に富むコメントを頂いた．また，筆者の共同研究者として共著論文を執筆中である島田博行氏（北陸大学）とのディスカッションは，本稿をまとめる際に大いなる助けとなった．ここに謝意を表したい．

(1) a.　John doesn't speak <u>any</u> East-Asian language.

b. *John speak <u>any</u> East-Asian language.

否定極性表現について，子どもが獲得しなければならないのは，その分布に課される制限についての適切な知識である．もしこの分布制限が，例えば「文が否定辞を含む場合のみ，否定極性表現の使用が許される」のように単純なものであれば，言語獲得理論上はさほど興味深い問題は生じない．言語獲得の入力文の集合において，ある特定の語彙項目と否定辞が必ず共起するのであれば，そこから (1a) と (1b) に見られる違いを導く一般化を得るのはさほど困難ではないと思われるからである．しかし現実は，「否定辞と否定極性表現の一対一対応」よりも遥かに複雑であり，それゆえ言語獲得理論においても大きな問題が生まれる．

　では，*any* を例として用いながら，否定極性表現への分布制限を詳しく見ていこう．まず，否定辞が含まれる文であっても，否定の作用域に入らない主語位置では *any* は認可されない．

(2) *<u>Any</u> students in this class cannot speak an East-Asian language.

さらに，否定辞 *not* を含まない文であっても，以下のような様々な環境で *any* は認可され，適格となる．

(3) a.　否定数量詞 *no* の作用域内

No students in this class speak <u>any</u> East-Asian language.

b.　全称量化子 *every* の核作用域 (nuclear scope) 内

Every student who speaks <u>any</u> East-Asian language likes to travel.

c.　条件文の前件内

If you start learning <u>any</u> East-Asian language, I will learn French.

d.　接続詞 *before* によって導かれる節中

John went to Japan before learning <u>any</u> East-Asian language.

e.　前置詞 *without* によって導かれる節中

John went to Japan without learning <u>any</u> East-Asian language.

　これらの観察から，否定極性表現 *any* の分布制約について一般化を打ち立

てようとする試みは，理論言語学研究の中で連綿と続けられてきた（E.g., La-dusaw（1979），Kadmon and Landman（1993），Giannakidou（1998），von Fintel（1999），Chierchia（2006, 2013））.[1] この中でも特に影響力を持つのは，Ladusaw（1979）による「否定極性表現は下方含意（downward-entailing）文脈において認可される」とする主張である．本稿においてはテクニカルな詳細には立ち入らないが，下方含意文脈とは大まかには，「ある文中の表現をその下位集合を指す表現で置き換えた時に，元の命題が置き換え後の命題を含意（entail）するような領域」と述べることができる．単純な肯定文と否定文の具体例を見よう．

(4) a.　John speaks some East-Asian language
　　　　⇒ John speaks Japanese （⇒は「含意しない」）
　　b.　John doesn't speak any East-Asian Language
　　　　⇒ John doesn't speak Japanese

(4a) では，元の文中の *East-Asian language* を，その下位集合を指す *Japanese* で置き換えた場合，元の文は置き換え後の文を含意しない（例えば「John は中国語と朝鮮語を話すが，日本語は話せない」という状況が存在し得る）．それに対して (4b) では，東アジアの言語を何も話せないのであれば日本語も話せないことになるので，元の文は置き換え後の文を含意している．(4) の例を元にテストしてみれば，*any* が認可される文脈が下方含意文脈であることがわかる.[2]

(5) a.　No students in this class speak <u>any</u> East-Asian languages.
　　　　⇒ No students in this class speak Japanese.
　　b.　Every student who speaks <u>any</u> East-Asian language likes to travel.

---

[1]　なお，*any* の用法の中でも，「自由選択（free-choice）」と呼ばれるもの，例えば *Any student can solve the problem* という文における *any* が，否定極性の any と同じものであるかどうかについては今でも議論が続いており（Chierchia（2006），Giannakidou（2011）など），本稿では立ち入らない．自由選択表現の第一言語獲得研究については，Tieu（2013）や Tieu et al.（2016）などを参照のこと.
[2]　単純な下方含意文脈の定義には当てはまらないが，*any* が認可される環境として，Yes/No 疑問文や，*only* の作用域内がある．これらの問題についてはスペースの関係上，本稿では取り扱わない．前者についての議論は Giannakidou（1998）などを，後者については von Fintel（1999）などを参照のこと.

$\Rightarrow$ Every student who speaks Japanese likes to travel.

c. If you start learning <u>any</u> East-Asian language, I will learn French.

$\Rightarrow$ If you start learning Japanese, I will learn French.

d. John went to Japan before learning <u>any</u> East-Asian languages.

$\Rightarrow$ John went to Japan before learning Japanese.

e. John went to Japan without learning <u>any</u> East-Asian languages.

$\Rightarrow$ John went to Japan without learning Japanese.

このように見ていくと，否定極性表現の第一言語獲得における子どもの課題は，「入力データにおける否定極性表現の分布から，それに関する制約を定義する適切な意味的一般化を導く」ことだと考えられる．しかしこれは要するに，理論言語学の研究者が 40 年以上に渡って取り組み続けていながら，未だ完全に結論と呼べるものには辿り着いていない問題と同一のものである．では人間の子どもは，この困難な問題をどう解決しているのだろうか．以下で具体的なデータを見ていこう．

2.2.　*Any* の分布条件の獲得

英語を獲得している途中の子どもが，*any* の分布条件に関して大人と同じ知識を持っているかを調べた実証研究は，否定極性の問題が理論言語学の世界で浴び続けている注目から考えれば意外なほど少なく，またそれぞれの研究もやや小規模なものである．これは，子どもを対象とした実験研究では「非文法的な文を刺激文として使用しない」ことが一般的なプラクティスであり，*any* が認可されていない非文を提示してその良し悪しを尋ねる，というような直接的な方法が採れないことが大きな要因と考えられる．[3] したがって現存する実験研究は，子どもの *any* の使用・解釈を通して，そこに対応する大人の行動とのズレがないかどうかを調べたものになっている．

例えば O'Leary and Crain (1994) は，英語の 4-5 歳児が，文脈に応じて

---

[3] 言語獲得研究の中で，被験者である子どもに，刺激文の文法性を直接尋ねる文法性判断課題（Grammaticality Judgment Task: McDaniel and Cairns (1996)）が試みられていた時期もあった．しかしその課題は次第に使われなくなっていった．ターゲットとする構文によっては子どもの反応がひどく曖昧であったり，「文法性を判断する」というタスクが全く理解できず，何をすればいいのかわからない子どもが比較的高い年齢（5 ～ 6 歳）でも観察されたりしたからである．

some と *any* を正しく使い分けることができるかを調べている．彼らの実験では，まず被験者である子どもに「お腹をすかせた犬たちのお話」を聞かせる．このストーリーの中では，最終的にはどの犬も何かしら食べ物にありつくことになる．ここで，パペットが次のような刺激文を提示する．

(6)　Only one dog got any food.

子どもは常にこのパペットの言明は「間違っている」と判断したが，重要なのはここでどうして間違いなのかを問われた時の反応である．O'Leary and Crain によると，子どもによる説明において (7a) のように *any* が認可されない文脈で用いられている発話は観察されず，(7b) のように *some* を含む文が用いられた．

(7)　a.　*No, every dog got any food!
　　　b.　No, every dog got some food!

刺激文 (6) を元に，*only one* を *every* に置き換えれば (7a) となる．しかし被験者の子どもが *any* をそのままにしておくことを避け，代わりに *some* を用いたことは，彼らがこの文脈で *any* が認可されないことを知っていることを示唆する．

　Thornton (1995) は，以下のような疑問文を子どもがどう解釈するか調べた．疑問文において *any* は否定の作用域外でも認可されるので，「any が否定に認可されていないが，非文法的ではない文」をつくることができる．

(8)　a.　Did any of the turtles not buy an apple?
　　　b.　Didn't any of the turtles buy an apple?

(8a) と (8b) はそれぞれ全く同じ語彙項目を用いて構成されているが，否定辞の位置に違いがある．その違いは作用域の違いを生み，(8a) は「リンゴを買わなかった亀」の存在の如何を尋ねる疑問文になっているのに対して，(8b) は「リンゴを買った亀」の存在の如何を尋ねている．Thornton の実験結果によれば，どうやら 3 歳児ですらこの意味の違いを理解しているようである．(8a) を提示された時，被験者である子ども (3-4 歳) が「リンゴを買わなかった亀」を指差した割合が 93% だったのに対し，(8b) が提示された時は，「リンゴを買った亀」を指差した割合が 85% だった．

　Xiang et al. (2006) は，子どもが *any* を否定の作用域外で（単なる存在量化子として）解釈することがあるかどうかを調べた．もし *any* が否定極性表

現であることを知っていれば，それが否定の作用域を出てしまう転倒作用域解釈 (inverse scope interpretation) は排除するはずである．この実験では，次のようなストーリーが用いられた．ある男の子が夕飯を食べているが，彼はエンドウ豆 (peas) が苦手である．文句を言いながらも，食べろと母親に言われているので食べる．男の子は最終的に大半の豆を食べるが，潰れてぐちゃぐちゃになった豆は残してしまう．ここで，以下のような刺激文が提示される．

(9) a. The boy didn't eat some peas.
   b. The boy didn't eat any peas.

この文脈では，∃>¬，つまり「男の子が食べなかった豆がある」という解釈が真になる．もし子どもが *any* を単なる存在量化子と考えており，*some* と同じように転倒作用域解釈が可能だとするのであれば，子どもは刺激文 (9b) を，この文脈に対して「合っている」ものとして許容するはずである．しかし実際に 4-5 歳の子どもが，(9b) に対して「合っていた」と反応した割合は 10% 以下だった．この結果は，子どもは *any* が否定の作用域内で認可・解釈されなければならないと知っていることを示唆する．

　第一言語獲得研究において，行動実験と並んで頻繁に用いられるのは子どもの自然発話コーパスの分析である．英語の *any* の獲得について，現在までにもっとも広範な自然発話分析を行ったのは Tieu (2013) だろう．Tieu は CHILDES データベース (MacWhinney (2000): https://childes.talkbank.org/) より，アメリカ英語を獲得中の子ども 18 人 (0 歳-5 歳) の 397,002 発話と，イギリス英語を獲得中の子ども 22 人 (1 歳-4 歳) の 490,577 発話を分析した．コーパス中の子どもの発話の中から *any* を含むものをすべて取り出し，そこから明らかな反復，模倣や決まり文句，発音が明瞭ではない部分を含むもの，さらには単一の語からなる発話 (*any* + NP のみの発話を含む) を除外すると，計 1724 の *any* の使用例が得られた．このうち当該の発話中で *any* が認可されていない「誤り」と呼べるものは 41 例しか発見されず，これは全体の 2.38% にすぎない．さらにその 41 例の中には，文脈的に明らかに否定が意図されているが否定辞が欠けているような，単なる「言い間違い」と考えられる例などが含まれ，純粋に *any* の誤用 (= *some* と同じように用いている) と判断できる例はさらに少なくなった．そして，そのような誤用は適切に認可された *any* の使用と同時期に起こっており，発達過程において誤用のみが繰り返される時期は見つからなかった．

　子どもが叙述文で使用する *any* について，それを認可するのはほとんどの

場合否定の *not*（あるいは短縮形 *n't*）であるが，それ以外の下方含意文脈における *any* の使用も観察される．Tieu（2013）によると，CHILDES のアメリカ英語コーパスのひとつである Kuczaj コーパスの Abe は，否定の量化子 *no* や副詞 *never*，条件節の *if*, *without* や *in case*，そして比較級の *-er* に認可される *any* を発話している．そもそも CHILDES コーパス中の大人による発話においても，叙述文の *any* は殆どの場合（90% 以上）否定辞 *not* と同時に用いられているので，子どもが否定辞を含まない文で正しく認可された *any* を使用できること自体が驚きに値する．

　ここまで見てきた先行研究の結果には，子どもがその発達過程において，否定証拠表現 *any* の分布制約に関して，「大人と異なる知識」を持つ時期があると示唆する証拠は全く含まれていない．つまり，*any* という語彙を自発的に使用し始めるその最初期から，その使用のされ方は大人のそれと同じものになっている，ということである．これらの結果から，否定証拠表現の分布制約の獲得は段階的過程（staged process）ではなく，いきなり大人の知識と同じものが現れている，と主張することが可能だろう．このように「大人と違う段階」を踏まない獲得過程は決して珍しいものではなく，様々な種類の言語知識において同様の観察がされている（Crain and McKee（1985），Snyder（2007, 2011），a.o.）．

2.3.　*Any* の意味特性の獲得

　さて，*any* の獲得に関する研究で，近年新たな方向性を提示し始めたのが Tieu（2013），Tieu and Lidz（2016）である．これらの研究は，子どもが *any* の意味特性を正しく理解しているかを実験によって明らかにしようとした．この背景にあるのは，*any* の分布制約がこの語彙の意味特性からの帰結として導かれるとする理論的アプローチである（Kadmon and Landman（1993），Krifka（1995），Chierchia（2013））．ここでは Chierchia（2013）の理論を例に挙げて説明しよう．

　Chierchia（2013）の理論は，大まかに以下のようにまとめられる．*Any* はその意味自体は *some* などの存在量化子と等価であるが，次の二点において独自の性質を持つ．まず，*any* は量化の対象となる領域（domain of quantification）の下位領域代替候補（subdomain alternatives）を起動（activate）する．そして *any* が持つ素性は，これらの代替候補を含む命題を義務的に排他化（exhaustification）と呼ばれるプロセスの対象とする．これはつまり，元来の確言（assertion）によって含意されない代替命題をすべて否定する，という操

作である.

　では具体例を見よう.（10a）は叙述文の上方含意文脈に *any* が現れ, 不適格となっている例である. この文の確言は（10b）となり, 要するに「ジョンは領域 D（カメラ一般）に属するカメラを少なくとも一つ所持している」という意味で, それ自体には何らおかしなところはない.

(10)　a.　*John has any cameras.

　　　b.　$\exists x \in \mathrm{D}[camera_w(x) \wedge have_w(j,x)]$

(Tieu and Lidz (2016: 314))

しかしここで *any* の特性により,「カメラ」の下位領域代替候補として,「使い捨てフィルムカメラ（disposable cameras: *d*）」「コンパクトデジタルカメラ（point-and-shoot cameras: *p*）」「一眼レフカメラ（SLR cameras: *s*）」などが起動される（(11a)）. 一度起動された代替候補は文の意味に組み込まれなければいけない. しかしこの上で排他化（演算子 *O* の付加による）が起こり, 元来の確言に含意されない代替命題が否定されると, その結果は（11b）となる.（11b）はすなわち,「「ジョンは使い捨てフィルムカメラか, コンパクトデジタルカメラか, 一眼レフカメラを持っている」（元来の確言）かつ「ジョンは使い捨てフィルムカメラを持っておらず, コンパクトデジタルカメラを持っておらず, 一眼レフカメラを持っていない」（排他化によって否定された代替命題）」となり, これは論理的矛盾を含んでいる. つまり, 上方含意文脈において *any* は, その語彙的性質が必然的に文の意味を矛盾したものにしてしまうのである.

(11)　a.　$\{d, p, s\}$

　　　　　$\{d, p\}$　$\{p, s\}$　$\{d, s\}$

　　　　　$\{d\}$　$\{p\}$　$\{s\}$

　　　b.　$O\ (\exists x \in \mathrm{D}[camera_w(x) \wedge have_w(j,x)]) =$

　　　　　$[camera_w(d) \wedge has_w(j, d)] \vee [camera_w(p) \wedge has_w(j, p)] \vee$

　　　　　$[camera_w(s) \wedge has_w(j, s)] \wedge \neg([camera_w(d) \wedge has_w(j, d)]) \wedge$

　　　　　$\neg([camera_w(p) \wedge has_w(j, p)]) \wedge \neg([camera_w(s) \wedge has_w(j, s)])$

(Tieu and Lidz (2016: 314))

これに対して下方含意文脈に *any* が現れた場合（(12a)）, 代替命題の否定（(12c)）は, 元来の確言（(12b)）にそもそも含意されている. したがって排他化の適用は, 元来の確言に新たな意味を加えず（(12d)）, 矛盾も起こらない.

(12) a. John doesn't have any cameras.

　　 b. $\neg \exists x \in D[camera_w(x) \wedge have_w(j,x)]$

　　 c. $\neg([camera_w(d) \wedge has_w(j, d)]) \wedge \neg([camera_w\ p) \wedge has_w(j, p)]) \wedge$
　　　　 $\neg([camera_w(s) \wedge has_w(j, s)])$

　　 d. $O(\neg \exists x \in D[camera_w(x) \wedge have_w(j,x)]) = \neg \exists x \in D[camera_w(x)$
　　　　 $\wedge have_w(j,x)]$

(Tieu and Lidz (2016: 314))

　この理論においては，*any* の分布制約は，それ自体が公理的に決定されているものではなく，この語彙が持つ意味特性からの論理的帰結である．もしこの理論を受け入れ，これが大人の持つ *any*（あるいは否定極性表現一般）に関する知識の一部であるとするのならば，子どもがこの意味特性をどのように獲得するかは，言語獲得理論上の重要な問題となる．

　Tieu (2013)，Tieu and Lidz (2016) は，子どもが持つ *any* の意味知識を調べるため，以前から注目されてきた（Kadmon and Landman (1993))，*any* による「領域の拡張 (domain widening)」という現象に注目した．以下の文脈において，話者 B_2 による焦点化された *any* の使用は，量化の領域を拡張し，典型的な「カメラ」のみならず例外的な「カメラ」も対象とした言明として解釈される．

(13) A_1:　Do you have a camera?/Do you have cameras?

　　 B_1:　No.

　　 A_2:　Nothing too fancy, even a disposable camera will do.

　　 B_2:　No, I don't have ANY camera.

(Tieu (2013: 11))

Chierchia (2013) の理論における，「*any* は下位領域代替候補を起動する」という仮定は，この現象を自然に説明する．このダイアログにおいて，B_2 は *any* を使用することによって，A_1 が最初に設定した「カメラ」の領域（つまり，現代において一般的に使用されているようなカメラのみ）を拡張し，あらゆる種類のカメラが含まれる領域を設定している．この領域拡張効果は，*any* の使用によって下位代替領域（そこには「使い捨てカメラ」他も含まれる）が起動され，それらを含む代替命題も排他化の対象となって文の意味に貢献していることの帰結とできるのである．

　Tieu (2013)，Tieu and Lidz (2016) は，子どもが *any* の持つ領域拡張効

果に気づいているかどうかを実験によって確認しようとした．実験は一般的な真偽値判断課題 (Truth Value Judgment Task: Crain and Thornton (1998)) を用いているが，そのストーリーとロジックはやや複雑なものとなる．順を追って説明しよう．

　実験で用いられたストーリーの一つでは，まず，二人のキャラクター (Donald と Daisy) が紹介され，彼らがパズルに挑戦していることが語られる．画面上にはキャラクターの画像と，パズルの画像が表示される．パズルは，四角形のピースの真ん中に星型の穴が空いたものが 3 種類 (wooden, metal, fuzzy) あり，それぞれ同じ材質の星を見つけて穴に嵌めなければ完成しないことが説明される．

　ここで場面が切り替わり，パズルを完成させるために必要な星のピースが屋根裏部屋に隠されてしまったことが述べられる．屋根裏部屋の画像には，様々な場所に全部で 9 個 (3 種類が 3 つずつ) の星のピースが散らばっているが，ある一種の星 (fuzzy stars) だけは 3 つがまとまって壁の置き時計の上に載せられている．

　ドナルドとデイジーは屋根裏部屋で星のピースを探す．彼らは wooden star と metal star をそれぞれ 1 個ずつ見つけるが，高い場所に隠された fuzzy stars だけは全く見つけることができない．結果，置き時計の上の fuzzy stars 3 つは手付かずのまま，パズルは 3 種類のうち 2 種類の星が嵌っただけで未完成に終わる．

　ここで実験者は，"They can't finish their puzzles. Let's ask Froggy why" と，パペットに発言を促す．パペットが発する刺激文は，条件毎に以下の 3 種類である．

(14) a.　Hmm... Donald and Daisy both can't find any stars! (ANY 条件)
　　 b.　Hmm... Donald and Daisy both can't find a star! (A 条件)
　　 c.　Hmm... Donald and Daisy both can't find stars! (裸複数条件)

この刺激文の真偽を判断する際に重要になるのが，star(s) の領域をどう設定するかである．この実験ストーリー中には，三種類 (wooden, metal, fuzzy) の星が各 3 個ずつ，全部で 9 個存在する．刺激文を解釈する際に star(s) の領域をこの三種類すべてを含むもっとも広いものと設定した場合，文の意味は要するに「Donald と Daisy はいかなる種類の星も，全く何一つ見つけられなかった」とでも言い換えられるものになる．しかし実際には Donald と Daisy は wooden star と metal star は見つけているのだから，この解釈の上では刺

激文は偽となる．他方，star(s) の領域を fuzzy stars のみに限定するのであれ
ば，確かにその領域に属する星は一つも見つけられていないのだから，刺激文
は真となる．A 条件と裸複数条件においては，領域は広くとることも狭くと
ることもできるが，その場合被験者は寛容の原則 (Principle of Charity: Crain
and Thornton (1998)) に従って文を真とするような解釈を選ぶことが期待さ
れる．それに対して ANY 条件では，義務的に領域拡張が起こるので，刺激
文は必ず偽となるはずである．

　まずは大人の統制群の結果を見よう．大人の被験者が刺激文を「合ってい
る・正しい」と判断した割合は，A 条件では 84%，裸複数条件では 72% だっ
たのに対し，ANY 条件では 0% だった．つまり大人は，*any* を含む刺激文を
解釈するときは，常に量化の領域を最も広いもの（＝あらゆる種類の星を含む
領域）に設定した，ということになる．これに対して英語を母語とする子ども
（3 歳～ 5 歳，平均 4;03 歳）は，A 条件で 75%，裸複数条件で 88%，そして
ANY 条件で 34% 刺激文を許容した．子どもの ANY 条件での許容率は他の
二条件の場合よりも統計的に有意に低いものだったが，大人の許容率よりは有
意に高かった（他の二条件においては，大人と子どもの間に有意な差はなかっ
た）．つまり，子どもは *any* を他の不定形 (indefinites) とは明らかに意味的
に区別しているが，領域拡張の適用に関しては大人ほど高い信頼性は見せな
かった，ということになる．

　Tieu and Lidz (2016) は，この結果は子どもによる尺度推意 (scalar implu-
cature) に関する先行研究と比較しながら検討されるべきだと主張する．
Chierchia (2013) の理論では，*any* による領域拡張は代替命題の排除によっ
て起こるわけだが，これは近年の理論的提案において尺度推意が生じる仕組み
と同じものである (E.g., Fox (2007), Chierchia, Fox and Spector (2011))．
そしてこれまでの第一言語獲得研究では，子どもが大人と比較して尺度推意の
計算を安定して行わないことが繰り返し確認されてきている (Noveck (2001),
Gualmini et al. (2001), Papafragou and Musolino (2003), Barner et al.
(2011), a.o.)．この観察を説明するために，子どもは実験環境において，し
ばしば適切な代替集合 (alternative set) の構築に失敗する，という提案がなさ
れている (e.g., Singh et al. (2016), Tieu et al. (2016))．もし子どもが適切
な代替集合の構築に関して困難さを抱えているのであれば，適切に下位領域代
替集合を構築できることを前提とする *any* の領域拡張に問題が起こっても不
思議ではない．すなわち，実験で観察された領域拡張の不安定さは，必ずしも
any そのものの知識に問題があることを示すとは限らない，ということになる．

　ここまで英語を獲得している子どもによる *any* に関する振る舞いを概観してきたが,「*any* に関する知識が大人のそれと違っている」とはっきり結論づけられる根拠となるようなデータは存在していない. むしろ子どもは, 否定極性表現 *any* を「苦もなく」「正しく」使いこなせるようになっているように見える. これが可能なのは, 生得的な知識が可能な仮説の幅を制限しているからである, という提案がなされている (E.g., Crain (2012), Tieu (2013)) が, このような生得的知識が本当に必要かどうかは, 否定極性表現の獲得研究がさらに進み, より多くのデータが集まった段階で再び検討する必要があるだろう.

3.　肯定極性の獲得

3.1.　肯定極性表現としての選言接続詞

　ではここから, 肯定極性の獲得に関する研究に移ろう. 最初に確認すべき重要な点は, 肯定極性は否定極性と異なり, ある要素の分布に関する制約ではない, ということである. 以下の例が示すように, 肯定極性表現 (Positive Polarity Items: PPI) の代表例とされる *some* が否定文中に出現しても, その文自体が非文法的になるわけではない.[4]

(15)　John didn't eat <u>something</u>.

肯定極性は, 作用域解釈に関する制約である. (15) の例では, *some* が対応する存在量化詞 (∃) を否定の作用域中で解釈し, ¬>∃, パラフレーズすれば「ジョンは何も食べなかった」という解釈を得ることはできない. 可能なのは ∃>¬, つまり「何かジョンが食べなかったものがある」のみである.

　ここで極めて重要なのは, 肯定極性表現は否定の意味的影響を全く受けないわけではない, という点である. 肯定極性による解釈制約の対象となるのは同一節内の否定のみであり, 埋め込み節中の肯定極性表現は主節の否定の作用域中で解釈することができる.

(16)　a.　It is not the case that John ate <u>something</u>.
　　　　　^{OK}¬>∃

---

[4] ある種の副詞の中に, 否定文に現れるとその文全体が非文法的になる要素は存在する (*already, would rather, unfortunately* など). しかし本稿では Giannakidou (2011) に従い, これらの要素は *some* のような肯定極性表現とは根本的に性質が違うものとする. いずれにしろ, これらの副詞についての第一言語獲得研究は, 筆者の知る限りまだ存在していない.

　　b.　I don't think that John ate <u>something</u>.
　　　　$^{OK}\neg > \exists$

この点で肯定極性表現は，決して否定の意味的影響を受けない要素，例えば定複数形名詞（definite plural）とは異なっている（Szabolcsi and Haddican (2004))．

　(17)　a.　It is not the case that John ate the apples.
　　　　　　CANNOT MEAN: "It is not the case that John ate all of the apples"
　　　　b.　I don't think that John ate the apples.
　　　　　　CANNOT MEAN: "I don't think that John ate all of the apples"

肯定極性に関してさらに興味深い点は，その意味内容は全く同一だと思われる論理接続詞が，言語によって肯定極性を持ったり持たなかったりすることである．この言語間差異について初めて言及したのは Szabolcsi (2002) で，その議論は英語とハンガリー語の選言接続詞（disjunction）に関する観察に基づいていた．英語においては，選言接続詞 or が否定文の目的語位置に現れると，連言接続詞 and を用いてパラフレーズ可能な解釈が得られる．これは or が否定の作用域内で解釈され，いわゆるドモルガンの法則と同質の推論が可能になるからと考えられる．

　(18)　We didn't close the door <u>or</u> the window.
　　　　→ We didn't close the door AND didn't close the window
　　　　cf. $\neg(p \lor q) = \neg p \land \neg q$

これに対してハンガリー語では，対応する文は「どちらかは閉めなかった，どちらなのかわからないけど」という解釈のみを持つ．

　(19)　Nem csukt-uk　be az ajtó-t　　vagy az　ablak-ot.
　　　　not　closed-1PL in the door-ACC or　　the window-ACC
　　　　Lit. "We didn't close the door or the window"
　　　　→ We didn't close the door OR didn't close the window (but I don't know which)

　　　　　　　　　　　　　　　　　　　　　　　（Szabolcsi (2002: 218))

しかし，ハンガリー語の選言接続詞 vagy は，埋め込み文中で主節の否定の作

用域内で解釈を受け，連言でのパラフレーズが可能になる．

(20) Nem hisz-em, hogy becsukt-uk volna az ajtó-t <u>vagy</u> az
 not think-1SG that in-closed-1PL AUX the door-ACC or the
 ablak-ot.
 window-ACC
 Lit. "I don't think we closed the door or the window"
 → I don't think we closed the door AND I don't think we closed the
 window

(Szabolcsi (2002: 218))

これらの観察から，Szabolcsi はハンガリー語の *vagy* は肯定極性表現である
と主張した．

Szabolcsi の主張をきっかけとして，選言接続詞の肯定極性に関する研究は，
他の言語にも広まった．Goro and Akiba (2004) および Goro (2007) は，日
本語の「か」がハンガリー語の *vagy* と同じく肯定極性表現であると主張する．
以下の例が示すように，「か」は同一節中の否定の作用域中で解釈されないが，
埋め込み文中では主節の否定の作用域内に入ることができる．

(21) a. ジョンは寿司<u>か</u>パスタを食べなかった．
 → John didn't eat sushi OR didn't eat pasta (but I don't know
 which)
 b. ジョンは [寿司<u>か</u>パスタを食べたと] 言わなかった．
 → John didn't say he ate sushi AND didn't say he ate pasta
 c. ジョンは [寿司<u>か</u>パスタを食べた] 人に会わなかった．
 → John didn't see a person who ate sushi AND didn't see a per-
 son who ate pasta

「か」は，他の環境においても，その作用域解釈について英語の *some* と同様
の振る舞いを示す．例えば *some* は，*only* を含む文の確言 (assertion: Horn
(1969), von Fintel (1999)) 部分において，単一命題内で否定の作用域下で
の解釈を受ける．

(22) Only John ate <u>something</u>.
 → John ate something (presupposition)
 Everyone other than John didn't eat anything (assertion): ¬>∃

日本語の「か」と「だけ」でも同じことを示すことができる．「か」は「だけ」がその意味中に含む否定の作用域中で解釈され，連言によるパラフレーズが可能になる．

(23)　ジョンだけが寿司<u>か</u>パスタを食べた．
　　　→ John ate sushi or pasta (presupposition)
　　　Everyone other than John didn't eat sushi, AND didn't eat pasta
　　　(assertion): ¬>∨

したがって文 (23) は，ジョン以外の誰かが，寿司かパスタのどちらかを食べている環境では偽となる．この文の真理条件は，ジョン以外の誰かに対して，「寿司かパスタのどちらかを食べていないこと」ではなく，どちらも食べていないことを要求しているのである．

　Yes/No 疑問文に対して "No" と答えた場合の解釈においても，*some* と「か」はパラレルな振る舞いを示す．以下の例で話者 B の返答は，「何も食べていない」と解釈される．それはつまり，存在量化詞が否定の作用域中で解釈されているということである．しかし，*some* を含む文を明示的に発した場合，¬>∃解釈が許されないため，その返答は質問に対しての答えとして機能せず，奇妙に感じられる．

(24)　A:　Did John eat <u>something</u>?
　　　B:　No.
　　　　　→ John didn't eat anything: ¬>∃
　　　B′:#No, he didn't eat something.

「か」を含む Yes/No 疑問文でも，全く同様の観察ができる．(25) の B は「どちらも食べなかった」と解釈され，自然な返答だが，B' は質問に答えておらず，奇妙である．

(25)　A:　ジョンは寿司<u>か</u>パスタを食べた？
　　　B:　いいえ．
　　　　　→ John didn't eat sushi AND didn't eat pasta: ¬>∨
　　　B′:#いいえ，ジョンは寿司かパスタを食べなかったよ．

すなわち，世界の言語には，肯定極性表現である選言接続詞を持つもの（ハンガリー語，日本語など）と，肯定極性を持たない選言接続詞を用いるもの（英語など）がある，ということになる．連言接続詞 (conjunction) についても同

様の言語間差異があるかどうかには議論があるが（Szabolcsi and Haddican (2004), Goro (2007)），その件については本稿ではひとまず置き，選言接続詞の第一言語獲得に関する研究に集中することとする．

3.2.　子どもによる否定文中の選言接続詞の解釈

選言接続詞の肯定極性に関する言語間差異は，第一言語獲得研究における興味深い問題を提示する．すなわち子どもは，一体どのようにして自らが獲得する選言接続詞が肯定極性を持つかどうかを学習するのか，という問題である．上で指摘したように，肯定極性は分布に対する制約ではなく，解釈に対する制約である．そして，「この文はこの作用域解釈を許さない」という否定証拠は，子どもに対する入力データに含まれているとは考えられない（Goro (2007))．ならば例えば，日本語を獲得する子どもは，どのようにして「か」が同一節中の否定の作用域に入らないことを学習するのだろうか？

子どもが否定を含む文中の選言接続詞をどのように解釈するか，初期の研究はもっぱら英語を対象としたものだった．例えば Crain et al. (2002) は，予想モード（Prediction Mode）の真偽値判断課題を用いて，次のような文のペアにおける意味の違いを，3 歳から 5 歳の英語を母語とする子どもが正しく理解しているかを調べた．

(26) a.　The girl who stayed up late will not get a dime or a jewel.
　　 b.　The girl who didn't go to bed will get a dime or a jewel.

これらの文はどちらも，否定辞とそれに後行する選言接続詞 or を含む．しかし（26a）において否定辞は主節中にあるのに対して，（26b）では関係節中に埋め込まれている．この構造的位置の違いによる帰結として，大人の解釈においては，（26a）では or は否定の作用域に入り，（26b）では入らない．つまり，（26a）は "The girl will not get a dime, AND will not get a jewel" という連言的解釈が生み出されるのに対し，（26b）では "The girl will get a dime, OR will get a jewel" という選言的解釈になる．つまり，例えば当該の女の子が dime は得たが jewel は得ない，という状況では，（26a）は偽となり，（26b）は真となることになる．

Crain et al. (2002) は，次のような実験ストーリーを用いた．乳歯が抜けた女の子が二人登場する．女の子たちは，寝ている間に歯の妖精（Tooth Fairy）がやってきて，抜けた歯の代わりに何かご褒美を置いていってくれる，と教わる．女の子のうち一人は，それを聞いてすぐにベッドに入り，眠りにつく．し

かしもう一人は，どうしても歯の妖精を見てみたくて，こっそり夜中まで起きて待っている．そんなところに歯の妖精が 2 つの dime と 2 つの jewel を持って現れる．

　この段階でストーリーは一度中断され，実験者が操作するパペットが，「この後何が起こるか」という予想として，(26a)，もしくは (26b) の文を提示する．どちらの場合も「こっそり起きていた方の女の子」に関する予想であるが，大人の解釈においては，(26a) では「dime と jewel のどちらももらえない」と予想したことになり，(26b) では「dime か jewel をもらえる」と予想したことになる．

　パペットの予想が提示された後，ストーリーは再開される．歯の妖精はまず，ベッドで眠っている女の子のところに行き，抜けた歯の代わりに dime をひとつ，jewel をひとつ与える．次に歯の妖精はもう一人の女の子のところに行くが，女の子がこっそり起きていたことに失望する．女の子は必死で弁解し，歯の妖精は仕方ないとばかりに，dime は与えず jewel だけを女の子に与える．これでストーリーは終了し，パペットは自分の予想をもう一度繰り返す．ここで被験者の子どもは，パペットの予想が合っていたかどうかを判断する．

　この実験の結果は以下のようなものだった．まず，パペットの予想として(26a) タイプの文を提示された場合，子どもの反応はその 92% が「間違っていた」というものだった．それに対して，(26b) タイプの文に対する子どもの反応は，87% が「合っていた」だった．この反応の顕著な違いは，子どもがそれぞれの文に対して，大人と同じ解釈を適切に与えることができていたことを示唆する．つまり，(26a) では「どちらももらえない」，(26b) では「どちらかをもらえる」と解釈した，ということである．

　この実験結果は何点か重要な知見をもたらす．まず，子どもは少なくとも 5 歳になる前に，選言接続詞 or と連言接続詞 and が意味的に区別できている，ということである．より以前の研究では，子どもが or を含む文を，まるで連言的真理条件を持つかのように扱う観察が報告され，or と and の区別が正しくついていないのではないかという可能性が示唆されていた (Paris (1973), Braine and Rumain (1981))．しかしこの実験における (26b) 条件で，女の子が dime と jewel のうち片方しかもらっていないにも関わらず，子どもがパペットの予想を「合っている」としたことは，彼らは or を選言として解釈していたことを示し，or と and の区別がつかない，という可能性を排除する．次に，子どもは or の連言的解釈を，否定辞と or の単純な共起に基づいて与えているのではない，ということも重要である．刺激文 (26a/b) のペアは，

どちらも否定辞と *or* が共起し，かつ両者の間の線的順序も同じである．この2つのケースの区別が適切につけられるということは，子どもは文の構造に基づいて論理語の作用域を読み取り，否定の作用域中でのみ *or* に連言的解釈を与える，ということになる．

　このような英語での研究を通し，英語を獲得する子どもは少なくとも5歳ごろには，否定と選言接続詞の意味的相互作用を理解していることがわかった．では，選言接続詞が肯定極性表現である日本語のような言語ではどうだろうか．日本語においては，大人が以下のような文を「どちらももらえない」という意味を意図して発話することはまずない．

（27）　その女の子は，コインか宝石をもらえないよ．

したがって，選言接続詞「か」が連言的な解釈をうける証拠は，日本語の入力文においては英語のそれと比べてはるかに少なくなる，と考えられる．このように選言接続詞の用法が異なる言語を獲得する子どもは，選言接続詞と否定を含む文をどのように解釈するのだろうか？

　この問題を最初に取り上げたのは，Goro and Akiba（2004）による日本語の子どもを対象とした実験研究である．この研究には，日本語モノリンガルの3〜6歳の子ども（平均は5歳3ヶ月）が30人参加した．被験者となる子どもはまず，実験者から「食べものたべっこゲーム」の説明を受ける．このゲームでは，様々な動物が，三種類の食べ物（ケーキ，にんじん，ピーマン）を食べるチャレンジを行い，結果に基づいて賞品が与えられる．ルールは以下の通りである．まず，誰もが好きなケーキだけではなく，にんじんとピーマンを両方残さず食べた動物には「金メダル」が与えられる．次に，ケーキを食べた後，野菜を片方だけ食べてもう一つは残してしまった動物には「青メダル」が与えられる．そして最後に，ケーキだけを食べて，野菜をどちらも食べなかった動物には「ばってん」がつけられる．このルールが説明されたあと，実験者が操作する12種類の動物が，それぞれ順番にチャレンジを始める．この時，被験者の子どもは「審判」として賞品を与える役割を担う．これは，子どもがルールを正しく理解しているかを確認するためのものであるが，各動物の結果に対応して正しい賞品を選ぶことに困難を示した被験者は全く観察されなかった．

　12種類の動物がチャレンジを終えた後，各動物には「金メダル」「青メダル」「ばってん」のどれかが貼り付けられており，食べ物はすべて片付けられている．この時点で実験者はパペットに，各動物が「このゲームでどうだったのか」を説明するように求める．パペットは順番に自分の考えを述べていくことにな

るのだが,「青メダル」を持つ動物に対する以下のような言明が, 最も重要な条件の刺激文となる. 被験者はこのパペットの発言を受けて, パペットが「合っていた」か「間違っていた」かを判断する.

(28)　ぶたさんは青メダルを持ってるね. ってことは,
　　　ぶたさんはケーキを食べたけど, にんじんかピーマンを食べなかったんだ！

ここで注意すべきは, ケーキ・にんじん・ピーマンはすでに片付けられており,「ぶたさん」が実際に何を食べたのかを直接的に示すものはこの場面に存在していない, ということである. さらに,「食べるチャレンジ」は12種類の動物が連続で行うので, 各動物がそれぞれ何を食べたかを正確に記憶しておくのは実質的に不可能である. したがってパペットは, 動物が持つ賞品から何が起こったかを推測するしかない. そして「青メダル」は, 野菜を片方だけ食べてもう片方を残した場合の賞品だが, どちらを食べたのかは特定されない（実際にチャレンジの中では, にんじんだけを食べるパターンとピーマンだけを食べるパターンが混在し, どちらも青メダルを受け取る）. したがってこの実験文脈においてパペットが言明可能なのは,「野菜のうち片方を食べたがもう片方は食べなかった, どちらかはわからない」ということであり, それを表現するために「にんじんかピーマンを食べなかった」という,「か＋否定」の形を用いることは, 大人の日本語においては語用論的に適切である.

　事実, 統制群としてこの実験に参加した大人の被験者は,「青メダル」を持つ動物に対して (28) のような「か」と否定を含む刺激文を提示された時, それを100%「合っていた」とした. これは, 大人は当該刺激文に「どちらかは食べなかった」という選言的解釈を与えていることを示している. しかしそれに対して, 実験群の日本語話者の子ども30人が, この刺激文を「合っていた」と判断した割合は25%に留まった. 30人中, 4人は大人と同じ「合っていた」という反応パターンを示したが, その4人を除外した26人に関しては,「間違っていた」という反応の割合が87%に達した.

　被験者が「間違っていた」と反応した場合, 実験者はどうして間違いなのか, その理由を尋ねる. ここで子どもから得られた説明は, 大まかに述べると「だって食べなかったのはひとつだけだから」, または「片方は食べているから」というものが殆どだった. これは子どもが刺激文 (28) に対して,「にんじんもピーマンも食べなかった」という連言的解釈を与えていることを示唆する. この解釈はもちろん日本語の大人が持つものとは異なるが, 英語の対応する文

(“The pig didn't eat the carrot or the pepper”) に対して英語話者（大人・子どもの両方）が与える解釈と一致する．したがってこれは，子どもが（英語話者が *or* に対してそうするように）「か」を否定の作用域の内側で解釈していることを示すものと考えることができる．つまり，日本語を獲得中の 5 歳児はその大半が，「か」と否定を含む文に対して，母語の作用域パターンとは異なる解釈を当てはめる，ということである．これは，周囲の日本語話者から学習したものではあり得ない．

　なお，Goro and Akiba (2004) は，以下のような刺激文を用いた統制実験も行っている．

(29)　ぶたさんは，にんじんもピーマンも食べなかったんだ．

(30)　ぶたさんは，なにか食べなかったんだ．

まず (29) は，選言接続詞「か」ではなく連言接続詞「... も ... も」を含んでいる．この文に対して大人が与える解釈は「どちらも食べなかった」というものだが，これは連言接続詞が否定よりも広い作用域をとっていることを意味する（∧>¬）．さらに (30) は，「何も食べなかった」ではなく「食べなかったものが少なくとも一つは存在する」という解釈になり，これは「なにか」が対応する存在量化子が否定よりも広い作用域を持つことを示している（∃>¬）．これらの文を「青メダル」の動物に対して提示された時，まず，子どもが (29) を「間違っていた」と判断した割合は 95% だった．対して (30) については，「合っていた」が 88% となった．これは大人の判断とほぼ一致するものであり，これらの文に対する子どもの解釈は大人と同じものであることがわかる．そしてそれはすなわち，子どもが「... も ... も」あるいは「なにか」に対して否定よりも広い作用域を与えた，ということを意味する．したがって 5 歳台の日本語児は，「目的語が否定よりも広い作用域を持つ読み」一般に対して何らかの問題（例えば，Musolino et al. (2000) や Lidz and Musolino (2002) で観察されているような，同形 (isomorphic) の作用域解釈へのバイアス）を持っているわけではない．そしてそうである以上，子どもが「か」を否定の作用域の中で解釈しようとすることを，転倒作用域解釈一般に関する困難さに帰して説明することはできない．子どもの問題は，「か」という特定の語彙項目に限定されるもので，それは肯定極性と関連している，と考えるのが自然だろう．[5]

---

　[5] なお，5 歳児が「か」を連言接続詞だと誤解している，という可能性は，Shimada (2012) による「主語位置に「か」を含む否定文は，大人と同様に選言的解釈ができる」という観察に

3.3.　肯定極性パラメータ

Goro（2007）は，この日本語児の振る舞いについて，次のような理論的説明を提案した．まず，人間言語における論理接続詞は，その肯定極性を決定する語彙的パラメータを持つとする．そのパラメータの値は {+PPI, -PPI} である．英語の *or* は値 [-PPI] を持ち，同一節内の否定の作用域中で解釈を受ける．一方日本語の「か」は値 [+PPI] を持ち，義務的に同一節中の否定よりも広い作用域をとる．Goro は，日本語を獲得中の子ども（の多く）は，「か」に付随するこのパラメータの値を，誤って [-PPI] としている，と主張した．この値によって，「か」は否定との相互作用域に関して英語の *or* と同じ振る舞いをすることになり，日本語児が実験で見せた連言的解釈が説明できる．

しかし，なぜ子どもは「か」に対して値 [-PPI] を（誤って）選ぶのだろうか？ これに対して Goro は，学習可能性（learnability）に基づく議論を展開する．選言接続詞が [-PPI] だった場合，それが否定文の目的語位置に生じたときに得られる解釈は，論理式で表現するなら ¬(p∨q) に相当するものであり，それは ¬p∧¬q と等価である．それに対して [+PPI] の選言接続詞が同一環境で生み出す解釈は ¬p∨¬q となる．ここで重要なのは，前者の解釈 ¬p∧¬q が真となる状況（すなわち，¬p が真かつ ¬q が真であるとき）は，後者の解釈 ¬p∨¬q が真となる状況（すなわち，¬p と ¬q の少なくともひとつが真であるとき）の下位集合を形成する，という点である．[-PPI] の値が生み出す解釈は，[+PPI] の値が生み出す解釈が真になる状況で常に真になるのである．したがって，大人の文法において正しい値が [-PPI] である時，もし子どもが誤って [+PPI] の値を選んでしまうと，その選択が誤りであることを示す肯定証拠は論理的に存在しないことになる．よって，言語獲得において子どもは否定証拠に依存しない，という一般的な議論（E.g., Pinker（1989））に従うのであれば，「選言接続詞に対して，子どもが誤って [+PPI] の値を選んでしまう」ということはそもそも発生してはいけないことになる．もしそれが起こってしまうと，大人が発する入力文は子どもの仮説（「選言接続詞が [+PPI]」）とどんな場合も矛盾せず，正しいパラメータの値を獲得することが不可能になるからである．このような状況が起こらないことを保証するためには，子どもは選言接続詞に対して，言語に関わらず [-PPI] を初期値として設定し，それが生み出す真理条件（¬p∧¬q）が「狭すぎる」ということを示す肯定証拠（すなわち，当該の形式を持つ文が「¬p か ¬q のどちら

よって否定される．

かなのだけど，どちらなのかはわからない」という文脈で発話されること）に
出会うまでその初期値を保持する，と仮定しなければならない．

　この，「肯定極性パラメータの初期値は，より狭い真理条件を生み出す値が
選ばれる」とする仮説は，第一言語獲得の分野でしばしば提案されてきた意味
的下位集合原理（The Semantic Subset Principle: Crain et al. (1994)，Crain
(2012)，a.o.）と同一の着想，すなわち子どもは情報的により「強い」意味解
釈を（あるいは，より強い意味解釈を生み出すパラメータ値を）デフォルトと
して選択するという仮説に基づくものである．この仮説が生み出す経験的予測
のひとつは，子どもは大人の言語がどうなっているかに関わらず，選言接続詞
が否定文の目的語位置に現れた場合，その文に連言的解釈を与える，というこ
とである．この予測を検証するため，Goro and Akiba (2004) 以降，世界の
様々な言語で実験調査が行われてきた．これらの調査研究の結果を含め，先行
研究をまとめたグラフが下の図 1 になる．

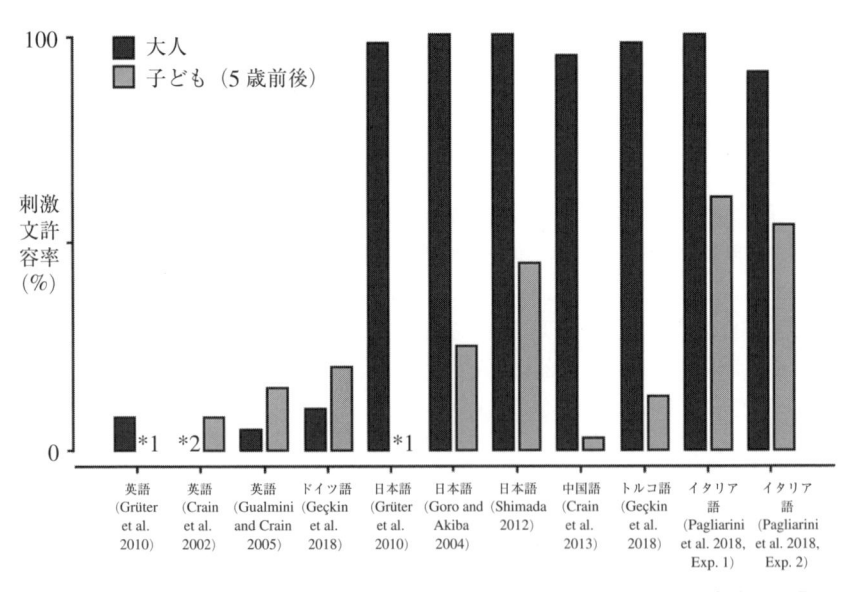

図 1. 大人／子どもの被験者が，目的語位置に選言接続詞を含む否定文を，「¬p
　　か ¬q のどちらかなのだけど，どちらなのかはわからない」という状況
　　で許容した割合．[*1] Grüter et al. (2002) は大人の L2 獲得を対象とした
　　研究なので，子どものデータは含んでいない．[*2] Crain et al. (2002) は
　　大人の統制群の実験データを報告していない．

図 1 は，Goro and Akiba（2004）の「青メダル」に相当する状況（すなわち，p と q のどちらかが偽だが，そのどちらが偽なのかはわからない状況）において，選言接続詞を目的語位置に含む否定文を提示された被験者が，その文が状況に合致すると判断した割合を示している．まず，大人に関しては，英語・ドイツ語と日本語・中国語（マンダリン）・トルコ語・イタリア語の間に極めてはっきりとした違いが観察できる．これは，英語・ドイツ語話者は当該刺激文に連言的解釈（¬p ∧ ¬q）を与え，日本語・中国語・トルコ語・イタリア語の話者は対応する文に選言的解釈（¬p ∨ ¬q）を与えていることを示し，前者の言語グループでは選言接続詞が [−PPI] であること，後者のグループでは [+PPI] であることを示唆する．しかしこれに対して，5 歳前後の子どもの反応パターンには，二つの明確なグループに分割できるような違いが存在していない．大人が刺激文を選言的に解釈する言語，すなわち日本語・中国語・トルコ語・イタリア語における子どもの反応にはばらつきがあるが，しかしどの言語においても，選言的解釈を許容する割合が大人よりも統計的に有意に低く，連言的解釈を理由に挙げて刺激文を否定する被験者が観察されている．これらの結果は，「選言接続詞の肯定極性パラメータの初期値は [−PPI] である」という仮説と一致する．すでに大人と同じ解釈を身につけた子ども（Goro and Akiba の実験でも観察された）の割合が実験ごとにばらついている理由はまだはっきりしない．Pagliarini et al.（2018）は，イタリア語の子どもの「正答率」が先行研究と比べて比較的高く見えることを取り上げ，イタリア語が否定一致（negative concord）を持ち，「どちらも…ない」という連言的否定を表すための専用の形式を持つことが，子どもが選言接続詞のパラメータを [+PPI] に設定し直す際の助けになっているのではないか，と示唆した．しかし Guasti（2018）によると，イタリア語と同じく否定一致を持つ言語であるハンガリー語の子どもは，大人と同じ選言的解釈を殆ど許容しないことが明らかになっている．すなわち，否定一致を持ち，連言的否定を表す専用の形式を持つこと自体は，選言接続詞の [+PPI] が容易に学習できることを保証しない，ということが明らかになったのである．したがって，[−PPI] からスタートした子どもが，どれくらいの時期に大人と同じ解釈を身につけるのか，その時期に関して有意な言語間差異はあるのか，あるとしたらそれは何が原因で起こるのか，などは今後の重要な研究課題として残されている．

4. 総括

本稿では，否定極性と肯定極性のそれぞれについて，「第一言語獲得中の子どもはどこまで大人と同じなのか」を，先行研究のデータを土台に概観してきた．否定極性表現に関しては，現状分かっている範囲では子どもの振る舞いはおおよそ大人のそれと同じものであり，子どもが発達の過程ではっきり大人と違う知識を持っていると考えられる時期は確認されていない．一方肯定極性表現については，大人の言語に見られる言語間差異が，初期の子どもの言語からは欠如している，ということを示唆するデータが集まっている．簡単にまとめるならば，「ある種の言語を獲得中の子どもたちは，一部の肯定極性表現の扱いが大人と違う」ことになるわけだが，この違い方が非常にシステマティックで，学習可能性理論から論理的に導かれる予測と合致するものであることは特筆に値する．今後の研究においては，対象とする言語・極性表現・子どもの年齢を変えたデータを収集し，これまで得られた一般化が保てるかを検証し続けることが重要であろう．

参考文献

Barner, David, Neon Brooks and Alan Bale (2011) "Accessing the Unsaid: The Role of Scalar Alternatives in Children'S Pragmatic Inferences," *Cognition* 188, 87-96.

Braine, Martin D. S. and Barbara Rumain (1981) "Development of Comprehension of 'or:' Evidence for a Sequence of Competencies," *Journal of Experimental Child Psychology* 31, 46-70.

Chierchia, Gennaro (2006) "Broaden your Views: Implicature of Domain Widening and the "Logicality" of Language," *Linguistic Inquiry* 37, 535-590.

Chierchia, Gennaro (2013) *Logic in Grammar: Polarity, Free Choice, and Intervention*, Oxford University Press, Oxford.

Chierchia, Gennaro, Danny Fox and Benjamin Spector (2012) "Scalar Implicature as a Grammatical Phenomenon," *Handbook of Semantics,* vol. 3, ed. by P. Portner, C. Maienborn and K. von Heusinger, 2297-2331, Mouton de Gruyter, New York.

Crain, Stephen (2012) *The Emergence of Meaning*, Cambridge University Press, Cambridge.

Crain, Stephen and Cecile McKee (1985) "The Acquisition of Structural Restrictions on Anaphora," *Proceedings of NELS* 16, ed. by S. Berman, J.-W. Choe and J. McDonough, 94-110, GLSA, Amherst, MA.

Crain, Stephen, Weijina Ni and Laura Conway (1994) "Learning, Parsing, and Modularity," *Perspectives on Sentence Processing*, ed. by C. Clifton, Jr., L. Frazier and K. Rayner, 443–466, Lawrence Erlbaum, Amsterdam.

Crain, Stephen and Rosalind Thornton (1998) *Investigations in Universal Grammar: A Guide to Experiments on the Acquisition of Syntax and Semantics*, MIT Press, Cambridge, MA.

Crain, Stephen, Amanda Gardner, Andrea Gualmini and Beth Rabbin (2002) "Children's Command of Negation," *Proceedings of the Third Tokyo Conference on Psycholinguistics*, ed. by Y. Otsu, 71–95, Hituzi Syobo, Tokyo.

Crain, Stephen, Takuya Goro, Anna Notley and Peng Zhou (2013) "A Parametric Account of Scope in Child Language," *Advances in Language Acquisition*, ed. by S. Stavrakaki, M. Lalioti and P. Konstantinopoulou, 63–71, Cambridge Scholars Publishing, Cambridge.

von Fintel, Kai (1999) "NPI-licensing, Strawson Entailment, and Context Dependency," *Journal of Semantics* 16, 97–148.

Fox, Danny (2007) "Free Choice and the Theory of Scalar Implicatures," *Presupposition and Implicature in Compositional Semantics*, ed. by U. Sauerland and P. Stateva, 71–120, Palgrave, Basingstoke.

Geçkin, Vasfiye, Rosalind Thornton and Stephen Crain (2018) "Children's Interpretation of Disjunction in Negative Sentences: A Comparison of Turkish and German," *Language Acquisition* 25, 197–212.

Giannakidou, Anastasia (1998) *Polarity Sensitivity as (Non)veridical Dependency*, John Benjamins, Amsterdam.

Giannakidou, Anastasia (2011) "Positive Polarity Items and Negative Polarity Items: Variation, Licensing, and Compositionality," *Semantics: An International Handbook of Natural Language Meaning*, ed. by C. Maienborn, K. von Heusinger and P. Portner, 1660–1712, De Gruyter Mouton.

Goro, Takuya (2007) *Language-specific Constraints on Scope Interpretation in First Language Acquisition*, Doctoral dissertation, University of Maryland at College Park.

Goro, Takuya and Sachie Akiba (2004) "The Acquisition of Disjunction and Positive Polarity in Japanese," *Proceedings of the 23rd West Coast Conference on Formal Linguistics*, ed. by V. Chand, A. Kelleher, A. J. Rodriguez and B. Schmeiser, 251–264, Cascadilla Press, Somerville, MA.

Grüter, Theres, Moti Lieberman and Andrea Gualmini (2010) "Acquiring the Scope of Disjunction and Negation in L2: A Bidirectional Study of Learners of Japanese and English," *Language Acquisition* 17, 127–154.

Gualmini, Andrea, Stephen Crain, Luisa Meroni, Gennaro Chierchia and Maria Teresa Guasti (2001) "At the Semantics / Pragmatics Interface in Child Language," *Se-*

mantics and Linguistic Theory (*SALT*) 11, ed. by R. Hastings, B. Jackson and Z. Zvolenszky, 231–247, Cornell University, Ithaca, CLC Publications, NY.

Gualmini, Andrea and Stephen Crain (2005) "The Structure of Children'S Linguistic Knowledge," *Linguistic Inquiry* 36, 463–474.

Guasti, Maria Teresa (2018) "The Acquisition of Negated Disjunction: Evidence from Italian, French, Dutch and Hungarian," A keynote speech given at CCD Language Acquisition Workshop, Macquarie University, Australia, 8/10/2018.

Horn, Lawrence (1969) "A Presuppositional Approach to *Only* and *Even*," *Proceedings of the Chicago Linguistic Society* 5, 98–107.

Kadmon, Nirit and Fred Landman (1993) "Any," *Linguistics and Philosophy* 16, 353–422.

Krifka, Manfred (1995) "The Semantics and Pragmatics of Polarity Items," *Linguistic Analysis* 25, 209–257.

Ladusaw, William (1979) *Polarity Sensitivity as Inherent Scope Relations*, Doctoral dissertation, University of Massachusetts, Amherst.

Lidz, Jeffrey and Julien Musolino (2002) "Children's Command of Quantification," *Cognition* 84, 113–154.

MacWhinney, Brian (2000) *The CHILDES Project: Tools for Analyzing TALK*, 3rd ed., Lawrence Erlbaum, Mahwah, NJ.

McDaniel, Dana and Helen Smith Cairns (1996) "Eliciting Judgments of Grammaticality and References," *Methods for Assessing Children's Syntax,* ed. by D. McDaniel, C. McKee and H. S. Cairns, 233–254, MIT Press, Cambridge, MA.

Musolino, Julien, Stephen Crain and Rosalind Thornton (2000) "Navigating Negative Quantificational Space," *Linguistics* 38, 1–32.

Noveck, Ira (2001) "When Children are More Logical than Adults: Experimental Investigations on Scalar Implicatures," *Cognition* 78, 165–188.

O'Leary, Carrie and Stephen Crain (1994) "Negative Polarity (a Positive Result) and Positive Polarity (a Negative Result)," Talk presented at the 18th Boston University Conference on Language Development, Boston, MA.

Pagliarini, Elena, Stephen Crain and Maria Teresa Guasti (2018) "The Compositionality of Logical Connectives in Child Italian," *Journal of Psycholinguistic Research* 47, 1243–1277.

Papafragou, Anna and Julien Musolino (2003) "Scalar Implicatures at the Semantics-Pragmatics Interface," *Cognition* 80, 253–282.

Paris, Scott (1973) "Comprehension of Language Connectives and Propositional Logical Relationships," *Journal of Experimental Child Psychology* 16, 278–291.

Pinker, Steven (1989) *Learnability and Cognition*, MIT Press, Cambridge, MA.

Shimada, Hiroyuki (2012) "Children's Interpretation of Japanese Disjunctive "ka": Subject-Object Asymmetry," *Selected Proceedings of the 5th Conference on Gen-*

erative Approaches to Language Acquisition North America (*GALANA 2012*), ed. by C.-Y. Chu, C. E. Coughlin, B. L. Prego, U. Minai and A. Tremblay, 90-98, Cascadilla Proceedings Project, Somerville, MA.

Singh, Raj, Ken Wexler, Andrea Astle-Rahim, Deepthi Kamawar and Danny Fox (2016) "Children Interpret Disjunction as Conjunction: Consequences for Theories of Implicature and Child Development," *Natural Language Semantics* 24, 305-352.

Snyder, William (2007) *Child Language: The Parametric Approach*, Oxford University Press, Oxford.

Snyder, William (2011) "Children's Grammatical Conservatism: Implications for Syntactic Theory," *BUCLD 35: Proceedings of the 35th Annual Boston University Conference on Language Development*, ed. by N. Danis, K. Mesh and H. Sung, 1-20, Cascadilla Press, Somerville, MA.

Szabolcsi, Anna (2002) "Hungarian Disjunctions and Positive Polarity," *Approaches to Hungarian* 8, ed. by I. Kenesei and P. Siptár, 217-241, Akademiai Kiado, Budapest.

Szabolcsi, and Bill Haddican (2004) "Conjunction Meets Negation: A Study in Cross-linguistic Variation," *Journal of Semantics* 21, 219-249.

Tieu, Lyn (2013) *Logic and Grammar in Child Language: How Children Acquire the Semantics of Polarity Sensitivity*, Doctoral dissertation, University of Connecticut at Storrs.

Tieu, Lyn and Jeffrey Lidz (2016) "NPI Licensing and Beyond: Children's Knowledge of the Semantics of *Any*," *Language Acquisition* 23, 311-332.

Tieu, Lyn, Jacopo Romoli, Peng Zhou and Stephen Crain (2016) "Children's Knowledge of Free Choice Inferences and Scalar Implicatures," *Journal of Semantics* 33, 269-298.

Thornton, Rosalind (1995) "Children's Negative Questions: A Production/Comprehension Asymmetry," *Proceedings of Eastern States Conference on Linguistics*, ed. by J. Fuller, H. Han and D. Parkinson, CLC Publications, Cornell, NY.

Xiang, Ming, Anatasia Conroy, Jeffrey Lidz and Andrea Zukowski (2006) "Children's Understanding of Polarity Items," Poster presented at the conference on Architectures and Mechanisms for Language Processing.

第IV部　語用論

第 11 章

否定極性疑問文の伝達する慣習的推意
—日本語と英語の比較—*

(The conventional implicature conveyed by negative polar interrogatives:
A comparison of Japanese and English)

大島 デイヴィッド 義和

名古屋大学

1. はじめに

本章では否定極性疑問文の伝達する多様な語用論的意味（慣習的推意；conventional implicature）の記述と考察を行う．極性疑問文（polar interrogative）とは「はい」または「いいえ」で答えることができる疑問文を指し，肯否疑問文とも呼ばれる．対して，疑問詞を含む疑問文は内容疑問文と呼ばれる．また，(3) のように，「A か B か」を問う疑問文は，選択疑問文と呼ばれ，極性疑問文とは区別される．

(1) Is Ken from Osaka?（極性疑問文）
(2) Which city is Ken from?（内容疑問文）
(3) Is Ken from Osaka, or Kyoto?（選択疑問文）

一般に，疑問文の意味は，その答えとなりうる命題の集合であるとされる．(1)-(3) の意味は，概略以下のようになる．

(4) a. $[\![(1)]\!] = \{$'Ken is from Osaka', 'Ken is not from Osaka'$\}$
   b. $[\![(2)]\!] = \{$Ken is from Osaka', 'Ken is from Kyoto', 'Ken is from Tokyo', 'Ken is from Nagoya', ...$\}$
   c. $[\![(3)]\!] = \{$'Ken is from Osaka', 'Ken is from Kyoto'$\}$

極性疑問文のうち，（主節の）述語が否定を含むものを否定極性疑問文と呼ぶ．(5a, b) は否定極性疑問文の例である．上述の考えにしたがえば，その意

---

* 本稿の内容は JSPS 科研費 15K02476 の助成を受けた研究にもとづいている．

味は (4a) と等しいということになる ([[(1)]] = [[(5a)]] = [[(5b)]] = (4a)).

   (5) a. Isn't Ken from Osaka?

      b. Is Ken not from Osaka?

  (1) と (5a, b) が同義であるというのは，ある意味で正しく，ある意味では誤りである．いずれの疑問文に関しても，話し手は，その答えを聞けば，「ケンが大阪出身なのか，そうでないのか」という知識を獲得することができる．一方で，これらの疑問文が伝達する語用論的意味や，これらの疑問文を適切に使用できる談話的な条件には差異がある．

  否定極性疑問文は，意味機能的な観点からも，形式面の特徴からも，いくつかの種類に分類することができる．以下では，英語と日本語における否定極性疑問文をとりあげ，分類基準とそれぞれの下位種の特徴を整理する．

2.　英語における否定極性疑問文の分類

  英語の否定極性疑問文には，否定辞が助動詞あるいは be 動詞と一体化して主語に対して前置されるものと，独立したかたちで主語に対して後置されるものがある．(5a) は前置型，(5b) は後置型の例である．

  また，意味機能の観点から，英語の否定極性疑問文は (i) 肯定的な認識バイアス (epistemic bias) を伝達するもの，(ii) 否定的な認識バイアスを伝達するもの，(iii) 認識バイアスを伝達しないもの，の 3 つに分けられる (Romero and Han (2004))．認識バイアスとは，「特定の答えが成立する可能性が高いという話し手の見込み・予期」を指す．(6B) は肯定的なバイアスを伝達する否定極性疑問文の例であり，話し手が「この質問に対する答えはおそらく yes である」つまり「ジェーンはおそらく来る」と考えている，という情報を伝達している．

  (6) A: OK, now that Stephen has come, we are all here. Let's go!

        B: Isn't Jane coming, too?

                                     (Romero and Han (2004: 611))

  一方，(7B) は否定的なバイアスを伝達する否定極性疑問文の例であり，話し手が「この質問に対する正解はおそらく no である」つまり「ジェーンはおそらく来ない」と考えている，という情報を伝達している．

(7)　（パットとジェーンは音韻論の専門家で，ワークショップで発表する
　　　予定があった．）
　　A:　Pat is not coming. So we don't have any phonologists in the
　　　　program.
　　B:　Isn't Jane coming, either?

(Romero and Han (2004: 611))

　Ladd (1981) は，肯定的バイアスを伴う否定極性疑問文を外部否定 (out-side-negation) 型，否定的バイアスを伴うものを内部否定 (inside-negation) 型と呼んでいる．前者は，話し手が，疑問文から否定を除いた部分（に対応する平叙文）が表す命題が成立していることを予期しているという情報を伝達しており，否定は「予期された内容」には含まれない．一方，後者では否定が「予期された内容」の内部に存在する．外部否定・内部否定という名称はこの違いを反映している．

　肯定バイアス型（外部否定型）と否定バイアス型（内部否定型）は，極性表現 (polarity sensitive expression) の認可に関して相反した性質を示す．すなわち，前者においては肯定極性表現 (positive polarity item, PPI) が用いられうるが，否定極性表現 (negative polarity item, NPI) は用いることができない．一方，後者では，否定極性表現が用いられうるが，肯定極性表現は用いることができない．そのため，"Isn't Jane coming?" という文が曖昧性を持つのに対し，肯定極性表現 too を含む (6B) は肯定バイアス型としてしか解釈できず，否定極性表現 either を含む (7B) は否定バイアス型としてしか解釈できないということになる．このように，極性表現の関わりにおいて肯定バイアス型が「否定文らしい」性質を示すのに対して，否定バイアス型はそうではない．このことから，McCawley (1988: 499, 571) は，肯定バイアス型否定極性疑問文における否定を，「みせかけの否定 (fake negation)」であるとみなしている．

　Romero and Han (2004) を含む多くの先行研究においては，前置型・後置型はともに，肯定的バイアス解釈・否定的バイアス解釈のいずれも許容するとされている．しかしながら，傾向としては，前置型は肯定バイアス解釈を受けやすく，後置型は否定バイアス解釈を受けやすいようである．この点に関しては，方言や個人差も少なからず影響すると考えられる．

　後置型否定極性疑問文は，認識バイアスを伝達しない「中立解釈」を受ける場合がある．中立解釈が可能なのは否定された述語や文の意味が，文脈的に際

立ち（prominence）を持っている場合に限られる．（8B）は中立解釈の否定極性疑問文の例である．

(8)　（話者 B はパーティの準備の手伝いをしており，招待客のリストを見ながら，酒を飲まない客のための飲み物を準備している．B は，リストに載っている人物のうち誰に飲酒の習慣があるか，まったく予備知識がない．）

A:　Jane and Mary do not drink.

B:　OK. What about John? Does he not drink (either)?

B′: #OK. What about John? Doesn't he drink (either)?

（Romero and Han (2004: 610)）

この文脈では，先行する発話において *not drink* という否定形式が用いられていることから，その意味が肯定述語の *drink* の意味に匹敵する，あるいはそれを上回る際立ちを持っているものと考えられる．極性表現との関わりにおいて，中立解釈型は否定バイアス型と同様の性質を示す．（8B′）の不適格性が示しているように，前置型の否定極性疑問文は中立解釈を許容しない．

　前置型・後置型，および肯定バイアス型・否定バイアス型・中立型の性質と関係を整理すると表 1 のようになる．

表 1：英語の否定極性疑問文の 3 つの解釈

解釈	肯定バイアス	否定バイアス	中立
NPI の認可	しない	する	する
PPI の認可	する	しない	しない
否定の前置	可能	可能	不可
否定の後置	可能	可能	可能

　肯定バイアス型と否定バイアス型が伝達する語用論的意味は反義的だが，それぞれ特有の性質を持っており，完全に対称をなすわけではない．以下第 3 節では肯定バイアス型，第 4 節では否定バイアス型の意味についてより詳細に検討する．

3.　英語における肯定バイアス型否定極性疑問文の意味

　肯定バイアス型否定極性疑問文は，単に話し手が肯定的回答を予期している

ことだけでなく，より複雑なメッセージを伝達する．例 (9), (10) を検討しよう．いずれの場面でも，無標の肯定極性疑問文は使用可能である．また，上昇付加疑問文 (rising tag-interrogative; 付加疑問文のうち，疑問文に典型的な上昇イントネーションを伴うもの) は (肯定バイアス型否定極性疑問文と同様に) 話し手の肯定的回答への予期を伝達するが，この構文もまた，両方の場面で使用可能である．対して，肯定バイアス型否定極性疑問文は，(9) の場面では自然であるが，(10) では不自然であり，聞き手の反応は「だから，何？」のような反発的なものになることが予想される ((9), (10) および (12)–(14) のデータは，拙論 Oshima (2017) で提示されたものである)．

(9)　(話し手のところに妻がやってきて，郵便局が閉まる前に急いで郵便局で切手を買ってきてほしいと言う．話し手は，近くのコンビニで買うほうが早いと考えるが，切手をあつかっているかどうか確信がないので，妻にたずねる．)

　　a.　Can you buy postage stamps at convenience stores? (肯定極性疑問文)

　　b.　Can't you buy postage stamps at convenience stores? (肯定バイアス型否定極性疑問文)

　　c.　You can buy postage stamps at convenience stores, can't you? (上昇付加疑問文)

(10)　(話し手は郵便切手を必要としている．近くのコンビニで買えるはずだと思うが，確信がない．そこで，リビングルームにいる妻のところに行き尋ねる．)

　　a.　Can you buy postage stamps at convenience stores? (肯定極性疑問文)

　　b.??Can't you buy postage stamps at convenience stores? (肯定バイアス型否定極性疑問文)

　　c.　You can buy postage stamps at convenience stores, can't you? (上昇付加疑問文)

肯定バイアス型否定極性疑問文は，文の否定を除いた部分が伝達する意味 (以下「肯定中核命題」と呼ぶ) が，聞き手の意識の中ですでに活性化されている (注意が向けられている)，あるいは活性化されている「べき」情報であると，話し手が見込んでいるという情報を伝達していると考えられる．これを「関心事項条件 (matter-of-interest condition)」と呼ぶ．やや入り組んでいるの

で整理すると，(11) のようになる.

(11)　英語において，"¬S?" の形式を持つ肯定バイアス型否定極性疑問文
　　　は，話し手が以下の条件 (i)，(ii) がともに成立することを予期して
　　　いるという情報を，慣習的推意として伝達する.
　　　(i)　肯定中核命題（⟦S⟧）が真である.
　　　(ii)　肯定中核命題は，聞き手の意識において｛(a) すでに活性化さ
　　　　　れているか，あるいは (b) 活性化されているべき｝ことがらで
　　　　　ある.

(9b) の適切性には (11ii-b) が関与している. この場面において，話し手は，
「コンビニで切手が買える」という情報がもし真であるなら，聞き手はそのこ
とを意識しているべきだと考えている，という想定が自然にできる. 一方，
(10) の場合，同様の条件は成立しない. 例 (12) は，(11ii-a) もまた肯定バ
イアス型否定極性疑問文の認可条件に関与していることを示している.

(12)　(A と B は大学院生であり，ルームメートとして同居している. B
　　　は学会への出張からちょうど戻ってきた. A は，ふたりの共通の知
　　　人であるケンが，同じ学会に出席する予定であると以前聞いた.)
　　　A₁:　How was the conference?
　　　B:　It was pretty good. My talk went okay, and I got to talk to
　　　　　quite a few people.
　　　A₂:　Wasn't Ken there too?

(13b) と (14b) の対比も，「関心事項条件」の観点から説明できる.

(13)　(話し手と聞き手は大学院生である. 聞き手が「中国語言語学の講義
　　　のティーチング・アシスタントを頼める人を探している. できれば中
　　　国語を話せる人がいい」と言う. 話し手は，以前，エイミーは中国語
　　　を話せるという話を聞いたことがある.)
　　　a.　Does Amy speak Chinese?（肯定極性疑問文）
　　　b.　Doesn't Amy speak Chinese?（肯定バイアス型否定極性疑問文）
　　　c.　Amy speaks Chinese, doesn't she?（上昇付加疑問文）
(14)　(話し手は，中国語を話せる人の手伝いを必要としている. 以前，エ
　　　イミーは中国語を話せるという話を聞いたことがあるが，それが事実
　　　であるという確信がない. そこで，ルームメートに尋ねる.)

a. Does Amy speak Chinese?（肯定極性疑問文）

b.??Doesn't Amy speak Chinese?（肯定型否定極性疑問文）

c. Amy speaks Chinese, doesn't she?（上昇付加疑問文）

4. 英語における否定バイアス型否定極性疑問文の意味

4.1. 現場推論条件

Ladd（1981）および Romero and Han（2004）で指摘されているように，否定バイアス型否定極性疑問文は，単に話し手が否定を含む文が伝達する意味（「否定中核命題」）が真として成立することを予期していることを表すだけでなく，当該の談話より以前にはその逆，すなわち肯定中核命題が真として成立することを予期していたという情報も伝達している．これを「現場推論条件（inference-on-the-spot condition）」と呼ぶことにする．

例（7B）においては「ジェーンが来ない（ジェーンもまた来ない）」が否定中核命題に相当する．話者 B は，否定バイアス型否定極性疑問文を用いることで，自分が発話現場においてはじめて「ジェーンがおそらく来ない」と考えるようになった，という情報を伝達しているわけである．多くの言語に，話し手にとって文が表す情報が新しいもの（今まさに信じるにいたったことがら）であることを示す文法的・語彙的手段が存在し，これをミラティビティ（mirativitiy）の標識と呼ぶ（DeLancey（2001））．否定バイアス型否定極性疑問文には，ミラティビティの標識としての一面があると言える．

（15）の場面では，現場推論条件が満たされていないため，否定バイアス型否定極性疑問文（15a）を使用するのは不自然となる（上昇付加疑問文であれば問題なく使用できる）．

(15) （話し手はジェーンのために昼食を準備している．ジェーンはおそらくベジタリアンではないと考えているが，確信がない．ジェーンの妹であるナンシーがたまたま近くにいたので，彼女に尋ねる．）

a. #Hey, isn't Jane a vegetarian?（否定バイアス型否定極性疑問文）

b. Hey, Jane isn't a vegetarian, is she?（上昇付加疑問文）

(Oshima (2017: 203))

4.2. 聞き手の信念状態についての想定

肯定バイアス型と否定バイアス型の語用論的意味には，前者にのみ関わる

「関心事項条件」および後者にのみ関わる「現場推論条件」以外にも，興味深い非対称性が見られる．

以下の例において，肯定バイアス型（16a）の肯定中核命題と，否定バイアス型（16b）の否定中核命題は，同義である．また，「関心事項条件」・「現場推論条件」は，ともに充足されていると考えられる．しかしながら，前者のみが自然であり，後者は不自然である．

(16)　(話し手と聞き手は重要なゲストを迎えようとしている．ゲストにとって訪問ができる限り快適なものになるよう，最も立派な応接室を予約してある．ゲストの飲み物や室温に関する好みも，事前に詳細に調査済みである．ゲストが到着する直前，聞き手は話し手に応接室の様子を見せ，すべてが完璧にセットアップされているはずだと言う．しかし，話し手は，室温に問題があるように感じて，言う．)
　　　a.　Isn't this room {too warm / not cool enough}?
　　　b. #Isn't this room cool enough?

このような観察に基づき，Oshima（2017）では，否定バイアス型極性疑問文は，否定中核命題が真であるだけでなく，真であると聞き手に認識されていることを予期しているという情報を伝達しているという分析がなされている．整理すると，以下のようになる．

(17)　英語において，"¬S?" の形式を持つ否定バイアス型否定極性疑問文は，(i) および (ii) を，慣習的推意として伝達する．
　　　(i)　話し手は否定中核命題（⟦¬S⟧）が真であり，またそれが聞き手の信念の一部であることを予期している．
　　　(ii)　話し手は当該の談話以前には，肯定中核命題（⟦S⟧）が真であることを予期していた．

(16) の場面では，話し手は現場での推論により「部屋が十分に涼しい」という予期を見直し，否定中核命題「部屋が十分に涼しくない」がおそらく成立すると考えるようになったが，聞き手が「部屋が十分に涼しくない」と考えている見込みが高いと考えているわけではない．そのため，否定バイアス型否定極性疑問文の使用が不自然となる．

5. 英語における中立型否定極性疑問文

上述のように，後置型の否定極性疑問文は，否定述語あるいは否定節の意味が文脈的に際立ちを持つ場合には，「中立解釈」を許容する．否定極性疑問文が中立解釈を受けるというのは，(無標の極性疑問文と同様に)「認識バイアスを伝達しない」ことを意味しており，「話し手が認識バイアスを持っていないことを伝達する」ことを意味しているわけではないことには注意が必要である．(18B) は，否定極性表現 *either* が用いられていることから，肯定バイアス型ではありえない．一方，*by any chance* という句が「話し手は否定中核命題が真である可能性を比較的低く見積もっている」という情報を伝達しており，また「現場推論条件」も満たされていないことから，否定バイアス型とも考えにくい．したがって，(18B) は中立型ということになるが，この発話から，発話時点において話し手が「ケンが英語を話すかどうか」という問題について中立的な立場である (ケンが英語を話す確率が大体 50%であると考えている) という情報を読みとることはできない．

(18) A: Some of them do not speak English.
    B: How about Ken? Does he not speak English either, by any chance?

6. 日本語における否定極性疑問文の分類

日本語の否定極性疑問文にも，(i) 肯定的な認識バイアスを伝達するもの，(ii) 否定的な認識バイアスを伝達するもの，(iii) 認識バイアスを伝達しないものの 3 種がある．

6.1. 日本語における肯定バイアス型否定極性疑問文と焦点後方抑制

日本語の肯定バイアス型否定極性疑問文には，否定バイアス型・中立型には見られない音調的な特徴が見られる (田野村 (1988)，Ito and Oshima (2016)，Oshima (2019))．(19a, b) はそれぞれ，肯定バイアス型・否定バイアス型の例である．

(19) (「鈴木さんと高橋さんが手伝ってくれました」という発言を受けて)
    a. 山田さんも手伝ってくれなかった？ (肯定バイアス型)
    b. 山田さんは手伝ってくれなかった？ (否定バイアス型)

（19a）と（19b）では，否定を含む補助述語「くれなかった」における音調に違いがある．具体的には，後者では句頭上昇と（モーラ/na/に所在しているアクセント核によって引き起こされる）アクセント下降がはっきり実現しているのに対して，前者ではこれが抑制されている（図1・2）．

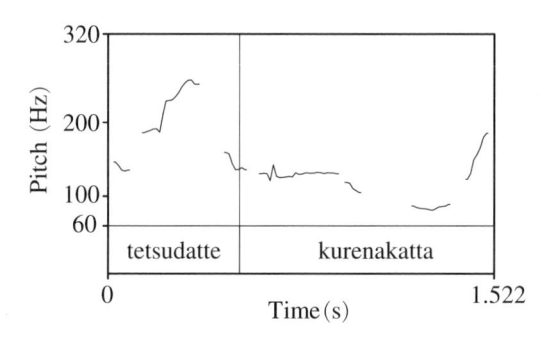

図1：（19a）における「手伝ってくれなかった」の音調

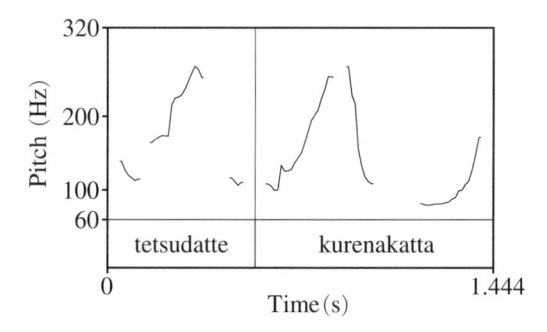

図2：（19b）における「手伝ってくれなかった」の音調

（20）–（22）では，いずれも「…… 甘くないですか」という形式の否定極性疑問文が用いられているが，（20）の場合のみ補助述語「ない」におけるアクセント下降が抑制されたものになる．

(20)　（聞き手がオレンジを食べている．話し手は，そのオレンジが高級品で，特に甘いという話を事前に聞いている．）
　　　それ，甘くないですか？（肯定バイアス型）
(21)　（聞き手がオレンジを食べ，酸っぱそうに顔をしかめる．）
　　　それ，甘くないですか？（否定バイアス型）
(22)　（A と B は大規模なパーティの手伝いをしている．B は甘口の日本

酒の瓶を会場に運ぶように指示されて酒類の貯蔵庫に来るが，日本酒の知識がないのでどれが甘口かまったくわからず，A に助言を求める．）
A: これとこれは甘くない．
B: これはどうですか？ これも<u>甘くないですか？</u>（中立型）

英語の場合と同様，極性項目との関わりにおいて，肯定バイアス型のみ，「否定文らしからぬ」性質を示し，肯定極性表現を許容する（「わりと」は肯定極性表現，「あまり」は否定極性表現である）．

(23) a. これ，わりと甘くないですか？ （肯定バイアス型）
　　 b. これ，あまり甘くないですか？ （否定バイアス型または中立型）

Ito and Oshima (2016) では，(19a) や (20) の音調的な特徴を，肯定バイアス型の情報構造的な性質を反映する音調現象，すなわち焦点後方抑制（post-focal reduction）に由来するものと捉えている．焦点後方抑制とは，イントネーション句内部で，（最後の）焦点要素を含むアクセント句に後続するアクセント句における句頭上昇およびアクセント下降が抑制される現象を指す（郡 (1997)，Ishihara (2015)）．(19a)，(20) においては，否定を含む補助述語（「くれなかった」・「ない」）が，情報構造的な意味での背景（非焦点）要素であるために焦点後方抑制の対象となる．対して (19b)，(21)，(22) では，否定が焦点の一部であるためにこれらの補助述語が焦点後方抑制の対象にならない．これは，肯定バイアス型における否定辞は「見せかけ」のものであり，実質的に否定の意味を持つわけではないという見方（2 節参照）とよく符合する．

肯定バイアス型であっても，否定を含む述語が焦点後方抑制の対象とならないケースがある．それは，否定が補助述語でなく本述語内部の接辞として現れ，なおかつその本述語における否定以外の部分（語基など）が焦点の一部である場合である。例えば (24) がこれに相当する．

(24) （A は最近友人にもらったネコを飼いはじめた．ネコは食べ物の好き嫌いが多く，餌をあげても残すことが多い．ある朝，A の妻は，「今日はためしにイワシをあげてみようかな」と A に言った．昼，A はネコのもとの飼い主にたまたま会い，イワシがそのネコの大好物であることを聞く．帰宅した A が妻に尋ねる．）
　　 イワシ，食べなかった？（肯定バイアス型）

(Ito and Oshima (2016: 236))

(24) の音調は，否定バイアス型である (25) のものと同様である．

(25)　（A は飼っているネコの餌皿にイワシを置いたあと，部屋を出る．15
　　　分後，戻ってきた A は，イワシが減っていないことに気がつき，部
　　　屋にずっといた妻に尋ねる．）
　　　イワシ，食べなかった？（否定バイアス型）

(Ito and Oshima (2016: 236))

　一方，(26) では述語「食べなかった」を構成する要素が，語基の「食べ」を
含め背景要素であるため，焦点後方抑制がこの述語に適用され，肯定バイアス
型としての解釈が音調に反映される．

(26)　（「昨日はサバを食べたよね」という発言に対して．）
　　　え？ イワシを食べなかった？（肯定バイアス型）

(Ito and Oshima (2016: 237))

6.2.　日本語における肯定バイアス型否定極性疑問文とアクセント削除

　日本語の肯定バイアス型否定極性疑問文においては，否定を含む述語におけ
るアクセントが，単に抑制されるのではなく完全に消失する現象が見られる
(Oshima (2019))．このアクセント削除は，否定を含む述語が文末に（助詞や
補助述語に後続されることなく）現れ，なおかつその最終音節にアクセント核
が所在する場合にのみ起こる．(27a, b) はこの条件を満たしており，したがっ
てアクセント削除が適用されうる．

(27)　a.　これ，なかなか良くない？
　　　b.　これだとさすがに高すぎません？

これらのケースではアクセントのない発音のほうが一般的（自然）であり，そ
の意味でアクセント削除の適用は実質的に義務的であるとも考えられる．
　「……ない？」という形式の肯定バイアス否定極性疑問文では，末部の発音
が変化し，「……ねえ？」「……ね？」のように単母音化・短母音化すること
も，近年の話し言葉では見られる．また，類似のアクセント消失現象が先行す
る本述語および，「良くない？」において通常頭高型アクセントで発音され
る「良く」が平板型で発音されたり，さらには「雨じゃない？」（あるいは「雨
じゃね？」）の「雨」がアクセントを失わない「飴じゃない？」（「飴じゃね？」）
と同じ発音になるといった現象も観察されている（田中 (2010)）．

6.3. 「P 型」と「NN 型」

Ito and Oshima (2016) および Oshima (2019) では，日本語の否定極性疑問文のうち，「否定辞が背景要素であり，肯定的認識バイアスを伝達することがあるもの」を P(ositive) 型，「否定辞が焦点要素であり，否定的認識バイアスを伝達するか，または中立解釈を受ける」ものを N(egative/) N(eutral) 型と名づけている．P 型はここまで肯定バイアス型と呼んできたものを含むが，後述するように，「肯定的な答えの予期」を伝達しない場合もある．NN 型は，否定バイアス型・中立型の 2 つをあわせたものに相当すると考えて良い．

P 型・NN 型の情報構造的な差異は，多くの場合焦点後方抑制の有無というかたちで音調に反映され，解釈上の曖昧性の回避につながる．一方，5.2 節で検討したアクセント削除は，情報構造とは独立した現象であり，したがって (28) のような一語文（これを形成する語が焦点後方抑制の対象になることは当然ありえない）にも適用されうる．

(28)　高すぎません？

整理すると，以下のようになる．

(29) a. 否定述語に適用される焦点後方抑制とアクセント削除は，ともに P 型（≈肯定バイアス型）としての解釈をはっきりさせる音調的手段として機能する．

b. (19a) や (20) のように，焦点後方抑制のみが手段として機能するケースがある．

c. (28) のように，アクセント削除のみが手段として機能するケースもある．

d. (24) のように，どちらも適用されず曖昧性が残るケースもある．

焦点後方抑制とアクセント削除は，ともに高低変化の減少につながる音韻現象である．後者は，前者からの一種の類推により，より多くの場面で曖昧性を回避できるようにするための手段として発達してきたのではないかと推測される．

音韻現象とは別に，補助述語「の」（＋判定詞）の使用が曖昧性の解消につながる場合もある．P 型の場合，否定が「の」またはその縮約形「ん」に後続する形で実現するのに対し，NN 型の場合，否定が「の」に先行する．(30c) のように「の」が 2 ヶ所に現れる場合は，音調によってのみ曖昧性が回避され

る.

(30) a.　甘いんじゃない？（P 型）
　　 b.　甘くないの？（NN 型）
　　 c.　甘いんじゃないの？

本節の内容をまとめると，表 2 のようになる.

表 2：日本語の否定極性疑問文の 3 つの主要な解釈

解釈	肯定バイアス	否定バイアス	中立
NPI の認可	しない	する	する
PPI の認可	する	しない	しない
否定辞の情報構造的位置づけ	背景	焦点	焦点
アクセント削除	一定の条件下で起こる	起こらない	起こらない
否定が「の」に対して	後続	先行	先行
P 型・NN 型の区別	P	NN	NN

　日英両語を比較すると，日本語には肯定バイアス解釈をそれ以外の場合と区別する音韻的・文法的な手段があるのに対し，英語にはそれが見当たらない（ただし，前述のように，否定の前置は，少なくとも傾向としては，肯定バイアスと結びつきやすい）．一方，英語では（肯定的または否定的な）バイアスが存在することを示す標識，すなわち否定の前置があるが，日本語にはそれに相当するものが存在しない.

　否定辞の情報構造的位置づけに関して，日本語と英語のあいだに違いがあるかというのは興味深い問題である．英語の否定極性疑問文においても，肯定バイアス解釈の場合のみ否定辞が背景要素となっているという可能性は考えられる．しかしながら，それを裏付ける（あるいは反証する）積極的な根拠は，管見の限り指摘されていない.

7.　日本語における P 型否定極性疑問文の特徴

7.1.　肯定バイアス型否定極性疑問文としての P 型

　P 型否定極性疑問文が肯定的認識バイアスを伝達する場合，英語の外部否定型と同様に，「関心事項条件」が適用される．これは，英語の例 (9b)，(10b)，

(12) と類似した，以下のようなデータによって示すことができる．ここでは，英語の上昇付加疑問文に相当する日本語の構文として，上昇下降調イントネーション（「↑↓」）を伴う「よね」構文 (Oshima (2014)) を用いている．

(31) （話し手のところに妻がやってきて，郵便局が閉まる前に急いで郵便局で切手を買ってきてほしいと言う．話し手は，近くのコンビニで買うほうが早いと考えるが，切手をあつかっているかどうか確信がないので，妻にたずねる．）
  a.　切手って，コンビニでも買える？（肯定極性疑問文）
  b.　切手って，コンビニでも買えない？（肯定極性疑問文）
  c.　切手って，コンビニでも買えるよね↑↓（「よね」疑問文）

(32) （話し手は郵便切手を必要としている．近くのコンビニで買えるはずだと思うが，確信がない．そこで，リビングルームにいる妻のところに行き，尋ねる．）
  a.　切手って，コンビニでも買える？（肯定極性疑問文）
  b.??切手って，コンビニでも買えない？（肯定極性疑問文）
  c.　切手って，コンビニでも買えるよね↑↓（「よね」疑問文）

(33) （A と B は大学院生であり，ルームメートとして同居している．B は学会への出張からちょうど戻ってきた．A は，ふたりの共通の知人であるケンが，同じ学会に出席する予定であると以前聞いた．）
  A_1:　学会はどうだった？
  B:　なかなか良かったよ．自分の発表もまあまあうまくいったし，いろんな人と話せたし．
  A_2:　ケンも来てなかった？

7.2.　「意外かも知れない」質問に用いられる P 型否定極性疑問文

P 型否定極性疑問文には肯定バイアスを伝達しない用法も存在する．(34) では，肯定中核命題が成立する可能性は低い（具体的には 10％である）が，それにも関わらず P 型否定極性疑問文の使用が自然である．

(34) （話し手は友人の山田を探している．山田は学生寮の 201 〜 210 号室のいずれかにいることが判明しているが，どの部屋かはわからない．話し手は 1 室ずつ確認しようと思ってまず 201 号室に向かい，顔見知りの住人に尋ねる．）
  ねえ，山田君来てない？ 　　　　　　　　(Ito and Oshima (2016: 240))

　日本語の P 型否定極性疑問文には，肯定バイアス解釈とは別に，「このような質問をすることは意外に思われるかもしれないが」のような前置きに近い，聞き手への配慮を示すメッセージを伝える用法があると考えられる．この用法を「情報の齟齬」用法（"information gap" use）と呼ぼう．「情報の齟齬」用法の伝達する慣習的推意は，以下のようなものであると考えられる．

(35)　話し手は，聞き手は「話し手が肯定中核命題が成立する可能性がある
　　　と考えている」ことを意外に思うかもしれない，と考えている．

　肯定バイアス用法と「情報の齟齬」用法は，いずれも，肯定中核命題 p が成立する可能性が何らかの基準より高い（と話し手が考えている）ことを示すという共通点を持つ．前者は，話し手が p が成立する可能性を，その代替となる命題（多くの場合 $\neg p$）が成立する可能性よりも高く見積もっていることを示す．対して後者は，「聞き手は p が成立する可能性を実質的にゼロと考えているかもしれないが，話し手は p が成立する可能性がそれなりに高いと見積もっている」ことを示す．

7.3.　依頼・提案に用いられる P 型否定極性疑問文

　P 型否定極性疑問文は依頼・提案にもよく用いられる．補助動詞（語彙素）『くれる』または『もらえる』を用いた極性疑問文は依頼表現として用いられるが，(36b)，(37b) のように P 型否定極性疑問文を使用すると，より高いレベルのポライトネスを伝達する効果があると言われる（庵・他（2001: 490），日本語記述文法研究会（2007: 297-298））．

(36)　a.　手伝ってくれる？
　　　b.　手伝ってくれない？
(37)　a.　手伝ってもらえる？
　　　b.　手伝ってもらえない？

　極性疑問文は提案にも用いられるが，P 型否定極性疑問文を使用すると，その表現意図がよりはっきりする場合が多い．例えば，(38a) と比べ，(38b) はより（質問でなく）提案と解釈されやすい．

(38)　a.　カフェ，寄ってく？
　　　b.　カフェ，寄ってかない？

　さらに，物品の供与や人物の仲介を期待する場面で用いられる（39a, b）の

ような否定極性疑問文も,「依頼・提案に用いる P 型否定極性疑問文」の一種であると考えられる.

(39) a.　ねえ,10 円玉持ってない?

　　 b.　誰か中国語がわかる人知らない?

　興味深いことに,英語の場合,否定極性疑問文を依頼や提案に用いることはあまり一般的ではない."Won't you …?" という形式の疑問文が提案に用いられる場合がある (Leech (2014: 155-156)) ものの,やや古めかしく,生起頻度も低いようである.なお,この構文は,極性表現との関わりにおいては「外部否定型」の性質を示す.

(40)　　Won't you have a cup of coffee, {too / *either}?

8.　日本語における NN 型否定極性疑問文の特徴

　6 節で見たように,NN 型否定極性疑問文は,英語の後置型否定極性疑問文と同様に,否定述語・否定節の意味が文脈的に際立ちを持つ場合には,認識バイアスを伝達しない「中立解釈」を許容する (例 (22) を参照).

　NN 型が否定バイアス解釈を受ける場合,その語用論的意味には「現場推論条件」が関与する.例えば,NN 型否定極性疑問文 (41) は,同条件が充足されている文脈 (42a) においては自然であるが,充足されていない (42b) では不自然である.

(41)　　ホットドッグ屋さん,来て (い) なかった?

(42) a.　A と B が勤めているオフィスの近くの公園では,ほぼ毎日ホットドッグのワゴン販売が行われている.ある日,A がふたり分の昼食として,ホットドッグを買いに出かける.数分後,A がホットドッグでなく弁当を持って帰ってきたのを見て,B が (41) を発話する.

　　 b.　A と B は同じオフィスに勤めている.A には昼休みになるとひとりで近くの公園に行き,ワゴン販売のホットドッグを食べるという習慣がある.数日前,B はホットドッグ売りが体調を崩し,最近公園に来ていないという噂を聞いた.昼休みが終わり,戻ってきた A に対して,B が (41) を発話する.

また，否定中核命題が聞き手の信念の一部であるという話し手の見込みを伝達する点も，英語の否定バイアス型否定極性疑問文と同様である．

(43)　(話し手と聞き手は重要なゲストを迎えようとしている．ゲストにとって訪問ができる限り快適なものになるよう，最も立派な応接室を予約してある．ゲストの飲み物や室温に関する好みも，事前に詳細に調査済みである．ゲストが到着する直前，聞き手は話し手に応接室の様子を見せ，すべてが完璧にセットアップされているはずだと言う．しかし，話し手は，室温に問題があるように感じて，言う．)

　　a.　この部屋，{暑すぎじゃない／十分に涼しくなくない}？（P 型）
　　b. #この部屋，十分に涼しくない？（NN 型）

一方で，日本語と英語の「否定バイアス型」には使用場面の違いも見られる．例えば，(44) の場面においては，NN 型の使用が適切であるが，対応する英語の否定極性疑問文（"Wasn't the dish broken?"）の使用は不自然なものとなる．

(44)　(A は B に荷物を送った．荷物には皿が含まれており，A はそれを厳重に緩衝材で梱包した．B が A に電話がかけ，荷物が到着したことを報告する．A は皿が割れた可能性は低いと考えているが，念のために尋ねる．)

　　お皿，割れて（い）なかった？（NN 型）

また，(15) の場面で，「ねえ，ジェーンってベジタリアンじゃない？」という NN 型否定極性疑問文を用いることは不自然ではない．

日本語の NN 型が否定バイアス解釈を受ける場合，「発話現場において否定中核命題が成立するというバイアスが形成された」という情報は必ずしも含意されず，替わりに「否定中核命題が望ましいことがらである」という情報を伝達する場合もあると考えられる．整理すると (45) のようになる．

(45)　日本語において，"¬S?" の形式を持つ NN 型否定極性疑問文は，(i)が成立し，なおかつ (ii) と (iii) の少なくとも一方が成立することを，慣習的推意として伝達する．

　　(i)　話し手は否定中核命題（[[¬S]]）が真であり，またそれが聞き手の信念の一部であることを予期している．

　　(ii)　話し手は当該の談話以前には，肯定中核命題（[[S]]）が真であ

　ることを予期していた.

(iii)　話し手は否定中核命題（〖¬S〗）が望ましいことであると考えて
　　　いる.

　一般的な心理として,「望ましくないことがら」を言語的に表現することは
なるべく避けようとするものである. 例えば,「間に合った？」という質問と
「遅刻した？」という質問によって得られる情報が同じ場合, 特別な理由がな
ければ, 前者の方が聞き手に配慮した言い方であると捉えられる. NN 型否定
極性疑問文が否定中核命題の望ましさを伝達するようになったのには, このよ
うな心理プロセスが背景にあると考えられる.

　なお,（45iii）単独では, NN 型を用いるための必要条件を満たさない. 例
えば, 雨が降っている可能性が高いことがわかっている場面では, たとえ雨が
降っていないこと（＝否定中核命題）が望ましくても, NN 型否定極性疑問文
「雨, 降って（い）ない？」の使用は不自然となる（P 型であれば自然だが, そ
の場合は当然音調が異なる）.

9.　確信の度合い

　何らかの命題が成立するか否かに関して, 話し手またはそれ以外の主体が抱
く）「見込み」あるいは「確信の度合い」を認識的モダリティ（epistemic mo-
dality）と呼ぶ. 肯定バイアス型・否定バイアス型の否定極性疑問文は, *must,
may, likely,*「はず（だ）」,「おそらく」といった表現とともに, 認識的モダリ
ティを伝達する表現（構文）とみなすことができる.

　認識的モダリティの標識は, それぞれ異なるレベルの確信度と結びついてい
る. 例えば, *certain* の伝達する確信度は *must* のものより高く, *must* の伝達
する確信度は *likely* のものより高い（Lassiter（2017））. 否定極性疑問文に
よって伝達されるバイアスは, 上昇付加疑問文や「よね」疑問文によって伝達
されるバイアスとくらべて確信度が低く, おおむね *likely* に相当するレベル
ではないかと考えられる（Oshima（2017: 174-176））が, はっきりとした結
論を出すためには今後の検証が必要である.（i）肯定バイアス型と否定バイア
ス型は同レベルの確信度を伝えているのか,（ii）また英語における肯定（否定）
バイアス型と日本語における対応する構文は同レベルの確信度を伝えているの
か, というのも自明ではなく, 検討すべき課題である.

10.　結語

　本章では，英語と日本語における否定極性疑問文の意味的性質を概観した．両言語には系統関係がなく，また否定極性疑問文の用法に関する翻訳借用等も考えにくいが，それにも関わらず以下のような共通点が見られることは興味深い．

(46) a.　否定極性疑問文に，(i) 肯定的認識バイアスを伝達するもの（肯定バイアス型），(ii) 否定的認識バイアスを伝達するもの（否定バイアス型），(iii) どちらも伝達しないもの（中立型）がある．

　　 b.　肯定バイアス型は，極性項目の認可に関して「否定文らしくない」性質を示す．

　　 c.　肯定バイアス型の意味には，「関心事項条件」が関わる．

　　 d.　否定バイアス型の意味には，「現場推論条件」と「聞き手の信念に関する話し手の想定」が関わる．

一方，以下のような違いも見られる．

(47) a.　日本語の否定極性疑問文には「情報の齟齬」用法がある．

　　 b.　日本語のほうが，否定極性疑問文を依頼や勧誘に用いることが多い．

　　 c.　日本語の否定バイアス型否定極性疑問文の意味には，命題内容の「望ましさ」が関わる．

　より多様な言語の比較や，個々の言語内における歴史変化の検証を通じて，否定極性疑問文が果たしうる談話機能の類型論的理解を深めていくことが今後望まれる．また，より根本的な問題として，なぜ極性疑問文に否定を追加することにより複雑かつ多岐に渡る意味機能が生じるのかについても，今後の理論的な解明に期待したい．

参考文献

DeLancey, Scott (2001) "The Mirative and Evidentiality," *Journal of Pragmatics* 33, 369–382.

庵功雄・中西久実子・高梨信乃・山田敏弘 (2001) 『中上級を教える人のための日本語

文法ハンドブック』スリーエーネットワーク，東京.

Ishihara, Shinichiro (2015) "Syntax-Phonology Interface," *Handbook of Japanese Phonetics and Phonology*, ed. by H. Kubozono, 569-618, Walter de Gruyter, Berlin.

Ito, Satoshi and David Y. Oshima (2016) "On Two Varieties of Negative Polar Interrogatives in Japanese," *Japanese/Korean Linguistics*, Vol. 23, ed. by M. Kenstowicz, T. Levin, and R. Masuda, 229-243, CSLI Publications, Stanford.

郡史郎 (1997)「日本語のイントネーション――型と機能」『アクセント・イントネーション・リズムとポーズ』，国広哲弥・廣瀬肇・河野守夫（編），169-202，三省堂，東京.

Ladd, D. Robert (1981) "A first look at the semantics and pragmatics of negative Questions and Tag Questions," *The Proceedings of the 17th Annual Meeting of Chicago Linguistic Society*, 164-171.

Lassiter, Daniel (2017) *Graded Modality: Qualitative and Quantitative Perspectives*, Oxford University Press, Oxford.

Leech, Geoffrey (2014) *The Pragmatics of Politeness*, Oxford University Press, Oxford.

McCawley, James D. (1988) *The Syntactic Phenomena of English*, Vol. 2, University of Chicago Press, Chicago.

日本語記述文法研究会（編）(2007)『現代日本語文法 3』くろしお出版，東京.

Oshima, David Y. (2014) "On the Functional Differences between the Discourse Particles *Ne* and *Yone* in Japanese," *Proceedings of the 28th Pacific Asia Conference on Language, Information and Computation*, 442-451.

Oshima, David Y. (2017) "Remarks on Epistemically Biased Questions," *Proceedings of the 31st Pacific Asia Conference on Language, Information and Computation*, 169-177.

Oshima, David Y. (2019) "The Prosody of Positively Biased Negative Polar Interrogatives in Japanese: Post-Focal Reduction or Deaccenting?" *The Proceedings of the 53rd Annual Meeting of Chicago Linguistic Society*, 275-289.

Romero, Maribel and Chung-Hye Han (2004) "On Negative "Yes/No" Questions," *Linguistics and Philosophy* 27, 609-658.

田中ゆかり (2010)『首都圏における言語動態の研究』笠間書院，東京.

田野村忠温 (1988)「否定疑問文小考」『国語学』第 152 集，109-123.

第 12 章

感情表出表現として振る舞う否定極性表現の意味・機能について
——「何も」と「とても」を中心に——

(The meanings and functions of expressive negative polarity items:
With special reference to *nani-mo* and *totemo*)

澤田　治

神戸大学

1.　はじめに

　本稿では，感情表出表現として使われる日本語の否定極性表現「何も」と
「とても」の意味・使用に焦点を当て，否定極性項目のバリエーションについ
て，意味論と語用論のインターフェースの観点から考察する．

　日本語の「何も」と「とても」には，（命題の真理条件に関わる）狭義の意味
論レベルで解釈される用法と（命題の真理条件に関わらない）語用論レベルで
解釈される用法の 2 つの用法がある．例えば，次の「何も」の例を観察してみ
よう．

(1) a.　太郎は何も食べなかった．　　　　　　　（量化詞用法）
    b.　何も急いで（それを）する必要はない．（感情表出用法）

(1a) の「何も」は，食べ物をまったく食べなかったということを表しており，
ここでの「何も」は文の命題の一部となっている．すなわち，命題の真偽判定
に関わってくる．一方，(1b) の「何も」は，当該の命題（「急いで（それを）
する」）の外にあって，命題に対する話者の否定的態度を表している．[1]

　＊ 本稿は，「ワークショップ：極性表現の構造・意味・機能」（2019 年 3 月，名古屋学院大
学）で発表した内容に基づいている．内容に関して，今仁生美，岸本秀樹，窪田悠介，郷路拓
也，澤田治美，澤田淳，Elin McCready，渡辺明の各氏から貴重なコメントを頂いた．また
ワークショップ参加者とのディスカッションも，内容を再考する際に大変参考になった．ここ
に記して感謝申し上げたい．本研究は，JSPS 科研費（18K00531）の助成を受けている．
　[1] 井上 (1986) は，(1b) の「何も」をモダリティ副詞，川瀬 (2011) は，叙法副詞と呼んで
いる．また，井上 (1986) において観察されているように，感情表出用法（モーダル用法）の

「とても」にも，(2) に見られるように，意味論レベルで使われる用法と感情表出として使われる用法がある．

    (2) a.　この本はとても高い．　　　　　　　　　（形容詞修飾用法）

       b.　徹夜（をする）などとてもできない．　　　　（感情表出用法）

(2a) の「とても」は，形容詞「高い」を修飾し，命題内容の一部となっているのに対し，(2b) の「とても」は，「徹夜をする」という行為の不可能性を強調しており，話者の命題（「徹夜をすること」）に対する否定的な態度を表出している．[2]

　極性の観点から言えば，「何も」の場合，量化詞用法，感情表出用法共に，肯定環境では現れることができないことから，否定極性項目（negative polarity item）(NPI) であると考えることができる．

    (3) a.　*太郎は何も食べた．　　　　（cf. (1a)）　　　　（量化詞用法）

       b.　*何も今それをする必要がある．（cf. (1b)）　　（感情表出用法）

　一方，「とても」の場合，形容詞修飾用法の「とても」は，否定文で使うと不自然であるということから肯定極性項目（positive polarity item）(PPI) であるが，感情表出用法の「とても」（しばしば否定用法の「とても」と呼ばれている）は，肯定環境で使うと不自然となるという点で，NPI であると考えることができる．[3]

    (4) a.??この本はとても高くない．　（cf. (2a)）　　　（形容詞修飾用法）

        （cf. とても大きくはない．）

       b.　*徹夜などとてもできる．　　（cf. (2b)）　　　（感情表出用法）

　本稿でとりわけ注目する現象は，感情表出用法の「何も」（＝(1b)）と「とても」（＝(2b)）であるが，感情表出用法の「何も」や「とても」の興味深い点は，通常の NPI（「決して」や量化法の「wh- も」）と異なり，モダリティ要

---

[1]「何も」は，アクセントが頭高となるのに対し，量化詞用法の「何も」は，アクセントが平板となる．

[2]　(2a) の意味での「とても」は，形容詞のみならず，形容動詞なども修飾できるが，ここでは便宜上，「形容詞修飾」という用語を使うことにする．

[3]　(4a) に「対比」の「は」を付けると，自然な文となるが，これは，メタ言語的な否定文と解釈されるためと考えることができる．同様に，否定部分を「とても高いというわけではない」というようにすれば，メタ言語否定として解釈され，自然になる．

素を含まない単純な否定文では現れることはできないという点である.

　(5) a. *何も急いで（それを）しない.　　　　　　　　　　（感情表出用法）

　　　　（cf. 誰も急いで（それを）しない.）　　　　　　　（非感情表出用法）

　　 b. *徹夜などとてもしない.　　　　　　　　　　　　　（感情表出用法）

　　　　（cf. 決して徹夜などしない.）　　　　　　　　　　（非感情表出用法）

これまでの研究では, 感情表出用法の「何も」は,「のではなく」,「わけでは
ない」,「なくてもいい」,「ことはない」など, 事態の捉え方と関わる否定表現
（川瀬 2011）と共起することが観察されている. また, 感情表出用法の「とて
も」は, 典型的には, 不可能性を表すモダリティと共起すると指摘されている
（森田（1989）, 吉井（1993）, 渡辺（2001）, 森下（2001））.

　感情表出用法の「とても」や「何も」は, どのような意味・機能を持ち, ど
のような状況・環境で使われるのであろうか？ また, それらの否定極性とし
ての振る舞い（すなわち, 極性の依存性（polarity sensitivity））は, どのよう
に理論的に捉えることができるのであろうか？

　本稿では, 感情表出用法の「とても」や「何より」は, 狭義の意味論レベル
の意味からは独立した慣習的推意（conventional implicature）（CI）のレベル
の用法であり, それぞれの CI の意味が, 使用条件として, 適切な「否定的な
モダリティ」と共に使われることを要求していると主張する. 具体的には, 感
情表出用法の「何も」の場合, 発話状況で活性化されている命題 p は極端な命
題であり, p で表された行為・命題の必然性はないという話者の感情が CI レ
ベルで表出されており, この CI が, 命題の非必然性（¬□p）を表す否定的な
モダリティ表現と共起する要因となっていると主張する.[4] また, 感情表出的
用法の「とても」は, ある命題 p が発話状況の中で活性化され, 真であること
が期待されている中で, p のあり得なさ・不可能性を CI のレベルで強調して
おり, この不可能性・あり得なさの強調的意味が,「とても」が否定的モダリ
ティと共起する要因になっていると主張する.

　これまで, NPI は統語論あるいは意味論的なメカニズムにより「認可」され
るという考え方が主流であった. 本稿では, NPI の中には, 統語論的・意味
論的メカニズムにより認可される NPI 以外に, 談話上で活性化された命題に

---

　[4] ここでいう「活性化された命題」（activated proposition）とは, 当該の談話において取り
上げられている（話題の一部となっている）命題, もしくは話者の頭の中で想起されている命
題を指す.（活性化された命題については, Dryer（1996）, 吉本（第 9 章）も参照.）

対する話者の「否定的反応」という言語行為的な機能により，否定環境で生じるような，「言語行為的 NPI」が存在することを明らかにする.

2.　感情表出用法の「何も」の意味と機能

本節では，感情表出用法の「何も」の意味・機能および否定的モダリティとの生起環境について考察する.

2.1.　量化詞用法から感情表出用法へ

第 1 節で述べたように，「何も」には，量化詞用法と感情表出用法の 2 つの用法があるが，形式意味論，統語論の分野では，これまで，とりわけ量化詞用法の「何も」に焦点が当てられてきた.

(6)　太郎は何も話さなかった.　　　　　　　　　　　　　　　（量化詞用法）

Klima (1964) 以来，一般的に，否定極性項目は，統語レベルもしくは論理形式 (LF) のレベルにおいて，否定（あるいは「疑問」，「条件節」，「モダリティ」等の下方含意の演算子 (downward entailing operator) (Ladusaw (1980)))・非断定的 (nonveridical) 演算子 (Giannakidou (1998)) の作用域で認可されると考えられてきた. Wh-mo も，そのような理論的な前提で，しばしば分析されてきたが，近年，日本語の wh-mo は，全称量化詞として振る舞っており，（少なくとも）意味解釈 (LF) のレベルにおいては，(7b) ではなく，(7a) のように，否定のスコープに入っていないとする分析も提案されている（片岡 (2006)，Shimoyama (2011)).

(7) a.　$\forall x \neg P(x)$　　(Wide-scope universal)
　　b.　$\neg \exists x P(x)$　　(Narrow-scope existential)

例えば，Shimoyama (2011) は，以下のように，「たいてい」という頻度を表す副詞を挿入した場合，"$\forall > Q_{mostly}\neg$" の読みが可能であることから，wh-mo は，ハンガリー語の n-words (Szabolcsi (1981)) やギリシャ語の emphatic n-words (Giannakidou (2000)) と同様，否定の作用域に入らない普遍量化的表現であると主張している.

(8)　顧客の誰からも午前中はたいてい電話がなかった.
　　'For every client, it was mostly the case that there was no call from

him or her in the mornings.' 　　　　　　　　(Shimoyama (2011: 13))

　本稿では，量化詞用法の「何も」の統語的・意味的な振る舞いに関しては詳細に検討することはできないが，本研究にとって重要な点は，(7a) のアプローチであれ，(7b) のアプローチであれ，量化詞用法の「何も」は命題内容の一部であり，その意味は意味論レベルで解釈されているという点である．このことは，相手から「私は何もしていない」と言われて，「いや，それはうそだ」と反論したような場合，この反論は，「何も」を含んだ文全体に対して異議申し立てをしているということからも明らかである．

2.2.　感情表出用法の「何も」の CI 的特性

　次に，感情表出表現の意味・機能について考えてみよう．歴史的には，感情表出用法は，（意味論レベルで解釈される）量化詞用法から発達したものと考えることができる．川瀬 (2011) は，感情表出用法の「何も」を叙法（モーダル）副詞とみなし，その発達には以下のプロセスがかかわっていると主張している．

(9) a.　「なにも」は，まず否定との結びつきを強めながら数量詞用法が成立した．近世後期には否定との結びつきが強い制約となる．また，近世の「なにも」は「なし（ない）」を述語とした非存在文で用いられることが多い点が特徴的である．

　　 b.　「なにも」が現れる非存在文のうち，事態の非存在を表すものは，不必要の意味合いを帯びる場合がある．叙法副詞「なにも」は，そのような例をきっかけとして近世後期に成立した．そして，事態への否定的判断を表すさまざまな形式と共起するようになる．

　　　　　　　　　　　　　　　　　　　　　　　　　(川瀬 (2011: 32))

「非存在」を表す例に，「不必要」の意味も帯びる場合があり，そこから，叙法的な（感情表出的な）用法が生まれたという考え方は，語用論的にも自然であるように思われる.[5] では，現代語の感情表出的な用法は，実際には，どのような意味・機能を持ち，また，それは，どのようなコンテクストで用いられるのであろうか？　本稿では，現代日本語の感情表出用法の「何も」は，CI とし

---

　[5] ここでの「非存在文」は記述的な意味で用いられており，2.1 節で論じた狭い作用域を持つ存在詞 (narrow scope existential) の議論とは，本質的には関係ない.

て，以下の意味・機能を有していると提案する．

(10)　感情表出用法の「何も」の慣習的推意：感情表出的な「何も」は，当
　　　該の談話で活性化された命題 p は，極端であり，p で表された行為・
　　　命題の必然性はないという話者の（マイルドな）反論の言語行為を
　　　CI レベルで表出している．

「感情表出用法」の「何も」に，上の意味・機能があることは，以下の言語事実
からも確認することができる．まず，(10) においては，感情表出用法の「何
も」と共起する命題（否定的なモダリティを除いた命題）は，当該談話で活性
化された命題（先行命題，もしくは話者の頭の中で存在している既存の命題）
でなければならないとされているが，このことは，Yes-no 疑問文に対する答
えとしては適格であるが，wh 疑問に対する答えとしては不適切であることか
ら確認できる．

(11)　A:　{＃いつまでに／明日の朝までに} 完成させた方がよいでしょう
　　　　　 か？
　　　B:　何も明日までに完成させる必要はないです．

(11B) は，前発話の命題を受けた上で，それに対して否定的な反応を示して
いる．
　　また，ここでの活性化された命題は極端な命題であるということは，感情表
出用法の「何も」が「そこまで」，「そんなに」などの高程度を表すスケール表
現と現れやすいということからも確かめることができる．

(12)　何もそこまで懇切丁寧に指導してあげる必要はありませんよ．彼らは
　　　もう十分に訓練をうけているひとたちなんですから．
　　　　　　　　　　　　　　　　　　　　　　　（グループ・ジャマシイ（1998））

　　ここで，「何も」が CI であることを確認しておきたい．CI とは，概略，特
定の語彙項目や構文から生じる推論から生じる非真理条件的意味であり，その
意味は，意味論レベルの意味から独立したレベルの意味である．また CI は，
会話的推意とは異なり，協調の原則や公理によっては算定されず，語彙項目や
構文から生じる推論である (Grice (1975), Potts (2005), McCready (2010),
Gutzmann (2015), Sawada (2018a)).[6] CI の典型例としては，以下の感情表

---

[6] Potts (2005) は，CI を以下のように定義している．

出表現の damn や日本語の敬語表現を挙げることができる（Potts (2005)）.

(13) a. I may have to repair the damn car.

（CI: 話者は自分の車に対してネガティブな態度をとっている.）

    b. 山田先生がお笑いになった.

（CI：話者は山田先生に対して敬意を表している.）

Damn や敬語表現は，当該の命題の真理条件とは関わらない要素であり，狭義の意味論レベルの意味から独立した意味である. また，それらは，モダリティ may（＝(13a)）や過去時制（＝(13b)）のスコープに入らないという点も，それらが意味論レベルの意味ではないことを支持している.

　感情表出的な「何も」も，CI であるといえる. まず，「何も」によって表出される意味は，反論のターゲットになり得ない.

(14)　A: 何も今すぐやる必要はないですよ.

　　　B: いや，それは違うよ. そうとは限らないよ.

また，「何も」の意味は，以下の例に見られるようにモダリティや過去時制等の論理的演算子のスコープに入っていない.[7]

(15) a. 何も今すぐする必要はないでしょう.　　　　　　　（モダリティ）

(i) a. CIs are part of the conventional meaning of the words.

  b. CIs are commitments, and thus give rise to entailments.

  c. These commitments are made by the speaker of the utterance 'by virtue of the meaning of' the words he chooses.

  d. CIs are logically and compositionally independent of what is 'said (in the favored sense)', i.e. independent of the at-issue entailments.

(Potts (2005: 11))

Potts (2005) の CI の定義の特徴的な点は，「話者指向的である」ということと at-issue の含意（意味論レベルの意味）から論理的にも合成的にも独立している（CI と at-issue の意味は別々の次元で解釈されている）という点である.「話者指向的である」という点は，近年，態度述語の補文に埋め込まれた場合，話者指向的にならないケースもあることが観察されており（Amaral et al. (2007), Harris and Potts (2009)），その場合，at-issue レベルで態度述語の意味的なスコープに入る（主語の信念世界の中で解釈される）ことがあることが指摘されている (Sawada (2018a)).

　[7] この点は，「前提」(presupposition) にもみられる特徴であるが，CI は前提と異なり，話者指向的であるという点が特徴的である. また CI の内容は，前提と異なり，新情報である（旧情報として背景化されていない）という点も特徴的である. 例えば，(14A) の「何も」により表出された意味は，話者の感情であり，聞き手と共有されているものではない. また，その意味は発話時以前に表出された背景化された意味ではない.

b.　太郎は何もそこまで言うことはなかった.　（過去時制）

2.3.　感情表出用法の「何も」の形式意味論的分析

前節では，感情表出表現の「何も」の意味は CI であることを明らかにした.
本節では，感情表出用法の「何も」の意味を形式意味論的に分析する.

(16)　何も急いでそれをする必要はない.

まず，基本的な構造としては，「何も」は，当該の命題を修飾する副詞である
と考える.

(17)　基本構造

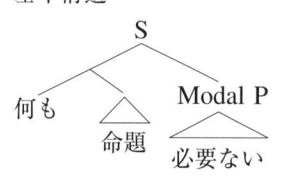

しかしながら，上の構造は，一次元的であり，意味解釈レベルにおける CI レ
ベルの意味と at-issue レベル（狭義の意味論レベルの意味）の区別がなされて
いない. 本稿では，Potts (2005) の多次元的意味論（multidimensional se-
mantics）の理論を援用した分析を試みる. Potts (2005) は，CI レベルの意味
と at-issue レベルの意味は別々の次元で解釈されるという多次元的な意味論
を提案した（cf. Karttunen and Peters (1979)）. 具体的には，自然言語には，
at-issue type と CI type の 2 種類のタイプがあり，CI 表現は，以下の CI ap-
plication によって計算されるとしている（タイプに関しては，下で述べるよ
うに，上付きの a は at-issue レベルで解釈されるタイプを，上付きの c は CI
レベルで解釈されるタイプを表す）.

(18)　CI application

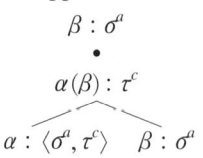

(18) のルールは，タイプ $\langle \sigma^a, \tau^c \rangle$ を持つ表現 α は，タイプ σ^a を持つ表現 β を
項にとり，CI を導出しながら，同時に，β は上のレベル（•の上）に自動的に
上がる操作を示している. •は，at-issue の次元と CI の次元を分けるノード

で，•の上は at-issue の次元を•の下は CI の次元を表している（Potts (2005)）．

　上の多次元な意味論の考えに基づくと，感情表出用法の「何も」の意味は，以下のように定義することができる（*sp* は話者を表している）．

(19)　[[nani-mo$_{\text{expressive}}$]]: $\langle t^a, t^c \rangle$
　　　$= \lambda p:$ $\underline{\text{activated}(p)}$. $\text{extreme}(p) \wedge \text{object-to}(sp, p) \wedge \neg \square p$

感情表出的な「何も」は，命題 *p* を項にとり，「当該の命題は，談話において活性化された命題である」という前提に加え（下線部は，感情表出を行う際の前提（使用条件）を示す），CI として，*p* は極端であり，その命題に対し話者は反対し，話者はその命題は必然ではないという感情を表出している．[8] 下線部（$\text{activated}(p)$）は前提を表していることに注意されたい．また，ここでのモーダル演算子□は，認識的な意味としても，束縛的な意味としても解釈できるが，この点は次節でモダリティとの共起性を説明する際に重要な部分となる．[9]

　合成的には，以下のように，「何も」は，CI application により命題と結び付く．

(20)　　　　　you-do-it-in-a-hurry: t^a
　　　　　　　　　　　　•
　　　　　nani-mo(you-do-it-in-a-hurry): t^c
　　　nani-mo: $\langle t^a, t^c \rangle$　you-do-it-in-a-hurry: t^a

　その後，当該の命題は，さらに上のレベルで，否定的な義務的（deontic）モダリティ表現と結びつくが，本稿では，否定的なモダリティ表現は，（少なくとも，論理構造においては），ひとつのまとまり（構成素）を成している「程度的なモーダル表現」（gradable modal expression）であると考える．Lassiter (2017: 253) は，英語の ought / should は，相対的な形容詞の good と同様，コンテクスト依存的な相対的なスタンダードを持つスケール表現（relative-standard scalar expression）であると主張している．[10] 以下に表されているよ

---

　[8] ここでは，extreme を以下のように定義する．
　　(i)　$\text{extreme}(p) = 1$ iff $\exists d[d > !!\text{STAND}_{\text{extreme}} \wedge \text{extreme}(p) = d]$
　[9] 「何も」の持つ命題の非必然性の意味は態度的な意味（CI）であり，at-issue レベルの意味ではないという点に注意されたい。
　[10] Lassiter (2017) は，義務的なモダリティと good は意味的に近いものの，両者の間には，

うに，ought は，命題 ϕ の義務の程度は，ought が持つ（コンテクストによっ
て決まる）基準（θ）よりも高いという意味を表していると考えることができ
る．

(21)　$\mu_{\text{ought}}(\phi) > \theta_{\text{ought}}$　　　　　　　　　　(Lassiter (2017: 253))

　本稿では，否定的なモダリティの「必要はない」も，必要性の程度性および
スタンダードを想定するスケール表現であるとみなす．（t は命題，i は時制，
s は世界のタイプを示し，$\text{STAND}_{necessary}$ は，必要であると判断する際のコン
テクスト的な基準を示す．）[11]

(22)　[[hitsuyou-wa nai]]: $\langle t^a, \langle i^a, \langle s^a, t^a \rangle \rangle$
　　　$= \lambda p \lambda t \lambda w.\ \exists d\ [d < \text{STAND}_{necessary} \wedge \text{necessary}(p) = d]$ at t in w

(22) の「必要はない」は，命題 p，時制 t，世界 w を項にとり，時間 t，世界
w における p の必要性は，必要性のスケールにおいて，スタンダードを満た
していないということを意味している．[12]

　これらの要素を組み合わせると，最終的には，(16) の論理構造は以下のよ
うになる．

相違点もあると主張している．

　[11] 以下のように，¬ を使って，定義することも可能ではあるが，本稿では，スタンダード
との関係で「ない」の意味を捉える．

　　(i)　[[hitsuyou-wa nai]] $= \lambda p \lambda t \lambda w.\neg\exists d\ [d > \text{STAND}_{necessary} \wedge \text{necessary}(p(t)(w)) = d]$

　[12] より厳密にいうと，「必要はない」の「ない」が相対的形容詞としてふるまっている可能
性がある．例えば，「お金がない」の「ない」は，「十分ない」という意味で使うことができる．

(23)

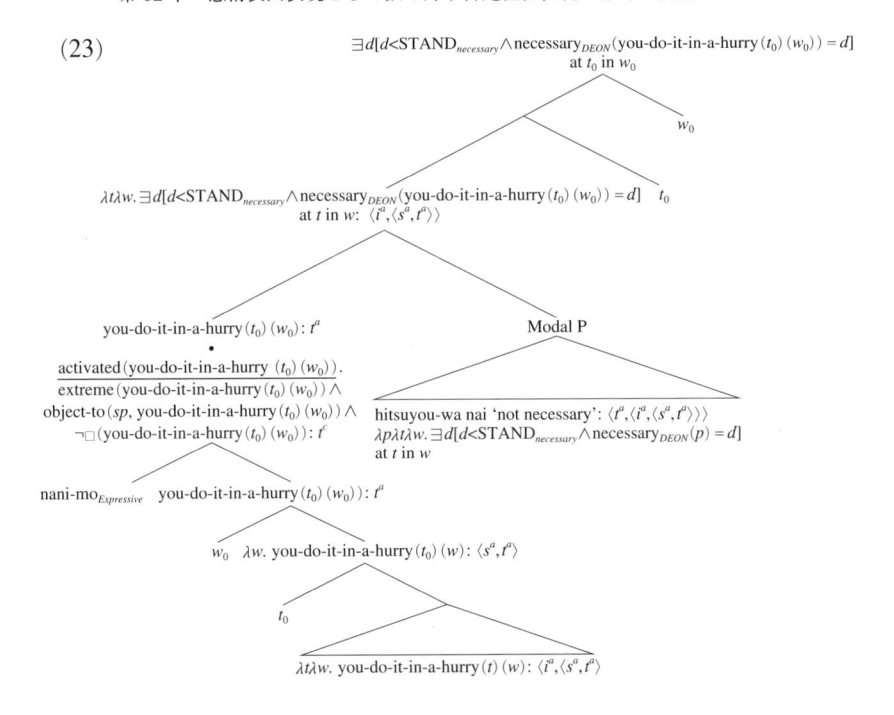

2.4.　感情表出用法の「何も」の共起性に関する説明

　以上の分析を踏まえ，本節では，感情表出用法の「何も」と否定的な（認識的／束縛的）モダリティとの共起性について考察する．まず，感情表出用法の「何も」が肯定文で使われた場合，以下のように明らかに不適格となるが，このことは，「何も」が，当該発話において活性化されている命題に対して「反論する」という機能（object-to(sp, p)）を有しているということから説明することができる．

　(24) *何も急いでそれをする必要がある．　　　　　　　　　（感情表出用法）

当該の発話状況において「急いでそれをする」ということが活性化されている中で，話者がその命題に対し異議を唱えるためには，否定的な要素がなければならない．

　また，以下に見られるように，感情表出用法の「何も」は，モダリティを伴わない単純な否定文では不自然となるという点については，「何も」が「p は必然的であるとは言えない」（$= \neg\Box p$）という（マイルドな）反論を行っているという点から説明することができる．

(25) *何も急いで（それを）しない.　　　（感情表出用法）

　感情表出用法の「何も」は，(26) のような束縛的なモーダル表現や，(27)
のような認識的なモーダル性を帯びた否定表現と共起可能であるが，これらの
意味は，「必然ではない」（¬□p）という「何も」の CI（＝態度的意味）とマッ
チしている.

(26) a.　何もいまやる<u>必要はない</u>.（必要はない＝束縛的）
　　　 b.　何もそんなに心配し<u>なくてもよい</u>.（しなくてもよい＝束縛的）
　　　 c.　何もそんなに怒る<u>ことはない</u>.（「ことはない」＝束縛的）[13]
　　　 d.　何も徹夜をする<u>ほどのことではない</u>.（「ほどのことではない」＝
　　　　　 束縛的）
　　　 e.　何も急いでする<u>までもない</u>.（「までもない」＝束縛的）

(27) a.　何もそれをしないと言っている<u>のではない</u>.
　　　　　（「のではない」＝認識的）
　　　 b.　何も反対している<u>わけではない</u>.（「わけではない」＝認識的）

(27a) は，「それをしない」という否定命題に対しての話者の態度を示してお
り，「何も」は，埋め込み文内の「しない」ではなく，主節の「のではない」と
呼応関係を持っている点に注意されたい.

　本稿では，「必要はない」（＝unnecessary）を 1 つのまとまりとして分析し
たが，(26)–(27) のモダリティ表現モーダル表現も，ひとつの連鎖として構
成素をなしており，命題を項にとるスケール的なモーダル表現として解釈され
ていると考える. 例えば，「わけではない」は，以下のように，命題の確かさ
の程度性は最大値を下回るという意味を持っているとみなす.[14]

(28)　　[[wake-dewa-nai]] = $\lambda p \lambda t \lambda w . \exists d$ [d <max.STAND$_{certain}$ $\wedge$
　　　　certain($p(t)(w)$) = d]

　このような説明による予測としては，仮に，感情表出用法の「何も」が「て

---

[13] 「ことはない」には，非モーダル的な意味もある.
　　(i) a.　何も今やることはない.　　（こと = necessity / thing）
　　　　 b.　いまやることは何もない.　　（こと = thing）
[14] Lassiter (2017) は，英語の certain は，最大値をスタンダードに置く形容詞（maximum
standard adjective）と考えている（Lassiter (2017: 136)）が，「わけではない」の意味を，否
定のオペレータと最大値のスタンダードを使って，定義することも可能である.
　　(i)　[[wake-dewa-nai]] = $\lambda p \lambda t \lambda w . \neg \exists d$ [d = max.STAND$_{certain}$ $\wedge$ certain($p(t)(w)$) = d]

はいけない」や「べきではない」といった禁止を表すモダリティ（$\square_{deontic}\neg$）と共起した場合は，それらの間に意味的なミスマッチが生じ，文全体としては不自然になることが予測されるが，以下の文で示されているように，その予測は正しい．

(29)　(「禁止」を表すモダリティとの共起性)
　　　　??何も急いでそれを {やっては<u>いけない</u>／やる<u>べきではない</u> }．

「何も」は「〜する必要はない」（= ¬$\square_{deontic}$）という意味を CI レベルで表出しているが，「てはいけない」や「べきではない」は，「〜しないことが必然である」（= $\square_{deontic}\neg$）と言っており，義務の程度性についての話者の判断に関して，ミスマッチが起きている．

2.5.　省略現象「何もそこまで」

　本節の最後に，省略的に使われる「何も」について少し触れておきたい．これまでの研究で，量化詞用法の「wh も」は，省略的な答えとして使うことが観察されている（Watanabe (2004)）．

(30)　Q:　何を見たの？
　　　　A:　何も．　　　　　　　　　　　　　　　　　　　　　(Watanabe (2004: 567))

感情表出用法の「何も」は，省略的に使うことは可能であるが，感情表出用法の「何も」は，「そこまで」などの表現がしばしば伴い，単独では使いにくい．

(31)　A:　社員全員にこれをやってもらいましょう．
　　　　B:　何もそこまで…．

このことは，感情表出用法の「何も」の意味は CI（非命題的）であり，単独では，その意味は質問に対する答えの一部にならないということと関係していると思われる．((30) の「何も」は命題の一部であり，質問の焦点となり得るが，(31) の「何も」は命題外にあり，質問の焦点とはなっていない．) 理論的には，このような省略的なケースでは，感情表出用法の「何も」は，非明示的な形で，命題および否定的なモダリティを項として選択していると考えることができる．

3.　感情表出用法の「とても」の意味・機能

　本節では，感情表出用法の「とても」の意味・機能について考察する．

3.1.　現代語の感情表出用法の「とても」: 条件表現か?

　第一節でも述べたように,「とても」には, 通常の形容詞修飾用法の「とて
も」と否定的モダリティと共起する「とても」があるが, 歴史的には, 前者は
後者から発達した比較的最近（大正時代ごろ）の用法であるとされている（『日
本国語大辞典第 2 版』）.

（32）a.　この本はとても高い.　　　（形容詞修飾用法）
　　　 b.　徹夜などとてもできない.　（感情表出用法）

「とても」は,「とてもかくても」を略したもので, もともとは,「どうしても」,
「どうせ」,「いかようにしても」,「しょせん」といった条件的な意味を持ち,
肯定環境, 否定環境のどちらにおいても使われていたが, 次第に, 否定環境で
のみ使われるようになったとされる. その後, 大正時代に形容詞を修飾する程
度副詞としての「とても」が発達した.[15] 問題は, 現代日本語の感情表出用法
の「とても」が, 元の意味である「どんなにしても, なんとしても」という意
味を保持しているかであるが, 多くの現代日本語の辞書等では, 現代語の感情
表出用法の「とても」の意味にはそのような条件的な意味があるとしている.
例えば,『明鏡国語辞典第 2 版』では,「とても」の 2 つの用法を以下のように
記載している.

（33）a.　（否定的表現を伴って）どのようにしても不可能である意を表す.
　　　　　「とてもまねのできない技」,「明日までに仕上げるのはとても無理
　　　　　だ」
　　　 b.　程度がはなはだしいさま. 非常に. たいへん.「今日はとても寒い」
　　　　　「とても素敵な作品だ」,「とてもよく効く薬だ」

（『明鏡国語辞典　第 2 版』）

　それに対し, Sawada (2018b) は, 少なくとも現代日本語においては, 以下
の理由で, 否定用法の「とても」も, 形容詞修飾の「とても」と同様, 強調詞
（スケール修飾詞）として機能していると主張した. 第一に, 否定用法の「と
ても」は, 認識的なモダリティを伴った場合,「どうしても」や「どのようにし
ても」などの条件表現で書き換えると不自然に感じられる.

---

　[15] どのような経緯で程度副詞としての「とても」が発達したかに関しては, 諸説あるが（新
村 (1940), 松井 (2004), 中尾 (2005), Shinzato (2018), Sawada (2018b) など）, ここで
は論じない. 詳しくは, Sawada (2018b) を参照されたい.

(34) a. とても雨はやみそうにない.
b. {??どのようにしても／??どうしても} 雨はやみそうにない.
(cf. どう見ても雨はやみそうにない.)

第 2 に, 感情表出用法の「とても」は,「どんなことをしても」と共起可能である.

(35) どんなことをしても, 太郎はとても受かりません.

以上の事実は, 否定用法の「とても」と条件表現の「どうしても」や「どのようにしても」は別々の意味を有しており, 否定用法の「とても」は, 少なくとも現代日本語においては, 強調詞として振る舞っていると考えたほうが自然であるということを示唆している.

3.2.　感情表出用法の「とても」の CI 的特性

前節では, 感情表出用法の「とても」は, 強調詞の一種であると考えたが, より具体的には, 以下のように, 慣習的推意 (CI) のレベルで解釈される感情表出的な強調詞 (expressive intensifier) と考える.

(36) 感情表出用法の「とても」の慣習的推意:
当該談話において, 命題 p が活性化され, p で表された事象・出来事 (event) が成立することが期待されている中で, 話者は, p の不可能性・あり得なさを強調している.

ここで重要な点は, 感情表出用法の「とても」が付く命題 (否定的モーダル表現を除いた部分の命題) は談話の中で活性化された命題であり, それで表された事象・出来事は成立することが期待されているという点である.[16] このことは, なんの文脈もない中で, 突然, 感情表出用法の「とても」を使うと不自然に響くということからも確認することができる.

(37) (突然の発話)
#徹夜などとてもできません.

もしこのように言われたら,「誰も徹夜をしろとは言っていないよ」と反論す

---

[16] 渡辺 (2001: 86) は, この点に関して,「「とても V」において V に立つ語は話手から, そうであることが望ましい, または当然であるという期待を寄せられている際に使える」と主張している.

るであろう.

このような,当該の命題 p が発話時において活性化されていなければならないという点は,前節の「何も」と共通している.

感情表出用法の「とても」の感情表出的意味が CI であるということの証拠であるが,経験的な証拠としては,感情表出用法の「とても」は,明らかに非命題的なイディオム表現である「とてもじゃないが」によってパラフレーズすることができるという点が挙げられる.

(38) 徹夜など {とても/とてもじゃないが} できない.
　　　At-issue: 徹夜をすることはできない.
　　　CI: (徹夜をすることが期待されている状況で) 私は不可能性を強調している.

さらに,感情表出用法の「とても」は,質問の焦点とはならないという点も,感情表出用法の「とても」の意味が CI であるということを支持する証拠となり得る.

(39) A: パソコン,どのくらいできますか?
　　　B: #とてもできません.

この点については,Simons et al. (2010),Sawada (2018b) の議論を参照されたい.

3.3. 「とても」の形式意味論的分析

本節では,「とても」の意味・機能を多次元的意味論の枠組みから分析することを試みる.

3.3.1. 形容詞修飾用法の「とても」の形式的分析

まず,形容詞修飾の「とても」の意味について,以下の例に基づき考えてみよう.

(40) この家はとても大きい.

本稿では,形容詞修飾用法の「とても」の意味を以下のように定義する (変項 G は,形容詞を含む段階述語 (gradable predicate) を指している (タイプ G^a は,$\langle d^a, \langle e^a, \langle i^a, \langle s^a, t^a \rangle \rangle \rangle \rangle$ の略である).

(41)　[[totemo$_{\text{SEM}}$]]: $\langle G^a, \langle e^a, \langle i^a, \langle s^a, t^a \rangle \rangle \rangle \rangle$
　　　$= \lambda G_{\text{ADJ}} \lambda x \lambda t \lambda w\ \exists d[d >!!\text{STAND}_G \wedge G(d)(x)(t)(w)]$

「とても」は程度述語 G, 個体 x, 時間 t, 世界 w を項としてとり, ターゲット x の程度は G のスケールに関して, 時間 t, 世界 w において, G のスタンダードをはるかに越えているということを意味論レベルで表している (">!!STAND" means "much greater than a standard" (Kennedy and McNally (2005)).

　程度述語の意味については個体と程度の関係を表すものと考える (e.g. Kennedy and McNally (2005)). 例えば, 形容詞「大きい」の意味 (denotation) は以下のように定義できる.

(42)　[[ookii]]: $\langle d^a, \langle e^a, \langle i^a, \langle s^a, t^a \rangle \rangle \rangle \rangle$
　　　$= \lambda d \lambda x \lambda t \lambda w.\text{big}(x)(t)(w) = d$

以上のように考えると, (40) の論理構造を (43) のように表すことができる.

(43)

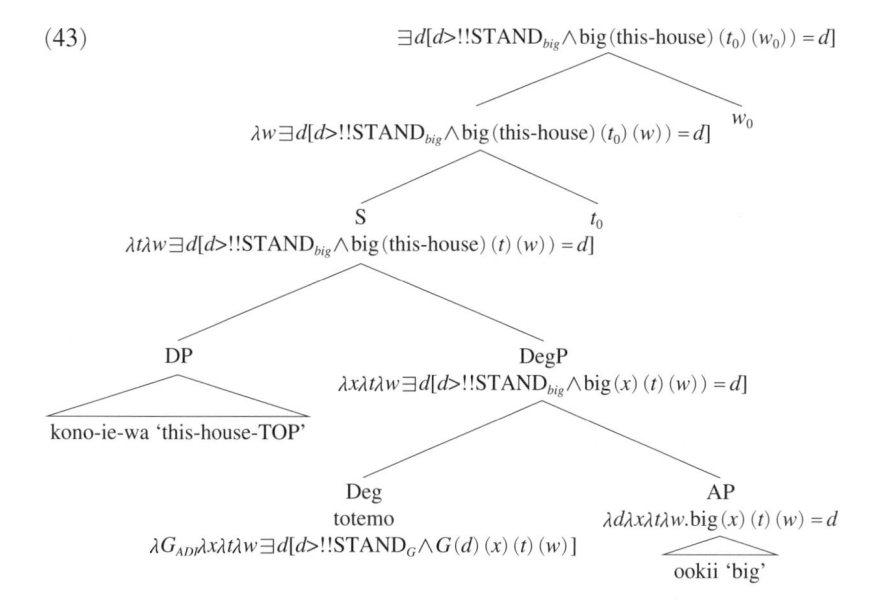

3.3.2.　感情表出用法の「とても」の形式的分析

　次に, 感情表出用法の「とても」について考察してみよう. 本稿では, 感情表出用法の「とても」も, 形容詞修飾用法の「とても」と同様, 程度副詞であ

り，具体的には，程度性を持った「否定的なモーダル」を修飾した感情表出的
な強調詞であると考える．

　この考えでは，例えば，「できない」や「ありそうにない」は，英語の unlikely
や impossible と同様，以下のように，程度項を持つ述語として定義すること
ができる（cf. Lassiter (2011)，Klecha (2012)）（p^a はタイプ $\langle i^a, \langle s^a, t^a \rangle \rangle$ の
略である）．[17]

- (44) a. 　[[deki-nai]]: $\langle d^a, \langle p^a, \langle i^a, \langle s^a, t^a \rangle \rangle \rangle \rangle =$
  $\lambda d \lambda p \lambda t \lambda w.\text{impossible}_{\text{ABIL}}(p(t)(w)) = d$
  - b. 　[[soo-ni-nai]]: $\langle d^a, \langle p^a, \langle i^a, \langle s^a, t^a \rangle \rangle \rangle \rangle =$
  $\lambda d \lambda p \lambda t \lambda w.\text{unlikely}(p(t)(w)) = d$

　ここで注意すべきは，感情表出用法の「とても」は，CI のレベルで，「でき
なささ」（= dynamic modality）や「あり得なさ」（= epistemic modality）の
程度を強調しているのであるが，以下の例からわかるように，at-issue レベル
においても，「できない」，「あり得ない」という（非強調的な）意味を表してい
るという点である．

- (45) 　徹夜をするなどとてもできない．
  　At-issue: 　徹夜をすることはできない．
  　CI: 　私は不可能性を強調している．

このことは，at-issue level の次元と CI レベルの次元の両方の次元において，
「できない」というモーダル述語が関与していることを示唆している．この 2
面性を捉えるために，本稿では，感情表出用法の「とても」は，理論的には，
混合的内容語（mixed content）(e.g. McCready (2010)，Gutzmann (2011))
と捉える必要があると考える．混合的内容語とは，概略，at-issue 的な意味と
CI 的な意味を 1 つの語の中で兼ね備えている語のことである．例えば，ドイ
ツ語の Kraut は，意味論レベルではドイツ人という at-issue 的な意味を持っ
ているが，それに加え，CI レベルで，話者はドイツ人に対して否定的な態度
を持っているという意味も CI として有している（McCready (2010)，
Gutzmann (2011)）．合成的には，混合内容語は，以下の mixed application

---

[17] 次の例は，形容詞修飾用法と感情表出用法の 2 つの意味を持っているが，感情表出読み
の場合，論理構造においては，「とても」は「買えない」を修飾していると考える．
　(i) 　とても高級な品物は買えない．

により解釈される.

(46)　Mixed application:

$$\alpha(\gamma) \blacklozenge \beta(\gamma) : \tau^a \times \upsilon^s$$

$$\overbrace{\alpha \blacklozenge \beta : \langle \sigma^a, \tau^a \rangle \times \langle \sigma^a, \upsilon^s \rangle} \quad \gamma : \sigma^a$$

(Based on McCready (2010: 20))

$\blacklozenge$ の左側は at-issue の領域を，$\blacklozenge$ の右は，CI の領域を指し，タイプに関しては，上つきの a は at-issue（意味論的意味）を表し，上つきの s は shunting タイプを表す．Shunting タイプは，Potts (2005) の CI application が適応されない CI 表現の意味解釈の際に使われるタイプで，CI 表現の項が，上のレベルに上がらず，CI の意味計算に完全に取り込まれる．

このアプローチに基づくと，感情表出用法の「とても」は，以下のように定義することができる（下線部は，CI を表出する際の前提を示す）.

(47)　$[[\text{totemo}_{\text{expressive}}]] : \langle G^a, \langle p^a, \langle i^a, \langle s^a, t^a \rangle \rangle \rangle \rangle \times \langle G^a, \langle p^a, \langle i^a, \langle s^a, t^s \rangle \rangle \rangle \rangle$
$= \lambda G_{\text{MODAL}} \lambda p \lambda t \lambda w. \exists d[d > \text{STAND}_G \wedge G_{\text{MODAL}}(d)(p)(t)(w)] \blacklozenge$
$\lambda G_{\text{MODAL}} \lambda p \lambda t \lambda w: \underline{\text{activated}(p) \wedge \text{expected}(p) \wedge \max(G_{\text{MODAL}}) =}$
$\underline{0_{\text{absolute}}. \exists d'[d' >!!\text{STAND}_G \wedge G_{\text{MODAL}}(d')(p)(t)(w)]}$

感情表出用法の「とても」には，at-issue level と CI のレベルの意味があるが，at-issue レベルにおいては，単に，命題 p の G_{MODAL}（ここでは「できなさ」）の程度は，G（「できない」）のスタンダードを単に越えているということが表されている．一方，CI のレベルにおいては，p は活性化された命題でありかつ期待された命題であり，否定的モダリティ表現 G_{MODAL}（ここでは「できなさ」）の最大値は，絶対的な可能性のスケールにおいて 0 であるという「前提」のもと，命題 p の G_{MODAL}（できなさ）の程度は，コンテクスト的なスタンダートを遥かに越えているという「強調」の心的態度が表出されている.[18] ">!!STAND" は "much greater than a standard"（Kennedy and Mc-Nally (2005)）を表している．(45) の論理形式を示すと以下のようになる.

---

[18] 本稿では，(47) の「とても」の下線部は感情を表出する際の前提と考えるが，「p は活性化された命題で，かつ期待された命題である」という部分は文脈と関わる情報・前提である．それに対し，「否定的モダリティ表現 G_{MODAL} の最大値は，絶対的な可能性のスケールにおいて 0 である」という部分は，文脈に関わる情報ではなく，「とても」を使うための前提条件（precondition）と考えられるが，これも広義の意味での前提と考える.

(48)

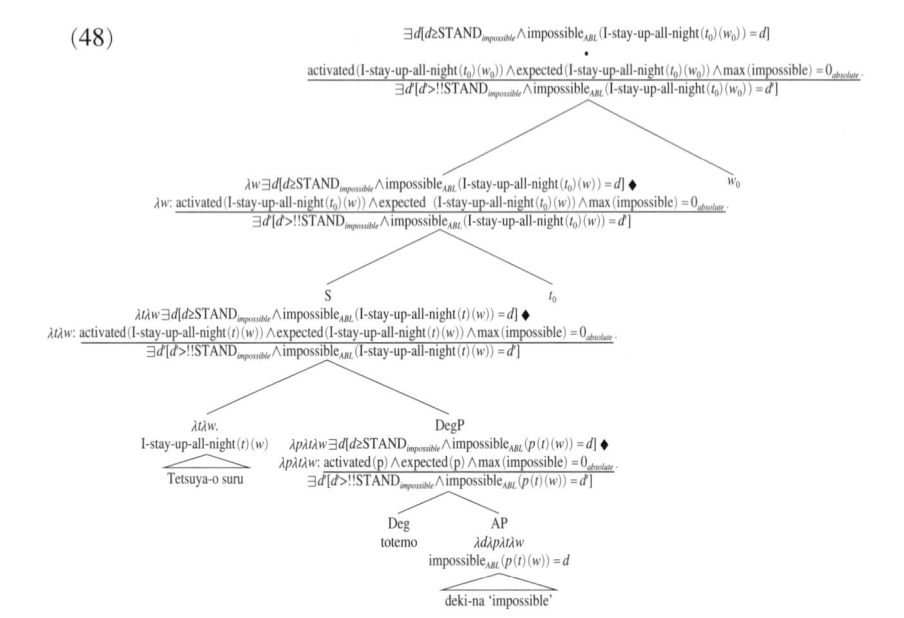

3.4. 否定的モダリティとの共起性について

　以上の分析を踏まえ，本節では，感情表出用法の「とても」の生起環境につ
いて考察する．まず，感情表出用法の「とても」が通常の否定文では現れない
という事実は，「とても」が程度副詞であり，程度性を持ったモーダル述語と
共起する必要があるということから説明することができる．

(49) a. *徹夜などとてもしない．　（非モーダル文）
　　　b. *雨はとても止まない．　　（非モーダル文）

では，なぜ，感情表出用法の「とても」は，肯定的な段階的モダリティではな
く，段階的な否定的モダリティと共起しなければならないのであろうか？

(50) a.　徹夜をするなどとても {できない／*できる}．
　　　b.　雨はとても {止みそうにそうにない／*やみそうだ}．

この問題に対しては，前節で見たように，感情表出の「とても」を使用する際
の前提（使用条件）として，モーダル G_{MODAL} の程度の最大値は，絶対的な可
能性のスケールにおいて 0 でなければならないという制約があることから説

明することができる.[19]

(51)　　max $(G_{\mathrm{MODAL}}) = 0_{\mathrm{absolute}}$

仮に, 感情表出用法の「とても」が肯定的なモダリティ表現である「できる」や「そうである」を項に取った場合, 当該の命題の可能性の最大値は, 可能性の絶対的スケールおいて 1 となるため (0 ではないため), その文は不適切な文となる.

　興味深い点は, 感情表出用法の「とても」は,「できない」や「そうにない」などの典型的なモダリティ表現以外にも,「無理」や「間に合わない」といった (文法的なモダリティ表現とはいえないが) モダリティの意味を含んでいる表現とも共起できるという点である.

(52) a.　とても無理だ.
　　　 b.　電車にはとても間に合わない.

この場合, 感情表出用法の「とても」は,「無理だ」,「間に合わない」を項にとっていると考えることができる.

3.5.　省略現象「とてもとても」

　本節では, 感情表出的な「とても」が否定的なモダリティと共起した例を見てきたが, 感情表出的な「とても」は, 感情表出的な「何も」と同様, 省略的に使うことも可能である. しかしながら, 省略的に使う場合, (53B) に見られるように,「いや」などの反論を表すマーカーや「僕には」といった表現が現れたり,「とても」が 2 回使われたりする傾向がある.

(53)　A:　徹夜できますか?
　　　 B:　いや僕にはとてもとても.

もし (54) のように, 単独発話として使った場合は, 不自然に響くが, このことは,「とても」が CI 表現であり, 質問の焦点となり得ないということと関係しているように思われる.[20]

---

[19]　本稿では, $\max(G_{\mathrm{MODAL}}) = 0_{\mathrm{absolute}}$ は, $\max\{\mathrm{d}|\ G_{\mathrm{MODAL}}(d)(p)(t)(w)\} = 0_{\mathrm{absolute}}$ を省略したものとする.

[20]　(54B) に「僕には」が付くとそれほど不自然とはならないが, この場合も,「僕には」という命題内容の一部となる表現が現れることで, 非明示的な命題, モダリティ表現をリカバーされやすくなると思われる.

(54)　A:　徹夜できますか？
　　　B: #とても.

理論的には，(53B) の「とても」は，非明示的な形で命題「徹夜をする」と「できない」を項にとっており，論理構造において，「僕には徹夜などとてもできない」という意味をリカバーしていると考えることができる.[21]

4.　終わりに

　本稿では，感情表出表現として振る舞う NPIs について，「何も」と「とても」に焦点を当てて考察した. 感情表出用法の「何も」と「とても」は，狭義の意味論レベルの意味から独立した CI の意味を有しており，また，単純な否定文では用いられず，モーダル性を孕んだ否定表現と共起しなければならないという制約があり，典型的な NPI とは異なる特徴を持っている. 本稿では，感情表出用法の「とても」と「何も」の生起環境は，それぞれが持つ CI の意味・使用条件によって説明できることを論証した.
　本稿における理論なインプリケーションとして，NPI の中には，統語論，狭義の意味論のレベルで，否定等により認可されるもの以外に，NPI 自体の「否定的反応・異議申し立て」という言語行為的機能（CI）により否定環境で現れるような「言語行為的な NPI」が存在するという点が挙げられる.
　今後は，既存の命題に対する「否定的反応・異議申し立て」という機能が，感情表出タイプの NPI を定義する上でどの程度関わっているのかという点についてさらに考察したい. また，本稿では論じることができなかったが，感情表出的な「何も」と「とても」は，反語的に（肯定環境で）使うことも不可能ではないように思われる（郷路拓也氏 p.c）.

(55)　a.　何も今すぐそれをする必要はある？　（反語的）
　　　b.　とても徹夜などできるかよ.　　　　（反語的）

これらの例からは，否定的な意味（「必要ない」，「できない」）を読み取ることができるが，このような反語的な例についても，コーパス・アンケート調査も用いつつ，さらに検討したい.

---

[21] 省略文の場合，「とても，とても」という形で連続して使うことが多い.

参考文献

Amaral, Patricia, Craige Roberts and E. Allyn Smith (2007) "Review of the Logic of Conventional Implicatures by Chris Potts," *Linguistics and Philosophy* 30(6), 707-749.

Dryer, Matthew S. (1996) "Focus, Pragmatic Presupposition, and Activated Propositions," *Journal of Pragmatics* 26, 475-523.

Giannakidou, Anastasia (1998) *Polarity Sensitivity as (Non)veridical Dependency*, John Benjamin, Amsterdam.

Giannakidou, Anastasia (2000) "Negative … Concord?" *Natural Language and Linguistic Theory* 18, 457-523.

Grice, Paul H. (1975) "Logic and Conversation," *Syntax and Semantics* 3: *Speech Acts*, ed. by P. Cole and J. Morgan, 43-58, Academic Press, New York.

グループ・ジャマシイ（編）(1998)『日本語文型辞典』くろしお出版，東京.

Gutzmann, Daniel (2012) *Use-Conditional Meaning*, Doctoral dissertation, University of Frankfurt.

Gutzmann, Daniel (2015) *Use-Conditional Meaning: Studies in Multidimensional Semantics*, Oxford University Press, Oxford.

Harris, Jesee A. and Potts Christopher (2009) "Perspective-shifting with Appositives and Expressive," *Linguistics and Philosophy* 32(6), 523-552.

播磨桂子 (1993)「「「とても」「全然」などにみられる副詞の用法変遷の一類型」『語文研究』75, 11-22.

井上優 (1986)「モダリティ副詞「ナニモ」と否定」『日本語研究』8, 53-62.

Karttunen, Lauri and Stanley Peters (1979) "Conventional Implicature," *Syntax and Semantics*, Vol. 11: *Presupposition*, ed. by. C. K. Oh and D. A. Dinneen, 1-56, Academic Press, New York.

片岡喜代子 (2010)「否定極性と統語的条件」『否定と言語理論』，加藤泰彦・吉村あき子・今仁生美（編），118-140，開拓社，東京.

片岡喜代子 (2006)『日本語否定文の構造：かき混ぜ文と否定呼応表現』くろしお出版，東京.

川瀬卓 (2011)「叙法副詞「なにも」の成立」『日本語の研究』7(2), 32-47.

Kennedy, Christopher (2007) "Vagueness and Grammar: The Semantics of Relative and Absolute Gradable Adjectives," *Linguistics and Philosophy* 30(1), 1-45.

Klecha, Peter (2012) "Positive and Conditional Semantics for Gradable Modals," *Proceedings of Sinn und Bedeutung 16*, 363-376.

Klima, Edward (1964) "Negation in English," *The Structure of Language*, ed. by J. A. Fodor and J. J. Katz, Prentice-Hall, Englewood Cliffs, NJ.

Ladusaw, William A. (1980) *Polarity Sensitivity as Inherent Scope Relations*, Garland, New York and London.

Lassiter, Daniel (2011) *Measurement and Modality: The Scalar Basis of Modal Semantics*, Doctoral dissertation, New York University.

Lassiter, Daniel (2017) *Graded Modality*, Oxford University Press, Oxford.

McCready, E. (2010) "Varieties of Conventional Implicature," *Semantics & Pragmatics* 3, 1-57.

森下訓子 (2001)「「とても」の否定用法」『同志社女子大学大学院文学研究科紀要 (1)』, 57-77.

森田良行 (1989)『基礎日本語辞典』角川書店, 東京.

中尾比早子 (2005)「副詞「とても」について—陳述副詞から程度副詞への変遷—」『国立国語研究所報告』122, 213-226.

Potts, Christopher (2005) *The Logic of Conventional Implicatures*, Oxford University Press, Oxford.

Sawada, Osamu (2018a) *Pragmatic Aspects of Scalar Modifiers: The Semantics-Pragmatics Interface*, Oxford University Press, Oxford.

Sawada, Osamu (2018b) "The Japanese Negative *Totemo*: From an Unconditional Expression to an Expressive Intensifier," *The Proceedings of Logic and Engineering of Natural Language Semantics* (LENLS) 15, Paper 18, 1-14.

Sawada, Osamu (2017) "The Japanese Negative *Totemo* 'Very': Toward a New Typology of Negative Sensitive Items," *Proceedings of the 52nd Annual Meeting of the Chicago Linguistic Society*, 437-451.

Shimoyama, Junko (2011) "Japanese Indeterminate Negative Polarity Items and Their Scope," *Journal of Semantics* 28(4), 413-450.

新村出 (1940)『日本の言葉』創元社, 大阪.

Shinzato, Rumiko (2018) "*Amari/Anmari/Anma* and *Totemo/Tottemo* in History and Discourse: Interaction of Negative Polarity and Positive Polarity," *Pragmatics of Japanese: Perspectives on Grammar, Interaction and Culture*, ed. by M. Endo Hudson, Y. Matsumoto and J. Mori, 49-73, John Benjamins, Amsterdam/Philadelphia.

Simons, Mandy, Judith Tonhauser, David Beaver and Craige Roberts (2010) "What Projects and Why," *Proceedings of Semantics and Linguistic Theory* XXI, 309-327, CLC Publications, Ithaca, NY.

Szabolcsi, Anna (1981) "The Semantics of Topic-Focus Articulation," *Formal Methods in the Study of Language*, ed. by J. Groenendijk, T. Janssen and M. Stokhof, 513-540, Mathematical Centre Tracts 136, Amsterdam.

Watanabe, Akira (2004) "The Genesis of Negative Concord: Syntax and Morphology of Negative Doubling," *Linguistic Inquiry* 35(4), 559-612.

渡辺実 (2001)『さすが！日本語』(ちくま新書), 筑摩書房, 東京.

吉井健 (1993)「国語副詞の史的研究—「とても」の語史—」『文林』27, 1-30.

第V部　コーパス・歴史

第 13 章

「そんなに」「あまり」の非否定節における分布と意味*

(The meaning of *sonnani* and *amari* based on their distribution
in non-negative clauses)

井戸美里

国立国語研究所

1. はじめに

　本章では，日本語の「{あまり／そんなに} 好きではない」といったときの
「あまり」「そんなに」の意味を明らかにすることを目的とする．(1) (2) に見
るように，「あまり」と「そんなに」は文末に否定辞を要求する．

(1)　太郎は，飲み会が {あまり／そんなに} 好きではない．
(2) *太郎は，飲み会が {あまり／そんなに} 好きだ．

　日本語の否定呼応現象は，英語の any などの否定極性表現とは異なり，か
なり厳密に否定辞を要求することが知られている．例えば，(3) のように英語
の any は条件節や疑問文など否定文以外のさまざまな環境に現れるが，(4)
にみるように，日本語のとりたて詞「しか」はそのような環境には現れず，必
ず否定辞を要求する（新藤 (1983)，Kato (1985)，Aoyagi and Ishii (1994)，
工藤 (2000) ほか）．

(3) a.　If anyone notices anything unusual, it should be reported to the
campus police.　　　　　　　　　　　(Ladusaw (1997:(16)))
b.　Has anyone already figured out the answer?

(Ladusaw (1997:(17)))

(4) a. *[太郎が国立大学しか受験する] なら，両親は心配するだろう．
b. *太郎は，国立大学しか受験するの？

---

　* 本稿は，JSPS 科研費（課題番号 18K12393）「日本語とりたて詞の複合における否定呼応
現象の統語と意味」の助成を受けたものであり，国立国語研究所機関拠点型基幹研究プロジェ
クト「対照言語学の観点から見た日本語の音声と文法」の研究成果である．

一方,「あまり」や「そんなに」は「しか」に比べて分布が自由であることが指摘されている（新藤 (1983), 森田 (1989), 服部 (1993), 日本語記述文法研究会(編)(2007) ほか）. 例えば,「あまり」も「そんなに」も否定辞がなくとも問題なく条件節に現れる.

(5)　[{そんなに／あまり} 心配する] と, かえって不安にさせてしまう.

「あまり」と「そんなに」の意味を考えると, 素朴には両者に大きな違いは見られず, いずれも否定文で「極端な程度ではない」ということを表しているようにみえる. しかし, コーパスで両者の分布を調べると,「あまり」と「そんなに」は, それぞれ異なった環境に偏って現れ, 両者が同じ性質を持つものではないことがわかる. 本稿では, これらの分布を手掛かりに,「あまり」と「そんなに」の意味や機能を分析する.

本稿の分析の結論を先に述べる. 本稿ではまず, 新藤 (1983), 森田 (1989), 須賀 (1992), 服部 (1993, 1994) などが指摘しているように,「あまり」は一見さまざまな環境に現れるように見えるが, 否定辞をともなって現れるものとそうでないものとでは表している意味が異なり, 2 つの語彙項目に区別されるべきものであることをコーパスのデータから再確認する. そして, 一方は否定と呼応する陳述副詞であり, もう一方は因果関係を表す節と呼応する陳述副詞であると分析する. それに対して,「そんなに」は過度な程度を表す副詞として, 否定文や条件節などさまざまな環境に現れると分析する. つまり,「あまり」は同一形態で否定を要求しない語彙項目があるから非否定文に現れる一方,「そんなに」は 1 つの語彙項目の語彙的な性質として非否定文に現れるというように, 両者が非否定文に現れる理由は全く異なるということを主張する. まとめると, (6) のようになる.

(6)　a.　「あまり」には統語的な指定として, 否定と呼応する陳述副詞と, 一般的な帰結を導くための条件節と呼応する陳述副詞とがある.

　　　b.　「そんなに」は意味的な要因から, 否定節, 条件節, 疑問節など, 非確定的な節に現れる程度副詞である.

本稿の構成は, 以下のとおりである. 2 節では先行研究を紹介する. 3 節では,「現代日本語書き言葉コーパス (BCCWJ)」を用いて,「あまり」と「そんなに」の分布の偏りを示す. 4 節では, 3 節のデータを手掛かりに, 作例を用いてさらに詳しく「あまり」と「そんなに」の違いを見る. 5 節では, 両者に (6) の違いがあることを論じる. 6 節はまとめと今後の課題である.

2.　先行研究

2.1.　「あまり」「そんなに」に関する記述

「あまり」も「そんなに」も，否定文でない環境に現れることがあることが記述
的に指摘されている（新藤（1983），森田（1989），服部（1993, 1994），日本
語記述文法研究会（編）（2007）ほか）．一方で，Matsui（2011, 2013）などが指
摘しているように，両者の分布には違いがあることも指摘されている．ただ
し，まだその全体像が十分に捉えられているとはいいがたく，また，例文判定
の揺れも見られることから，現象の記述の段階から整理することが必要である．

　工藤（2000）は，否定と呼応する副詞の分類とその特徴を記述したものであ
る．工藤（2000: 105-106）は，「あまり」と「そんなに」はいずれも否定と呼
応する陳述副詞であり，かつ肯定述部とも共起するという点で共通しているも
のとして，同じカテゴリーに分類している．

　「あまり」と「そんなに」の個別の記述も存在する．まず，「あまり」につい
て見ていく．「あまり」は，否定文以外のさまざまな節に現れることが指摘さ
れており，服部（1993: 17）は否定を伴わない「あまり」が，（7）のような条
件節，（8）のような原因・理由節，（9）のような主節述語に評価を伴う名詞修
飾節に現れることを指摘している．類似の指摘は，森田（1989），須賀（1992）
やグループ・ジャマシィ（1998）などにも見られる．

（7）　あまり飲むと体に悪い．　　　　　　　（服部（1993: 12），下線加筆）
（8）　あまり静かで気味が悪い．　　　　　　（服部（1993: 14），下線加筆）
（9）　置くのはかまわないが，あまり大きな荷物は困る．

　　　　　　　　　　　　　　　　　　　　（服部（1993: 16），下線加筆）

「そんなに」も同様にさまざまな節に現れる．日本語記述文法研究会（編）
（2007）は，（10）や（11）のような条件節の例を挙げている．

（10）　そんなにいやなら，ほかの人に代わってもらえばどうですか．
　　　　　　　　　　　（日本語記述文法研究会（編）（2007: 269），下線加筆）
（11）　そんなにいやなのに，まだやるのですか．
　　　　　　　　　　　（日本語記述文法研究会（編）（2007: 269），下線加筆）

服部（1994: 7）は，「そんなに」と類似した「それほど」という表現について，
否定辞をともなわない節に現れた場合は「先行文脈に現れた命題の成立する程
度を指し，それは通常と異なる高い度合であるという含みが生じる」と指摘し

ている.

　ここまでの指摘を俯瞰すると，否定辞をともなわない「あまり」と「そんなに」は，どちらもさまざまな従属節に現れ，程度が過度であることを表している点で共通しているように見える.

2.2. 「あまり」「そんなに」が現れる節の種類の違い

　「あまり」と「そんなに」が現れる節には，違いも存在する．Matsui (2011, 2013) は，(12) のように疑問節には「あまり」は現れず，「そんなに」は現れることを指摘している．反対に，(13) のように原因・理由節には「そんなに」が現れず，「あまり」はそれが可能である.

(12)　外は，{*あ（ん）まり／そんなに} 暑いの？

(Matsui (2013: 319)，下線加筆)

(13)　部屋が {あ（ん）まり／*そんなに} 暑いからエアコンをつけた.

(Matsui (2013: 319)，下線加筆)

　Matsui (2011, 2013) は，(12) (13) の違いを「あまり」の語用論的な機能によって統一的に説明することを試みている．ここでは技術的な問題には立ち入らないが，Matsui (2011, 2013) は，「あまり」の分布について (14) のように語用論的な説明を与えている.

(14)　「あまり」は意味的には「とても (very)」を表し，元の命題が代替命題と比較して語用論的に「弱い」環境で認可される.

(14) は，「あまり」が否定文に現れた場合も，それ以外の環境に現れた場合も，話者の主張を柔らげる働きを持つことを表している．例えば (13) について，「あまり」を含む元の命題は「外がとても暑いから，エアコンをつけた」となる．一方，代替命題は「外が暑いから，エアコンをつけた」となる．一般的に，「エアコンをつける」という事態は，「暑い」ときより，「とても暑い」ときのほうがより起こりやすく，代替命題に比べて元の命題は弱い主張をしていることになる．否定文についても同様で，「暑くない」という事態よりも，「とても暑いわけではない」という事態のほうがより起こりやすく，語用論的により弱い環境になる．反対に，(12) のように疑問文においては，「とても暑いの？」という質問は「暑いの？」という質問より特定的な問いであり，話者が聞き手に尋ねるものとしてはより語用論的に強い命題となる．よって，「あまり」は疑問文では認可されないとする.

2.3.　先行研究の問題点

　2.2 節までで先行研究を概観したが，先行研究の主張にはまだ検討の余地が
ある．ここでは 2 つの点を指摘する．

　1 つ目は，「あまり」について (14) の仮説が予測しない現象があることであ
る．具体的には，(14) の条件を満たしていても「あまり」が許容されない場
合がある．例えば，Matsui (2011, 2013) は (15) のように主節の述語が話者
の予想外であることを表す述語になっている場合をあげ，そのときの従属節の
テ形節には「あまり」が現れるとしている．

　(15)　　部屋があ (ん) まり暑くて驚いた．

(Matsui (2013: 303, 305)，下線加筆)

たしかに，(15) の環境は，(14) を満たしている．しかし，意味的には同じよ
うな環境であっても統語的に異なった環境になると，「あまり」が用いられな
い場合がある．(16b) は，「なんて」を補節内で用いた場合である．(17b) は，
ニ格名詞句の修飾節内で用いた場合である．これらの環境では，「あまり」を
用いることができない．なお，(16a) (17a) に見るように，それぞれテ形節
であれば「あまり」は問題なく用いることができる．

　(16) a.　[太郎があまり成績が悪く] て驚いた．
　　　 b.　*[太郎があまり成績が悪い] なんて驚いた．
　(17) a.　太郎は，[母があまり軽く] て驚いた．
　　　 b.　*太郎は，[母があまり軽いの] に驚いた．

益岡・田窪 (1992) や日本語文法記述研究会 (編) (2008) が指摘するように，
テ形節は原因・理由を表す副詞節としても働く．(15) の「あまり」が許容さ
れているのは，(15) の主節が「驚いた」という述語であることとは別に，「か
ら」節，「ので」節などと同じようにテ形節が副詞節としてはたらいているか
らであると考えられる．実際，(18) のように，副詞節としてのテ形節であれ
ば，主節の述語のタイプにかかわらず副詞節内に「あまり」を用いることが可
能である．[1]

　(18)　[あまり細かいことを言っ] て，話がこじれるのが嫌だった．

---

　[1] Matsui (2013) は，英語の否定極性表現である any が現れる環境として surprise などの
述語が主節に用いられた例 "It's surprising that John ate any potatos." を挙げており，こちら
の例は，that 節が主節の補節になっている．

以上から，「あまり」の分析には，意味的な特徴だけでなく統語的な分布を整理することが必要であることがわかる.

　2つ目は，現象の記述に関してである．とくに「あまり」については，先行研究に多くの記述の蓄積があるが，相対的に「そんなに」の出現環境を網羅的に見たものは見られない．Matsui (2013) は (19) のように「あまり」も「そんなに」も「まえ」節に現れると指摘している．しかし，「あまり」に比べると「そんなに」はいくらか不自然である．さらに，観察の対象を時を表す副詞節である「とき」節にまで広げてみると，「そんなに」と「あまり」の違いがよりはっきりする．(20) の「とき」節は，「そんなに」は不自然だが，「あまり」は問題なく用いることができる.

(19)　外が {そんなに／あ（ん）まり} 暑くなるまえに，出かけよう.
　　　　　(Matsui (2013: 303, 305)，例文判定は Matsui (2013) のもの)
(20)　勧誘が {*そんなに／あまり} しつこかったときは，居留守を使った.

本稿の目的からいけば，「あまり」と「そんなに」との比較のなかで，両者の出現環境にどのような違いがあるのかを記述的に一般化する必要がある.

　以上，2節では先行研究の指摘を概観し，「あまり」と「そんなに」の記述の整理の必要性について指摘した．「あまり」と「そんなに」については，コーパスを使って網羅的に分布を見たものは見られず，先行研究の判定にもいくらかの揺れが見られる．例文の判定の揺れに対応するために，本稿では BCCWJ コーパスを用いた量的な調査を行い，「あまり」と「そんなに」の現象を再整理することを試みる.

3. BCCWJ コーパスにおける「あまり」と「そんなに」の分布

　BCCWJ コーパスを用いて，「そんなに」と「あまり」の分布の傾向を見る．表1は，コーパスから不適切な例を除き，それぞれの例を上位 300 例ずつ抽出したものである．なお，程度を表す用法として「そんなに」と「あまり」が使われている状況を揃えるために，いずれも「そんなに」「あまり」に形容詞が後接するという条件で検索した.

表 1 「あまり」と「そんなに」が現れた節タイプ[2]

節タイプ	節形式	あまり	そんなに
否定節	否定合計	251	118
	うち [ADV] 名詞節-否定	55	75
	うち [ADV] 引用節-否定	12	10
条件節	-たら	0	3
	-れば	1	1
	-と	16	1
	-なら	0	5
	-では	0	1
	-ても	1	0
	-のに	0	1
理由節	-ので	14	0
	-から	2	0
	-て	7	0
	-その他	3	0
時を表す 副詞節	-とき	2	0
	-あいだ	1	0
疑問節		0	83
名詞修飾節		2	2
合計		300	300

3.1. 「あまり」の分布

調査の結果，「あまり」の分布について (21) の 3 つのことがわかった．

---

[2] 先行研究では，日本語の否定呼応副詞が節を飛び越えて主節の否定と呼応する場合があることを指摘している（Kato (1985), 工藤 (2000), 松井 (2003) ほか）．今回の調査でも，副詞が述語を飛び越えて主節の述語と関係している例が多くみられた．そこで，(i) (ii) のように否定をともなわずに「あまり」や「そんなに」が名詞修飾節に現れた例は，次の主節の述語まで加味して分類を行った．(i) (ii) はそれぞれ，否定節，「と」条件節と分類した．

(i) まあ，[あまりおもしろい] ところじゃないな
(LBen_00003「クレヨン王国　月のたまご」福永令三)

(ii) [そんなに赤くなる] ところを見ると，きみもその子に気があるってことかな．
(LBhn_00023「まんぼう塾物語」齊藤洋)

表 1 で「名詞修飾節」と分類したものは，後述の (26) (31) のように「あまり」や「そんなに」を含む名詞修節の主節が否定節，疑問節，条件節などの節を形成していない例である．

(21) a.　条件節は，「と」節に偏って現れる．
　　　b.　理由節や時を表す副詞節，名詞修飾節に現れる．
　　　c.　疑問節には現れない．

「あまり」は，条件節に 18 例，理由節に 26 例，時を表す副詞節に 3 例，名詞修飾節に 2 例が見つかった．一方，疑問節に現れた例は見られなかった．これらの特徴は，先行研究の指摘を支持している．

　(21a) について，条件節の場合，18 例中 16 例は，「と」節に偏って現れている．なお，「と」節以外に現れた 2 例は (22) (23) のとおりであるが，(22)も (23) も，順接的な仮定条件を表している．条件節の形式は，条件が表す意味によって他の形式に言い換えができる場合とできない場合とがあるが，(22)(23) は，いずれも「ても」「れば」を「と」に言い換え可能である．

(22)　そう．過疎になってどんどん下がっていったのが，元に戻る．<u>あまり</u>
　　　高くなっ<u>ても</u>（高くなると）困るけど．(LBd9_00039「C. W. ニコル
　　　の黒姫日記」C. W. ニコル（著），竹内和世（訳））
(23)　領収書のない分が<u>あまり</u>多けれ<u>ば</u>（多いと），それも問題だし，もし
　　　適当に自分たちで領収書を作っていたのなら，見比べて簡単に分るに
　　　違いない．　　　　　　　　(LBi9_00092「本日は悲劇なり」赤川次郎)

また，時を表す副詞節については，Matsui (2013) が「まえ」節の例をあげている．今回の調査では，時を表す副詞節として「とき」節が 2 例，「あいだ」節が 1 例が見つかった．[3]

(24)　痛みが<u>あまり</u>激しい<u>とき</u>は，安静にして冷やすと良いでしょう．
　　　　　　　　　　　(LBh4_00007「女性ホルモン最新療法」野末悦子)
(25)　（前略）… 何日もクシを入れないような状態でいますと，ノミやノミ
　　　のフンだらけになってしまうことがありますのでチェックを怠らない
　　　ようにしてください．<u>あまり</u>ひどい<u>とき</u>は，薬浴が一番です．
　　　　　　　　　　　(LBa6_00006「マルチーズの飼い方」高橋宏美)

最後に，名詞修飾節の例は (26) のようなものが見つかった．

---

[3]「あいだ」節の例は (i) のとおりである．ただし，(i) は文語体で書かれている例であるため，ここでは詳しい分析は行わない．
　(i)　<u>あまり</u>おかしく候間私はいつでも女の居るところには参らず，女が参り候えばいつ
　　　でも逃げ申し候．　　　　　　　(LBi2_00017，「池辺三山」池辺一郎)

(26)　釣り味は小さいものより大きいものほどいいのは自明の理だが，<u>あまり大きいもの</u>は，はっきりいってやや落ちる．

(LBi7_00003「旬の釣魚百彩」盛川宏)

3.2. 「そんなに」の分布

「そんなに」の分布については，(27) の 3 つのことがわかった．

(27) a.　「たら」「れば」「と」などのさまざまな条件節に現れる．
　　　b.　理由節や時を表す副詞節には現れない．
　　　c.　疑問節や名詞修飾節に現れる．

　「そんなに」の出現環境として，条件節の例が 12 例，疑問節の例が 83 例，名詞修飾節の例が 2 例見つかった．「そんなに」が条件節や疑問節に現れることは，先行研究の指摘を支持している．また，「あまり」と異なり，条件節のどれかの形式に偏って現れるという性質は見られなかった．さらに，「そんなに」が現れた条件節は，「あまり」が現れた条件節と異なり，「と」節に言い換え不可能な例も含まれていた．例えば，今回の調査では (28) のような反事実的な条件節に「そんなに」が用いられている例が抽出された．

(28)　貴方がそんなに怒りっぽいと知ってたら，とっくにあの方は相手にしなかったのに．

(LBj9_00214「西太后」高陽 (著) 鈴木隆康，永沢道雄 (訳))

　さらに，(27b) のような先行研究の指摘と一致しない傾向も見られた．先行研究では，前述 (19) のように「そんなに」は「まえ」節に現れると指摘されていたが，今回の調査では実際の使用は見られなかった．また，「まえ」節に限らず，時を表す副詞節に現れた例も見られなかった．作例でも確認するために，「あまり」が用いられている時を表す副詞節について，「あまり」を「そんなに」に置き換えてみる．(29) (30) はその例であるが，いずれも「そんなに」は不自然になる．[4]

(29)　日頃からこうして動かしていると五十肩の予防になります．また，痛みが {<u>あまり</u>／*<u>そんなに</u>} 激しい<u>とき</u>は，安静にして冷やすと良よ

---

[4] 話者によっては，(29) (30) を自然であると判断する．(19) の例でも，例文判定に揺れが見られた．このように，「そんなに」は例文によって判定に揺れが見られることがある．その理由については，5.2 節で述べる．

いでしょう．

(30) （前略）... 何日もクシを入れないような状態でいますと，ノミやノミ
のフンだらけになってしまうことがありますのでチェックを怠らない
ようにしてください．{あまり／*そんなに} ひどいときは，薬浴が一
番です．

もちろん，今回の調査範囲で偶然用例が見つからなかった可能性も考えられる
が，少なくとも時を表す副詞節で「そんなに」を用いることができる環境とい
うものは，条件節などの環境に比べて制限が大きく限定的なものであることが
わかる．

また，名詞修飾節の例として，(31) のようなものが見つかった．

(31) 「どこへハイキングに行かれたにしても，重要な連絡待ちをしておら
れた少佐が，そんなに長い時間オフィスをあけておられたのは不思議
ですね．　　　　　(LBl9_00091「ヴィオロンのため息の」五十嵐均)

3.3. 「あまり」と「そんなに」の引用節での分布

最後に主節が否定辞を含んでいる例で，引用節を補節としてとる例を見てお
く．そのような例は，表1からわかるように，「あまり」12例，「そんなに」
10例が見つかった．引用節中に「あまり」「そんなに」が現れている場合の特
徴として，2つのものが挙げられる．

1つ目は，引用節中に「あまり」が現れている場合，(32) のように「あまり」
が直後の形容詞を離れて主節の否定述語の直前においても元の文との意味の違
いが感じられないことである．一方「そんなに」の場合は，(33) のように主
節の否定述語の直前に「そんなに」を移動することができない場合がある．

(32) a. [余り楽しい生涯であった] とは思われない．
　　　　　　　(LBd2_00043「「翔ぶが如く」と西郷隆盛」文芸春秋 (編))
　　 b. [楽しい生涯であった] とは余り思われない．
(33) a. [近藤がそんなに悪い] なんて想像もしてみなかった．
　　　　　　　(LBb0_00001「月曜日のカーネーション」吉川精一)
　　 b. #[近藤が悪い] なんてそんなに想像もしてみなかった．

このことは，「あまり」が引用節中の形容詞に前接していても，その形容詞の
程度を修飾しているとは限らず，実質的には主節に付加して解釈されているの
と変わらないことを示している．反対に，「そんなに」は引用節中で解釈され，

主節の否定辞と関係して解釈されているとは限らない．このことは，次の2つ目の特徴によっても支持される．

　2つ目の特徴として，「あまり」は主節に否定辞がなくては意味をとることができないのに対し，「そんなに」は主節に否定辞がなくとも問題なく用いられることが挙げられる．(34)(35)は，コーパスの例の否定述部を，否定を用いない形に言い換えたものである．

　(34)　[あまり近藤が悪い] とは {思っていなかった／*驚いた}．
　(35)　[そんなに近藤が悪い] とは {思っていなかった／驚いた}．

つまり，「あまり」が引用節中で用いられるためには主節の否定辞こそが重要である一方，「そんなに」にとっては主節に否定辞があることは必須の条件ではなく，別の要因によって引用節中で用いられていると判断できる．

4.　「あまり」「そんなに」の出現環境

4.1.　「あまり」の出現環境
　2節で見た先行研究の指摘と，(21)の観察に基づき，「あまり」の出現環境を (36) のようにまとめる．

　(36)　「あまり」の出現環境
　　　　否定をともなわない「あまり」は，統語的には副詞節に現れる．意味的には，副詞節の事態によって主節の事態が帰結として一般的に導ける場合に現れる．

　具体的には，2つの事態間の因果関係が表されている原因・理由節や条件節，時を表す節などの副詞節には現れるが，引用節や疑問節には現れない．3.3節で述べたように，一見引用節に現れているように見える例は主節の否定辞がなくては用いることができない点で，非否定環境に現れている例とは言えない．

　特に「と」条件節には，一般的な事実や反復的な事実が現れやすく（益岡・田窪 (1992)，日本語記述文法研究会(編)(2008) ほか），そのような文において「あまり」は頻繁に用いられる．

　原因・理由節の (37) の例でいうならば，一般的に文章が長ければ長いほど，「全部は載せられない」ということが起こることが予想される．また，条件節の (38) の例も同様に，文章が長ければ長いほど，「読みづらい」ということが導ける．このような場合に「あまり」は用いることができる．

(37) そのあと鮑君が私に答えた文章は，あまり長いので全部は載せられない．　　　　(LBe1_00021「抱朴子」葛洪（著）本田済（訳註））

(38) それぞれの段落は簡潔にすべきで，あまり長いと読みづらい．
(LBc8_00002「現代人のための英語の常識百科」アーマー L アンドルー J.（著）岩崎春雄（訳））

しかし，条件節であっても現実とは異なる事態を仮説として立てる条件節では用いることができない．(39) は，「陽子は特別優しいわけではなく，健は陽子に心を許していない」ことを表しており，(40) のように前件の程度が高ければ高いほど後件の事態が導出できるという関係にはなっていない．このような場合は「あまり」は用いることができない．

(39) *もし，陽子があまり優しかったら，たとえ健でも心を許していただろう．

(40) 陽子があまり優しいので，健も心を許していた．

「とき」節についても同様に考えることができる．(41) では，痛みが激しい場合は，「安静にして冷やすと良い」ということが一般的に導けることを表している．

(41) 痛みがあまり激しいときは，安静にして冷やすと良いでしょう．（＝(30)）

4.2. 「そんなに」の出現環境

一方，「そんなに」が現れる節は，(27) にみたように副詞節である条件節だけでなく主節の疑問節や補節の引用節などに現れ，副詞節の原因・理由節には現れない．よって，「そんなに」の出現条件は，副詞節か否かという統語的な環境の影響は受けていない．また意味的にも 2 つの事態の因果関係の有無には関与しない．さまざまなタイプの条件節に現れ，「あまり」と異なり (42) のように反事実的な条件節にも問題なく現れる．

(42) もし，陽子がそんなに優しかったら，たとえ健でも心を許していただろう．

ここから一般化すると，「そんなに」の出現環境は (43) のようになる．

(43) 「そんなに」の出現環境
非確定的な事態を表す節の中に現れる．

「そんなに」が出現する，疑問節，条件節はいずれも命題が非確定的である点で共通している．驚きを表す述語の引用節は一見確定的であるが，話者が命題の内容を「偽である」と信じている点で通常の確定的な文とは性質が異なる．(44) でいうならば，事実としては「近藤の体調は死が迫るほど悪い」という状態であるが，話者の心内世界においては，それは確定していなかったことを表している．

(44)　[近藤がそんなに悪い] なんて想像もしてみなかった．（＝(33)）

原因・理由節や時を表す副詞節は確定的な事態をとるため，(45) (46) のように「そんなに」は現れることができない．「勧誘がしつこかった」ことは，すでに確定している事態である．

(45)　勧誘が {*そんなに／あまり} しつこかったので，居留守を使った．
(46)　勧誘が {*そんなに／あまり} しつこかったときは，居留守を使った．（＝(20)）

4.3.　名詞修飾節における「あまり」「そんなに」の扱い

「あまり」や「そんなに」が名詞修飾節に現れている (47) のような例の場合は，主題部分が条件節として機能していると分析できる．

(47)　釣り味は小さいものより大きいものほどいいのは自明の理だが，[あまり大きい] ものは，はっきりいってやや落ちる．

(LBi7_00003「旬の釣魚百彩」盛川宏)

三上 (1960) などは名詞修飾節をともなう主題が，条件節相当として機能していることを指摘している．(47) であれば，「あまり大きいと，釣り味の質がやや落ちる」と言い換えることができる．実際，(47) の「あまり」が用いられた名詞句は主題であることが重要であり，(48) のように「は」を「が」に言い換えることができない．

(48)　引越し業者にとって，[あまり小さな] 荷物 {は／*が}，悩みのタネだ．

これらのような名詞修飾節の例は，当該の名詞句が主題となって，主題部分が条件節相当として機能していると分析できる．

5. 「あまり」と「そんなに」の意味と機能

5.1. 2つの「あまり」と1つの「そんなに」

　4節での観察を元に，5節では「あまり」と「そんなに」の意味について考察する．本稿では，新藤 (1983)，須賀 (1992)，服部 (1993) などの指摘にのっとり，「あまり」を2つの語彙項目にわける．それは，以下の2つの理由による．

　1つ目は，意味的な理由である．「あまり」には否定をともなう場合にしか現れない意味がある．否定をともなわない「あまり」は，副詞節が表す事態の程度が高いことを表していた．もし，「あまり」が過度な程度を表し，「あまり～ない」が過度な程度の否定を表しているのであれば，「簡単ではないが，とても難しいというわけではない」という意味で (49) が言えることを予測する．しかし，実際には (49) は不自然になる．

　(49) *簡単ではなかったが，あまり難しくなかった．

　2つ目は，統語的な理由である．否定をともなう「あまり」とともなわない「あまり」は，それぞれ否定節と原因・理由を表す副詞節に現れるというように，現れる統語的環境が異なっている．そのため，統一した意味や語用論のメカニズムだけでその特徴を捉えることは難しい．「あまり」が現れる統語的な環境の違いを考慮すると，両者は異なる語彙項目であると考える必要がある．

　一方で，「そんなに」は2つの語彙項目にわける必要がない．それは，意味的にも統語的にも，「そんなに」の分布が統一的な基準で捉えられるからである．まず，意味的な観点から考える．「そんなに」は常に過度な程度を表し，非否定節に現れた場合も否定文に現れた場合も，「過度な程度ではない」ことを表している．このような「あまり」と「そんなに」の否定文での意味の違いは，(50) のような環境での自然さの違いとして確認することができる．(50) は，(49) の「あまり」を「そんなに」に変えたものである．(49) の「あまり」は不自然だったが，(50) の「そんなに」は問題なく用いることができる．

　(50)　簡単ではなかったが，そんなに難しくなかった．

次に統語的な分布について考える．「そんなに」は，副詞節か否かというように，統語的な環境の制限は見られない．そうではなく，「そんなに」は，(43) で指摘したように非確定的な事態を表す節の中，または話者が偽であると信じる節の中に現れる．そして，否定文が表す事態も非確定的な事態である．つま

り，否定文に現れた「そんなに」とそれ以外の「そんなに」は，非確定的な事態という同じ性質を持つと分析できる．

　以上の理由から，「あまり」は2つの語彙項目に分ける必要があるものの，「そんなに」はその必要がないと判断できる．

5.2.　2つの「あまり」と1つの「そんなに」の意味と機能

　では，1つの形態で2つの語彙項目を持つ「あまり」と，1つの語彙項目として分析できる「そんなに」は，それぞれどのような意味や機能を持つものとして分析できるだろうか．

　まず，否定をともなう「あまり」について考える．須賀 (1992: 39) は，「あまり」は「あまり〜ない」で一体化し，「「対象の程度は肯定的に断定し得るほどではない」という評価・判定を表す」としている．文の判断を表す要素と呼応する副詞は，(51) のように山田 (1936) の用語では陳述副詞と呼ばれる．

> (51)　下にある用言のあらはす属性には関係なくしてその陳述の断言的なる
> 　　　か，躊躇的なるか，否定的なるか或は条件的なるか等それら陳述の態
> 　　　度を予め拘束するもの　　　　　　　　　　　　（山田 (1936: 373)）

否定と呼応する陳述副詞には，「決して」「つゆ」「さらさら」「別に」のようなものが該当する．工藤 (2000: 105) の記述によると，これらの否定と呼応する陳述副詞は，「基本的に概念的内容（素材的意味あるいは指示性）を持たず述語否定を強調，補足する機能を持つ副詞」とされる．

　否定をともなう「あまり」が述語の否定が表す意味を補足する要素であることは，(52) で「あまり」が不自然になり，「そんなに」自然になることからも支持される．(52) のように，肯定文の聞き手の発言を否定するとき，「そんなに」は自然に用いることができるが，「あまり」は用いることができない．これは，「そんなに」は，先行文脈が指している程度を話者が否定することができる一方，「あまり」は「好き」の程度を表しているのではなく，話者の否定的な判断を弱めているだけだからである．

> (52)　A:　B は J-POP がすごく好きだったよね．
> 　　　B:　好きは好きだけど，{そんなに／*あまり} 好きじゃないよ．

　(52) とは反対に，(53) のように先行文脈の否定的な判断に同意するときは，「そんなに」は用いることができないが，「あまり」は用いることができる．これは，「あまり」が話者の否定的な判断に付加しているだけであるためである．

一方，この文脈では過度な程度は特に示されていないため，「そんなに」を用いると唐突な文に聞こえ不自然である．

(53)　A:　B は J-POP が好きじゃないの？
　　　 B:　うん，{?そんなに／あまり} 好きじゃないよ．

なお，「全然」「決して」などの陳述副詞は，省略しても文の意味が本質的に変わることはない．(54) の「そんなに」は省略すると不自然になるが，(55) の「あまり」は省略しても特に文が不自然になることはない．

(54)　A:　B は J-POP がすごく好きだったよね？
　　　 B:　好きは好きだけど，{*φ／そんなに} 好きじゃないよ．
(55)　A:　B は J-POP が好きじゃないの？
　　　 B:　うん，{φ／あまり} 好きじゃないよ．

　次に，否定をともなわない「あまり」について考える．否定をともなわない「あまり」は因果関係を表す副詞節に付加する陳述副詞であると分析する．「あまり」は一般的条件節や反復条件節，理由節など，副詞節が指す事態によって主節の事態が一般的に導かれる場合の，副詞節に付加する．こちらも否定に付加する「あまり」と同様に，(56) のように「あまり」を省略しても意味に特段違いは生まれない．

(56)　痛みが (あまり) 激しいときは，安静にして冷やすと良いでしょう．

　最後に，「そんなに」についてみる．前節で「そんなに」は常に過度な程度を表していることに言及した．「そんなに」は程度副詞の一種である．しかし，「とても」「ほとんど」「少し」などの程度副詞が肯定文を含むさまざまな節に現れるのと異なり，常に非確定的な節に現れるという特徴がある．この特徴を受けて，ここでは「そんなに」の意味を (57) のように仮定する．

(57)　**「そんなに」が表す程度**
　　　聞き手が提示した程度や一般的に考えられる程度を話者が事実と認めていない場合に用いられる．[5]

つまり，「そんなに」は過度な程度の中でも，話者が受け入れることができない程度を表していると考える．よって，当該の事態が確定的な事実であると話

---

[5] この分析のアイディアは，窪田悠介氏 (国立国語研究所) との個人談話による．

者が表明するような節では用いることができない．これが，「そんなに」が非確定的な文でのみ用いられる要因である．

　高い程度を表す程度副詞は，否定文で「は」を後接させることで部分否定を表すことができる．この特徴は（58）のように「そんなに」にも同様にみられる．一方で，「あまり」は「は」を後接させることができない．つまり，「あまり」は具体的な程度を指してそれが否定の作用を受けているわけではないことを示している．

（58）　太郎は，{たくさん／すべて／そんなに／*あまり}は食べなかった．

この事実も，「そんなに」はある程度を指して，否定の作用域の中でそのような高い程度ではないということを表していること，そして「あまり」は過度な程度を表しているわけではないことを示している．

　ただし，非確定的な文の中でも，話者の判断が含まれるムード形式を含む節はここに含まれない．（59）のように「〜かもしれない」を用いた文では「そんなに」は用いることができない．これは，森山（1989）が指摘するように，「〜かもしれない」が話者本人の固有の推量判断の結果を表す文で用いるものであるからだと考えられる．話者本人の推量の結果を表す「〜かもしれない」と，話者がその程度は実現しないと考えていることを表す「そんなに」の意味が相容れないため，（59）は許容されないと分析できる．

（59）*太郎は，間食をそんなに食べるかもしれない．

　3.2 節では，「そんなに」が時を表す副詞節に現れにくいことを指摘した．これもまた，同様の要因によると分析できる．時を表す副詞節が未実現の事態を指している場合，それは非確定的な事態である．ただし，（60）（61）において「とき」節や「まえ」節は，話者が未来時にその事態が実現する可能性があると判断していると考えるのが自然である．そのような環境においては，時を表す副詞節に「そんなに」が現れると自然さが落ちる．

（60）　勧誘が{?そんなに／あまり}しつこいときは，居留守を使うつもりだ．

（61）　外が{?そんなに／あまり}暑くなるまえに，出かけよう．

　　　　　　　　　　　　　　　　　　　（＝（19），例文判定は筆者による）

　ただし，「そんなに」は語用論的な影響を多く受けるため，一定の統語的環境で例文の成否を分類するのは適切ではない．「あまり」の出現環境が，否定

節か副詞節というように統語的環境が限られるのに対して，「そんなに」は話者が当該の程度を事実と認めていないことを示すことができれば，統語的環境に関わらず用いることができる．例えば (62) は，主節に「そんなに」が用いられているが自然な文である．(62) が許容されるは，文末の「のだ」の効果によって「太郎は成績が良くないだろう」という話者の想定が感じられるためである．

　(62)　へぇ．太郎の成績って，{そんなに／*あまり} 良かったんだ．

「そんなに」が特定の統語的要素に付加するから出現環境が限られているのでなく意味的な制約から出現環境が限られていることを，(62) はよく示している．本稿の分析に基づくと，2.2 節でみたような「そんなに」の例文判定の揺れは，「そんなに」が語用論的な影響を受けてさまざまな環境にあらわれる可能性があるため起きると捉えることができる．

6.　まとめと課題

　本稿では，コーパスを用いた調査結果と，作例による分析から，否定をともなわない「あまり」と「そんなに」の分布に (63) (64) のような違いがあることを明らかにした．

　(63)　**「あまり」の出現環境**
　　　　否定をともなわない「あまり」は，統語的には副詞節に現れる．意味的には，副詞節の事態によって主節の事態が帰結として一般的に導ける場合に現れる．(= (36))
　(64)　**「そんなに」の出現環境**
　　　　非確定的な事態を表す節の中に現れる．(= (43))

(63) (64) の分布に基づき，(65) を主張した．(65) は，「あまり」は語彙の統語的な特徴として否定と呼応することが要求されている一方，「そんなに」は意味的な特徴として否定と呼応することが要求されていることを示している．

　(65)　a.　**否定をともなう「あまり」:**
　　　　　　否定と呼応する陳述副詞
　　　　b.　**否定をともなわない「あまり」:**
　　　　　　主節の帰結を導く副詞節と呼応する陳述副詞

　　c.　「そんなに」：
　　　　聞き手が提示した程度や一般的に考えられる程度を話者が事実と
　　　　認めていない場合に用いられる程度副詞

　本研究ではとくに，コーパスを用いた分析と作例を用いた分析を組み合わせ
ることで，先行研究の指摘を記述的一般化の段階から再整理した．そうするこ
とで，「あまり」の分布に共通する特徴と，「そんなに」の分布に共通する特徴
を抜き出すことができ，否定文や条件節で一見同じ意味を表しているように見
える両者が，(65) のような異なった性質を持つものであることを明らかにし
た．

　本研究の今後の展開として，これらの一般化が理論的にどのように位置付け
られるかを分析することが挙げられる．特に，1 節で見たように英語の any
がさまざまなタイプの節に現れるのと異なり，「しか」や「誰も」などの日本語
の多くの否定呼応表現は厳密に否定辞を要求し，条件節などには現れない．
「あまり」についても，本稿の分析のように 2 つの語彙項目に分けた場合，否
定と呼応する陳述副詞の「あまり」については条件節などには現れないことに
なり，この例にもれない．一方，「そんなに」については，否定文以外のさま
ざまな環境に分布する．他にも，西岡 (2007) などが「そんなこと」という表
現の分布が英語の any と類似していることを指摘している．これらの「そん
なに」「そんなこと」などの表現が，英語の any がさまざまな環境に現れる理
由と異なるのか，または同じなのかを比較するなど，言語対照的な観点からの
分析も期待される．これらについては今後の課題とする．

参考文献

Aoyagi, Hiroshi and Toru Ishii (1994) "On NPI Licensing in Japanese," *Japanese/Korean Linguistic* 4, ed. by Noriko Akatsuka, 295–311, University of Chicago Press, Chicago.

グループ・ジャマシィ (1998)『教師と日本語学習者のための日本語文型辞典』くろしお
　　出版，東京.

服部匡 (1993)「副詞「あまり（あんまり）」について——弱否定および過度を表す用法の
　　分析——」『同志社女子大学学術研究年報』44(4), 451–477.

服部匡 (1994)「アマリ〜ナイとサホド（ソレホド）〜ナイ」『同志社女子大学日本語日
　　本文学』6, 1–21.

Kato, Yasuhiko (1985) *Negative Sentences in Japanese, Sophia Linguistica Mono-*

graph 19, Sophia University.

工藤真由美 (2000)「2 否定の表現」『日本語の文法 2 時・否定ととりたて』, 金水敏・沼田善子・工藤真由美 (著), 93-150, 岩波書店, 東京.

Ladusaw, William A. (1997) "Negation and Polarity Items," *The Handbook of Contemporary Semantic Theory*, ed. by Shalom Lappin, Blackwell.

益岡隆志・田窪行則 (1992)『基礎日本語文法——改訂版——』くろしお出版, 東京.

Matsui, Ai (2011) "On the Licensing of Understating NPIs: Manipulating the Domain of Degrees for Japanese A(n)mari and Sonnani," *Proceedings of SALT 21*, ed. by Neil Ashton, Anca Chereches and David Lutz, 752-769.

Matsui, Ai (2013) "Revisiting the Licensing Problem through Understanding NPIs——the Case of Japanese Anmari ' (Not) Very / Much'—," *Beyond 'Any' and 'Ever' New Explorations in Negative Polarity Sensitivity*, ed. by Eva Csipak, Regine Eckardt, Mingya Liu and Manfred Sailer, 299-322, De Gruyter Mouton.

松井晴子 (2003)「否定極性項目の節を超えた移動」『日本語文法』3(1), 117-126.

三上章 (1960)『象は鼻が長い』くろしお出版, 東京.

森田良行 (1989)『基礎日本語辞典』角川書店, 東京.

森山卓郎 (1989)「認識のムードとその周辺」『日本語のモダリティ』, 仁田義雄・益岡隆志 (編), 57-120, くろしお出版, 東京.

日本語記述文法研究会(編)(2007)『現代日本語文法 3 第 5 部 アスペクト 第 6 部 テンス 第 7 部 肯否』くろしお出版, 東京.

日本語記述文法研究会(編)(2008)『現代日本語文法 6 第 11 部 複文』くろしお出版, 東京.

西岡宣明 (2007)『英語否定文の統語論研究』くろしお出版, 東京.

新藤一男 (1983)「「あまり」の文法」『山形大学紀要 (人文科学)』10(2), 101-113.

須賀一好 (1992)「副詞「あまり」の意味する程度副詞」『山形大学紀要 (人文科学)』12(3), 35-45.

山田孝雄 (1936)『日本文法学概論』宝文館出版, 東京.

調査資料

国立国語研究所『現代日本語書き言葉均衡コーパス』http://pj.ninjal.ac.jp / corpus_center/ bccwj/

第 14 章

上代日本語の否定極性表現

—副助詞ダニの意味再考—*

(Negative polarity expressions in Old Japanese:
A reconsideration of the semantics of *dani*)

衣畑智秀

福岡大学

1. はじめに

　否定極性表現は，否定のスコープ内で認可され，否定のスコープ外や肯定の平叙文では認可されない.（1a）と（1b）は否定の有無による否定極性表現 any の適格性の違いを，（1a）と（1c）はスコープ関係による適格性の違いを示している.

(1) a.　Bill did not see any student.
　　b. *Bill saw any student.
　　c. *There was any student who did not see Bill.

否定極性表現を認可できるのは，狭い意味での否定だけではない. Ladusaw (1980) は，Fauconnier (1975) の否定が含意を逆転させる (implication reversal) というアイデアを基に，否定極性表現を認可する環境では下方含意 (downward entailment) が起こっていると考えた. 例えば，(2a) のような集合関係を元に，肯定文では下位集合を上位集合に入れ替えることで (2b) のように含意が成り立つが，否定文では反対に，上位集合を下位集合に入れ替えることで (2c) のような含意が成り立つ（それぞれ逆の含意は成り立たない）.

(2) a.　$\{x\,|\,$女学生 $(x)\}\subseteq\{x\,|\,$学生 $(x)\}$
　　b.　ビルは女学生を見た $\vDash$ ビルは学生を見た（上方含意）

---

　* ワークショップでの発表（2019 年 3 月 30 日，名古屋学院大学）および草稿に対し，多くの質問・コメントを頂きました. 特に本書の編者である澤田治氏，岸本秀樹氏，今仁生美氏に加え，渡辺明氏からは，改稿に際し有益な助言を得ました. 記して感謝申し上げます.

  c.　ビルは学生を見なかった ⊨ ビルは女学生を見なかった（下方含意）

よって，否定は集合間の包含関係（{x|文学部の女学生 (x)} ⊆ {x|女学生 (x)} ⊆ {x|学生 (x)}）に基づく含意関係（特にこれを「上方含意（upward entailment）」と言う）を逆転させていることが分かる．

 このように，否定極性表現の生起環境を下方含意へ広げることで，Ladusaw (1980) は否定極性表現が全称量化詞の制限節（修飾節）に現れることも説明している．

 (3)　Every student [who read any book] passed the exam.

全称量化詞の制限節内では，やはり下方含意が成り立つ．

 (4) a.　{x|長編小説 (x)} ⊆ {x|小説 (x)} ⊆ {x|本 (x)}
   b.　（何か）本を読んだ学生は全員合格した
    ⊨（何か）小説を読んだ学生は全員合格した
    ⊨（何か）長編小説を読んだ学生は全員合格した

否定極性表現 any は，以上のように下方含意という含意関係が逆転する文脈に現れるが，[1] 否定極性表現の中には，それ自体が一種のスケールを導入する表現もある．その一つとしてヒンディー語の例を見てみよう．Lahiri (1998) によると，ヒンディー語の否定極性表現は，少量を表す語とスケールを導入する bhii（日本語の「さえ」，英語の even など）からなり，下方含意文脈にしか生起しない．

 (5) a. *koii bhii ayaa
    anyone　came
    'Anyone came.'
   b. koii bhii nahiiN aayaa
    anyone　not　came
    'No one came.'　(p. 60)

ここで koii は最少を意味する one という意味を持つと考えると（つまり koii bhii で 'even one'），bhii の意味から，肯定文では (6a) のように数の性質と

---

[1]　この点への反論および代替案については，Giannakidou (2002), Barker (2018) 等を参照．

矛盾するスケールを持つことになる．(6a) は「1 人来る」よりも「2 人来る」が，「2 人来る」よりも「3 人来る」が起こりやすいという意味になり，「3 人来る ⊨ 2 人来る ⊨ 1 人来る」という含意関係と矛盾する．

(6) a.　1 人来る $<_{\text{likely}}$ 2 人来る $<_{\text{likely}}$ 3 人来る
　　 b.　1 人（も）来ない $<_{\text{likely}}$ 2 人（も）来ない $<_{\text{likely}}$ 3 人（も）来ない

他方，否定のスコープ内に koii bhii が現れた場合，bhii の示すスケール (6b) は含意関係「（来る人が）1 人より少ない ⊨ 2 人より少ない ⊨ 3 人より少ない」と矛盾しないため，結果，koii bhii は下方含意文脈にのみ現れることが説明される．

上代日本語の副助詞ダニも，その解釈にスケールを導入する表現である．しかも，肯定の平叙文では現れず，否定極性を持つと言える．例えば，(7a) のような否定文に見られるスケールは，(bhii と同じく) $<_{\text{likely}}$ という述語によって (7b) のように表すことができる．

(7) a.　夢にだに（夢尓谷）見ざりし（不見在之）ものを〔夢にさえ会えなかったのに〕おほほしく宮出もするか　　　　　　　　　　（万葉 175）
　　 b.　恋人に夢で逢えない $<_{\text{likely}}$ 恋人に現実で逢えない

しかし，(7b) のようなスケールを導入することは，必ずしもその表現が否定極性を持つことを意味しない．bhii が否定極性を持つことは，bhii の持つスケールと one のような最小の量を表す語の意味から来ていることに注意されたい．よって，bhii が通常の名詞を取る場合は，（日本語の「さえ」と同じく）否定極性は持たない．

(8)　raam bhii aayaa
　　　Ram emph came
　　　'Even Ram came.'（raam が焦点の場合）(p. 59)

では，ダニのどのような性質が，その否定極性をもたらしているのだろうか．また，副助詞ダニが用いられると，それが現れる節は「意志」「命令」「願望」「疑問」「否定」「条件節」となることが指摘されてきた（加納 (1938)）．このうち，下方含意文脈と見なされるものは，一般に「否定」と「条件節（条件文の前件）」であり，「意志」「命令」「願望」等は下方含意文脈と見なされない．これらの環境に生起することをどのように説明したらよいだろうか．この点についても「含意を逆転させる」というアイデアを基に説明を試みたい．

　以下，本論は以下のように構成される．まず 2 節では，上代日本語のダニの例を詳細に検討し，本稿で扱う用例の範囲を定める．次に 3 節では，ダニの生起環境についてどのような説明が可能かを考える．4 節では，生起環境を説明できるようなダニの意味論を提示し，5 節を結びとする．

2.　ダニの用例概観

2.1.　先行研究の意味分析

　上代語の副助詞ダニに述語の偏りがあることを発見したのは加納（1938）だが，加納（1938）は，ダニが「意志」「命令」「願望」などに係る場合と，「否定」に係る場合を分けて記述している．此島（1966）では，「意志」「命令」「願望」などに係るダニの意味を「他を拒否して「せめて … だけでも」と最小限をとりあげる意」（p. 271）とし，そこから（7a）の「否定」の例も「せめて夢でだけでも逢いたいのに逢えず」という意味だとしているが，現代語訳を用いた用例の解釈として述べている点に問題がある．[2]

　これに対し衣畑（2005）では，「意志」「命令」「願望」に係る場合と「否定」に係る場合を統一的に説明するために，ダニの意味を「実現可能性の高い要素を取り立てる」ものであると考えた．[3] 例えば，次の「意志」に続く例では，「逢える」可能性の低い「現実」で逢えないため，「逢える」可能性の高い「夢」で逢えることを望んでいる．

>　(9)　夢に<u>だに</u>（夢尓谷）見えむ（将所見）と〔夢でだけでも逢いたいと〕我はほ
>　　　どけども　　　　　　　　　　　　　　　　　　　　　　　（万葉 772）

また，否定の例（7a）（（10）として再掲）は，ダニのスコープ内に否定を含めると（7b）のように実現可能性が低い命題を取るが（現代日本語のサエも同様），否定を除くと，「夢」は「逢う」可能性が高いと言える．

>　(10)　夢に<u>だに</u>見ざりしものを　　　　　　　　　　　　　　（万葉 175）

よって，否定の例は（11a）のように否定がダニの句よりも広いスコープを取

---

　[2] 否定の例の説明が現代語訳を利用したものであるために，なぜダニの現れる文が否定文になって，肯定文にならないかは説明できない．例えば，「せめて夢でだけでも逢いたくないのに逢ってしまう」のような状況は可能であり，だとすると，「夢にだに逢ふ」（夢でさえ逢う）という例があっても良いはずである．

　[3] 同様の見方は鈴木（2005），向井（2012）にも見られる．

り，ダニは (11b) のようなスケールを持つ（「夢で逢う」方が実現可能性が高い）と考えられる.

(11) a.　[[夢にだに見] ざりし]

　　 b.　現実で逢う $<_{likely}$ 夢で逢う

　ここでは，この「実現可能性の高い要素を取り立てる」という意味を作業仮説とし，本稿の分析対象とする／しない例について，それぞれ 2.2, 2.3 節で概観していく.

2.2.　共時的な分析対象

　本稿で分析の対象とする例は，記紀歌謡の 6 例，万葉集の 85 例，合わせて 91 例である. これをダニが現れる節の述語の形態的特徴（ただし「疑問」「その他」は統語的な特徴）によって分類すると，表 1 のようになる.

表 1：述語の種類分け

否定	意志	命令	希望	仮想	条件	禁止	疑問	その他	合計
32	14	17	3	2	9	1	8	5	91

以下表の順に見ていき，「否定」以外については，事態の実現を望む意味が読み取れることを見る. この意味特徴を，特定の形態と区別して [+願望] と表現する.

　「否定」の例はすでに (7a) に挙げたが，他に (12) のようなものがある. 形態的には接辞ズが付くものが多いが，接辞カテニ（「難し」に由来）(12d) や補助動詞カヌ (12e) が使われることもある.[4]

(12) a.　ひたさ麻を裳には織り着て　髪だにも（髪谷母）掻きは梳らず　沓をだに（履乎谷）はかず〔髪さえ梳かず靴さえ履かず〕行けども

　　　　　　　　　　　　　　　　　　　　　　　　　　　　　　（万 1807）

　　 b.　見まつりていまだ時だに（未時太尓）変はらねば〔一時すら経ってないのに〕年月のごと思ほゆる君　　　　　　　　　（万 579）

---

[4] 形態的な「否定」は文タイプとしての「疑問」と共存し，時に「否定」に分類すべきか「疑問」に分類すべきか難しいものもあるが，本稿では，文構造として否定の外側に疑問があると考え，否定を優先させて分類した. 例えば 2595 番歌「夢にだになにかも見えぬ（夢でさえどうして逢えないの？）」という例ならば，[なにかも [夢だに見えぬ]？]（「なにかも～？」が疑問）のように考え，ダニを認可しているのは否定であると想定した.

　　c.　若草の妻もあるらむ　家問へど家道も言はず　名を問へど名<u>だに</u>
　　　　も告らず（名谷裳不告）〔名前さえ名告らず〕　　　　　　　（万 3339）

　　d.　荒たへの布衣を<u>だに</u>（布衣遠陁尓）着せかてに〔粗末な服さえ着せられ
　　　　ず〕　かくや嘆かむせむすべをなみ　　　　　　　　　　　（万 901）

　　e.　逢はなくは然もありなむ　玉梓の使ひを<u>だにも</u>（使乎谷毛）待ちや
　　　　かねてむ〔使者さえ待つことができない〕　　　　　　　　（万 3103）

「否定」は（7a）のように「夢でも逢いたい」という [+願望] が読み取れるもの
もあるが，ここに挙げたように，[+願望] の意味が見られないものもある．例
えば（12b）を「一時でも変わってほしい」と解釈するのは不自然である．一
方，これらは実現可能性の高い「髪を梳る」「一時が経つ」などを否定するこ
とで，「綺麗な服を着る」「長い年月が経つ」などの可能性の低い要素も成り立
たないことを推論させている．

　　[+願望] が明瞭に見られるのは，次に並べた「意志」「命令」「希望」「仮想」
「条件」である．表 1 で「希望」としたものは，動詞の未然形に接辞ナ・ナモ
が付くもので，他者について望む（13a）のような例も，話し手自らについて
望む（13b）のような例もある．

　　(13)　a.　三輪山を然も隠すか　雲<u>だにも</u>（雲谷裳）心あらなも〔雲だけでも心
　　　　　　があってほしい〕隠さふべしや　　　　　　　　　　　（万 18）
　　　　b.　我が待ちし秋萩咲きぬ　今<u>だにも</u>（今谷毛）にほひに行かな〔今だ
　　　　　　けでも恋の色に染まりたい〕彼方人に　　　　　　　　（万 2014）

「希望」の特徴は，雲に配慮を求める（13a）に顕著だが，望んだ状態が簡単に
実現しないことにあると言える．この歌は，遠ざかる三輪山を他の山が隠すの
は仕方ないが，せめて雲が隠すのはやめてほしい（心あってほしい）という意
味である．つまり配慮をしてくれる（心ある）可能性が高い雲を取り立ててい
る．この簡単に実現できないという意味的特徴は，「仮想」にも顕著に表れる．

　　(14)　関なくは帰りに<u>だにも</u>（還尓谷藻）うち行きて　妹が手枕まきて寝ま
　　　　しを〔帰りにでも寄って妻と寝たい〕　　　　　　　　　　（万 1036）

「仮想」は（14）のように動詞の未然形に接辞マシ（いわゆる「反実仮想」と言
われる）の付いた例で，実現不可能な状態を願うものである．この場合，「帰
り」ですら逢うことができないので，「ずっと」逢うことはもちろんできない
ことが推論される．

　これらに対し，「意志」（動詞未然形＋ム）や「命令」（命令形）は一般には実現できる行為について使われるが，ダニの用いられる例に関しては，やはり，どちらも実現が困難な例に用いられている．まず，「意志」は多くは「逢う」という意味のミルに付いて用いられるが（非意志的なミエルに付いた (9) のような例もある），(15a) も (15b) も実現可能性の高い場合ですら（ゆっくりと）逢えないという状況を詠んだものである（対比される実現可能性の低い状況は，それぞれ「現実で」「ずっと」であろう）．すぐに行為に移せる意志を表したものではなく，不可能な状況でも話者がそのように望んでいることを表している．

(15)　a.　秋されば　恋しみ妹を夢にだに（伊米尓太尓）久しく見むを〔夢でだけでも長く逢いたいのに〕　明けにけるかも　　　　　　　　　（万 3714）
　　　b.　心なき雨にもあるか　人目守る乏しき妹に今日だに逢はむを（今日谷相乎）〔今日だけでも逢いたいのに〕　　　　　　　　　　　（万 3122）
　　　c.　天の川い向かひ立ちて　恋しらに言だに告げむ（事谷将告）〔言葉だけでも掛けたい〕　妻問ふまでは　　　　　　　　　　　　（万 2011）

　また (15c) は意志的な動詞ツグに付いた例だが，これも実際は（織姫が彦星に「逢う」ことはもちろん）言葉をかけられない状況で詠まれていると言える．
　「命令」についても，17 例中 8 例に (16a) のように非意志的な動詞が使われ，(16b) のように動物への命令も見られるなど，典型的な聞き手への命令（聞き手が簡単に実現できるような行為の指示）と取れる例はほとんどない．むしろ，「夢に現れてほしい」「時鳥に来てほしい」という（「現実で逢う」や「君が来る」よりは可能性が高いが，実際には）不可能な [+願望] を表していると言える．(16c) は聞き手（山田作る児）への指示と取れそうだが，実際は成人していない（＝秀でず）娘を（他の男が近づかないように）守ってほしい（＝縄だけでも張ってほしい）という，娘の親に対する希求を詠んでいる例である．典型的な命令と取れそうなのは (16d) くらいだが，実際には「今夜だけでも一緒に寝よう」というこの要求は，次の返歌（3120 番歌）で断られている．

(16)　a.　現には逢ふよしもなし　夢にだに（夢谷）間なく見え〔夢でだけでもずっと逢いたい〕君　恋に死ぬべし　　　　　　　　　　（万 2544）
　　　b.　言繁み君は来まさず　ほととぎす汝だに来鳴け（汝太尓来鳴）〔時鳥お前だけでも来て鳴いてくれ〕朝戸開かむ　　　　　　　（万 1499）

c. あしひきの山田作る児秀でずとも　縄<u>だに</u>延へよ（縄谷延与）〔縄だ
けでも張ってほしい〕守ると知るがね　　　　　　　　　（万 2219）

d. 明日よりは恋ひつつも行かむ　今夜<u>だに</u>（今夕弾）早く宵より紐解
け〔今夜だけでも早く紐を解いてくれ〕我妹　　　　　　（万 3119）
今更に寝めや我が背子　新た夜の全夜も落ちず夢に見えこそ
（万 3120）

以上のように「意志」「命令」は，簡単に実行できる行為を表す例はなく，実現困難な状況への [+願望] を表していると言える．この点は，3.1 節での [+願望] の分析で利用することになる．

「条件」は動詞の未然形に接辞バが付いたものである．条件節は，後で見るように下方含意文脈の一つだが，ダニの用いられた例では，すべて（17）のように望ましい事態を仮定している．

(17) a. 朝霞鹿火屋が下に鳴くかはづ　声<u>だに</u>聞かば（声谷聞者）〔声だけで
も聞けたら〕我恋ひめやも　　　　　　　　　　　　　（万 2265）

b. 雲<u>だに</u>も（雲谷）著くし立たば〔雲だけでもはっきり立ったら〕　心遣り
見つつも居らむ直に逢ふまでに　　　　　　　　　　　（万 2452）

どちらも「恋人と逢う」よりも実現可能性の高いものとして「声を聞く」「雲が立つ」が取り立てられている．

「禁止」の例は次の 1 例だけ見られる．「禁止」は意味的に否定を含むが，その解釈は「否定」とは異なる．「否定」は，述語から「否定」を除いた事態の実現可能性が高いことを表す（「夢にだに見ざりし」ならば「夢で逢う」可能性が高い）が，（18）の禁止では否定の意味を含めて実現可能性が高い解釈になる．

(18)　今<u>だに</u>も（今谷毛）目な乏しめそ〔今だけでも寂しくさせるな〕　相見ずて
恋ひむ年月久しけまくに　　　　　　　　　　　　　　（万 2577）

(18) では，「目を乏しめない」ことが「ゆっくり逢う」という意味で使われており，「今」は（「ずっと」に比べて）ゆっくり逢える可能性の高いものとして取り立てられている．よって，この例の「目な乏しめそ」は「ゆっくり逢いたい」という [+願望] の意味で使われている．

以上は，[+願望] という意味特徴が，「意志」「命令」「希望」「仮想」「条件」「禁止」として形態的にも実現していると言うことができる．それに対し，次の「疑問」「その他」としたものは，[+願望] の意味が語用論的に解釈されるも

のである．(19a) の直訳は「どのようにすれば逢えるだろう」であり，「見む」は意志ではなく推量を表すに過ぎない．話し手が夢で逢いたいことは，そこから語用論的に解釈される．

(19) a. いかならむ名に負ふ神に手向せば　我が思ふ妹を夢にだに見む（夢谷見）〔どのようにすれば夢でだけでも逢えようか〕　　　　　（万 2418）

b. 恋しくは日長きものを　今だにも（今谷）ともしむべしや逢ふべき夜だに（可相夜谷）〔今だけでも寂しくさせてよいものか，逢える今夜だけでも〕　　　　　　　　　　　　　　　　　　　　　　　　　（万 2017）

(19b) は (18) に似た例だが，反語的な否定を含めた意味（不安にさせるべきでない）において実現可能性の高い要素（「今」「逢ふべき夜」）が取り立てられている．これもやはり語用論的に [+願望] が含まれる．[5]

最後に，「その他」に入れたものは，「羨ましい」という意味のトモシという述語の補節内に現れる例 (20a) と，行為の目的を表す節内に現れるもの (20b)，そして述語が省略されたもの (20c) である．

(20) a. 風をだに（風乎太尓）恋ふるはともし〔風だけでも恋しく思えるのは羨ましい〕　風をだに（風小谷）来むとし待たば何か嘆かむ　（万 489）

b. 彦星は嘆かす妻に言だにも（事谷毛）告げにぞ来つる〔言葉だけでも掛けようと来た〕　見れば苦しみ　　　　　　　　　　　　　　（万 2006）

c. 今はよ今はよああしやを　今だにも（伊莽儶而毛）吾子よ今だにも子よ　　　　　　　　　　　　　　　　　　　　　　　　　　　　（紀 10）

(20a) は，後の条件節に係る「風をだに」からも話し手の「風を恋しく思いたい」という [+願望] が読み取れる．[6] この「風を恋ふる」は恋人の方から吹いてくる風だけでも慕うという意味で，より実現が難しいのは「恋人に直接逢って

---

[5] なお，衣畑 (2005) では「疑問」のうち，[+願望] の意味が読み取れない歌として，次の例も上代の共時的な分析からは除外した（他に岡崎 (1996)，向井 (2012) もこの例を特異なものとしている）．

　(i)　朝ゐでに来鳴くかは鳥汝だにも（汝谷文）君に恋ふれや　時終へず鳴く（万 1823）
確かにこの例から [+願望] を読み取るのはそれほど自然ではないかもしれないが，語用論的にも全く読めないわけではなく，「お前だけでも恋してくれるのか（恋してほしい）」のようにも解釈できるので，ここでは共時的な分析の対象に含めておくことにする．

[6] (20a) の 2 つ目の「風をだに」は「来む」に係るとも「待たば」に係るとも考えられる．しかし，歌の一貫性から考えるならば，「風を恋ふる」ことが羨ましいわけであるから，「待たば」に係ると見るべきだろう．よって表 1 では「条件」に分類した．

慕う」ことである．(20b) も彦星が織姫に（本当は直接逢いたいが）言葉だけ
でもかけたいということが分かる歌である．(20c) は述語が省略されている
が，「今だけでも喜びたい」という文脈での歌である．

　以上，表 1 の用例を順に見たが，「否定」以外には [+願望] の意味が読み取
れ，その多くは形態的にも実現している（「意志」「命令」「希望」「仮想」「条
件」「禁止」）が，一部は語用論的に読み取れる（「疑問」「その他」）ことが分か
る．

2.3.　分析対象からの除外例

『万葉集』に見られるダニのうち，東歌の例（3383, 3454 番歌）と，「かくだ
にも」と詠まれる例（379, 380, 2548, 2820, 3383 番歌）を除外した（3383
番歌はどちらの基準にも当てはまる）．前者は方言差の観点から，後者は 2.2
節の例と意味が大きく異なるため，共時的な考察の対象とはしなかった．「か
くだにも」と詠まれるダニの特徴をよく示すのは次の例である．

(21)　　さかきの枝にしらか付け木綿取り付けて　斎瓮を斎ひ掘り据ゑ　竹玉
　　　　をしじに貫き垂れ　鹿じもの膝折り伏して　たわやめのおすひ取りか
　　　　け　かくだにも（如此谷裳）我は祈ひなむ〔こんなにも私は祈りましょう〕
　　　　君に逢はじかも　　　　　　　　　　　　　　　　　　　　　（万 379）

この例では，「かくだにも」は「我は祈ひなむ（私は祈りましょう）」に係るが，
その話者の行う行為の甚だしさを「かく」が前の文脈を受けて示していると言
うことができる．意志に係るという点では 2.2 節の類型を出ないが，行為の甚
だしさは，実現可能性が高いとは言えず，むしろ実現可能性が低い事態である
点で例外的である．[7]

---

　[7] 例外とした「かくだにも」の例については，それを古いものと見る立場と新しいものと見
る立場がある．小柳（2015）はこの「だに」を接尾辞ダとニの連続と見なし，副助詞ダニ成立
以前のものとするのに対し，向井（2012）は実現可能性が低いという意味的な観点から平安時
代に繋がる新しい意味と見ている．前者では上代の例との関連をどうつけるか，後者では平安
時代の例と同じ意味と見なせるかがそれぞれ問題になるが，本稿の範囲を越えるので，ここで
は扱わない．

3. 下方含意

3.1. 否定・条件節・[+願望]

2.2 節で見た，ダニの現れる環境に共通しているのは，含意関係が逆転するという点である．まず否定は，1 節でも見たように，下方含意文脈である．上位集合である「車」と下位集合である「シビック」を例に，その点を確認すると，集合の包含関係に基づく上方含意が否定文脈では (22b) のように成り立たないのに対し，下方含意は (22c) のように成り立つことが分かる．

(22) a. シビックを買った ⊨ 車を買った（上方含意）

　　 b. シビックを買わなかった ⊭ 車を買わなかった（上方含意）

　　 c. 車を買わなかった ⊨ シビックを買わなかった（下方含意）

また，条件文でも同じく上方含意は成り立たず，代わって下方含意が成り立つ．[8]

(23) a. ベンツを買ったら貯金がなくなる ⊭ 車を買ったら貯金がなくなる（上方含意）

　　 b. 車を買ったら貯金がなくなる ⊨ ベンツを買ったら貯金がなくなる（下方含意）

これらに対し，[+願望] は一般的に下方含意文脈とは見なされない．例えば Kadmon and Landman (1993) は，態度動詞 sorry と glad を対比させて，前者は下方含意を起こすが後者は起こさないとしている（glad は [+願望] に叙実性が加わったものと見る）．彼らの例を日本語で考えてみよう．

(24) a. 太郎が車を買ったのは残念だ．

　　 b. 太郎がシビックを買ったのは残念だ．

(25) a. 太郎が車を買ったのは嬉しい．

　　 b. 太郎がシビックを買ったのは嬉しい．

---

[8] ただし条件文の場合，前提とするコンテクストが一定であるという条件が必要である．例えば，次のような下方含意は成り立たないが，これは，含意の前と後の文では前提（宝くじは当たらない）が変わっている（いわゆる単調性を持たない）ためである．しかし，単調性を保証すれば，条件文においても下方含意は成り立つとされる（von Fintel (1999)）．

(i) 車を買ったら貯金がなくなる ⊭ 車を買ってかつ宝くじが当たったら貯金がなくなる（下方含意）

　まず，(24a) と (24b) を比べてみる．もし，車を買ったことを残念に思う
なら，当然シビックを買ったことも残念だろう．しかし，シビックを買ったこ
とが残念でも，(他の車種を買うことを期待しているなど) 車を買うこと自体
が残念とは言えないだろう．よって，(24) では上方含意は成り立たず，下方
含意が成り立つと言える．
　一方，(25) ではどうだろうか．やはり，こちらでも車を買ったことが嬉し
いなら，シビックを買ったことも嬉しいように思える．逆に，(例えばホンダ
のディーラーにとって) シビックを買ったことが嬉しくても，他の車を買った
ことが嬉しいとは限らず，よって，車を買ったことが嬉しいとは推論できない
だろう．だとすると，やはり，「嬉しい」でも下方含意が成り立つのではない
か (cf. Linebarger (1987: 5.1.1))．
　しかし，Kadmon and Landman (1993) は以上のような観察については認
めておきながら，sorry は下方含意文脈だが，glad は下方含意文脈ではないと
する．彼らが sorry と glad を対比している箇所を引用する．

> (If I'm glad he bought a car,) I am not necessarily forced to be glad
> that he bought the Honda, because buying Honda is not by any means
> required for satisfying my **wish**. My **wish** could be satisfied in an-
> other way, for example, by buying Toyota (...) (If I'm sorry he
> bought a car,) I must be sorry about it [buying Honda], qua car. That
> is because refraining from buying a Honda is an absolute requirement
> for satisfying my **wish**. I cannot prefer for my **wish** to be satisfied in
> 'another way'. (p. 383, 太字部分引用者)

sorry や glad は補文の内容が事実となる叙実述語だが，この引用からこれら
の態度動詞の解釈に，その背景にある 'wish' (引用内太字) が関わっているこ
とが分かる．彼らによると，glad の場合はホンダではなく何か一台の車 (ト
ヨタ) を買えばよいという 'wish' があるのに対し，sorry の場合にはホンダで
あれトヨタであれすべて買ってほしくないという 'wish' (よってホンダを買
わないことは 'wish' を満たす必要条件) がある．よって，それぞれの 'wish'
には量化の違いがあり，それは概略以下のように表せよう ((26a) が sorry つ
まり (24a) の，(26b) が glad つまり (25a) の 'wish' であり，spkr は話し手，
t は太郎を意味する)．

　(26) a.　$\text{wish}(\text{spkr}, \forall x[\text{car}(x) \rightarrow \neg \text{buy}(t, x)])$　　　　　　(24a) の [+願望]

b.　wish(spkr, $\exists$x[car(x) $\wedge$ buy(t, x)])　　　　　　(25a) の [+願望]

つまり (24a) は「車であればすべて買ってほしくない」, (25a) は「車を何か一つ買ってほしい」といったように, [+願望] に含まれる量化が異なっている. よって前者は「車」の下位集合である「シビック」についても「すべて買ってほしくない」が含意され, シビックを買った場合には (24b) が帰結する.[9] 他方, 後者は「車を 1 つ買ってほしい」から「シビックを 1 つ買ってほしい」は含意されず, シビックを買っても (25b) が帰結しない.

　一見成り立ちそうに見えるこの議論は, しかし, sorry や glad の背景にある 'wish' の意味が定義されていることが前提となる. 'wish' の意味やその用いられる条件次第では, 下方含意を起こすような解釈も可能ではないか.

　glad のような叙実述語への拡張は今後の課題にし, ここでは, 叙実性のない上代語のダニに見られる [+願望] を, 下方含意を導出するように定義することも可能であることを示す. その際のポイントは, 2.2 節のデータで見た通り, ダニの文に現れる [+願望] は簡単に実現できないということである. (27) に提案する [+願望] の意味論は, von Fintel (1999) で議論されている glad の意味論 (原論文の (52)) を基にしているが, glad は叙実述語であるため, 話し手の信念において命題 p が成り立つと定義されている (DOX(spkr, w) $\subseteq$ p).[10] それに対し, ダニの [+願望] は 2.2 節で見たように実現困難なものを望むため, ここでは, 話し手の信念において命題 p が成り立っていないものとする ((27) の i)). もう一点, von Fintel (1999) と異なるのは最終行で p が実現した世界の集合 (f_i (spkr, w) $\cap$ p) のほうが, 話し手の信念の世界 (の集合) (つまり DOX (spkr, w)) よりも好ましい ($<_{g_i}$ (spkr,w) の左辺が右辺よりもすべての世界において好ましい) ことを表している点である. よって話し手の信念は ¬p なので, ¬p である世界よりも p である世界を話し手が望んでいるという意味になる. つまり, 「夢で逢いたい」ならば, 夢で逢わない世界

---

[9] (24b) でシビックを買ったことは, この文の (事実) 前提から導出される. つまり, (24a) から (24b) への下方含意は, (i) のような推論で, (b) から (c) を演繹しようとすると, (c) の前提である (a) が必要になる. このような推論関係を von Fintel (1999) では「ストローソン含意」と呼んでいる.

(i)　太郎はシビックを買った　　　　　(a)
　　　太郎が車を買ったのは残念だ　　　(b)
　　∴太郎がシビックを買ったのは残念だ　(c)

[10] DOX は doxastic の略で個体と (現実) 世界から個体 (話し手) が真だと信じている命題が成り立つ世界の集合 (＝話し手の信念) への関数を表す.

（¬p）よりも夢で逢う世界（p）のほうが好ましいという意味になる．[11]

(27)　$[\![+願望]\!]^{f,g}$ (p) (spkr) (w) is defined only if

  i)　DOX (spkr, w) $\subseteq$ ¬p

  ii)　DOX (spkr, w) $\subseteq f_i$ (spkr, w)

  iii)　f_i(spkr, w) $\cap$ p $\neq \varnothing$

  iv)　f_i(spkr, w) $-$ p $\neq \varnothing$

 If defined, $[\![+願望]\!]^{f,g}$ (p) (spkr) (w) = True iff

 f_i(spkr, w) $\cap$ p $<_{g_i \text{ (spkr,w)}}$ DOX (spkr, w)

話し手の信念の世界（¬p が成り立つ）と好ましい世界（p が成り立つ）は共通集合を持たないので，命題 p が成り立つ世界の集合の下位集合を考えれば（例えば q: q$\subseteq$p），それは ¬p である話し手の信念の世界よりも好ましい世界ということになり（f_i(spkr, w) $\cap$ q $<_{g_i \text{ (spkr,w)}}$ DOX(spkr, w)），よって，下方含意（p が好ましいならその下位集合である q も好ましい）が成り立つ．[12]

　以上を具体例（20a）によって例示してみよう（（28）として再掲）．

(28)　風をだに恋ふるはともし　　　　　　　　　　　　　　（万 489）

「ともし」は羨ましいという意味で，「風を恋いたい」という [+願望] が読み取れる．「風を恋ふ」とは，恋の相手が住む方から流れてくる風を慕うという意味であるが，実際作者はそれすら慕うことができない，という歌である．つま

---

[11]　(27) についての補足．f は様相基盤（modal base），g は順序源（ordering source）への（指標 *i* からの）関数であり，これを基に様相表現（モダリティ）が解釈される（Kratzer (1981)）．様相基盤は個体（ここでは話し手 spkr）と世界（w）を取って，世界の集合を与える関数，順序源は個体（同上）と世界を取って，命題の集合を与える関数である．後者によって得られる命題の集合に基づいて，前者によって得られる世界の集合の中からより好ましい世界とそうでない世界の順序が以下のように与えられる．

 (i)　w$'<_{g_i \text{ (spkr,w)}}$ w$''$ iff {p$|$w$'' \in$ p$\wedge$p$\in g_i$(spkr, w)} $\subset$ {p$|$w$'\in$p$\wedge$p$\in g_i$(spkr, w)}

　なお，(27) では順序源（$<_{g_i \text{ (spkr,w)}}$）は，p である世界と p でない世界を比べるために用いられていることに注意されたい．(27) の ii) は話し手の信念が様相基盤の部分集合であること，iii) iv) は様相基盤には p が成り立つ世界も成り立たない世界もある（どちらも空集合$\varnothing$ではない）ということを意味する．i)-iv) の条件が満たされた場合，最終行のような解釈が与えられる．なお，世界の集合の間の順序関係については上の (i) に基づいて，以下のように定義される．

 (ii)　W$'<_{g_i \text{ (spkr,w)}}$ W$''$ iff $\forall$w$' \in$W$'$, w$''\in$W$''$. w$'<_{g_i \text{ (spkr,w)}}$ w$''$

[12]　この考え方は，話し手の信念と好ましい世界の共通集合が小さければ小さいほど，下方含意が成り立ちやすくなるという，確率的な下方含意の概念へと拡張することが可能であり，その方が実際の例を分析する際に有効であると思われるが，本稿ではその議論をする準備がない．

り話し手（の信念）は ¬p の世界にいる．しかし，「ともし（羨ましい）」はその世界よりも「（話し手が）風を慕う」（p）ことができる世界の方が良い（f_i(spkr, w) $\cap$ p$<_{g_i \text{(spkr,w)}}$ DOX (spkr, w)）ことを意味している．「（話し手が）風を慕う」よりも実現が難しい命題 q を考えてみよう．例えば「（話し手が）直接恋の相手に逢って慕う」という命題 q は，p よりも狭い世界で実現すると考えると（$\{w|q(w)\} \subset \{w|p(w)\}$），$f_i$(spkr, w) $\cap$ q$<_{g_i \text{(spkr,w)}}$ DOX(spkr, w) が成り立ち，話し手は (28) によって「恋の相手に直接逢って慕う」ことを（実現はしないが）望んでいることが推意される．[13]

3.2.　他の下方含意文脈

　下方含意を起こすのは，3.1 節で見た，否定・条件節・願望だけではない．例えば英語の any が現れる節を見ても，全称量化詞の制限節，時間的後続節，比較の対象，否定的態度述語の補節などがある．これらにダニが現れないことは，ダニの意味から説明できる可能性もあるが，上代語の資料的な問題もあると思われる．

　例えば，上代語の全称量化には，「疑問詞＋も」（「何も」「誰も」など）は少なく，ミナ（皆）の方が多く見られるが，どちらにしろ，これらが制限節を取る例（例えば (4b) のような）は管見の限り知らない．全称量化詞が節を取らなければ，当然ダニの例も現れないことになる．また，時間的後続節も『万葉集』には「先」の例が 2 例しかない．この「先」には (29) のように否定接辞が先行するため，ダニが現れてもよいはずだが，例の少なさからか，そのような例は見えない．

　　(29)　我妹子に恋せぬ先に（不恋前）死なましものを　　　　　　　　（万 2377）

比較を表すヨ，ヨリ，ユが節を取る例は『万葉集』に 10 例見られるが，ダニ

---

[13] ここでは「話し手が恋人と逢って慕う」状況（世界の集合）が，「話し手が風を慕う」状況（世界の集合）の下位集合にあると考えて，下方含意が成り立つことを示した．それは，前者が後者よりも実現可能性が低いため，実現できる状況がより限られていると考えたからである．しかし，実際に前者が後者の下位集合と言えるのかには問題がある．また「現実で逢える」と「夢で逢える」も前者の方が実現困難であるために {w| 現実で逢える (w)} $\subset$ {w| 夢で逢える (w)} のように考えておくが，実際に前者が後者の下位集合と言えるかは疑問が残る（現実で逢った日に夢で逢っていないこともあろう）．ここで示した考えを実際にダニの用例に適用するためには，実現可能性の関係を集合関係へと移し替えるような写像が必要になるが，それをどのように定義するかは今後の課題とし，ひとまずそのような写像関係があるものとして議論を進めていく．

が使われる例はない.

　(30)　春見ましゆは（見麻之従者）夏草の繁きはあれど今日の楽しさ

（万 1753）

(30) では比較のユが取る節に仮想のマシが現れているが，ユの取る節は望ましい事態ではないため，ダニの意味とは整合しない可能性もある.

　節を取る否定的態度述語の例はクヤシ（悔），ヲシ（惜）など相当数があり，これらは否定的な意味を持つため，ダニも現れてよいはずだが，そのような例は見られない.

　以上が資料の制約によるのかダニの意味によるのかは，本稿では結論を保留しておく.

4.　ダニの意味論

4.1.　本稿の提案

　3 節では，ダニの使われる文脈に，下方含意が見られることを議論した. では，ダニのどのような意味が，この文脈を要求しているのだろうか. 本稿では衣畑（2005）に従い，ダニの意味を「実現可能性の高い要素（以下では命題とする）を取り立てる」ものと考え，この意味が，下方含意文脈とどのように関係するかを明示的に示したい.

　まず，ダニの意味論を提示するために，(12c)（次に（31）として再掲）を例に取る.[14]

　(31)　伏したる君は母父が愛子にもあらむ　若草の妻もあるらむ　家問へど
　　　　家道も言はず　名を問へど名<u>だに</u>も告らず　　　　（万 3339）

(31) には文脈から凡そ次のような（部分順序関係の）スケールを読み取ることができる.

　(32)　妻の名を告げる , 家を告げる $<_{likely}$ 自分の名を告げる

このような実現可能性のスケールがあるとき，ダニの使用は可能になる. ま

---

[14]　(12c) を例に取るのはダニが動詞の項に付き，比較的単純な意味論で説明できるためである.（7a)「夢にだに見ざりし」のように付加句（場所）に付く場合は，出来事意味論（event semantics）のような枠組みが必要で，説明がより複雑になる.

た，ダニはここでは命題を取るものとし，否定より狭いスコープを取る次のような構造（LF）を仮定する（モは随意とし意味計算には考慮しない）．

(33)　[[[君が名を告る] だに] ず]

まず，ダニを命題を取る位置に仮定するのは，例えば（12a）「髪だにも掻きは梳らず杏をだにはかず行けども」（万 1807）のように，「髪を梳る」「靴をはく」という動詞句全体を取り立てる例があるためである．[15] 次に，否定をダニの句よりも広いスコープにあると解釈するのは，もし（34）のように否定よりもダニの句が広いスコープを取るとすれば，ダニが否定極性を持つことが説明できないためである．

(34)　[[君が名を告らず] だに]　もしくは　[君が名をだに [告らず]]

(34) では動詞と否定が構成素を成し，ひとまとまりの述語句となるため，肯定の述語が現れても良い．実際，平安時代になると，このようなスコープの再解釈から肯定述語へ係るダニが現れた（衣畑（2005））．上代ではそのような例が見られないため，否定が広いスコープを取り，ダニの句を何らかの形で認可していると考えることで，否定極性が説明可能になる．

　　以上の仮定の上で，ダニの意味を次のように定義する．[16]

---

[15] 衣畑（2005）では例えば（31）に [名だに [君が告る]] ず] のような構造を考えていた．この場合，ダニは名詞句と述語の二項を取ることになり，説明が若干複雑になるので，ここでは命題のみを取るものとして説明する．二項を取る場合の意味論については，Karttunen and Peters（1979）の even の分析を参照．

[16] 英語の even に関して，それが否定と共起する場合に，even が広いスコープを取るという分析と，狭いスコープを取るという分析がある（澤田治氏のご教示による）．後者の分析によると，否定よりも狭いスコープを取る even は否定極性を持ち，意味的には実現可能性の高い要素に付くことになる．この意味は（35）のダニと同じものであり，それが否定極性になるのも共通するが，even の場合，肯定の平叙文でも使われるため，この分析では even を否定極性のものと肯定極性のものの多義的な語彙項目として捉える必要がある（Rooth（1985），Rullmann（1997），Erlewine（2018））．対してダニの場合，肯定の平叙文には使われず，多義に解釈する必要がないと考える．また，この分析では，英語の even の用法の中に否定より狭いスコープを取るものがあるという証拠は挙げられるが，否定と共起し否定よりも広いスコープを取る even がない，という証拠はない．さらに，日本語のサエ（現代語）やスラ（古代語）に否定極性を持つものがあるという証拠は見つかっていない．つまり否定極性の even は（それがあったとしても）英語の even の用法のごく一部であり，通常の even，サエ，スラは（35）と反対に実現可能性の低い要素を取るものと考えられる．

(35)　[[だに]](p) is defined only if

　　(i)　$A \neq \varnothing$

　　(ii)　$\forall q[q \in A \ \& \ q \neq p \rightarrow q <_{likely} p]$

　　　　但し，A は文脈から得られる p の代替集合

　If defined, [[だに]](p) = p.

(31) の文脈における代替集合 (alternative sets) は {君が妻の名を告げる，君が自分の家を告げる，君が自分の名を告げる} になる。[17] ダニの意味は，代替集合の要素よりもダニの取る命題の方が実現可能性が高いことを，前提として付け加えるものである。主張では何も付け加えない。つまり「(君が) 名だにも告る」の意味は (32) の前提の元で，「(君が) 名を告げる」という命題になる。この命題が否定のスコープに入ると，w（現実世界）において「君が名を告げる」という命題が偽であるという意味になる。

(36)　[[[名だにも告ら] ず]] = $\lambda p.\neg p(w)[\lambda w'$ **君が名を告げる** $(w')]$

　　　　　　　　　　　　　　= ¬**君が名を告げる** (w)

実現可能性の高い命題が偽であれば，それより実現可能性の低い命題も偽であると推論される。よって，(36) は次の推意 (implicature) を持つ。

(37)　推意：¬**君が妻の名を告げる** (w)，¬**君が家を告げる** (w)

他方，ダニが否定のスコープ内になく，肯定の平叙文で終わる場合は，代替集合についての推意を持たない。実現可能性の高い命題が真であっても，実現可能性の低い命題の真偽は推論されないからである。よって，ダニが否定のスコープ内に現れ，肯定の平叙文に現れないことは，次の適切性条件を立てることによって説明できる。

(38)　ダニ使用の適切性条件：代替集合 A の要素についての推意を導出し
　　　　なければならない

---

[17] 代替集合は通常焦点によって得られるとされる (Krifka (1995)，Lahiri (1998))。例えば，(31) では「君が [名]foc だにも告らず」の焦点位置を入れ替えることで，代替集合が作られていくとされる。しかし，代替集合は (32) のように文脈から容易に復元可能であり，あえて焦点に言及する必要はない。そもそも焦点による代替集合も文脈によって左右されるので，結局文脈を参照しなければならず，その意味で副助詞（あるいは副詞）の解釈に焦点を想定するのは余剰である。

この条件によって，ダニが [+願望] とともに現れることも説明できる．例えば，(28) の構造は以下のようになる．

(39)　[[[我が風を恋ふる] だに]　[+願望]]

文脈から実現可能性のスケールは以下のようになる．

(40)　話し手が恋人に逢って慕う $<_{likely}$ 話し手が風を慕う

ダニはこれを前提とし，ダニの句の主張は「話し手が風を慕う」という命題になる．[+願望] は (27) で定義されたように，この「話し手が風を慕う」ことができる世界を良いものとする．よって，それより実現可能性の低い「話し手が恋の相手に逢って慕う」ことができる世界も良い世界に入り，話し手がそれを望んでいる推意が得られる．

(41)　a.　$[[[風をだに恋ふる] はともし]]^{f,g}$
　　　　　$= f_i(spkr, w) \cap$ 我が風を恋ふ $<_{g_i (spkr,w)} DOX(spkr, w)$
　　　b.　推意：$f_i(spkr, w) \cap$ 我が妹を恋ふ $<_{g_i (spkr,w)} DOX(spkr, w)$

よって，(38) を満たし，ダニは願望のスコープの中に現れることが説明される．[18]

最後に (17a) の条件節の例について見る．(17a) を (42) のように解釈すると，後は (39) と同じ議論が成り立つ．[19]

(42)　[[[我が妻の声を聞く] だに]　[+願望]]

また条件節も下方含意文脈であるため (17a) は推意を持つことができる．条件文は Kratzer (1981) によると，様相基盤 (注 11) に条件文の前件命題 p を付け加えた上で，順序源によって選ばれた妥当な世界の集合において後件命題 q が成り立つことを意味する．これは簡略に次のように表せる (cf. von Fintel

---

[18] また，命題モダリティ (Palmer (2001)) の節に現れないこともこれが実現可能性とは別のスケールを導入しないことによって説明可能であると思われる．さらに許可を表す義務的モダリティも信念の世界が p でも ¬p でも良いので，(27) の [+願望] のような下方含意を起こさないことが予測される．これらのことは，ダニの現れる文が単に非事実性 (nonveridicality: Giannakidou 2002) を持つということでは説明できないことを意味している．
[19] 語用論的に [+願望] の解釈が読み取れる (20) にも同様の構造を考える．語用論的な解釈を LF に反映すべきかは議論の余地があるが，[+願望] 自体は推意を得るために使われるので [+願望] が特定の形態に反映していなくても，語用論的な解釈から同様の手順を経て推意を計算することができると考えるからである．

(1999: 137)).

(43)　　$[\![aba]\!]^{f,g}$ (p) (q) (w) = True iff

　　　　$\forall w' \in \max_{g_i (w)} (f_i(w) \cap [\![p]\!])$: $w' \in [\![q]\!]$

aba を条件を表す形態素とし，$\max_{g_i (w)}$ は順序源に基づいて妥当な世界の集合を取り出す関数とする．つまり，前件 p が成り立っている世界において後件 q も成り立っていることを意味しているので，p の下位集合の世界で成り立っている命題についても q が成り立つことになる．よって (17a) は (44b) のような推意を持つことになり (38) を満たす．

(44)　a.　$[\![[[[[声を聞く] だに] ば] 我恋ひめやも]]\!]^{f,g}$

　　　　　= $\forall w' \in \max_{g_i (w)} (f_i(w) \cap$ **我妻の声を聞く**): $w' \in$ **我恋焦がれない**

　　　b.　推意：$\forall w' \in \max_{g_i (w)} (f_i(w) \cap$ **我妻の姿を見る**): $w' \in$ **我恋焦がれない**

それでは，なぜダニの使用には適切性条件 (38) が課されるのだろうか．それは，ダニを使わない文との対比からが理解しやすい．もし (38) の適切性条件がなければ，ダニを持つ文は，何の推意も必要ないことになる．だとすると，ダニは肯定の平叙文にも現れることになるが，その場合，ダニの使われる文「君が名だに告る」と使われない文「君が名を告る」で，意味が全く変わらないことになる．これは Grice (1975) の量の原則に違反することになり，余計な表現（ダニ）がある以上，何らかの伝達的意味の違いがあることが要求される．それが (38) の適切性条件であると考えられる．[20]

4.2.　Kadmon and Landman (1993)

Kadmon and Landman (1993)（以下「K&L」）は，叙実述語 glad の補節における any の生起について，本稿のダニの意味論と非常に似た分析を行っている．そこで両者を比較し，その共通点と相違点を整理しておきたい．

まず，3.1 節で見たように，K&L は glad は下方含意を作る文脈ではないとしており，そこから any が glad の補節に生起できないことを観察している．

---

[20] (38) の制約が文法的なものか語用論的なものか（つまりどれだけダニの意味に規約化された制約か）については，判断を保留しておきたい．いずれの性質のものであっても，肯定の平叙文は文献に現れないという予測を生むので，その差を経験的に区別することは難しいからである．

(45) *I'm glad I said anything. (p. 380)

しかし, any が 'settle for less (最低限で我慢する)' という解釈を持つときには glad の中で生起できるとしている.

(46) I'm glad ANYBODY likes me! (p. 384)

(46) の any の使用は, 例えば, 本来「私を気に入ってほしい人」が私のことを気に入ってくれないために, より譲歩した形で「気に入ってほしい人」の範囲を広く取るような場合に可能になるという. 例えば, (47a) のような集合関係の基で, 本来の [+願望] を (47b), 範囲を広げた [+願望] を (47c) とすると, 音韻論者で気に入ってくれる人がいないために, 言語学者で我慢している, という解釈が (46) にある場合に, any の使用が可能になるという.

(47) a. $\{x \mid$ 音韻論者 $(x)\} \subseteq \{x \mid$ 言語学者 $(x)\}$
    b. 私のことを音韻論者に気に入ってほしい.
    c. 私のことを言語学者に気に入ってほしい.

以上のような any の使用は, ダニの意味・使用に極めて似ていると言うことができるだろう. K&L の分析と本稿の分析を比較すると, 次の表2のようにまとめることができると思われる.

表2：分析の比較

	K&L の any	本稿のダニ
意味	範囲を広く取る (domain widening)	実現可能性が高い要素を取り立てる
[+願望] の役割	狭い範囲を本当の [+願望] と同定	下方含意文脈を形成
使用の条件	主張の強化 (strengthening)	より望ましい状況についての推意を導出

まず,「意味」については, K&L は, any の意味を「音韻論者」から「言語学者」へ広げることとしているのに対し, 本稿ではダニの意味を「実現可能性が高い」という広い状況を取り立てることとしており, 語彙個別の意味の違いはあるが,「広い範囲を取る」という意味では, 極めて近い分析であると言える.

 次に, [+願望] の役割については, どちらの分析も, 次の使用条件の前提となっている. K&L では, any によって「気に入ってほしい人」の範囲を「言

語学者」に広げておきながら，本当の [+願望]（real wish）は狭い領域（気に入ってほしい人は「音韻論者」）であるという同定が行われるとする．本稿の分析では，これは [+願望] が下方含意文脈であることから導かれる（3.1 節）．つまり，下方含意文脈によって，実現可能性の低い事態についての望みが推意されるが，それでも表面的に実現可能性の高い事態を望んでいることで，それが譲歩した望みであることが推論される．よって，本稿の分析は，K&L の記述の原因を分析していると言えるだろう．その分析がうまく行けば，本稿の方がより本質的な問題の解決になるが，本稿の道具立て（27）では叙実述語である glad は扱えないので，K&L（1993）の記述を説明できているわけではない．

　　使用の条件の「主張が強化（strengthening）」されるとは，K&L（1993）の理論では，範囲を広げた（domain widening）命題が広げない命題を含意することを意味する．しかし，もし「言語学者が私を気に入ってくれて嬉しい（I'm glad a linguist likes me.）」が「音韻論者が私を気に入ってくれて嬉しい（I'm glad a phonologist likes me.）」を含意するなら，[+願望] に下方含意を起こすような仕組みが必要になるのではないか．ここで言う「強化」が any が否定のスコープに入る場合と同様に捉えられるのかは明らかでないが，次の K&L の説明を見ると，むしろ，ここでの any の使用条件は，より望ましい状況について推意を与えることにあるようにも見える．

> Now, if I am glad about the satisfaction of the 'wide wish', then GIVEN THAT I WOULD PREFER TO HAVE THE 'NARROW WISH' SATISFIED, if the 'narrow wish' were to be satisfied I would surely be glad about that, Hence, strengthening is guaranteed.　　(p. 388)

本稿と K&L では，分析する対象が異なるので，直接分析の優劣を比較することはできないが，それでも本稿のダニの分析に極めて近い分析が他の語彙項目にも適用できるならば，本稿の分析に一般性を与えることになろう．

5.　結論

　　本稿では，上代日本語の副助詞ダニの共時的な特徴を記述し，否定極性を持つメカニズムについて考察した．ダニは，「否定」や「条件節」などの下方含意文脈に生起するほかに，「意志」「命令」「希望」などの [+願望] を表す節にも現れる．それらを統一的に説明するために，本稿ではダニの意味を，それが取る命題が「実現可能性の高い」ことを前提に付け加えるものであるとした．そ

の上で否定のスコープ内に生起した場合にはより実現可能性の低い命題を，[+願望] の節に生起した場合にはより望ましい命題を，推意として持つことを示した．このような他の命題についての推意を持つことが，副助詞ダニには適切性条件として課されていることから，肯定の平叙文には生起しないことが説明できることを述べた．

　残された課題は少なくはない．例えば，本稿の [+願望] の分析は，命題の実現が困難な場合を説明するものなので，ダニの例には適用できても，叙実述語には単純には適用できない．ところが，英語の any は叙実述語 glad の補節内に生起する場合にはダニと似た解釈を持つ．よって，このような例も合わせて説明するには，[+願望] の意味論に変更を加える必要がある．また，理論的な問題として，[+願望] の意味論では，命題が成り立つ世界の集合関係に基づいて下方含意が導出されるように定義されているが，ダニの説明にはそれを実現可能性のスケール関係に移し替えなければならない（注 13）．

　本稿には以上のような問題が残るものの，これまでほとんど注目されなかったスケールを導入する助詞が持つ否定極性について，新たな知見を加えることはできたものと思われる．

参考文献

Barker, Chris (2018) "Negative Polarity as Scope Marking," *Linguistics and Philosophy* 41, 483–510.

Erlewine, Michael Yoshitaka (2018) "*Even* doesn't Move but Associates into Traces: A Reply to Nakanishi 2012," *Natural Language Semantics* 26(3–4), 167–191.

Fauconnier, Gile (1975) "Polarity and the Scale Principle," *CLS* 11, 188–199.

von Fintel, Kai (1999) "NPI Licensing, Strawson Entailment, and Context Dependency," *Journal of Semantics* 16, 97–148.

Giannakidou, Anastasia (2002) "Licensing and Sensitivity in Polarity Items: From Downward Entailment to (Non)veridicality," *CLS* 38, 29–53.

Grice, Paul (1975) "Logic and Conversation," *Syntax and Semantics 3: Speech Acts*, ed. by L. Morgan, 43–58, Academic Press, New York.

Kadmon, Nirit and Fred Landman (1993) "*Any*," *Linguistics and Philosophy* 16, 353–422.

Karttunen, Lauri and Stanley Peters (1979) "Conventional Implicature," *Syntax and Semantics 11: Presupposition,* ed. by C.-K. Oh and D. Dinneen, 1–56, Academic Press, New York.

Kratzer, Angelika (1981) "The Notional Category of Modality," *Words, Worlds, and*

Contexts: New Approaches to Word Semantics, ed. by H.-J. Eikmeyer and H. Rieser, Waletr de Gruyter, Berlin. [Reprinted in *Formal Semantics: The Essential Readings*, Blackwell, 2002, 289-323.]

Krifka, Manfred (1995) "The Semantics and Pragmatics of Polarity Items," *Linguistic Analysis* 25, 209-257.

Ladusaw, William (1980) "On the Notion "Affective" in the Analysis of Negative Polarity Items," *Journal of Linguistic Research*, 1. [Reprinted in *Formal Semantics: The Essential Readings*, Blackwell, 2002: 457-470.]

Lahiri, Uptal (1998) "Focus and Negative Polarity in Hindi," *Natural Language Semantics* 6, 57-123.

Linebarger, Marcia C. (1987) "Negative Polarity and Grammatical Representation," *Linguistics and Philosophy* 10, 325-387.

Palmer, Frank R. (2001) *Mood and Modality*, Cambridge University Press, Cambridge.

Rooth, Mats (1985) *Association with Focus*, Doctoral dissertation, UMASS, Massachusetts.

Rullmann, Hotze (1997) "*Even*, Polarity, and Scope," *Papers in Experimental and Theoretical Linguistics* 4, ed. by M. Gibson, G. Wiebe and G. Libben, 40-64, University of Alberta, Alberta.

岡崎正継 (1996)『国語助詞論攷』おうふう，東京．

加納協三郎 (1938)「「だに」「すら」の用法上の差異に就て」『国語と国文学』15(6)，49-64．

衣畑智秀 (2005)「副助詞ダニの意味と構造とその変化──上代・中古における──」『日本語文法』5(1), 158-175．

此島正年 (1966)『国語助詞の研究──助詞史の素描──』桜楓社，東京．

小柳智一 (2015)「副助詞の形──「だに」「さへ」「すら」の場合──」『国語語彙史の研究34』37-54，和泉書院，大阪．

鈴木ひとみ (2005)「副助詞サエ（サヘ）の用法とその変遷──ダニとの関連において──」『日本語学論集』1, 33-54．

向井克year (2012)「万葉集における副助詞「だに」の意味変化──「すら」との相補的な関係から──」『福岡大学日本語日本文学』22, 1-13．

用例出典

『万葉集』[21]『古事記』『日本書紀』（新編日本古典文学全集，小学館）

---

[21]『日本語歴史コーパス　奈良時代編I万葉集』(https://pj.ninjal.ac.jp/corpus_center/chj/nara.html, 2019 年 3 月 1 日確認)を用例数の確認に使用した．

索　引

執筆者紹介
（掲載順）

岸本 秀樹（きしもと　ひでき）
神戸大学大学院人文学研究科・教授．主要業績：*Handbook of Japanese Lexicon and Word Formation*（共編著，De Gruyter Mouton, 2016），"Negative Polarity, A-Movement, and Clause Architecture in Japanese"（*Journal of East Asian Linguistics* 17, 2017），"On the Grammaticalization of Japanese Verbal Negative Marker"（*Journal of Japanese Linguistics* 34, 2018），など．

片岡 喜代子（かたおか　きよこ）
神奈川大学外国語学部スペイン語学科・教授．主要業績：『日本語否定文の構造：かき混ぜ文と否定呼応表現』（日本語研究叢書 18，くろしお出版，2006），"Scrambling, Resumption, and Scope of Neg"（*Japanese/Korean Linguistics* 15, 2007），「否定関連現象から見た言語間変異——否定作用域と否定述部」（『言語の意味論的二元性と統辞論』，片岡喜代子・加藤宏紀（編），神奈川大学言語学研究叢書 6，ひつじ書房，2016），など．

西岡 宣明（にしおか　のぶあき）
九州大学大学院人文科学研究院・教授．主要業績：『英語否定文の統語論研究——素性照合と介在効果』（くろしお出版，2007 年），"Negative Sensitive Items and the Discourse-Configurational Nature of Japanese"（共著，*Glossa: A Journal of General Linguistics* 1 (1): 33, 2016），"Expressions that Contain Negation"（*Handbook of Japanese Syntax*, ed. by Masayoshi Shibatani, Shigeru Miyagawa and Hisashi Noda, Mouton De Gruyter, 2017），など．

渡辺 明（わたなべ　あきら）
東京大学大学院人文社会系研究科・教授．主要業績：*Case Absorption and WH-Agreement*（Kluwer, 1996），『生成文法』（東京大学出版会，2009），"Valuation as Deletion: Inverse in Jemez and Kiowa"（*Natural Language and Linguistic Theory* 33, 2015），など．

中西 公子（なかにし　きみこ）
お茶の水女子大学基幹研究院人文科学系・准教授．主要業績：*Formal Properties of Measurement Constructions*（Mouton de Gruyter, 2007），"Measurement in the Nominal and Verbal Domains"（*Linguistics and Philosophy* 30, 2007），"The Scope of *Even* and Quantifier Raising"（*Natural Language Semantics* 20, 2012），など．

平岩 健（ひらいわ　けん）
明治学院大学文学部英文学科・教授. 主要業績："The Faculty of Language Integrates the Two Core Systems of Number" (*Frontiers in Psychology* 8: 351, 2017), "Internally Headed Relative Clauses" (*The Wiley Blackwell Companion to Syntax*, 2nd ed., Wiley Blackwell, 2017), "Countersluicing" (共著, *Syntax*, to appear), など.

今仁 生美（いまに　いくみ）
名古屋学院大学外国語学部英米語学科・教授. 主要業績：『意味と文脈』（金水敏・今仁生美, 岩波書店, 2000), 「英語における場所の前置詞—認知言語学と位相空間論の接点を求めて」(『場面と主体性・主観性』, 澤田治美・仁田義雄・山梨正明（編）, ひつじ書房, 2019), "Negation" (*Handbook of Japanese Semantics and Pragmatics*, ed. by Wesley M. Jacobsen and Yukinori Takubo, De Gruyter Mouton, to appear), など.

須藤 靖直（すどう　やすただ）
University College London, Associate Professor. 主要業績："Presupposed Ignorance and Exhaustification: How Scalar Implicature and Presupposition Interact" (共著, *Linguistics and Philosophy*, 2017), "The Symmetry Problem: Current Theories and Prospects" (共著, *Natural Language Semantics*, 2018), "The *Hope-wh Puzzle" (共著, *Natural Language Semantics*, to appear), など.

吉本 靖（よしもと　やすし）
琉球大学大学院人文社会科学研究科・教授. 主要業績："The Strong [neg] Feature of Neg and NPI Licensing in Japanese" (*Japanese/Korean Linguistics* 8, 1998), "Review: *The Expression of Negation*, ed. by Laurence R. Horn, De Gruyter Mouton, Berlin/New York, 2010" (*English Linguistics* 29, 2012), "Stem Allomorphy in Okinawan: Sometimes Conditioned by Adjacency, Sometimes Not" (*Formal Approaches to Japanese Linguistics* 8, 2016), など.

郷路 拓也（ごうろ　たくや）
津田塾大学学芸学部・准教授. 主要業績："Acquisition of Scope" (*Handbook of Japanese Psycholinguistics*, ed. by M. Nakayama, Mouton de Gruyter, 2015), "Logical Connectives" (*The Oxford Handbook of Developmental Linguistics*, eds. by J. Lidz, W. Snyder and W. Pater, Oxford University Press, 2016), "Investigating the Form-Meaning Mapping in the Acquisition of English and Japanese Measure Phrase Comparatives" (共著, *Natural Language Semantics* 25, 2017), など.

大島 デイヴィッド 義和（おおしま　デイヴィッド　よしかず）

名古屋大学大学院人文学研究科・准教授．主要業績：“On the Morphological Status of *-te, -ta*, and Related Forms in Japanese: Evidence from Accent Placement” (*Journal of East Asian Linguistics* 23, 2015)，「主要部を持たない日本語従属節——「シテ」・「言ッテ」・「思ッテ」の不在——」(『言語研究』151, 2017)，“Anaphoric Demonstratives and Mutual Knowledge: The Cases of Japanese and English” (共著, *Natural Language and Linguistic Theory* 35, 2018)，など．

澤田　治（さわだ　おさむ）

神戸大学大学院人文学研究科・准教授．主要業績：“Pragmatic Aspects of Implicit Comparison: An Economy-based Approach” (*Journal of Pragmatics* 41, 2009)，“An Utterance Situation-based Comparison” (*Linguistics and Philosophy* 37, 2014)，*Pragmatic Aspects of Scalar Modifiers: The Semantics-Pragmatics Interface* (Oxford University Press, 2018)，など．

井戸 美里（いど　みさと）

国立国語研究所・プロジェクト PD フェロー．主要業績：「否定的な評価を表す二種類のとりたて詞ナド」(『日本語文法』13(1), 2013)，「いわゆる定性効果から見たとりたて詞ダケ・シカの前提集合」(『日本語文法』16(2), 2016)，「とりたて詞の統語と意味から見る日本語否定極性表現の研究」(筑波大学博士論文, 2017)，など．

衣畑 智秀（きぬはた　ともひで）

福岡大学人文学部・教授．主要業績：「南琉球宮古語の疑問詞疑問係り結び——伊良部集落方言を中心に——」(『言語研究』149, 2016)，“On the Anaphoric Use of Demonstratives in Miyakoan” (共著, *Japanese/Korean Linguistics* 25, 2018)，『基礎日本語学』(共著, ひつじ書房, 2019)，など．

極性表現の構造・意味・機能

編　者	澤田　治・岸本秀樹・今仁生美
発行者	武村哲司
印刷所	日之出印刷株式会社

2019 年 11 月 27 日　第 1 版第 1 刷発行©

発行所	株式会社　開 拓 社	〒113-0023 東京都文京区向丘 1-5-2 電話　（03）5842-8900 （代表） 振替　00160-8-39587 http://www.kaitakusha.co.jp

ISBN978-4-7589-2280-7　C3080